Kohlhammer | Deutscher Gemeindeverlag

SCHRIFTENREIHE
DES FREIHERR-VOM-STEIN-INSTITUTES
WISSENSCHAFTLICHE FORSCHUNGSSTELLE
DES LANDKREISTAGES NORDRHEIN-WESTFALEN
AN DER UNIVERSITÄT MÜNSTER

BAND 68

Jessica Isenburg

Die Verbundzusammenarbeit der Sparkassen-Finanzgruppe

Eine kartellrechtliche Analyse

Verlag W. Kohlhammer
Deutscher Gemeindeverlag

Die Rechtswissenschaftliche Fakultät der Westfälischen Wilhelms-Universität Münster hat diese Arbeit als Dissertation angenommen.

D 6

2012
Deutscher Gemeindeverlag GmbH
Verlagsort: 70565 Stuttgart
Gesamtherstellung Deutscher Gemeindeverlag GmbH/Verlag W. Kohlhammer GmbH, Stuttgart

ISBN 978-3-555-01597-2

Vorwort

In der Regel sind wirtschaftliche Unternehmen Mitglieder von Organisationen, welche die gemeinsamen Interessen der Wirtschaftsbranche zum Wohle aller Betroffenen verfolgen. Teilweise ist die Zusammenarbeit sehr viel enger. Das trifft etwa auf die öffentlich-rechtlichen Sparkassen zu. Sie sind Pflichtmitglieder der regionalen Sparkassen- und Giroverbände und gehören gleichzeitig dem Deutschen Sparkassen- und Giroverband an. Ferner arbeiten sie mit den Landesbanken und zahlreichen weiteren Unternehmen zusammen, die dem »Sparkassenverbund« zugeordnet sind. Dies wirft die Frage nach der kartellrechtlichen Zulässigkeit einer solchen Kooperation auf.

Der Klärung kommt erhebliche wirtschaftliche Bedeutung zu und ruft auch immer wieder das Bundeskartellamt und die Europäische Kommission auf den Plan. Die Problemstellung ist bislang nicht vertiefend monographisch bearbeitet worden. In der vorliegenden Arbeit werden die kartellrechtlichen Grenzen der Verbundzusammenarbeit der Sparkassen-Finanzgruppe nunmehr erstmalig umfassend untersucht. Dabei zeigt die Auswahl der einzelnen Sachverhalte den Blick für die praktische Relevanz.

Münster, im August 2012

Professor Dr. Janbernd Oebbecke
Geschäftsführender Direktor
des Freiherr-vom-Stein-Instituts

Vorwort der Verfasserin

Die vorliegende Arbeit ist während meiner Tätigkeit als Wissenschaftliche Mitarbeiterin am Freiherr-vom-Stein-Institut (FSI) in Münster entstanden. Mein Dank gilt Herrn Professor Dr. Dirk Ehlers für die Betreuung der Arbeit und Frau Professorin Dr. Petra Pohlmann für die Erstattung des Zweitgutachtens. Dank gebührt außerdem dem Geschäftsführenden Direktor des Instituts, Herrn Professor Dr. Janbernd Oebbecke, der mich ebenfalls vielfach unterstützt hat.

Für die sehr guten Forschungsbedingungen am FSI möchte ich mich stellvertretend für den Landkreistag Nordrhein-Westfalen bei dessen Hauptgeschäftsführer, Herrn Dr. Martin Klein, bedanken. Dass die Arbeit in dieser Weise überhaupt entstanden ist, verdanke ich insbesondere dem Einsatz des Präsidenten des Sparkassenverbands Westfalen-Lippe, Herrn Dr. Rolf Gerlach. Außerdem möchte ich mich bei allen Verbandsmitarbeitern, insbesondere bei Herrn Dr. Hein Krumm und Frau Brigitta Konrad, für die hochgeschätzten Fachgespräche aus der Praxis bedanken. Dank gebührt auch der ehemaligen Leiterin des Instituts, Frau Dr. Sabrina Desens, sowie meinen Kolleg(inn)en und Freunden Dr. Katharina Zander-Kallerhoff, Dr. Matthias Stork, Dr. Thomas Jungkamp, Simon Frye, Martin Schröder, Cornelia Jäger, Dr. Antje Wittmann sowie Alexandra Susi Ruß, nicht nur für den wissenschaftlichen Austausch, sondern auch für die vielen schönen gemeinsamen Stunden. Auch den studentischen Hilfskräften des KWI gilt mein Dank für ihre Unterstützung bei der Literaturbeschaffung. Ich danke überdies Frau Hiltrud Martellock für Ihre aufmunternden Worte und für Ihre Unterstützung in allen Lebenslagen. Ebenso danken möchte ich Herrn Hans-Jürgen Richard für die Hilfestellung bei der Erstellung der technischen Druckfassung.

Besonders möchte ich mich bei meiner Familie dafür bedanken, dass sie mich bei all meinem Tun unterstützt und bei Mark Voss für seine unendliche Geduld und seine Diskussionsbereitschaft. Ihnen widme ich diese Arbeit.

Münster, im August 2012

Jessica Isenburg

Inhaltsübersicht

Inhaltsverzeichnis

Abkürzungsverzeichnis

AEUV	Vertrag über die Arbeitsweise der Europäischen Union
BBL	Betriebswirtschaftliche Blätter
BFSR	Bank-Finanzkraftrating
BilMoG	Gesetz zur Modernisierung des Bilanzrechts
bspw.	beispielsweise
bum	bank und markt
CFR	Corporate Family Rating (Verbundrating)
DBRS	Dominion Bond Rating Service
de minimis-B.	Bekanntmachung der Kommission über Vereinbarungen von geringer Bedeutung, die den Wettbewerb gemäß Artikel 81 Absatz 1 des Vertrags zur Gründung der Europäischen Gemeinschaft nicht spürbar beschränken
DGS	Deutsches Geldautomaten-System
DLKT	Deutscher Landkreistag
DLTB	Deutscher Lotto- und Totoblock
DSGV	Deutscher Sparkassen- und Giroverband
DSV	Deutscher Sparkassen-Verlag
EAA	Erste Abwicklungsanstalt
EAG	Einlagensicherungs- und Anlegerentschädigungsgesetz
ELV	Elektronisches Lastschriftverfahren
FMStFG	Finanzmarktstabilisierungsfondsgesetz
FMStG	Finanzmarktstabilisierungsgesetz
GA	Generalanwalt
GEWI	Geschäftsentwicklung der Sparkassen
GlüStV	Staatsvertrag zum Glücksspielwesen in Deutschland
GVO	Gruppenfreistellungsverordnung
HdbStR	Handbuch des Staatsrechts
KMU	Kleinere und mittlere Unternehmen
KSA-Positionen	Kreditrisiko-Standardansatz-Positionen
LKT	Landkreistag
LL	Leitlinien
MaRisk (BA)	Mindestanforderungen an das Risikomanagement
Merkbl.	Merkblatt

ÖBA	Zeitschrift für das gesamte Bank- und Börsenwesen (Österreich)
RegBegr.	Regierungsbegründung
RPW	Recht und Politik des Wettbewerbs (Schweiz)
RSGV	Rheinischer Sparkassen und Giroverband
SEG	S-Einkaufsgesellschaft
SEPA	Single Euro Payments Area
S-IAS	Sparkassen-Informations- und Analysesystem
StGb	Städte- und Gemeindebund
SVWL	Sparkassenverband Westfalen-Lippe
TB	Tätigkeitsbericht des Bundeskartellamtes
UAbs.	Unterabsatz
verb.	verbundene
VerbrKrRL-UG	Gesetz zur Umsetzung der Verbraucherkreditrichtlinie, des zivilrechtlichen Teils der Zahlungsdiensterichtlinie und zur Neuordnung der Vorschriften über das Widerrufs- und Rückgaberecht
VGA	Vereinbarung über das deutsche ec-Geldautomaten-System
ZAW	Zentralverband der deutschen Werbewirtschaft e. V.
zit.	zitiert
ZKA	Zentraler Kreditausschuss

Die übrigen in der Arbeit verwendeten Abkürzungen richten sich, sofern sie nicht im Text definiert oder allgemein gebräuchlich sind, nach *Kirchner,* Hildebert/*Pannier,* Dietrich, Abkürzungsverzeichnis der Rechtssprache, 6. Auflage, Berlin 2008

1. Kapitel: Einleitung

Ungeachtet ihrer stabilitätsfördernden Position für die deutsche Finanzbranche stehen die Sparkassen vor großen Herausforderungen. Die zunehmende Internationalisierung der Finanzmärkte, die Ausbreitung moderner Kommunikationsmittel, die steigende Zahl neuer Spezialanbieter sowie ein geändertes Kunden- und Anlageverhalten führen zu einem immer höheren Konditionen- und Margendruck. Zusätzlich wird der Wettbewerb in der Kreditwirtschaft durch Fusionen verschärft.[1] Hervorzuheben ist der Zusammenschluss der Postbank AG mit der Deutschen Bank AG, durch den ein neues Schwergewicht mit 24 Millionen Kunden entstanden ist. Um diesem Wettbewerbsdruck standzuhalten, müssen Erträge vergrößert und Kosten reduziert werden. Letzteres kann vor allem durch Kooperationen zwischen den Verbundunternehmen der Sparkassen-Finanzgruppe erreicht werden. Eine Zusammenarbeit bietet sich insbesondere bei standardisierten Abläufen und Prozessen an. Dementsprechend lassen sich im Back-Office, im Zahlungsverkehr, in der Produktentwicklung oder im Marketing kurzfristig und unkompliziert allein aus der Größe resultierende Prozessoptimierungen und Rationalisierungseffekte erzielen.[2] Vergleichsweise einfach lassen sich solche geschäftspolitischen und betriebswirtschaftlichen Anweisungen in zentral gesteuerten Großbanken mit entsprechend großen Hauptverwaltungen und überregionalem Zweigstellennetz umsetzen. Die Sparkassen-Finanzgruppe kennzeichnet allerdings eine dezentrale und freiwillige Verbundstruktur ohne hierarchisches Konzerngefüge. Die Sparkassen sind nach dem gesetzlichen Leitbild eigenständige Unternehmen, deren

1 So prüfte das BKartA 2008 und 2009 drei bedeutende Zusammenschlüsse im Bankensektor, die insgesamt sechs der größten dt. Kreditinstitute und das größte dt. Versicherungsunternehmen betrafen. Bei der größten Fusion dt. Banken, seit dem Verkauf der Dresdner Bank an die Commerzbank, erwarb die Deutsche Bank im Dezember 2010 formal die Alleinkontrolle über die Postbank. Im November 2008 meldete die Commerzbank AG ihre Absicht beim BKartA an, mittelbar sämtliche der v. der Allianz SE gehaltenen Anteile an der Dresdner Bank AG zu erwerben. Außerdem erfolgte im Dezember 2008 die Anmeldung des Zusammenschlusses der DZ BANK AG (Deutsche Zentral-Genossenschaftsbank) mit der WGZ BANK AG (Westdeutsche Genossenschafts-Zentralbank), bei der die WGZ Bank beabsichtigte, ihr Vermögen als Ganzes rückwirkend mit Wirkung zum 1.1.2009 auf die DZ Bank im Wege der Verschmelzung durch Aufnahme zu übertragen (§ 37 Abs. 1 Nr. 1 GWB). Die bisherigen Anteilseigner der WGZ Bank werden dann Anteilseigner an der um die WGZ Bank vergrößerten DZ Bank, *BKartA,* Fallbericht zu den Entsch. v. 14.11.2008, 18.2.2009, 10.12.2008, 28.1.2009 – B 4-133/08, B 4-29/09, B 4-134/08, B 4-177/08 – (http://bit.ly/fMW05t).

2 *Henneke/Wohltmann,* Der Landkreis 2005, 82 (82).

Vorstände die Richtlinien der Geschäftspolitik autonom bestimmen. Die Realisierung von Skalen- und Synergieeffekten durch Kooperationen innerhalb des Sparkassenverbunds kann daher kartellrechtlich bedenklich sein. Zumal Kartellverstöße immer häufiger aufgedeckt werden und erhebliche finanzielle Schäden nach sich ziehen können.[3] Neben Bußgeldern, die regelmäßig Rekordsummen erreichen, sind umfangreiche Schadensersatzansprüche zu befürchten sowie ein strafrechtliches Risiko (Wirtschaftskriminalität).[4] Außerdem können wiederholte Verstöße gegen das Kartellrecht zu einem erheblichen Reputationsverlust führen, wobei der Verlust der Glaubwürdigkeit und des Vertrauens der Kunden bei Kreditinstituten besonders schwer wiegt.

A. Gang der Darstellung

Zunächst wird der Aufbau des Sparkassenverbunds unter besonderer Berücksichtigung des Regionalprinzips dargestellt. Bevor dieses eingehend anhand des europäischen und des nationalen Kartellrechts überprüft wird, folgt es eine kurze Einführung in die Grundlagen des Kartellrechts. Nachdem im vierten Teil der Arbeit das Regionalprinzip umfassend kartellrechtlich untersucht wird, erfolgt eine kartellrechtliche Analyse ausgewählter Praxisprobleme der Verbundzusammenarbeit. Im fünften Kapitel werden speziell Kooperationen in der Werbung, der Produktinnovation, im Marketing, im Zahlungsverkehr unter besonderer Berücksichtigung der Kartenzahlungen, bei der Bargeldversorgung (Geldautomatenverbünde) sowie im gemeinsamen Einkauf untersucht. Überdies werden typische Kooperationsmechanismen (Informationsaustausch, Empfehlungen) der Verbandsarbeit kartellrechtlich überprüft und Handlungsoptionen zur Vermeidung von Verstößen aufgezeigt. Außerdem werden charakteristische Verträge zur Stärkung der Zusammenarbeit der Verbundpartner kartellrechtlich analysiert. Im sechsten Kapitel werden Handlungsoptionen zur Umstrukturierung der Sparkassen-Finanzgruppe angedacht, um zukünftig kartellrechtskonform enger zusammenzuarbeiten. Abschließend erfolgt eine kurze Zusammenfassung der Ergebnisse in Leitsätzen.

---

3 Im Jahr 2010 verhängte die Komm. gegen 7 Kartelle Bußgelder i. H. v. 3,05 Mrd. EUR und das BKartA insg. 266 Mio. EUR bei 8 Verfahren (http://bit.ly/emDIBQ).

4 Strafbarkeit wettbewerbsbeschränkender Absprachen bei Ausschreibungen nach § 298 StGB sowie bei Preisabsprachen nach § 263 StGB; *BGH*, Urt. v. 8.1.1992 – 2 StR 102/91 –, in: BB 1992, 234 (236); *BGH*, Urt. v. 11.7.2001 – 1 StR 576/00 –, in: ZfBR 2002, 82 (82).

B. Ziele und Methodik der Untersuchung

Ziel der Arbeit ist es, die Verbundzusammenarbeit der Sparkassen-Finanzgruppe und das Regionalprinzip als wichtiges Ordnungsprinzip kartellrechtlich zu untersuchen. Die Aktualität der Thematik zeigt sich anhand immer wiederkehrender Befragungen der Verbände durch die nationalen Kartellbehörden sowie insbesondere durch die Sektoruntersuchung Retailgeschäft der Kommission.[5] Untersuchungsgegenstand waren vor allem die Kooperationen im Verbundsystem der Sparkassen-Finanzgruppe, wobei der Haftungsverbund, das Risikomanagement, das Marketing und die gemeinsame Werbung besonders hervorzuheben sind.[6] Der Untersuchung zufolge bestehen grundlegende wettbewerbsrechtliche Bedenken in mehreren Bereichen (Zahlungssysteme einschließlich Kartenzahlungssysteme, Kreditauskunftssysteme, Zusammenarbeit zwischen Banken, Festlegung von Preisen und Geschäftsstrategien), die ein Handeln der Wettbewerbsbehörden in enger Kooperation mit den Regulierungs- und Aufsichtsbehörden erforderlich machen könnte, um den Wettbewerb zu stärken. Die Befragungen der Kommission lassen vor allem eine kritische Einstellung gegenüber der Zusammenarbeit zwischen den Sparkassen und Landesbanken vermuten. Diesem Vorwurf soll in der Arbeit nachgegangen werden.

An einigen Stellen der Arbeit muss auf das Problem der Datenverfügbarkeit hingewiesen werden, welche die Tiefe der Analyse und die Breite der möglichen Schlussfolgerungen einschränken. Eindeutige Aussagen zu Verbundkooperationen sind nur schwer möglich, insbesondere wenn die Höhe der Marktanteile unbekannt sind oder die Marktanteilsschwellen der Freistellungsgrenzen überschritten werden. In diesen Fällen können nur Risikoeinschätzungen abgegeben werden. Die Untersuchung ist überwiegend exemplarisch auf das nordrhein-westfälische Recht beschränkt.

---

5 *Komm.*, Abschlussbericht der Untersuchung des Retail-Bankgeschäfts gem. Art. 17 VO Nr. 1/2003, SEK(2007) 106. Derartige Untersuchungen gibt es in beiden Kartellrechtsordnungen und sie gewinnen zunehmend an Bedeutung. Dies kann darauf beruhen, dass wettbewerbsbeschränkende Vereinbarungen bei den Kartellbehörden nicht mehr zur Prüfung angemeldet werden können und den Ämtern dadurch ein gewisser Einblick in die allgemeine Wettbewerbsentwicklung fehlt. Rechtsgrundlagen sind Art. 17 VO Nr. 1/2003 und § 32e GWB. Sektoruntersuchungen gehen nicht einem konkreten Kartellverstoß nach, sondern dem Verdacht, dass der Wettbewerb in einer bestimmten Branche eingeschränkt oder verfälscht sein könnte. Dessen ungeachtet hat die Komm. vergleichbare Ermittlungsmöglichkeiten, wie bei der Aufdeckung von Kartellverstößen.

6 Zit. nach Stellungnahme RSGV, SVWL, LKT, Städtetag, StGb v. 30.8.2007 zum Entw. der Arbeitsgruppe SpkG-AE v. 8.5.2007, S. 19 f.

2. Kapitel: Der Sparkassenverbund

Die Sparkassen-Finanzgruppe ist eine der größten Kreditbündnisse der Welt mit 610 Unternehmen, 348.500 Mitarbeitern und einem zusammengefassten Geschäftsvolumen von 3,080 Mrd. EUR.[7] Das Herzstück der Sparkassen-Finanzgruppe bilden die 431 lokalen Sparkassen.[8] Daneben gehören auf regionaler Ebene die Landesbanken, die Landesbausparkassen, die öffentlich-rechtlichen Versicherer (z. B. Provinzial), die DekaBank, Leasing-, Factoring-, Kapitalbeteiligungsgesellschaften sowie 12 regionale Sparkassen- und Giroverbände (u. a. der Sparkassenverband Westfalen-Lippe mit Sitz in Münster[9]) zum Sparkassenverbund. Die Spitze bildet der Deutsche Sparkassen- und Giroverband (DSGV), ein auf freiwilliger Grundlage beruhender rechtsfähiger Verein im Sinne des § 21 BGB.[10] Er fördert die gemeinsamen Interessen seiner Mitglieder und der den Mitgliedsverbänden angeschlossenen Sparkassen durch unterstützende Beratung und gegenseitigem Erfahrungsaustausch.[11] Seine Aufgaben sind u. a. die Festlegung der Leitlinien für den gemeinsamen Marktauftritt in Zusammenarbeit mit den Regionalverbänden (strategische Ausrichtung der Sparkassenorganisation), die Förderung und Vervollkommnung des Sparkassenwesens, des bargeldlosen Zahlungsverkehrs sowie die Pflege des kommunalen Geld- und Kreditwesens.[12] Überdies vertritt der DSGV die gemeinsamen Interessen gegenüber Behörden, dem deutschen Gesetzgeber, in Zusammenarbeit mit der Europäischen Sparkassenvereinigung (ESV) gegenüber EU-Institutionen sowie in der Öffentlichkeit. Er ist zusätzlich Träger der zentralen Bildungseinrichtungen der Sparkassen-Finanzgruppe[13] sowie weiterer Gemeinschaftseinrichtungen (Verein Wissenschaftsförderung, Eberle-Butschkau-Stiftung, Sparkassenstiftung für internationale Kooperation).

---

7 Geschäftszahlen Sparkassen-Finanzgruppe 2010, S. 1.

8 Statistisches Beiheft 2009 Sparkassen-Finanzgruppe, S. 1; *Schleweis,* Der Landkreis 2011, 109 (109).

9 Seit dem 1.1.2010 führt der Verband im Geschäftsverkehr die Bezeichnung »Sparkassenverband Westfalen-Lippe« (§ 1 Abs. 1 S. 2 SVWL-Satzung).

10 § 1 Abs. 1 Satzung DSGV, Stand: 18.12.2003.

11 § 2 Abs. 1 Satzung DSGV, Stand: 18.12.2003.

12 § 2 Abs. 1 Satzung DSGV, Stand: 18.12.2003.

13 Deutsche Sparkassen-Akademie, Hochschule der Sparkassen-Finanzgruppe – University of Applied Sciences.

A. Abgrenzung Sparkassenverbund und Sparkassenverband

Der nordrhein-westfälische Gesetzgeber hat die Begriffe »Sparkassenverbund« und »Sparkassen-Finanzgruppe« mehrmals verwendet, ohne sie zu definieren. Er setzte die Verbundstruktur vielmehr voraus.[14] Die verständlichere Bezeichnung »Sparkassen-Finanzgruppe« oder kurz »S-Finanzgruppe« anstatt Sparkassenverbund wird seit Anfang 1990 verwendet und sollte die einheitliche Außendarstellung insbesondere im internationalen Geschäft verbessern.[15] Sparkassen-Finanzgruppe und Sparkassenverbund werden synonym verwand. Die regionalen Sparkassenverbände sind integrierte Bestandteile der gesamten Sparkassen-Finanzgruppe. Sie sind nicht gleichzusetzen mit dem Spitzeninstitut (DSGV). Die regionalen Sparkassen- und Giroverbände sowie der DSGV sind selbst Mitglieder im Sparkassenverbund.[16]

B. Organisation und Koordination innerhalb des Sparkassenverbunds

I. Organisation und Struktur des Sparkassenverbunds

Die innere Struktur des Sparkassenverbunds folgt einem dreistufigen Aufbau mit lokalen Sparkassen, regionalen Landesbanken, Sparkassen- und Giroverbänden sowie zentral agierenden Mitgliedern wie u. a. dem DSGV. Das Verbundsystem ist eine freiwillige, auf Dauer angelegte Vereinigung von mehreren rechtlich und ökonomisch selbstständigen Unternehmen mit dem Ziel, gemeinsame Aufgaben und Interessen zu bewältigen.[17]

1. Dezentralität

Die Sparkassen sind größtenteils öffentlich-rechtlich organisiert, lediglich in einigen Bundesländern gibt es privatrechtlich organisierte Sparkassen (sog. freie Sparkassen).[18] Träger der öffentlich-rechtlichen Sparkassen sind

---

14 Bsp. §§ 3 Abs. 4 lit. c) SpkG NRW, 4 Abs. 1 SpkG NRW.

15 *Geise,* Sparkasse 1993, 56 (57).

16 *Wittmann,* Der Sparkassenverbund, S. 4.

17 *Lehmann,* Wesen und Formen des Verbundbetriebes, S. 41 f.; *Hermanns,* ZfgK 1979, 10 (11).

18 Zu den freien Sparkassen gehören u. a. die Sparkasse in Hamburg, Bremen oder die Sparkasse zu Lübeck. Diese sind für die vorliegende Untersuchung nicht weiter beachtlich.

grundsätzlich kommunale Gebietskörperschaften (Gemeinden und Gemeindeverbände). In Betracht kommen zudem Zweckverbände als Zusammenschlüsse von mehreren kommunalen Gebietskörperschaften. Die öffentlich-rechtlichen Sparkassen sind nach allen Sparkassengesetzen rechtsfähige Anstalten des öffentlichen Rechts.[19] Sie werden durch den Sparkassenvorstand geführt (§ 9 lit. b) SpkG NRW). Er leitet die Geschäfte in eigener Verantwortung (§ 20 Abs. 1 S. 1 SpkG NRW). Dazu zählen alle Angelegenheiten, die den Sparkassen durch Gesetz (insbesondere die Erfüllung des öffentlichen Auftrags), Verordnung, Satzung oder aufsichtsbehördliche Bestimmung zugeteilt worden sind.[20] Hervorzuheben ist die eigenverantwortliche Entscheidungsbefugnis über die Anlage der Sparkassenvermögen, die Festsetzung der Konditionen (Zinssätze, Gebührenentgelte, Provisionen in den einzelnen Geschäftssparten) und die Behandlung von Grundsatzfragen.[21] Der Vorstand ist damit das maßgebliche Organ der innerbetrieblichen Willensbildung.[22] Seine Ausgestaltung wurde dem aktienrechtlichen Pendant im Laufe der anstaltlichen Verselbstständigung angeglichen, was sich in den nahezu identischen Wortlauten von § 76 Abs. 1 AktG und § 20 Abs. 1 S. 1 SpkG NRW widerspiegelt.[23]

2. Freiwilligkeit

Die Sparkassen sind im gesetzlichen Rahmen rechtlich, wirtschaftlich und organisatorisch eigenständig. Sie können daher autonom entscheiden, ob sie eine Leistung eines Verbundpartners in Anspruch nehmen möchten.[24] Der Konzeption nach ist die Geschäftspolitik ein gleichgerichteter Willensbildungsprozess, der vor Ort bestimmt und realisiert wird.[25] Die Meinungs- und Willensbildung findet, von unten nach oben, überwiegend in den Sparkassen statt. Die Ergebnisse dieser Prozesse werden gebündelt durch die jeweils zuständigen Sparkassenverbände an die Verbundpartner weitergelei-

19 *Schlierbach,* Das Sparkassenrecht, S. 57; bspw. § 1 Abs. 1 S. 1 SpkG NRW, § 1 Abs. 1 RPSpkG, § 1 Abs. 1 MVSpkG, Art. 3 BaySpkG.

20 *Schlierbach,* Das Sparkassenrecht, S. 215.

21 *Güde,* Geschäftspolitik der Sparkassen, S. 413.

22 *Klein,* Privatisierung der Sparkassen, S. 56.

23 *Oebbecke,* VerwArch 2002, 277 (281).

24 *Güde,* ZfgK 1992, 370 (372).

25 *BGH,* Urt. v. 25.6.1956 – III ZR 304/54 –, in: BB 1956, 733 (733); *Gerlach,* Strukturdiskussionen in der Sparkassenorganisation, S. 3 (http://bit.ly/hfRsiM). Zum Willensbildungsprozess innerhalb der regionalen Sparkassenverbände unter besonderer Berücksichtigung der Erarbeitung gemeinsamer Werbeleitlinien s. 5. Kap. A I 4 a) bb).

tet. Der Verbund ist somit abhängig von einer argumentativen Konsensfindung.[26]

Vereinzelnd kennzeichnen den Verbund auch Elemente der Konzentration. Die Neue Institutionenökonomik spricht daher von einer Sonderform mit hybridem Gepräge.[27] Wenn die öffentliche Hand an einer privatrechtlichen Gesellschaft beteiligt ist, findet das Konzernrecht Anwendung. Demnach können auch Bund, Länder, Gemeinden, Körperschaften und Anstalten des öffentlichen Rechts Adressaten des § 15 AktG sein.[28] Der Sparkassenverbund ist mit einem Konzern als quasi-monolithischer Block nicht vergleichbar.[29] Ihm fehlt ein zentral herrschendes Unternehmen mit Befehls- und Kontrollbefugnissen, wie es § 18 Abs. 1 AktG für den Grundtypus des Unterordnungskonzerns voraussetzt.[30] Eine gemeinsame Gewinn- oder Verlustrechnung findet ebenfalls nicht statt.[31]

3. Vor- und Nachteile der Verbundstruktur

Die organisatorischen Vorteile der Verbundstruktur sind schnelle sowie kurze Entscheidungswege und daher ein hohes Maß an Flexibilität.[32] Außerdem ist davon auszugehen, dass Entscheidungen aufgrund der dezentralen Willensbildung eine höhere Akzeptanz bei den Mitgliedern haben, als von oben nach unten delegierte Anweisungen. Die Verbundvertriebsnetze helfen Informationsdefizite auszugleichen und das gemeinsame Kunden-

---

26 *Blome-Drees,* ZögU 32, 356 (361) zum Genossenschaftsverbund, der vergleichbare Strukturen wie der Sparkassenverbund aufweist. Die Aussagen können damit herangezogen werden.

27 *Büschgen,* Finanz-Verbund und Finanz-Konzern in der Diskussion, S. 2. Vgl. die Ausgestaltung der Westfälischen Provinzial Versicherungen oder die vereinzelt hierarchischen Strukturen zwischen den Verbundpartnern (ehemalige WestLB AG und Töchterfirmen); *Wittmann,* Der Sparkassenverbund, S. 75, 138 ff.

28 Seit *BGH,* Beschl. v. 17.3.1997 – II ZB 3/96 (»VW«) –, in: BGHZ 135, 107 m. Anm. *Pohlmann,* in: EWiR 1997, 681. Gesicherte Praxis seit *OLG Köln,* Beschl. v. 22.12.1977 – 2 W 32/76 (»Lufthansa/Treuarbeit«) –, in: AG 1978, 171 (172); *OLG Hamburg,* Beschl. v. 17.8.1979 – 11 W 2/79 –, in: AG 1980, 163 (164); *OLG Köln,* Urt. v. 27.4.2006 – 18 U 90/05 –, in: AG 2006, 586 (589); *Hirschmann,* in: Hölters (Hrsg.), Kommentar AktG, § 15, Rn. 9.

29 *Wagener,* ZfgK 1983, 9 (12).

30 *Schlierbach,* Das Sparkassenrecht, S. 57 f. Ob die Zusammenarbeit zu einem Gleichordnungskonzern führt s. 5. Kap. A I.

31 *Wittmann,* Der Sparkassenverbund, S. 75.

32 *Langenschied,* Der Sparkassenverbund, S. 129.

potential bestmöglich zu nutzen.[33] Die Verbundmitglieder sollen diese Ziele fördern und verwirklichen (§ 4 Abs. 2 S. 3 SpkG NRW).

Allerdings hat die dezentrale Struktur auch Nachteile. Die Entscheidungsfindung kann ohne eine weisungsbefugte Obergesellschaft zeitaufwendig ausfallen. Neben den langwierigen Entscheidungsprozessen wird man sich oft nur auf den kleinsten gemeinsamen Nenner einigen können, da jedes Verbundmitglied die eigenen Vorteile bewahren und/oder ausbauen will.[34]

II. Allgemeine Koordinationsmechanismen für vertikale und horizontale Arbeitsteilung

Der Sparkassenverbund wird durch Ordnungsprinzipien gesteuert, um die Arbeit unter den Verbundpartnern zu koordinieren.

1. Vertikalgliederung durch das Subsidiaritätsprinzip

Das Subsidiaritätsprinzip ist ein allgemeines Ordnungsprinzip des Sparkassenverbunds.[35] Im nordrhein-westfälischen Sparkassengesetz ist es nicht ausdrücklich verankert, es wurde lediglich die subsidiäre Kompetenz der Kreissparkassen geregelt.[36] Diese Regelungskonzeption ist indes eine nordrhein-westfälische Eigenheit und beruht auf der kommunalen Struktur des Landes mit lediglich 396 Großgemeinden bei ca. 18 Millionen Einwohnern.[37]

Das Subsidiaritätsprinzip dient der Koordinierung der vertikalen Verbundzusammenarbeit. Es ist nicht nur kennzeichnend für den Sparkassenverbund, sondern unterstützt ebenfalls das Zusammenwirken im Verbund der Genossenschaftsbanken und prägt das gesamte kommunalwirtschaftliche

---

33 *Schmidt,* Wissen für Verwaltungsräte, S. 57.

34 *Büschgen,* Finanz-Verbund und Finanz-Konzern in der Diskussion, S. 5; *Langenschied,* Der Sparkassenverbund, S. 189 f.

35 *Güde,* Geschäftspolitik der Sparkassen, S. 51; *Langenschied,* Der Sparkassenverbund, S. 310 f.; *Schlierbach,* Das Sparkassenrecht, S. 47. Näher zum Regionalprinzip s. 2. Kap. D.

36 Nach § 1 Abs. 2 S. 2 SpkG NRW dürfen Kreissparkassen im Gebiet kreisangehöriger Gemeinden und Gemeindeverbände mit eigener Sparkasse keine Zweigstellen errichten.

37 *Henneke,* Kommunale Sparkassen, S. 45.

Handeln.[38] Das Subsidiaritätsprinzip regelt die Arbeitsaufteilung zwischen der lokalen, regionalen und zentralen Ebene, indem es die Aufgaben den Arbeitsbereichen der Verbundpartner zuordnet. Die Sparkassen besitzen danach eine Allzuständigkeit, vergleichbar mit der Allzuständigkeit der Gemeinden (§ 2 GO NRW, Art. 78 Abs. 2 LV NRW). Erst wenn auf der unteren Ebene die Aufgabenerfüllung aus wirtschaftlichen oder rechtlichen Gründen unmöglich ist, greifen unterstützend die nächsthöheren Instanzen ein. Verbundmitglieder wie die Landesbanken ergänzen und erweitern dadurch das Produktsortiment der Sparkassen.[39] Die unterstützenden Maßnahmen helfen vor allem kleineren Sparkasseninstituten, die ansonsten gewisse Leistungen nur zu unverhältnismäßig hohen Kosten erbringen könnten.[40]

2. Horizontalgliederung durch das Regionalprinzip

Mit der Novellierung des Sparkassengesetzes im Juli 1970 hat der Gesetzgeber das Regionalprinzip positiv-rechtlich verankert. Dementsprechend heißt es in § 1 Abs. 2 SpkG NRW, dass die Sparkassen im Gebiet ihres Gewährträgers Haupt- und Zweigstellen betreiben können.[41] Die horizontale Arbeitsaufteilung zwischen den Verbundunternehmen erfolgt demnach durch das Regionalprinzip, indem die Zuständigkeit der Sparkasse grundsätzlich auf das Gebiet ihres kommunalen Trägers radiziert wird.[42] Die regionale Gebietsbindung für die Geschäftstätigkeit der Sparkassen resultiert aus ihrer Rechtsform, denn die Gemeinden und Gemeindeverbände als Träger der Sparkassen unterliegen ihrerseits dem Grundsatz des territorialen Wirkungskreises.[43]

---

38 Zum Genossenschaftsverbund *Grichnik/Börner,* Bankwirtschaftliche Verbundsysteme, S. 6 sowie § 107 Abs. 1 GO NRW für das kommunalwirtschaftliche Handeln der Gemeinden.

39 § 37 Abs. 2 S. 1 SpkG NRW.

40 *Gerlach,* Strukturdiskussionen in der Sparkassenorganisation, S. 4 (http://bit.ly/hfRsiM).

41 GV.NRW 1970, S. 604. Hintergrund der Novellierung war die kommunale Neugliederung in NRW, bei der auch das Einzugsgebiet der Sparkassen neu geregelt wurde.

42 *Güde,* ZfgK 1992, 370 (370).

43 Art. 28 Abs. 2 S. 1 GG: »Angelegenheiten der örtlichen Gemeinschaft«; Art. 78 Abs. 2 LV NRW: »in ihrem Gebiet«; § 2 GO NRW: »in ihrem Gebiet«.

3. Verbundprinzip

Das Verbundprinzip gehört ebenfalls zu den allgemeinen Ordnungsprinzipien des Sparkassenrechts.[44] Es soll die Verbundunternehmen zur kollegialen Zusammenarbeit mit gegenseitiger Rücksichtnahme auf die Geschäftsbereiche der anderen Verbundpartner bewegen.[45] Die Motivation dafür ergibt sich idealerweise Weise aus einer Win-win-Situation für alle Beteiligten, die nur durch hohe Produktqualität der Verbundpartner zu erreichen ist. Damit dient das Verbundprinzip auch der Qualitätssteigerung. Die Vorzüge der Partner sollen möglichst effizient auch für den geschäftlichen Erfolg der anderen im Verbund eingesetzt werden.[46] Angedeutet wird dieses Ziel in § 4 SpkG NRW. Dementsprechend normiert § 4 I SpkG NRW das allgemein kooperative Zusammenwirken im Verbund. § 4 Abs. 2 SpkG NRW regelt das besonders enge Zusammenwirken im Finanzverbund Nordrhein-Westfalen.[47] Demnach sollen die Sparkassen, die Sparkassen- und Giroverbände und die Sparkassenzentralbank auf der Grundlage eines satzungsmäßigen Verbundstatuts (§ 33 S. 1 und 3 SpkG NRW) im S-Finanzverbund Nordrhein-Westfalen besonders intensiv zusammenarbeiten. Die ehemalige WestLB AG wurde mit den Aufgaben der Sparkassenzentralbank und Girozentrale beliehen (§ 37 Abs. 1 SpkG NRW). Die WestLB AG wurde zum 30.6.2012 in eine landeseigene Service- und Portfoliomanagementbank (Portigon Financial Services AG) und eine Verbundbank aufgeteilt.[48] Die Portigon Financial Services AG ist die Rechtsnachfolgerin der WestLB AG und trägt die Hauptlast der Restrukturierung. Hauptsächlich veräußerte sie bis Mitte 2012 Beteiligungen und Geschäfte (u. a. den Immobilienfinanzier Westimmo, die Projektfinanzierungsaktivitäten, das Geschäft mit institutionellen und privaten Großkunden sowie das Kapitalmarktgeschäft). Daneben erbringt sie Dienstleistungen für die Verbundbank sowie der Abbaubank Erste Abwicklungsanstalt (EAA) und versucht neue Beratungsmandate zu akquirieren. Die bis Mitte 2012 nicht veräußerten Beteiligungen und Geschäfte wurden an die EAA überführt. Die Laufzeit der Bad Bank endet im Jahr 2028. Die Portigon Financial Services AG bleibt Mitglied der

---

44 *Heinrichs,* Städte- und Gemeinderat 1989, 111 (114).

45 *Wittmann,* EILDIENST LKT NRW 2005, 401 (402).

46 *Schmidt,* Wissen für Verwaltungsräte, S. 57.

47 Satz 2 ist wortgleich mit dem § 4 Abs. 2 SpkVO NRW. Diese wurde mit Wirkung v. 29.11.2008 durch § 45 S. 2 SpKG NRW v. 18.11.2008 (GV.NRW, S. 696) aufgehoben. Zur Einführung eines Sparkassenpflichtverbunds s. 5. Kap. H II.

48 Zum Ganzen *Handelsblatt* v. 27.6.2011, S. 36 (37); *Handelsblatt* v. 29.6.2011, S. 41.

Sicherungsreserve.[49] Die Verbundbank übernimmt, unter dem Dach der Frankfurter Helaba, das Geschäft mit den Sparkassen, der Mittelstandsfinanzierung sowie die Geschäfte mit öffentlichen Stellen. Sie erhält insgesamt 1 Milliarde EUR und eine Bilanzsumme von 40 bis 45 Millionen EUR. Das Kapital wurde paritätisch von den nordrhein-westfälischen Sparkassen und der Sparkassen-Finanzgruppe aufgebracht. Der Umstrukturierungsplan wurde durch die Kommission genehmigt.

III. Instrumente der Zusammenarbeit innerhalb des Sparkassenverbunds

Die Arten der Zusammenarbeit innerhalb des Verbunds sind vielfältig. Neben den allgemeinen Ordnungsprinzipien regeln unterschiedliche Teilhabetypen die Verbundkoordination. Dementsprechend gibt es freiwillige und obligatorische Mitgliedschaften in den Verbänden, Beteiligungen an anderen Verbundunternehmen und Kooperationen vertraglicher Natur innerhalb des Verbunds.[50]

1. Beteiligungen an Verbundunternehmen

Eine Form der Zusammenarbeit sind Beteiligungen an anderen Verbundunternehmen. Das nordrhein-westfälische Sparkassengesetz gestattet stille Beteiligungen der Träger und der Rheinischen sowie der Westfälisch-Lippischen Sparkassen-Förderungsgesellschaften.[51] Der Sparkassenverband Westfalen-Lippe ist u. a. zu 40 Prozent an der Provinzial NordWest Holding AG beteiligt.[52] Die Westfälische Provinzial Versicherung AG gehört ihrerseits zu 100 Prozent zur Provinzial NordWest Holding AG.[53] Durch solche

49 1 Mrd. EUR vom Land, 2 Mrd. EUR vom Bund sowie 1 Mrd. EUR vom Land und den Sparkassen zusammen. Letztere Milliarde ist das bei der WestLB AG liegende Kapital des Landes und der Sparkassen von je 500 Mio. EUR. Die Sparkassen übernehmen damit keine Eigentümerstellung oder sonstige Eigentümerverpflichtungen. Sie übertragen ihre Anteile an der WestLB AG an das Land als Gegenleistung für die auf die Verbundbank abgespaltenen Teile der WestLB AG und für eine Haftungsfreistellung (u. a. Gewährträgerhaftung aus Pensionsverpflichtungen) einer eventuellen Nachhaftung nach dem UmwG; s. SparkassenZeitung v. 1.6.2011, S. 1.

50 Ausführlich zur Zusammenarbeit und den Koordinationsmechanismen *Wittmann,* Der Sparkassenverbund, S. 118 f.

51 § 26 SpkG NRW.

52 Geschäftsbericht 2009, Westfälische Provinzial Versicherung AG, S. U1.

53 Geschäftsbericht 2009, Westfälische Provinzial Versicherung AG, S. U1.

wirtschaftlichen Beteiligungen der Verbundpartner entsteht das typische Geflecht intensiver Zusammenarbeit des Sparkassenverbunds.[54]

2. Mitgliedschaften in Verbänden

Ebenso wird die Zusammenarbeit durch Mitgliedschaften in Verbänden gefördert. Ein wichtiges Beispiel ist die Pflichtmitgliedschaft der Sparkassen und ihrer Träger in den regionalen Sparkassen- und Giroverbänden.[55] Die Mitgliedschaft unterstützt die Sparkassen bei der Erfüllung ihres öffentlichen Auftrags und dient der Verbesserung der Wettbewerbsfähigkeit.[56] Die Sparkassen- und Giroverbände entwickeln gemeinsam mit den Mitgliedsparkassen u. a. geeignete Geschäftsstrategien (Werbung, Marketing, Marktforschung, Öffentlichkeitsarbeit), vertreten die gemeinsamen Interessen gegenüber den Landesregierungen und beraten die Sparkassen in geschäftspolitischen, betriebswirtschaftlichen sowie juristischen Fragen.[57] Auf diese Weise können zentrale Produkte des Finanzdienstleistungsmarktes kostengünstiger entwickelt werden (economies of scale).[58] Zudem übernehmen sie die berufliche Bildung der Mitarbeiterinnen und Mitarbeiter der Mitgliedsparkassen und die Durchführung von Prüfungen bei den Mitgliedsparkassen.[59] Sie bemühen sich, den Austausch unter den relativ inhomogenen[60] Sparkassen zu organisieren. Damit die Verbandsarbeit funktioniert, gibt es für die interne Arbeitsaufteilung verbindliche Regeln, die die einzelne Sparkasse in ihrer Entscheidungsfreiheit beschränkt. Gleichwohl gibt es trotz dieser engen Verflechtung keine zentrale Instanz, die eine Autorisation für verbindliche Weisungen besitzt.[61]

Zudem besteht die Möglichkeit der freiwilligen Mitgliedschaft der regionalen Sparkassen- und Giroverbände und der Landesbanken im DSGV. Im

54 *Wittmann,* Der Sparkassenverbund, S. 145.

55 *Langenschied,* Der Sparkassenverbund, S. 143.

56 *Schlierbach,* Das Sparkassenrecht, S. 291; § 2 Abs. 1 Satzung SVWL v. 1.1.2010: »Der Verband unterstützt die Mitgliedsparkassen bei der Erfüllung ihres öffentlichen Auftrags und dient der Förderung des Sparkassenwesens und der Wettbewerbsfähigkeit der Mitgliedsparkassen.«

57 § 2 Abs. 1 S. 2 lit. d) Satzung SVWL v. 1.1.2010.

58 *Gerlach,* Sparkassen 1996, 78 (80); *Langenschied,* Der Sparkassenverbund, S. 138.

59 § 2 Abs. 2, 3 Satzung SVWL v. 1.1.2010.

60 Vgl. die unterschiedliche Finanzkraft der Sparkassen. Sparkasse KölnBonn mit einem Geschäftsvolumen von 30.428 Mio. EUR gem. Jahresabschlussbericht 2009 (http://bit.ly/iklgdV) oder Sparkasse Bielefeld von 5,6 Mrd. EUR gem. Geschäftsbericht 2009 (http://bit.ly/hKmdmt).

61 Näher dazu s. 5. Kap. A.

Gegensatz zu den regionalen Sparkassen- und Giroverbänden hat er keine Hoheitsrechte.

3. Zusammenarbeit durch vertragliche Vereinbarungen

Darüber hinaus arbeiten die Verbundpartner vertraglich zusammen. Die Sparkasse oder ihr regionaler Verband können mit anderen Verbundpartnern Verträge abschließen. Die rechtliche Ausgestaltung der geschäftlichen Beziehungen ist vielfältig. Es werden ungeschriebene »gentlemen´s agreements«, individuelle Austauschverträge (Kauf-, Werk-, Dienstleistungs-, Arbeitsverträge), Rahmenvereinbarungen sowie Agenturverträge vereinbart.[62] Dementsprechend schlossen die nordrhein-westfälischen Sparkassen, ihre Regionalverbände und die ehemalige WestLB AG eine Rahmenvereinbarung und konkretisierende Einzelverträge ab.[63] Die Zusammenarbeitsquote im Neugeschäft betrug im Jahr 2010 82 Prozent.[64]

C. Zweck und Aufgaben des Sparkassenverbunds

Die örtliche Radizierung der Sparkassen durch das Regionalprinzip und die dadurch entstehenden Nachteile können über überregionale Kooperationen mit den Sparkassen- und Giroverbänden oder anderen Verbundpartnern kompensiert werden.[65] Der Verbund unterstützt damit die Sparkasse bei der Erfüllung des öffentlichen Auftrags.

I. Oberstes Leitmotiv: Unterstützung bei der Erfüllung des öffentlichen Auftrags

Das maßgebende Ziel, das historisch zur Gründung der öffentlich-rechtlichen Sparkassen geführt hat, ist die Erfüllung des öffentlichen Auftrags. Er ist kennzeichnend und bindend für das gesamte Verbundsystem im Sinne einer corporate identity.[66] Die für die Erfüllung des öffentlichen Auftrags

---

62 *Wittmann,* Der Sparkassenverbund, S. 186 ff.

63 Laut Auskunft SVWL. Die Rahmenvereinbarung über die Zusammenarbeit zwischen den Sparkassen in Nordrhein-Westfalen, den nordrhein-westfälischen Verbänden und der WestLB AG v. 29.6.2004, unveröffentlicht.

64 *SVWL,* Geschäftsbericht 2010, S. 36.

65 *Meyer,* Der Landkreis 2010, 336 (339); *Güde,* Geschäftspolitik der Sparkassen, S. 43. Die Kooperationspartner sind u. a. Bausparkassen (LBS) und öffentlich-rechtliche Versicherer (Provinzial).

66 *Grichnik/Börner,* Bankwirtschaftliche Verbundsysteme, S. 6.

notwendige Wirtschaftlichkeit der Sparkassen ist nur durch die Zusammenarbeit im Verbund gewährleistet, da die einzelne Sparkasse ohne den Verbund nicht bestehen könnte.[67] Unter den öffentlichen Auftrag fallen gesetzlich, satzungsmäßig und anderweitig zugewiesene Angelegenheiten im öffentlichen Interesse.[68] Die Aufgaben sind vielfältig und wandeln sich mit der Zeit. Dementsprechend sind einige Kernziele bereits im Sparkassengesetz NRW von 1958 genannt und haben eine lange Tradition, andere haben sich in jüngerer Zeit herausgebildet.[69] Diese Flexibilität sorgt dafür, dass der öffentliche Auftrag nicht veraltet und überflüssig wird, sondern zeitgemäß anpassbar ist.[70] Das Aufgabenspektrum umfasst insbesondere die Förderung des Sparsinns und der Vermögensbildung innerhalb der Bevölkerung, die Kreditversorgung aller Bevölkerungsschichten, die Unterstützung der heimischen Wirtschaft und damit einhergehend die Stärkung der Wettbewerbsfähigkeit der mittelständischen Unternehmen, die Beitragsleistung zu lokalen öffentlichen Förder- und Kulturprogrammen sowie die Stärkung des Wettbewerbs im Bankensystem als Institutsgruppe Sparkassenverbund.[71]

II. Kostenoptimierung und Steigerung der Ertragskräfte durch Skaleneffekte

Der Bankenwettbewerb nimmt weltweit insbesondere im Online-Banking und bei den E-Payment-Systemen zu.[72] Auch der öffentlich-rechtliche Bankensektor muss sich diesen Herausforderungen stellen. Der Einsatz marktwirtschaftlicher Vertriebswegenetze ist unumgänglich, um weiterhin

67 *Schleweis,* Der Landkreis 2011, 109 (110); *Berndt,* Vortrag anlässlich des Symposiums »Zur Zukunft der Kreditwirtschaft in Deutschland: Strategien für Sparkassen und Genossenschaftsbanken« (http://bit.ly/hYeyuy).

68 *Gesellschaft für öffentliche Wirtschaft,* ZogU 1990, 409 (414).

69 § 4 SpkG NRW v. 7.1.1958, GV.NRW 58, S. 5: »Die Sparkassen haben die Aufgabe, den Sparsinn in der Bevölkerung zu wecken und zu fördern, indem sie die örtliche Kreditversorgung unter besonderer Berücksichtigung des Mittelstandes und der wirtschaftlich schwächeren Bevölkerungskreise sicherstellen.«

70 *Henneke,* Kommunale Sparkassen, S. 88, 91 f.

71 S. auch die Aufzählung in § 2 SpkG NRW.

72 Konsequenz der wachsenden Konkurrenz ist, dass 57 % der Sparkassen und Banken bis zum Jahr 2013 die Vertriebsinvestitionen im Online-Banking erhöhen wollen und 40 % sich verstärkt auf das mobile Banking konzentrieren wollen; *Steria Mummert Consulting Studie* (http://bit.ly/mr26cD); *Gärtner,* Sparkasse 2011, 25 (27).

konkurrenzfähige Marktofferten anbieten zu können.[73] Bei der Kostenreduzierung kann die Zusammenarbeit im Verbund helfen, indem Größen- und Synergieeffekte zu einer höheren Kostenwirtschaftlichkeit führen.[74] Dies gilt insbesondere für den Back-Office-[75] und den Produktentwicklungsbereich. Die rentable Abwicklung von standardisierbarem Massengeschäft ist lokal besonders schwer und Skalenerträge lassen sich hier durch Kooperationen leicht erzielen.[76] Überdies können Synergieeffekte (»economies of scope«[77]) zwischen den einzelnen Vertriebskanälen zu einer Gewinnsteigerung führen, indem u. a. Akquisitionskosten verringert werden.[78]

---

73 *Büschgen,* in: Oebbecke/Bauer/Pünder (Hrsg.), Perspektiven der kommunalen Sparkassen, S. 17 (36).

74 § 4 Abs. 2 S. 2 SpkG NRW. Die betriebswirtschaftlichen Begriffe »Größenkostenersparnisse« und »Skalenerträge« (»economies of scale«) beschreiben Möglichkeiten der Kostenersparnisse, die bei gegebener Produktionsfunktion (Produktionstechnik) infolge konstanter Fixkosten auftreten können, wenn die Ausbringungsmenge wächst. Denn bei wachsender Betriebsgröße sinken die durchschnittlichen totalen Kosten bis zur so genannten mindestoptimalen technischen Betriebs- bzw. Unternehmensgröße (der Anteil der fixen Kosten je produzierter Einheit wird immer kleiner); *Gabler,* Wirtschaftslexikon (http://bit.ly/gnUsAx); *Keßler,* bum 1989, 14 (18); *Lindstädt,* in: Wirtz (Hrsg.), Hdb Merger & Acquisitions Management, S. 59 (64).

75 Personal und Infrastruktur des Unternehmens zur Abwicklung aller internen Geschäftsprozesse.

76 *Berndt,* Sparkasse 2000, 438 (438); *Deutsche Bundesbank,* Bericht zur Stabilität des dt. Finanzsystems, Monatsbericht Dezember 2003, S. 29.

77 Unter dem volkswirtschaftlichen Begriff »Verbundvorteile« (economies of scope/ Synergien) sind die wirtschaftlichen Vorteile zu verstehen, die bei diversifizierten Unternehmen auftreten können, die auf unterschiedlichen Märkten tätig sind (Mehrprodukt-Unternehmung). Durch Ausdehnung der Zusammenarbeit (vertikal und/oder horizontal) können Tätigkeiten effizienter bearbeiten werden (Verwendung von Komplementaritäten und Gemeinsamkeiten). Die wirtschaftlichen Vorteile durch synergetische Effekte sind v. a. Kostenersparnisse (http://bit.ly/qkuKKH). In Betracht kommen auch räumliche Bündelungseffekte u. a. durch Zusammenlegung von Sparkassenfilialen. Skaleneffekte unterscheiden sich von Verbundeffekten dadurch, dass Verbundeffekte mehrere Produktsegmente oder Wertschöpfungsstufen umfassen; zum Ganzen auch *Lindstädt,* in: Wirtz (Hrsg.), Hdb Merger & Acquisitions Management, S. 59 (65).

78 Dementsprechend kann der Vertrieb von Versicherungsprodukten in Sparkassenfilialen positive Verbundeffekte erzielen, indem die Sparkassenmitarbeiter und Sparkassenräumlichkeiten besser ausgelastet sowie die Kundenbasis direkt angesprochen werden kann; *Schawel/Billing,* Top 100 Management Tools, S. 59. So lag im Schaden-/Unfallgeschäft der Vermittlungsanteil der Sparkassen am Neugeschäft der öffentlichen Versicherer – gemessen am Nettojahresbeitrag – im Jahr 2000 noch bei 12,1 % und im Jahr 2008 bei 20,6 %; s. *Müller,* VVW 2010, 31 (31).

III. Verteilung der Risiken unter den Partnern

Im Verbund können finanzielle Risiken u. a. durch Unternehmensverflechtungen besser kompensiert werden. Die wirtschaftlichen Gefahren für das einzelne Verbundmitglied werden aufgeteilt und verringern sich dadurch.[79] Zudem sorgen enge Verflechtungen (bspw. im Produktangebot) dafür, dass jeder Partner um das geschäftliche Wohlergehen der anderen bemüht ist. Dies stärkt die Sparkassen-Finanzgruppe insgesamt.[80] Dieses Gegenseitigkeitsprinzip kommt auch in den gemeinsam gegründeten Sicherungssystemen zum Ausdruck (Haftungsverbund der Sparkassen-Finanzgruppe).[81] Dabei erweist sich der enge Zusammenhalt vor allem in Krisenzeiten als Erfolgsmodell. Dementsprechend waren die Auswirkungen der globalen Finanzkrise in Deutschland weniger einschneidend als etwa in den USA, wo seit dem Ausbruch der Finanzkrise im Jahr 2007 160 Banken in Konkurs gingen. Die amerikanischen Banken haben keine vergleichbare Verbundstruktur und stehen im Krisenfall nicht füreinander ein. Die vielen kleinen lokalen Kreditinstitute sind auf sich allein gestellt und daher anfällig in Rezessionszeiten.[82]

IV. Einheitliches Auftreten der Sparkasse als Universalbank

Der einheitliche Marktauftritt unter der Marke »Sparkasse« stärkt die Wirtschaftlichkeit der gesamten Sparkassen-Finanzgruppe. Die gemeinsamen Ziele können gegenüber Mitbewerbern als Gruppe besser durchgesetzt werden. Die kollektive Markenpflege (corporate design) einer einheitlichen Außendarstellung sorgt für eine Gruppenidentität und wirkt identitätsstiftend für alle Verbundpartner im Sinne einer corporate identity.[83]

Die Verbundstruktur ermöglicht einerseits das Anbieten eines Allfinanzprogramms (Bank-, Bauspar- und Versicherungsprodukte), andererseits soll

---

79 Z. B. durch gegenseitige Beteiligungen; s. 2. B III 1.

80 *Wittmann,* Der Sparkassenverbund, S. 88. Die Produktangebote der Verbundunternehmen sind größtenteils aufeinander abgestimmt, sodass sie nahezu ausschließlich miteinander arbeiten können.

81 Ausführlicher dazu s. 5. Kap. A I 4 b) aa).

82 *Köhler,* ZfgK 1994, 22 (22); *Henneke,* DVBl. 2010, 472 (477). Die Krisenstabilität bestätigte auch die Bundesbank dem dt. Finanzsystem; *Deutsche Bundesbank,* Bericht zur Stabilität des dt. Finanzsystems, Monatsbericht Dezember 2003, S. 5 ff.

83 So für den abgestimmten Kennzeichengebrauch innerhalb eines Konzerns; *Busche,* in: Jickeli/Kreutz/Reuter (Hrsg.), Gedächtnisschrift Sonnenscheins, S. 743 (745). Die Ausführung kann auf den Sparkassenverbund übertragen werden; *Grichnik,* ZfB 2002, 337 (347).

der Einsatz von cross-selling-Produkten Kundenabwanderungen entgegenwirken.[84] Der Sparkassenkunde soll die Möglichkeit haben, alle Finanz- und Versicherungsgeschäfte in einer Sparkasse abzuwickeln (One-stop-Banking).[85] Dadurch soll vermieden werden, dass Kunden einzelne Produkte oder Dienstleistungen von Konkurrenzunternehmen in Anspruch nehmen und dadurch mittel- oder langfristig zu den Mitbewerbern abwandern, weil ihnen dort ein Full-Service aus einer Hand geboten wird.

V. Gemeinsame politische Einflussnahme und Sicherung des Gruppenwettbewerbs

Mit der Größe einer Gruppe wächst grundsätzlich auch ihr Gewicht, sich Gehör zu verschaffen, da ein gewisses Maß an Marktmacht für einen effektiven Einfluss notwendig ist.[86] Die Verbundstruktur hilft den einzelnen Verbundpartnern daher, (politische) Interessen gegenüber der Exekutive und Legislative durchzusetzen. Auf Landesebene übernimmt diese Intermediationsfunktion der regionale Sparkassen- und Giroverband, auf Bundesebene der DSGV.[87]

Die Sparkassen-Finanzgruppe kann als Vertreter der dritten Säule einen Beitrag zum deutschen kreditwirtschaftlichen Gruppenwettbewerb beisteuern.[88] Die Gruppierung beruht auf den variierenden geschäftspolitischen Strategien (maximale Gewinnerwirtschaftung/Gemeinnützigkeit/Mitgliederförderung) und Unternehmensmodellen. Die fortwährende Angleichung der Geschäftstätigkeiten ändert grundsätzlich nichts an den verschieden-

84 *Wittmann,* Der Sparkassenverbund, S. 89.

85 *Klein,* VW 1996, 218.

86 *Grichnik,* ZfB 2002, 337 (351).

87 § 2 Abs. 1 lit. b) Satzung SWVL; § 2 Abs. 1 lit. a) Satzung DSGV. Allgemein zur Interessenvertretung in der Bankwirtschaft *Grichnik,* ZfB 2002, 337 ff.

88 *Hermanns,* ZfgK 1979, 10 (12); *Keßler,* bum 1989, 14 (19); *Henneke/Wohltmann,* Der Landkreis 2005, 82 (84); *Meyer,* Der Landkreis 2010, 336 (338). Differenzierend: *Blume,* Sparkassen im Spannungsfeld, S. 58, 107 ff., der rechtstatsächlich eine Wettbewerbsaufgabe der Sparkassen nicht anerkennt: »Eine Aufgabe zur Wettbewerbsbelebung ist nicht sinnvoll übertragbar. Die Sparkassen sind ungeeignetes Mittel, die Bankenbranche im Allgemeinen konkurrenzierend zu beleben. Eine Belebung des örtlichen Wettbewerbs in der Fläche ist ihnen bereits mit der Aufgabe der örtlichen Kreditversorgung zugewiesen.« Ebenfalls zweifelnd *Oebbecke,* in: Henneke (Hrsg.), Sparkassen, Landes- und Förderbanken nach der Finanzmarktkrise, S. 80 (82): »Die Wettbewerbsfunktion hat Leerformelcharakter, ist sparkassenunspezifisch und lediglich ein Reflex der anderen Funktionen.«

artigen Ausrichtungen.[89] Ebenso wenig wird die Drei-Säulen-Struktur durch (Teil-)Verstaatlichungen einzelner Privatbanken (HypoRealEstate) im Zuge der internationalen Finanzkrise verwässert.[90] Der Interbrandwettbewerb sorgt im Idealfall für eine kostengünstige und flächendeckende Versorgung mit finanzwirtschaftlichen Gütern und Dienstleistungen.[91]

D. Regionalprinzip als wesentlicher Ordnungsrahmen

Das Regionalprinzip als Auslöser des Sparkassenverbunds ist vor dem Hintergrund kartellrechtlicher Probleme genauer zu untersuchen. Es ist prägendes Ordnungs- und Strukturmerkmal des Sparkassenverbunds und gibt den Sparkassen einen Raum für ihre geschäftlichen Tätigkeiten vor.[92]

I. Rechtliche Grundlagen des Regionalprinzips

Die rechtliche Grundlage des Regionalprinzips findet sich in der Verfassung, die einfachgesetzlich durch die landesrechtlichen Sparkassengesetze konkretisiert wird.

1. Verfassungsrecht

a) Garantie der kommunalen Selbstverwaltung nach Art. 28 Abs. 2 S. 1 GG

Die in allen Ländern gleichen Grundstrukturen des vorwiegend landesrechtlich geprägten Sparkassenrechts leiten sich aus Art. 28 Abs. 2 GG ab. In Verbindung mit den entsprechenden Normen der Landesverfassungen[93] wird den Gemeinden und Gemeindeverbänden ein Recht auf Selbstver-

89 *Röper,* Die Wettbewerbsfunktion der dt. Sparkassen, S. 195.

90 *DWI,* Wochenbericht 2011, Nr. 9, S. 3; *BKartA,* TB 2009/2010, BT-Drucks. 17/6640, S. 88.

91 *Henneke,* Der Landkreis 2004, 37 (37).

92 *Nierhaus/Stern,* Regionalprinzip im europäischen Binnenmarkt, S. 12; *Frankenberger,* ZfgK 2004, 120 ff.; *Heinrichs,* Städte- und Gemeinderat 1989, 111 (111 ff.); *Güde,* Geschäftspolitik der Sparkassen, S. 41; *Oberbeckmann,* HdbKWP, Bd. 3, S. 445; *Hermanns,* ZfgK 1979, 10 (12 ff.); *Gesellschaft für öffentliche Wirtschaft,* ZögU 1990, 409 (421).

93 Art. 78 Abs. 1 LV NRW.

waltung eingeräumt und ihre Verbandskompetenz auf das Gemeindegebiet beschränkt.[94]

Eine Stärkung hat das kommunale Selbstverwaltungsrecht durch Inkrafttreten des Lissabon-Vertrags am 1.12.2009 auf europäischer Ebene erfahren. Durch Art. 4 Abs. 2 EU ist die zuvor unbefriedigende Kommunalblindheit der Union beseitigt worden, indem das kommunale Selbstverwaltungsrecht sowie das kommunale Wirtschaftsrecht erstmals in einem primärrechtlichen Vertrag anerkannt wurden.[95] Diese Anerkennung ist insbesondere deshalb von großer Bedeutung, weil die Garantie der kommunalen Selbstverwaltung in Art. 28 Abs. 2 GG nicht europafest ist.[96] Die Verankerung garantiert, dass das Selbstverwaltungsrecht Bestandteil der nationalen Identität der Mitgliedstaaten ist, wodurch die europäische Achtung gestärkt wird. Das kommunale Selbstverwaltungsrecht als Institution ist in ihrem Kernbereich

---

94 Ob die Sparkassentätigkeit zum unantastbaren Kernbereich der Garantie des kommunalen Selbstverwaltungsrechts (Art. 28 Abs. 2 S. 1 GG und den entsprechenden Normen in den Landesverfassungen) gehört, ist fraglich. Dafür *Hoppe,* DVBl. 1982, 45 (51), der den Begriff der »Sparkassenhoheit« einführte. Ebenso *Nierhaus/Stern,* Das Regionalprinzip im europäischen Bankenbinnenmarkt, S. 12; *Raskin,* Das Regionalprinzip, S. 57. A. A.: *Badura,* in: Münch (Hrsg.), FS Schlochauer, S. 16 f.; *Obermann,* Die kommunale Bindung, 2000, S. 69 f. Das BVerfG hat in seiner Rastede-Entsch. (*BVerfG,* Beschl. v. 23.11.1988 – 2 BvR 1619, 1628/83 –, in: BVerfGE 79, 127 (146)) ausgeführt, dass der Kernbereich kommunaler Selbstverwaltung kein gegenständlich bestimmter oder nach feststehenden Merkmalen bestimmbarer Aufgabenkatalog ist, sondern die Befugnis, sich aller Angelegenheiten der örtlichen Gemeinschaft, die nicht durch Gesetz bereits anderen Trägern öffentlicher Verwaltung übertragen sind, ohne besonderen Kompetenztitel anzunehmen (»Universalität« des gemeindlichen Wirkungskreises). Nimmt man die Literatur (vgl. nur *Stern,* Staatsrecht, Bd. 1, 1984, § 12, S. 416) zur Abgrenzung hinzu, fallen unter den Kernbereich all diejenigen Essentiale, die man aus einer Institution nicht entfernen kann, ohne deren Struktur und Typus zu verändern. Danach gehören der Betrieb und die Ausgestaltung – das »Wie« – der kommunalen Sparkassen nicht zum Kernbereich. Für die vorliegende kartellrechtliche Beurteilung ist diese Unterscheidung von geringer Bedeutung, denn allein in der Anwendung des GWB auf die Sparkassen liegt kein Verstoß gegen Art. 28 Abs. 2 GG. Die Selbstverwaltungsgarantie bestimmter Sparkassenträger ist nur im Rahmen der Gesetze gewährleistet; so *Kirchner,* AG 1980, 129 (131 ff.). Der Wesensgehalt der gemeindlichen Selbstverwaltung wird nicht durch Begrenzungen der Befugnisse über die Ausgestaltung der Sparkassentätigkeit, bspw. durch das KWG oder GWB, ausgehöhlt. Ihnen steht noch ein hinreichendes Betätigungsfeld zur eigenverantwortlichen Regelung offen. Zum sog. Aushöhlungsverbot vgl. nur *BVerfG,* Beschl. v. 23.11.1988 – 2 BvR 1619, 1628/83 –, in: BVerfGE 79, 127 (148 ff.).

95 Zuvor bereits in Art. 2 Abs. 1a KommunalwahlRL 94/80/EG v. 19.12.1994 (ABl. 1994 L 368/38).

96 *Blanke,* DVBl. 2010, 1333 (1334); *Papier,* DVBl. 2003, 686 (691).

vor europäischen Eingriffen sicherer geworden.[97] Wie weit dieser Schutz letztlich reicht, bleibt abzuwarten.

aa) Allgemeines

Die in Art. 28 Abs. 2 S. 1 und S. 2 GG gewährleistete Garantie der kommunalen Selbstverwaltung verbürgt den Gemeinden und Gemeindeverbänden das Recht, alle Angelegenheiten der örtlichen Gemeinschaft im Rahmen der Gesetze in eigener Verantwortung zu regeln. Nach der Rastede-Entscheidung des BVerfG aus dem Jahr 1988 sind Angelegenheiten des örtlichen Wirkungskreises solche Aufgaben, die in der örtlichen Gemeinschaft wurzeln oder auf sie einen spezifischen Bezug haben und das Zusammenleben und -wohnen der Menschen in der Gemeinde betreffen.[98] Die Errichtung und der Betrieb einer kommunalen Sparkasse dienen der geld- und kreditwirtschaftlichen Versorgung der örtlichen Bevölkerung sowie der ortsansässigen Betriebe und sind demnach örtliche Aufgaben.[99] Dementsprechend können nur Gemeinden und Gemeindeverbände eine Sparkasse errichten (§ 1 Abs. 1 SpkG NRW).

Die Grenze kommunal-wirtschaftlicher Tätigkeiten liegt im örtlichen Bezug und in der Bindung an die Gemeindeeinwohner.[100] Demensprechend kann eine wirtschaftliche Tätigkeit auch außerhalb der Gemeindegrenzen von Art. 28 Abs. 2 GG gedeckt sein, wenn sie einen konkreten Bezug zu den Gemeindeeinwohnern aufweist. Die Kompetenzbegrenzung erfolgt aufgabenbezogen und nicht gebietsbezogen.[101] Außerdem fällt die Erfüllung aller eigenen Angelegenheiten auf dem Gemeindegebiet unter den Schutz von Art. 28 Abs. 2 GG, selbst wenn sie an Gebietsfremde erfolgt.[102] In Zweifelsfällen, in denen die Tätigkeit nicht eindeutig zugeordnet werden kann, ist die Abgrenzung schwierig und muss sich am Sinn und Zweck von Art. 28 Abs. 2 GG orientieren. Es ist demnach die risikobegrenzende Wirkung und die Sicherstellung der Dezentralität der Aufgabenwahrnehmung zu

97 *Stern,* NdsVBl. 2010, 1 (6).

98 *BVerfG,* Beschl. v. 23.11.1988 – 2 BvR 1619, 1628/83 –, in: BVerfGE 79, 127 (151); *SächsVerfGH,* Urt. v. 23.11.2000 – Vf. 62-II.99 –, in: DVBl. 2001, 293 (294).

99 *VerfGH NRW,* Urt. v. 11.7.1980 – VerfGH 8/79 –, in: DVBl. 1981, 216 ff.; *Stern/ Nierhaus,* Das Regionalprinzip, S. 53.

100 *Henneke,* VBlBW 2000, 337 (347).

101 *Ehlers,* Gutachten E 64. DJT, S. 96.

102 *Oebbecke*; ZHR 2000, 375 (379).

berücksichtigen.[103] Eine strikt territoriale Abgrenzung gibt Art. 28 Abs. 2 GG demnach nicht vor.[104]

bb) Verbot der Sparkassengemengelage

Der Landesgesetzgeber hat im Rahmen der verfassungsrechtlichen Vorgaben die Möglichkeit, den territorialen Wirkungskreis des kommunal-wirtschaftlichen Handelns zu erweitern.[105] Dementsprechend gibt es in den Landessparkassengesetzen Ausnahmen vom Regionalprinzip.[106] Diese gesetzlichen Ausnahmeregelungen dürfen keinen faktischen Eingriff in das Selbstverwaltungsrecht einer anderen Kommune, die ihrerseits ein berechtigtes Interesse vorweisen kann, darstellen.[107] Ein berechtigtes Interesse ist anzunehmen, wenn die Gemeinde sich in ihrem Gebiet selbst wirtschaftlich betätigen will und durch den Mitbewerber beeinträchtigt wird. Die betroffene Kommune kann sich auf das Verbot der Doppelverwaltung, im Sparkassenrecht auch Verbot der Sparkassengemengelage, berufen.[108] Dem kann nicht entgegengehalten werden, das Selbstverwaltungsrecht schütze die Gemeinden nicht vor privater Konkurrenz oder vor anderen Gemeinden.[109] Denn die öffentliche und private Wirtschaftsteilnahme können aufgrund

---

103 Zum Ganzen *Schepers,* Internet-Banking, S. 55 ff.

104 Ebenso *Kolm,* Regionalprinzip, S. 59; *Schepers,* Internet-Banking, S. 61.

105 § 107 Abs. 3 S. 1 GO NRW.

106 Bsp. bei der Kreditvergabe (§ 3 Abs. 1 lit. b), c), d) SpkG NRW) oder nach § 1 Abs. 2 S. 3 SpkG NRW bei der Errichtung von Zweigstellen im Trägergebiet einer anderen Sparkasse. S. dazu ausführlich 2. Kap. D III.

107 *Ehlers,* Gutachten E 64. DJT, S. 100. Zu weitgehend *OVG Rh.-Pf.,* Urt. v. 2.10.1990 – 7 A 10096/90 –, in: WM 1991, 318 (321), wonach das Regionalprinzip keine strikte behördliche Zuständigkeitsgrenze sei, sondern nur eine Richtschnur zur zielbewussten Konzentration der Sparkassenarbeit. Diese Beliebigkeit steht dem Charakter des Regionalprinzips als wesentliches Strukturmerkmal entgegen. Überdies ist diese weiche Interpretation für neue Entwicklungen und Herausforderungen wenig zielführend; *Schepers,* Internet-Banking, S. 136; *Raskin,* Das Regionalprinzip, S. 109 (Fn. 353).

108 *OVG NRW,* Sparkasse 1966, 148 (150): »Sind aber wie oben dargelegt, auch die Sparkassen in ihrer Organisation (und der öffentliche Wirkungskreis gehört zur Organisation) Teil der öffentlichen Verwaltung, so kann eine gesetzliche Abgrenzung des örtlichen Wirkungsbereichs nicht unzulässig sein.«; *VerfGH NRW,* Urt. v. 11.7.1980 – VerfGH 8/79 –, in: DVBl. 1981, 216 ff.; *Ehlers,* Gutachten E 64. DJT, S. 101. Zur Sparkassengemengelage *Stern/Nierhaus,* Das Regionalprinzip, S. 41. A. A. *Kolm,* Regionalprinzip, S. 61 f. Das Aufstellen und Betreiben eines Geldautomaten im fremden Trägergebiet kann bspw. ein unzulässiger Kompetenzübergriff sein; s. *OVG Rh.-Pf.,* Beschl. v. 20.2.1991 – 7 B 10057/91 –, in: NVwZ RR 1992, 240 (240).

109 In diese Richtung *Britz,* NVwZ 2001, 380 (386).

ihrer Verschiedenheit nicht gleichgesetzt werden. Beide unterliegen unterschiedlichen Voraussetzungen. Dementsprechend ist die wirtschaftliche Teilnahme der öffentlichen Hand an verfassungsrechtliche Vorgaben gebunden.[110]

Trotz vereinzelt auftretender Mehrfachzuständigkeiten in der Verwaltung gehört das Verbot der Doppelverwaltung zu den rechtsstaatlichen Grundsätzen.[111] Zuständigkeitsüberschneidungen sind möglichst zu vermeiden, denn kommunale Verwaltungserfüllung vollzieht sich im Idealfall nicht im Wettbewerb mehrerer Verwaltungsträger untereinander, sondern im geordneten Nebeneinander streng abgegrenzter Zuständigkeitsbereiche.[112] Das Verbot der Doppelverwaltung ist räumlich deckungsgleich mit dem kommunalverfassungsrechtlich vorgegebenen Wirkungskreis der Gemeinde.[113]

cc) Kompetenztitel

Die wirtschaftliche Betätigung der Gemeinden erfordert, wie alles staatliche Handeln, eine Kompetenzgrundlage.[114] Abzulehnen sind demnach die Stimmen, die eine Legitimationsgrundlage lediglich für hoheitliches Handeln für erforderlich halten.[115] Dies würde zu einer Aufteilung des Staates in zwei Rechtspersönlichkeiten führen, was an die bereits überholte Fiskustheorie erinnert.[116] Die Kompetenzgrundlage für eine wirtschaftliche Betätigung der Gemeinden findet sich in Art. 28 Abs. 2 GG. Demnach verleiht die Verbandskompetenz den Gemeinden das Recht, sich eigenverantwortlich mit allen Angelegenheiten der örtlichen Gemeinschaft zu befassen und zugleich beschränkt sie das (wirtschaftliche) Tätigwerden auf die örtliche Gemeinschaft. Die Kompetenzbegrenzungen bestimmen folglich auch das

110 S. nur *Schepers,* Internet-Banking, S. 52. Näher zum Erfordernis eines Kompetenztitels s. 2. Kap. D I 1 a) cc).

111 Bspw. § 3 Abs. 2 S. 1 VwVfG. Zum Problem von Mehrfachzuständigkeiten *Oebbecke,* in: FS Stree und Wessels, S. 1119 ff.

112 *Burmeister,* in: HdbKWP, Bd. 5, S. 3 (42).

113 So bereits *OVG NRW,* Urt. v. 18.12.1981 – 15 A 190/80 –, in: DVBl. 1982, 504 (504); a. A. *Kolm,* Regionalprinzip, S. 112, der in dem Verbot der Mehrfachverwaltung keine räumliche Grenze für die Tätigkeit der Sparkassen erkennt.

114 Exemplarisch *Schepers,* Internet-Banking, S. 50 f.

115 So etwa *Moraing,* WiVerw 1998, 233 (244 f.)

116 *Ehlers,* Gutachten E 64. DJT, S. 43; a. A. *Kolm,* Regionalprinzip, S. 74 f.

Handeln der öffentlichen Wirtschaft.[117] Denn die wirtschaftlich handelnde öffentliche Hand und ihre Unternehmen bleiben Verwaltungsträger, denen durch das kommunale Wirtschaftsrecht Einhalt geboten werden soll.[118] Danach sind Gemeinden generell für Angelegenheiten der örtlichen Gemeinschaft und Kreise für Kreisaufgaben zuständig. Eine Möglichkeit der Erweiterung der Kompetenzbereiche ist die interkommunale Zusammenarbeit, da diese das Gebiet durch Hinzufügen von Kompetenzbereichen der Beteiligten erweitert.

b) Gebot demokratischen Handelns

Die Errichtung und der Betrieb von öffentlichen Sparkassen durch Gemeinden oder Gemeindeverbände gehören zur öffentlichen Verwaltung.[119] Folglich muss die ausgeübte Staatsgewalt hinreichend demokratisch legitimiert sein.[120] Das Demokratieprinzip verlangt, dass alle Staatsgewalt vom Volk ausgeht und von diesem in Wahlen und Abstimmungen und durch besondere Organe der Gesetzgebung, der vollziehenden Gewalt und der Rechtsprechung ausgeübt wird (Art. 20 Abs. 1 und 2 GG sowie Art. 28 Abs. 1 S. 1 GG für die Länder). Die Wahrnehmung staatlicher Aufgaben sowie die Ausübung staatlicher Befugnisse müssen auf das Staatsvolk zurückzuführen sein und ihm gegenüber verantwortet werden. Auf kommunaler Ebene bedeutet dies, dass das in den Gemeinden lebende Volk die Entscheidungsbefugnis für die Angelegenheiten vor Ort besitzt und diese legitimiert.[121] Die Sparkassen als Einrichtungen der Kommunen sind über

117 Vgl. *Erichsen,* Gemeinde und Private im wirtschaftlichen Wettbewerb, S. 18 f.; *Schink,* NVwZ 2002, 129 (235); *Scharpf,* NVwZ 2005, 148 (149); *Engels,* Landesbanken zwischen Marktsteuerung und Marktwirtschaft, S. 46 ff. A. A. *Moraing,* WiVerw 1998, 233 (244 f.); *Burmeister/Staebe,* EuR 2004, 810 (812); *Karst,* DÖV 2002, 809 (813 ff.); *Hellermann,* Örtliche Daseinsvorsorge und gemeindliche Selbstverwaltung, 152 (157).

118 *Heintzen,* NVwZ 2000, 743 ff.; *Oebbecke,* ZHR 164, 375 ff; *Scheps,* Das Örtlichkeitsprinzip, S. 57 ff., 73 ff., 153 ff., 171 ff.; *Ehlers,* NWVBl. 2000, 1 (5); *Schepers,* Internet-Banking, S. 50 f.

119 *Meyer,* Der Landkreis 2010, 336 (399).

120 *BVerfG,* Beschl. v. 5.2.1987 – 2 BvR 134, 268/76 – , in: BVerfGE 47, 253 (275); *BVerfG,* Urt. v. 31.10.1990 – 2 BvF 3/89 –, in: BVerfGE 83, 60 (71 f.); *BVerfG,* Beschl. v. 5.12.2002 – 2 BvL 5/98 –, in: BVerfGE 107, 59 (87).

121 *SächsVerfGH,* Urt. v. 23.11.2000 – Vf. 62-II.99 –, in: DVBl. 2001, 293 (297); *Löwer,* NWVBl. 2000, 241 (244); *Löwer,* VVDStRL 60, 416 (437). Ob und inwieweit ein Teilvolk das gesamtdt. Volk (Art. 116 Abs. 1 GG) vertreten kann und den Gemeinden demokratische Legitimation vermitteln kann, ist umstritten. Die Frage betrifft v. a. das Verhältnis der kommunalen Selbstverwaltung zum Demokratieprinzip. So wird vertreten, dass die Gemeinde- oder Kreisbürger nur ein Teilvolk seien

das Organ ihres Trägers hinreichend legitimiert, welches wiederum durch die Wahl der Einwohner im Trägergebiet legitimiert wird (Legitimationskette). Gleichwohl ist diese Zuständigkeit nicht grenzenlos, sondern auf das Gebiet der jeweiligen Gemeinde bzw. des jeweiligen Gemeindeverbands begrenzt, sodass Aufgaben ohne Gebietsbezug demokratiewidrig sein können.[122] Die Reichweite der Legitimation endet damit grundsätzlich an der Ortsgrenze, da das legitimierende Gemeindevolk seinerseits an die verfassungsrechtlichen Kompetenzgrenzen gebunden ist.[123] Die Befugnisse der kommunalen Sparkassen können generell nicht weiterreichen als die der Gemeinden, von denen die Sparkassen ihren Status ableiten.[124] Eine vergrößerte Legitimationsbasis besteht u. a. bei interkommunalen Kooperationen. Überregionale wirtschaftliche Tätigkeiten sind daher nur ausnahmsweise mit dem Demokratiegebot vereinbar. Dies ist insbesondere bei Verwirklichung anderer Belange, wie dem Gemeinwohl, anzunehmen.[125] Im Kollisionsfall sind die betroffenen Prinzipien im Sinne einer praktischen Konkordanz in Einklang zu bringen, sodass der Grenzverlauf vergleichbar ist mit dem bei Art. 28 Abs. 2 GG.[126]

c) Gemeinwohlerfordernis staatlichen Handelns

Das Gemeinwohlerfordernis staatlichen Handelns leitet sich aus dem Rechtsstaatsprinzip i. V. m. den Grundrechten ab.[127] Es gebietet die Einhaltung der objektiv-rechtlichen Werteordnung der Grundrechte zum Schutz

---

und die von ihnen erteilte Legitimation nicht vom Staatsvolk ausgehe. Sie sei aber eine Legitimation, die von einer nach gleichen Kriterien gebildeten Gesamtheit innerhalb des Staatsvolkes ausgehe, was für eine analoge Legitimationsstruktur ausreiche; s. *Böckenförde,* HdbStR II, § 24, Rn. 31 f. In diese Richtung auch *Merten,* VVDStRL 55, 7 (35 f.), der lediglich eine quasidemokratische Legitimationsvermittlung der Kommunalbevölkerung anerkennt, weil sie nicht mit dem Bundes- oder Landesvolk als den Trägern der Volksouveränität identisch ist. Allgemein zur demokratischen Legitimation funktionaler Selbstverwaltungskörperschaften *Ehlers,* in: FS Stein, S. 125 (131 f.); *Emde,* Die demokratische Legitimation der funktionalen Selbstverwaltung, S. 386 ff.; *Merten,* VVDStRL 55, 7 (35 f.).

122 *Ehlers,* in: Ipsen (Hrsg.), 11. Bad Iburger Gespräche, S. 10 (31).

123 *BVerfG,* Urt. v. 30.7.1958 – 2 BvF 3, 6/58 –, in: BVerfGE 8, 104 (115 ff.); *Löwer,* NWVBl. 2000, 241 (244); *Oebbecke,* ZHR 64, 375 (389).

124 I. S. v. »Nemo plus iuris transferre potest quam ipse habet«; so schon *Rothe,* Kommentar SpkG NRW 1970, § 1, S. 54.

125 *Ehlers,* in: FS Stein, S. 125 (137).

126 *Schepers,* Internet-Banking, S. 73.

127 *Burmeister,* VVDStRL 52, 190 (193); *Ehlers,* Gutachten E 64. DJT, S. 34 f.; grundlegend zum Gemeinwohlprinzip, *Häberle,* Öffentliches Interesse als juristisches Problem.

der privaten Wirtschaftsteilnehmer vor der wirtschaftlich handelnden öffentlichen Hand selbst dann, wenn die Grundrechtseingriffsschwelle nicht erreicht ist.[128] Zudem verlangt es eine Legitimation der staatlich-fiskalischen Tätigkeit, wobei eine reine Gewinnerzielungsabsicht nicht ausreicht. Dies folgt verfassungsrechtlich aus dem Steuer- und Abgabenstaatsprinzip sowie aus den Grundrechten.[129] Nach dem Steuerstaatsprinzip sind grundsätzlich alle staatlichen Aufgaben (einschließlich der Gemeindeebene) aus den Erträgen der in Art. 105 ff. GG genannten Einnahmequellen und nicht über wirtschaftliche Betätigungen zu finanzieren.

Diese konstitutionellen Anforderungen finden sich auch in den Gemeindeordnungen wieder. Die in allen Gemeindeordnungen, zurückgehend auf § 67 Abs. 1 Nr. 1 DGO von 1935, verankerte Vorgabe, kommunalwirtschaftliches Handeln durch einen öffentlichen Zweck zu rechtfertigen, ist kein Selbstzweck, sondern dient der Erfüllung von Gemeinwohlbelangen.[130] Eine rein erwerbswirtschaftliche Betätigung ist untersagt.[131] Der demokratische Rechtsstaat prägt dadurch entscheidend das verwaltungsrechtliche Handeln.

Aus dem Gebot des Gemeinwohlerfordernisses staatlichen Handelns kann eine räumliche Radizierung der Geschäftstätigkeit kommunalen Handelns hergeleitet werden. Das Tatbestandmerkmal »Angelegenheiten der örtlichen Gemeinschaft« (Art. 28 Abs. 2 S. 1 GG) sowie die erforderliche öffentliche Zwecksetzung erfordern eine Zweckbindung an örtliche Gemeinwohlzwecke.[132] Dementsprechend ist jedes Handeln – insbesondere das exterri-

---

128 *Ehlers,* in: Ipsen (Hrsg.), 11. Bad Iburger Gespräche, S. 10 (16).

129 *Löwer,* VVDStRL 60, 416 (421 f.). Zum Prinzip des Steuerstaates *BVerfG,* Beschl. v. 8.7.1988 – 2 BvL 9/85 und 3/86 –, in: BVerfGE 78, 249 (267); *Vogel,* HdbStR II, § 30, Rn. 70.

130 § 107 Abs. 1 Nr. 1 GO NRW fordert das Vorliegen eines dringenden öffentlichen Zwecks für die Betätigung. Dementsprechend bestimmt § 25 Abs. 3 SpkG NRW, dass der Ausschüttungsbetrag der Sparkassen zur Erfüllung gemeinwohlorientierter örtlicher Aufgaben des Trägers oder für gemeinnützige Zwecke zu verwenden ist.

131 H. M.: *BVerfG,* Beschl. v. 8.7.1982 – 2 BvR 1187/80 –, in: BVerfGE 61, 82 (107), wobei sich das BVerfG nur auf die GO bezogen hat und nicht auf das Verfassungsrecht. *Scholz,* in: Maunz-Dürig, GG-Kommentar, Art. 12, Rn. 413 ff.; *v. Arnim,* Rechtsfragen der Privatisierung, Heft 82, S. 73; *Hösch,* DÖV 2000, 393 ff.; *Ehlers,* in: Ipsen (Hrsg.), 11. Bad Iburger Gespräche, S. 10 (15 ff., 29); *Löwer,* VVDStRL 60, 416 (418, 435). A. A. *Böckenförde,* VVDStRL 60, 593 (594).

132 *Gern,* NJW 2002, 2593 (2594); *Uechtritz/Otting,* in: Hoppe/Uechtritz (Hrsg.), Hdb. Kommunale Unternehmen, § 6, Rn. 16, 47; *Heintzen,* NVwZ 2000, 743 (745); *Oebbecke,* ZHR 164, 375 (387); *Hösch,* DÖV 2000, 393 (400).

toriale – durch einen Einwohnerbezug örtlich gebunden.[133] Ob dieser vorliegt, ist anhand einer differenzierten Einzelfallbetrachtung vorzunehmen. Ein pauschales Verbot jeglicher wirtschaftlicher Betätigung von Sparkassen außerhalb des Satzungsgebiets folgt daraus nicht. Eine Leistungserbringung an Gebietsfremde außerhalb des Satzungsgebiets ist grundsätzlich untersagt, da diese regelmäßig nicht dem unmittelbaren Einwohnerwohl des Trägers dienen wird, sondern der unzulässigen reinen Gewinnerzielung.[134] Öffentliche Unternehmen besitzen daher keine der Privatautonomie vergleichbare umfassende Entscheidungsbefugnis privater Unternehmen. Öffentliches Handeln und öffentliche Befugnisse sind kein Selbstzweck, sondern dienen der Erfüllung von Staatsaufgaben.[135] Ein Selbstentscheidungsrecht über das räumliche Geschäftsgebiet würde daher gegen den Gemeinwohlauftrag verstoßen.[136]

d) Grundrechte privater Wettbewerber

Aus den Grundrechten privater Wettbewerber (Art. 12 Abs. 1, Art. 14 Abs. 1, Art. 2 Abs.1 GG) könnte sich ein Abwehranspruch gegen eine (gebietsüberschreitende) wirtschaftliche Tätigkeit der öffentlichen Hand ergeben.[137] Grundsätzlich schützen Grundrechte private Mitbewerber nicht vor (öffentlicher) Konkurrenz.[138] Ausnahmen bestehen, wenn die private wirtschaftliche Betätigung unmöglich bzw. unzumutbar beeinträchtigt wird oder die öffentliche Hand eine unerlaubte Monopolstellung hat.[139] Um diese möglichen mittelbar faktischen Grundrechtseingriffe zu bewerten, ist stets auf den Einzelfall abzustellen und anhand der Intensität des Eingriffs zu überprüfen, ob die Erheblichkeitsschwelle überschritten wurde. Dies

133 Ausführlich *Langner,* Die örtliche Begrenzung kommunaler Wirtschaftstätigkeit, S. 20 ff.

134 Einige halten ausnahmsweise außerterritoriale Randtätigkeiten zur Erhaltung der Rentabilität kommunaler Einrichtungen, bspw. durch bessere Auslastung, für möglich; *Schulz,* BayVBl. 1998, 449 (452). Dies ist zweifelhaft, da die Absicht der Randnutzung auch innerhalb der Gemeinde kein Selbstzweck, sondern nur Sekundärzweck ist; so auch *Ehlers,* in: Ipsen (Hrsg.), 11. Bad Iburger Gespräche, S. 10 (29).

135 *Burmeister,* VVDStRL 52, 190 (219); *Held,* in: Held/Becker (Hrsg.), Kommunalverfassungsrecht NRW, § 107, Anm. 5.1; *Becker,* DÖV 2000, 1032 (1039); *Merten,* DVBl. 1983, 1140 (1141); *Henneke,* NdsVBl. 1998, 273 (278).

136 Zum Örtlichkeitsprinzip *Ehlers,* Der Landkreis 2007, 456 (463).

137 Zum Ganzen *Kolm,* Regionalprinzip, S. 68 ff.; *Schepers,* Internet-Banking, S. 81 ff.

138 St. Rspr. s. *BVerfG,* Beschl. v. 3.12.1980 – 1 BvR 409/80 –, in: BVerfGE 55, 261 (269).

139 *Ehlers,* Jura 1999, 212 (214).

dürfte in der Regel bei der wirtschaftlichen Betätigung der Sparkassen zu verneinen sein. Zum einen sind die Sparkassen ebenso wie ihre privaten Wettbewerber an wettbewerbsrechtliche Vorschriften (§ 130 Abs. 1 GWB, Art. 106 AEUV) gebunden, sodass eine unmögliche bzw. unzumutbare Beeinträchtigung grundsätzlich nicht vorliegen wird. Zum anderen haben die Sparkassen keine unerlaubte Monopolstellung.[140] Damit liegt grundsätzlich kein Grundrechtseingriff vor und die privaten Wirtschaftsteilnehmer haben kein Abwehrrecht gegen die (gebietsüberschreitende) wirtschaftliche Betätigung der Sparkassen.[141]

e) Zusammenfassung

Das Sparkassenwesen und das Regionalprinzip sind konstitutionell geschützt.[142] Dieser Grundsatz ist trotz Angleichung der Tätigkeitsfelder innerhalb des Drei-Säulen-Modells weiterhin gültig, denn das Bedürfnis nach an der Versorgung der Bevölkerung orientierten Bankdienstleistungen bleibt bestehen.[143] Die Verfassung beschränkt die Gemeinden darauf, sich in der Regel mit den Angelegenheiten der örtlichen Gemeinschaft zu befassen. Allerdings ist diese verfassungsrechtliche Beschränkung nicht strikt, sondern erlaubt gesetzliche Modifikationen.[144]

2. Einfachgesetzliche Regelungen

Kommunalwirtschaft ist die Ausübung von Zuständigkeiten mit parlamentarisch vorgegebenen Grenzen.[145] Das sparkassenrechtliche Regionalprinzip ist die spezialgesetzliche Regelung des allgemeinen kommunalrechtlichen Grundsatzes der Gebietsbegrenzung (§ 2 GO NRW, Art. 78 Abs. 1 LV

---

140 Ebenso *Kolm,* Regionalprinzip, S. 70.

141 Sollte die Eingriffsschwelle überschritten sein, wäre zumindest die örtliche wirtschaftliche Tätigkeit der öffentlichen Hand über Art. 28 Abs. 2 GG oder die kommunalrechtlichen Vorschriften zu rechtfertigen, wenn ein auf die örtliche Gemeinschaft öffentlicher Zweck verfolgt wird; *Schepers,* Internet-Banking, S. 82.

142 *VerfGH NRW,* Urt. v. 11.7.1980 – VerfGH 8/79 –, in: DÖV 1980, 691 (692); *BKartA,* TB 1981/1982, BT-Drucks. 10/243, S. 80 f.; *BVerfG,* Beschl. v. 14.4.1987 – 1 BvR 775/84 –, in: BVerfGE 75, 192 (195 ff); *Henneke,* VBlBW 2000, 337 (343); *Oebbecke,* LKV 2006, 145 (145). Ausführlich zu den räumlichen Begrenzungen und den Ausnahmen durch Art. 28 Abs. 2 GG *Schepers,* Internet-Banking, S. 48 ff.; *Kolm,* Regionalprinzip, S. 46 ff.

143 *BVerfG,* Beschl. v. 14.4.1987 – 1 BvR 775/84 –, in: BVerfGE 75, 192 (199).

144 *Schepers,* Internet-Banking, S. 84 f.

145 *Heintzen,* NVwZ 2000, 743 (743); *Ehlers,* DVBl. 1998, 497 (503).

NRW, Art. 28 Abs. 2 GG).[146] Einige Sparkassengesetze regeln die Gebietsradizierung durch das Regionalprinzip ausdrücklich, andere konkludent.[147] In den Bundesländern, in denen eine ausdrückliche Regelung zur Geschäftsgebietsbegrenzung fehlt, führt dies nicht zu einer grenzenlosen Betätigungsmöglichkeit.[148] Vielmehr ist die fehlende Normierung darauf zurückzuführen, dass es sich bei dem Regionalprinzip um eine Selbstverständlichkeit handelt.[149] Der jeweilige Landesgesetzgeber durfte bei Erlass der Sparkassengesetze davon ausgehen, dass sich kommunale Einrichtungen nur in ihrem zugehörigen örtlichen Bereich betätigen dürfen, da die örtliche Radizierung sich bereits mittelbar aus den verfassungsrechtlichen Vorgaben ergibt. Diese Bindung geht nicht durch Übernahme von Organisations- und Handlungsformen des Privatrechts verloren.[150]

II. Zweck des Regionalprinzips

Vor allem ist die Radizierung des Geschäftsgebiets auf das Gebiet ihres jeweiligen Trägers Ausdruck des allgemeinen kommunalrechtlichen Grundsatzes der Gebietsbegrenzung sowie des verwaltungsrechtlichen Verbots der Doppelverwaltung. Daneben dient es der horizontalen Arbeitsaufteilung innerhalb des Sparkassenverbunds.

1. Erfüllung des öffentlichen Auftrags und Risikobegrenzung

Das Regionalprinzip soll die Erfüllung des öffentlichen Auftrags absichern, indem die lokal verwurzelte Sparkasse ihr Kapital primär zur Unterstützung der einheimischen Unternehmen (vornehmlich dem Mittelstand) und der ansässigen Bevölkerung (speziell wirtschaftlich schwächeren Bevölkerungskreise) zur Verfügung stellen soll. Dementsprechend skizziert § 2 Abs. 1, 2 SpkG NRW die Sparkassenaufgabe. Dieser Zweck wurde bereits durch § 4

146 *Löwer,* JA 1981, 123 (123).

147 § 3 SpkG NRW, § 5 SpkG MV, § 1 BlnSpkG, § 5 BbgSpkG, § 5 SpkG-LSA, § 6 SpKG Thüringen.

148 So aber *OVG SL,* DÖV 1970, 610 (611).

149 *Stern/Nierhaus,* Das Regionalprinzip, S. 11; *Schepers,* Internet-Banking, S. 87 f.; *OVG NRW,* Sparkasse 1966, 148 (152).

150 Zum Grundsatz der fortwährenden Bindung an Grundrechte und das Demokratieprinzip, *BVerfG,* Urt. v. 28.2.1961 – 2 BvG 1, 2/60 –, in: BVerfGE 12, 205 (206).

SpkG NRW[151] von 1970 deutlich. Demzufolge heißt es in der Einzelbegründung zu Art. 1 Nr. 4, dass der öffentliche Auftrag der Sparkassen und ihre Bindung an den Gewährträger herausgestellt werden sollen.[152] Zusätzlich minimiert die örtliche Bindung das wirtschaftliche Risiko, indem u. a. das Kreditgeschäft im Geschäftsgebiet besser bewertet und abgeschätzt werden kann, als außerhalb des Gemeindesektors. Lediglich vor Ort haben die Sparkassen einen Informationsvorsprung durch Dezentralität und Präsenz.[153]

2. Aufgabenabstimmung

Das Regionalprinzip unterstützt die sachliche und räumliche Arbeitsaufteilung im Verbund und schützt i. V. m. dem Subsidiaritätsprinzip die Existenz der einzelnen Sparkasse.[154] Die Koordination der horizontalen Zusammenarbeit im Verbund ist aufgrund der zahlreichen rechtlich und wirtschaftlich selbstständigen Verbundpartner notwendig.

III. Geltungsumfang des Regionalprinzips

Das Regionalprinzip bindet nur die öffentlich-rechtlichen Sparkassen, andere Verbundunternehmen und freie Sparkassen werden weder direkt noch analog erfasst.[155] Eine analoge Anwendung kommt mangels vergleichbarer

---

151 § 4 SpkG NRW: »Die Sparkassen dienen der kreditwirtschaftlichen Versorgung der Bevölkerung des Geschäftsgebietes und ihres Gewährträgers. Zu ihren Aufgaben gehört es insbesondere, den Sparsinn und die Vermögensbildung zu fördern. Die Kreditversorgung dient v. a. der Kreditausstattung des Mittelstandes sowie der wirtschaftlichen schwächeren Bevölkerungskreise.«

152 LT-Drucks. Nr. 1466, 6. Wahlperiode, S. 20.

153 *Langenschied,* Der Sparkassenverbund, S. 134; *Münstermann,* Der Städtetag 2001, 19 (21); *Deutsche Bundesbank,* Bericht zur Stabilität des dt. Finanzsystems, Monatsbericht Dezember 2003, S. 47; *Henneke,* Kommunale Sparkassen, S. 104; *Berndt,* Sparkasse 2001, 58 (62); *Ehlers/Schepers,* Der Landkreis 2002, 590 (591).

154 *Grichnik/Börner,* Bankwirtschaftliche Verbundsysteme, S. 3.

155 § 3 Abs. 3 SpkG NRW, dessen Wortlaut sich ausdrücklich nur auf die Sparkassen bezieht. *BVerwG,* Urt. v. 14.2.1984 – 1 C 81/78 –, in: NVwZ 1987, 221 (221: »Die mögliche Einflußnahme der Länder auf die Organisation und die Tätigkeit freier öffentlicher Sparkassen ist durch die auf dem Gebiet des Bankwesens (Art. 74 Nr. 11 GG) erlassene bundesrechtliche Vorschrift des § 24 Abs. 1 Nr. 7 KWG und durch die auf dem Gebiet des bürgerlichen Rechts (Art. 74 Nr. 1 GG) als Bundesrecht gem. den Art. 123 Abs. 1, 125 Nr. 1 GG fortgeltenden Vorschriften der § 1807 Abs. 1 Nr. 5 BGB, Art. 99 EGBGB für den von diesen Vorschriften jeweils erfaßten Regelungsbereich abschließend geregelt.« Somit bestehen keine Regelungsbefugnisse zur Ausgestaltung des Regionalprinzips für freie Sparkassen. Eine

Interessenlage überörtlicher Verbundpartner nicht in Betracht.[156] Allein die Sparkassen sind als kommunale Einrichtungen errichtet und unterliegen dem kommunalen Selbstverwaltungsrecht des Art. 28 Abs. 2 GG. Die Verbundpartner sollen vielmehr gerade dort einspringen, wo die Sparkasse rechtlich nicht mehr agieren darf.

Da das Regionalprinzip das wirtschaftliche Handeln der Sparkassen nicht strikt auf das Geschäftsgebiet des Trägers beschränkt, verbleibt die Möglichkeit von geringem Restwettbewerb. Dieser ist in Anbetracht der lokal hohen Marktstellung kartellrechtlich besonders schützenswert.[157]

1. Restwettbewerb im Aktivgeschäft

Ungeachtet des Regionalprinzips gibt es im Aktivgeschäft Restwettbewerb zwischen den Sparkassen.[158]

a) Gesetzliche Ausnahmen und Gebietsgrenzen

Die örtliche Radizierung durch das Regionalprinzip beschränkt vor allem die Kreditvergabe sowie die Beteiligung an Unternehmen und Einrichtungen (§ 3 SpkG NRW).[159] Die Kreditvergabe und sonstige Anlagengeschäfte (Wertpapiergeschäft und Beteiligungen an Unternehmen) gehören zum Aktivgeschäft.[160] Demnach können u. a. Kredite nur an Personen vergeben werden, die ihren Wohnsitz oder gewerbliche Niederlassung im Satzungsgebiet der Sparkasse haben. Von diesem Grundsatz hat der Landesgesetzgeber Ausnahmen geschaffen.[161] Dementsprechend folgt die Kreditvergabe im SpkG NRW einer ausführlich gestuften Regelung. Je weiter entfernt die Kreditvergabe vom Satzungsgebiet ist, desto höher sind die einschränkenden

---

freiwillige Verpflichtung der Einhaltung regionaler Grenzen ist hingegen möglich und in der Praxis anzutreffen.

156 Ausführlich *Wittmann,* Der Sparkassenverbund, S. 103 ff. Speziell in Bezug auf die Landesbanken; s. *Staats,* Fusionen, S. 97 f.

157 A. A. *Schepers,* Internet-Banking, S. 254 f. Allgemein zur Zulässigkeit von Wettbewerb zwischen öffentlich-rechtlichen Einrichtungen *Musil,* Wettbewerb in der staatlichen Verwaltung; speziell zur Konkurrenzsituation zwischen Sparkassen *Kolm,* Regionalprinzip, S. 130 ff.

158 *Stern/Nierhaus,* Das Regionalprinzip, S. 72 ff.; *Klein,* Privatisierung der Sparkassen, S. 112; *Güde,* Geschäftspolitik der Sparkassen, S. 43 ff.

159 Zu den Grenzen des Regionalprinzips *Stern/Nierhaus,* Das Regionalprinzip, S. 72 ff.; *Raskin,* Das Regionalprinzip, S. 71 ff.

160 *Stern/Nierhaus,* Das Regionalprinzip, S. 202.

161 Etwa § 1 Abs. 2 SpkG NRW.

Auflagen.[162] Weiter findet die räumliche Einschränkung u. a. keine Anwendung bei Anlagen in Finanzinstrumenten im Sinne des § 1 Abs. 11 S. 1 KWG (u. a. Wertpapiere, Geldmarktinstrumente, Devisen, Rechnungseinheiten und Derivate) sowie bei der Kreditvergabe an ein inländisches öffentlich-rechtliches Kreditinstitut, eine inländische Sparkasse in privater Rechtsform oder an andere Kreditinstitute und Finanzdienstleistungsinstitute im Sinne des § 1 Abs. 1b KWG, das der internationalen Sparkassenorganisation angehört.[163] Eine Erweiterung des Satzungsgebiets ist zudem bei nachweislicher enger Verflechtung mit benachbarten inländischen Gebieten zulässig (§ 3 Abs. 5 S. 1 SpkG NRW). Die Wirksamkeit der Erweiterung hängt jedoch von strengen Regeln ab. Es bedarf der Zustimmung der dadurch räumlich betroffenen anderen Sparkassen und deren Träger sowie der Genehmigung der Aufsichtsbehörde. Dadurch kann Wettbewerb vor allem in grenznahen Gebieten (Gemeinde-, Stadt- oder Kreisgebietsgrenze) durch Träger- und Satzungsgebietsüberschneidungen entstehen. Möglich ist Wettbewerb unter den Sparkassen auch bei Berufspendlern, die in ihrem Heimatort ihre Hausbankverbindung haben und am Berufsort ebenfalls Bankgeschäfte jeglicher Art tätigen möchten.[164]

b) Kundenbetreuung nach Umzug

Darüber hinaus soll eine Betreuung durch die ehemalige Sparkasse nach einem Umzug des Kunden in ein anderes Sparkassengebiet auf dessen Wunsch weiterhin zulässig sein.[165] Dem ist, zumindest in diesem Umfang, zu widersprechen. Die Kreditvergabe an einstige Gebietsansässige ist zeitlich und sachlich zu limitieren. Sachlich muss ein Anknüpfungspunkt zu dem vorherigen Kreditinstitut bestehen, sodass neue Kreditvergaben unzulässig sind. Weiterhin ist auch eine zeitliche Einschränkung notwendig, die jedoch vom Einzelfall abhängig ist. Bei der Abwägung sind die risiko-

---

162 Eine Kreditvergabe außerhalb des Trägergebiets und innerhalb Deutschlands ist ausnahmsweise zulässig (§ 3 Abs. 1 lit. b) SpkG NRW). Innerhalb der EU und der Schweiz nur unter der Einschränkung, dass die Sparkasse das Kreditgeschäft weiterhin überwiegend innerhalb des Träger- und Satzungsgebiets betreibt und insoweit die regionale Aufgabenerfüllung als Schwerpunkt erhalten bleibt (s. § 3 Abs. 1 lit. c) SpkG NRW). Internat. Kredite dürfen nur vergeben werden, wenn sie in unmittelbarem Zusammenhang mit der kreditwirtschaftlichen Versorgung der Bevölkerung und der Wirtschaft im Satzungsgebiet steht (Anknüpfungsgrundsatz).

163 § 3 Abs. 2 SpkG NRW.

164 Außerdem bei Touristen oder Durchreisenden, *Schmidt,* Wissen für Verwaltungsräte, S. 109.

165 I. d. S. *Raskin,* Das Regionalprinzip, S. 112, 274.

begrenzende Funktion des Regionalprinzips sowie die Aufgabe der kreditwirtschaftlichen Versorgung der örtlichen Bevölkerung und Wirtschaft zu beachten. Unzulässig ist ebenfalls, dass sich die ehemals zuständige Sparkasse weiterhin aktiv um den weggezogenen Kunden bemüht. Eine solche Geschäftstätigkeit würde gegen das Regionalprinzip verstoßen, da die Sparkasse bei jeder Werbung um Neukunden sowie zum Erhalt des Kundenstamms auf das jeweilige Geschäftsgebiet beschränkt ist.[166]

c) Online-Banking

Das Online-Angebot der Sparkassen reicht von Echtzeitüberblicken über den Finanzstatus bis hin zu Geldtransaktionen (Überweisungen oder der Handel mit Wertpapieren, insbesondere über den gemeinsam errichtetet Online-Broker der Sparkassen-Finanzgruppe S-Broker für die elektronische Abwicklung von Wertpapiergeschäften). Allerdings ist die Sparkasse auch bei geschäftlichen Tätigkeiten im Internet auf das Gebiet ihres Trägers beschränkt, sodass eine räumliche Ausweitung durch das Online-Angebot aufgrund des Regionalprinzips nicht zulässig ist.[167] Die Sparkassen müssen sich auch bei technischen Veränderungen an die gesetzlichen Vorgaben halten, da ein beliebiges Aufweichen der Grenzen des Regionalprinzips seinem Charakter als wesentliches Ordnungsmerkmal widerspricht.[168] Aufgrund dessen ergeben sich gegenüber den herkömmlichen Vertriebswegen keine Besonderheiten, sodass ein zusätzlicher Wettbewerb durch das Internetangebot der Sparkassen nicht entsteht.

2. Restwettbewerb im Passivgeschäft

Das Passivgeschäft dient der Refinanzierung durch Aufnahme von Kapital durch die Sparkassen. Dazu zählen insbesondere das Einlagengeschäft

166 So bestimmte § 3 Abs. 6 SpkVO NRW, dass die eigene Werbung und Akquisition, soweit tatsächlich möglich, im Inland auf das jeweilige Geschäftsgebiet beschränkt sein müsse. Die SpkVO NRW ist mit Wirkung v. 29.11.08 durch § 45 S. 2 SpkG NRW v. 18.11.08 (GV. NRW S. 696) aufgehoben worden. Eine Rechtsänderung ist nicht eingetreten; s. 5. Kap. B I 1.

167 *Henneke,* Kommunale Sparkassen, S. 104 f.; *Schepers,* Internet-Banking, S. 161 ff; *Ehlers/Schepers,* Der Landkreis 2002, 590 (592); a. A. *Raskin,* Das Regionalprinzip, S. 274.

168 *Ehlers/Schepers,* Der Landkreis 2002, 590 (592); *Schepers,* Internet-Banking, S. 136. *Oebbecke,* ZHR 164, 373 (393), betont, dass Lockerungen der gebietlichen Beschränkungen Rechtfertigungsprobleme auch im Hinblick auf das europäische Wettbewerbsrecht auslösen können.

(Annahme kurz- und mittelfristiger Einlagen sowie Spareinlagen) und die Aufnahme von Geldern am Geldmarkt (u. a. die Ausgabe von Bankaktien, Schuldverschreibungen, Genussscheinen, Pfandbriefen, Kommunalobligationen sowie Kassenobligationen).[169] Die Sparkassen sind durch ihren öffentlichen Auftrag verpflichtet, Spareinlagen von jedermann ohne Gebietsbeschränkungen anzunehmen (Kontrahierungspflicht nach § 5 Abs. 1 SpkG NRW). Daher besteht auch im Passivgeschäft Restwettbewerb zwischen den Sparkassen, indem der Kunde die Wahlfreiheit hat, zu welchem Institut er seine Spareinlagen bringen möchte.

169 http://bit.ly/n2c1ls.

3. Kapitel: Grundlagen des Kartellrechts

A. Der Begriff des Wettbewerbs

Das GWB, der Vertrag über die Arbeitsweise der Europäischen Union (AEUV) und der Vertrag über die Europäische Union (EU) enthalten aufgrund der Schwierigkeit, den Wettbewerb erschöpfend und zugleich aussagekräftig zu definieren, keine Legaldefinition des Wettbewerbsbegriffs oder eine eindeutige Festlegung auf ein wettbewerbstheoretisches Modell. Die einschlägigen Normen nähern sich dem Begriffsverständnis, indem sie negativ die Voraussetzungen einer Wettbewerbsverfälschung umschreiben. Bei der Rechtsauslegung und Rechtsanwendung sind daher stets die im Einzelfall maßgeblichen Aspekte und die Ziele der Verträge bzw. des Gesetzes zu berücksichtigen. Zu den tragenden Leitgedanken gehört eine offene Marktwirtschaft mit freiem unverfälschtem Wettbewerb (Art. 3 Abs. 1 lit. b) AEUV; Art. 119 Abs. 1 AEUV, Art. 120 AEUV, Art. 3 Abs. 3 EU und Protokoll 27).[170] Verallgemeinernd ist charakteristisch für einen funktionierenden Wettbewerb, dass es Märkte mit mindestens zwei Anbietern oder Nachfragern gibt, die versuchen ihre Marktposition zu Lasten der anderen zu verbessern.[171] Damit wird der Wettbewerbsprozess umfassend geschützt. Denn sowohl der Angebots- als auch der Nachfragewettbewerb werden einbezogen.[172]

---

170 S. bereits *EuGH,* Urt. v. 13.2.1979 – Rs. 85/76 (»Hoffmann – La Roche«) –, in: Slg. 1979, 461 (Rn. 132). Die Protokolle haben denselben rechtlichen Status wie die Verträge (Art. 51 EUV). Die noch in Art. 3 Abs. 1 lit. g) EG a. F. erwähnte Aufgabe der Gemeinschaft, ein System zu errichten, das den Wettbewerb innerhalb des Binnenmarkts vor Verfälschungen schützt, ist mit dem zum 1.12.2009 in Kraft getretenen Lissabon-Vertrag entfallen. Die Streichung beruht auf einer Anregung des französischen Staatspräsidenten, der damit die Hoffnung verband, die hohe Bedeutung des Wettbewerbs in der EU zu verringern.

171 *Kling/Thomas,* Kartellrecht, § 1, Rn. 16. Ähnlich die Begriffsbestimmung der RegBegr. zum GWB aus dem Jahr 1952, die allerdings nur den Angebotswettbewerb berücksichtigte (»das Bestreben […], durch eigene Leistung, die nach Qualität oder Preis besser ist als die Leistung anderer Unternehmen, den Verbraucher zum Abschluss eines Vertrages zu veranlassen.«); Begr. GWB, BT-Drucks. 2/1158, S. 31.

172 Dass auch der Nachfragewettbewerb geschützt wird, ist spätestens seit Einführung von § 5c GWB a. F. durch die 5. GWB-Novelle anerkannt; Gesetzesbegr. 5. GWB-Novelle, BT-Drucks. 11/4610, S. 14 f.; *KG,* Beschl. v. 26.2.1986 – 1 Kart 7/85 –, in: WuW/E OLG 3731 (3741); *BGH,* Urt. v. 13.12.1983 – KZR 10/83 –, in: WuW/E BGH 2049 f. Von einem »Wettbewerbsschutz in alle Richtungen« spricht daher

Neben dem aktuellen Wettbewerb ist auch der potentielle Wettbewerb geschützt.[173] Das bedeutet, dass eine tatbestandsmäßige Verhaltensweise ebenso vorliegen kann, wenn die Absprache den Wettbewerb zwischen potentiellen Wettbewerbern beschränkt. Ein Unternehmen ist als potenzieller Wettbewerber zu qualifizieren, wenn die Wahrscheinlichkeit besteht, dass es ohne die Vereinbarung im Fall einer geringen, aber dauerhaften relativen Preiserhöhung kurzfristig die zusätzlichen Investitionen tätigen würde, die erforderlich wären, um in den relevanten Markt einzutreten.[174] Entscheidend ist die sofortige Substituierbarkeit auf der Angebotsseite. Für die Einschätzung müssen konkrete Anhaltspunkte vorliegen; eine rein theoretische Möglichkeit des Marktzutritts reicht nicht aus.[175]

Der Wettbewerb ist dabei besonders schutzbedürftig, je weniger Wettbewerb auf einem Markt vorhanden ist. Dieser (wettbewerbspolitische) Entschluss ist vor allem bei der Untersagung von Unternehmenszusammenschlüssen gebräuchlich, wenn diese zu einer marktbeherrschenden Stellung führen oder eine solche intensivieren würden.[176] Dabei ist bei vorhandenen Wettbewerbsbeschränkungen der Schutz des Restwettbewerbs besonders nachhaltig zu verfolgen.[177] Insbesondere bei der Beeinträchtigung sensibler wettbewerbsrechtlicher Parameter muss der betroffene Markt zukünftig, auch bei weitgehend erlahmtem Wettbewerb, selbst für geringe Antriebskräfte des

---

Zimmer, Thesen zur Praxistauglichkeit des More Economic Approach, S. 719 (http://bit.ly/hSQM1O).

173 *Komm.,* Entsch. v. 14.7.1986, ABl. Nr. L 236 v. 22.8.1986, S. 30 (36); *Komm.,* Entsch. v. 22.12.1987, ABl. Nr. L 50 v. 24.2.1987, S. 18 (23); *Komm.*, LL zur Anwendbarkeit von Art. 101 AEUV auf Vereinbarungen über horizontale Zusammenarbeit (2011/C 11/01), ABl. C 11/1, Rn. 10.

174 *Komm.*, LL zur Anwendbarkeit von Art. 101 AEUV auf Vereinbarungen über horizontale Zusammenarbeit (2011/C 11/01), ABl. C 11/1, Rn. 10. Der von der Komm. festgelegte maximale Zeitraum beträgt in Anlehnung an Art. 1 Abs. 1 t) F&E-GVO u. Art. 1 Abs. 1 n) Spezialisierungs-GVO 3 Jahre; kritisch dazu *Gehring/Mäger,* DB 2011, 398 (400).

175 *EuG,* Urt. v. 15.9.1998 – verb. Rs. T-374/94, T-375/94, T-384/94, T-388/94 (»European Night Services«) –, in: Slg. 1998, II-3141 (Rn. 137); *Komm.*, LL zur Anwendbarkeit von Art. 101 AEUV auf Vereinbarungen über horizontale Zusammenarbeit (2011/C 11/01), ABl. C 11/1, Rn. 10.

176 *Mestmäcker/Veelken,* in: Immenga/Mestmäcker (Hrsg.), Wettbewerbsrecht, Vor § 35, Rn. 36.

177 St. Rspr. *EuGH,* Urt. v. 11.9.2003 – Rs. C-207/01 (»Altair Chimica SpA«) –, in: Slg. 2003, I-8875 (Rn. 31).

Wettbewerbs, speziell des Preiswettbewerbs, offen gehalten werden.[178] Demnach ist bereits eine Dämpfung des Wettbewerbs als Wettbewerbsbeschränkung im Sinne des Kartellrechts ausreichend. Denn je stärker die Stellung der Unternehmen im räumlich relevanten Markt ist, desto geringer braucht die Schwächung des Restwettbewerbs auszufallen.[179]

Im deutschen Bankensektor besteht einerseits Gruppenwettbewerb zwischen den öffentlichen-rechtlichen Sparkassen, den genossenschaftlichen und den privaten Banken. Dabei besteht Grund zu der Annahme, dass sich der Wettbewerbsdruck auf die Sparkassen-Finanzgruppe weiter verstärken wird, denn die Finanzkrise löste bei vielen privaten Banken eine Rückbesinnung auf das Retailbanking – insbesondere das traditionelle Einlagengeschäft sowie die Kreditvergabe (Brot- und Buttergeschäft) – aus. Diese Geschäftsfelder gehören traditionell zum Kerngeschäft der Sparkassen. Erschwerend kommt die prognostizierte niedrige Wachstumsrate mit einem jährlichen Plus von 1,3 Prozent im Privatkundengeschäft hinzu. Das Ertragsziel im deutschen Privatkundengeschäft wird bis 2014 von 61,7 Milliarden EUR lediglich auf 65,9 Milliarden EUR anwachsen, was einem schrumpfenden Ertragsvolumen um 11 Prozent auf 16,9 Milliarden EUR im Jahr 2014 entspricht.[180] Überdies besteht interner Wettbewerb innerhalb der jeweiligen Bankengruppe.[181] Als potentielle interne Wettbewerber können u. a. die Landesbanken und Sparkassen betrachtet werden, insbesondere wenn die Landesbanken weiterhin ihre Geschäftsstrategie an die der Sparkassen anpassen.[182]

B. Die »drei Säulen« des Wettbewerbsrechts

Das deutsche und das europäische Kartellrecht gliedern sich materiellrechtlich in drei Teilgebiete: das Kartellverbot, die Missbrauchsaufsicht und die Zusammenschlusskontrolle. Das Kartellverbot verbietet alle Vereinbarungen zwischen Unternehmen, Beschlüsse von Unternehmensvereinigun-

178 Vgl. *EuGH,* Urt. v. 21.2.1973 – Rs. C-6/72 (»Continental Can«) –, in: Slg. 1973, 215 (246); *BGH,* Beschl. v. 21.2.1978 – KVR 4/77 –, in: WuW/E BGH 1501 (1509).

179 *LG Berlin,* Urt. v. 6.3.2003 – 16 U 78/03 –, in: ZNER 2003, 137 (138); *Säcker/Boesche,* ZNER 2002, 183 (192).

180 Laut einer Studie der Boston Consulting Group ist dies u. a. auf die demographische Entwicklung zurückzuführen; zit. nach *Handelsblatt,* v. 16.9.2010, S. 36.

181 *BKartA,* TB 1976, BT-Drucks. 8/704, S. 91.

182 S. 5. Kap. H I 1.

gen und aufeinander abgestimmte Verhaltensweisen, welche den Handel zwischen den Mitgliedstaaten zu beeinträchtigen geeignet sind und eine Verhinderung, Einschränkung oder Verfälschung des Wettbewerbs innerhalb des Gemeinsamen Marktes bezwecken oder bewirken (Art. 101 AEUV[183] bzw. § 1 GWB). Derartige Absprachen sind grundsätzlich nichtig (Art. 101 Abs. 2 AEUV bzw. §§ 1 GWB i. V. m. 134 BGB). Wettbewerbswidrige Verhaltensweisen können horizontal oder vertikal sein. Letztere sind Vereinbarungen zwischen Unternehmen, die auf unterschiedlichen Produktions- oder Handelsstufen stehen. Seit der 7. GWB-Novelle fallen auch Vertikalvereinbarungen unter den Tatbestand des § 1 GWB, sodass eine Abgrenzung für die Tatbestandseinordnung nicht mehr erforderlich ist. Daneben gibt es das Missbrauchsverbot (Art. 102 AEUV, §§ 19 GWB ff.) sowie die Zusammenschlusskontrolle (europäische FusionskontrollVO 139/2004, §§ 35 ff. GWB). Ersterer sanktioniert den Missbrauch einer marktbeherrschenden Stellung durch ein oder mehrere Unternehmen. Die Zusammenschlusskontrolle dient der Kontrolle von Unternehmenskonzentrationen.

Die Festlegung der Gebietsgrenzen durch das Regionalprinzip kann eine wettbewerbsbeschränkende Vereinbarung darstellen und damit unter die erste Säule fallen. Auch die im Rahmen der Verbundzusammenarbeit getroffenen Absprachen könnten wettbewerbswidrige Vereinbarungen zwischen Unternehmen, Beschlüsse von Unternehmensvereinigungen oder aufeinander abgestimmte Verhaltensweisen unter den Kartellverbotstatbestand darstellen. In Betracht kommen jedoch auch bei Vorliegen entsprechender Marktmacht Verstöße gegen den Missbrauchstatbestand.[184]

---

183 Mit Wirkung v. 1.12.2009 ist an die Stelle des Art. 81 EG Art. 101 AEUV getreten, wobei beide Normen im Wesentlichen identisch sind. Der AEUV hat einige terminologische Änderungen erfahren, u. a. die Ersetzung von »Gemeinschaft« durch »Union« oder »Gemeinsamer Markt« durch »Binnenmarkt«.

184 Dazu s. Sperrung von Geldautomaten 5. Kap. D II 2.

C. Verhältnis des europäischen Kartellrechts zum nationalen Kartellrecht

I. Anwendungsvorrang des europäischen Kartellrechts

Es gibt nur wenige Bestimmungen, die die Relation beider Rechtsordnungen ausdrücklich festlegen.[185] Um Konflikte durch eine parallele Anwendung der Kartellvorschriften zu vermeiden, wurde der Rat dazu ermächtigt, Ausführungsverordnungen oder Richtlinien zur Regelung des Verhältnisses festzulegen (Art. 103 Abs. 2 lit. e) AEUV). Demzufolge hat er die VO Nr. 1/2003[186] zur Durchführung der Wettbewerbsvorschriften erlassen, die, wie jede Verordnung im Sinne des Art. 288 Abs. 2 AEUV, unmittelbar in allen Mitgliedstaaten gilt.[187] Damit wurde der allgemeine Grundsatz des Anwendungsvorrangs im Kartellrecht explizit ausformuliert.[188] Nach Art. 3 Abs. 2 S. 1 KartellverfahrensVO sind Art. 101 und 102 AEUV

185 Art. 21 Abs. 3 FusionskontrollVO bestimmt, dass die Mitgliedstaaten bei einer Fusionskontrolle ihr innerstaatliches Wettbewerbsrecht nicht auf Zusammenschlüsse von gemeinschaftsweiter Bedeutung anwenden dürfen.

186 VO Nr. 1/2003 v. 16.12.2002 zur Durchführung der in den Art. 81, 82 des Vertrags niedergelegten Wettbewerbsregeln, ABl. L Nr. 1 v. 4.1.2003, S. 1 ff. (im Folgenden: KartellverfahrensVO).

187 *Herdegen,* Europarecht, § 8, Rn. 35.

188 Allgemein zum Grundsatz des Anwendungsvorrangs des Unionsrechts *EuGH,* Urt. v. 15.7.1964 – Rs. 6/64 (»Costa/ENEL«) –, in: Slg. 1964, 1251 (1269 ff.), wobei der EuGH von einem strikten Vorrang des Unionsrechts ausgeht und dies mit der Eigenständigkeit des Unionsrechts sowie mit dem Prinzip der Sicherung der Funktionsfähigkeit der Union begründet. Daneben wird zur Begründung Erklärung Nr. 17 zum Lissabon-Vertrag herangezogen. Danach haben die Verträge und das von der Union auf der Grundlage der Verträge gesetzte Recht im Einklang mit der ständigen Rechtsprechung des EuGH Vorrang vor dem Recht der Mitgliedstaaten. Die Mitgliedstaaten anerkennen den Grundsatz des Vorrangs des Unionsrechts (s. für Deutschland *BVerfG,* Beschl. v. 9.6.1971 – 2 BvR 255/69 –, in: BVerfGE 31, 145 (174); vgl. für andere Mitgliedstaaten *Ehlers,* in: Schulze/Zuleeg/Kadelbach, Europarecht, § 11, Rn. 29). Allerdings begründen sie diesen anders. Das BVerfG versteht das Unionsrecht als Völkerrecht besonderer Art, das seinen Ursprung in den völkerrechtlichen Verträgen der Mitgliedstaaten hat. Dementsprechend gilt es im innerstaatlichen Recht aufgrund des im Zustimmungsgesetz zu den europäischen Verträgen innewohnenden Rechtsanwendungsbefehls; s. auch *Ehlers,* JURA 2011, 187 (187 f.) mit weiteren Nachweisen zu vergleichbaren Ansichten von Gerichten in anderen Mitgliedstaaten. Der Erklärung Nr. 17 zum Vertrag von Lissabon kommt nach Ansicht des BVerfG keine Bedeutung zu (*BVerfG,* Urt. v. 30.6.2009 – 2 BvE 2, 5/08, 2 BvR 1010, 1022, 1259/08, 182/09 –, in: BVerfGE 123, 267 (331). Trotz der divergierenden Begründungsansätze ist der Vorrang des Unionsrechts nahezu immer einschlägig, denn das BVerfG stellt hohe Anforderungen an das Eingreifen einer Ausnahme (Grenze des Nichtübertragenen und Nichtübertragbaren); s. *Ehlers,* JURA 2011, 187 (189 ff.).

primär anzuwenden und verdrängen damit die nationalen Vorschriften (Grundsatz des erweiterten Anwendungsvorrangs). Ein Nebeneinander kommt nur in Betracht, wenn das nationale Wettbewerbsrecht die einheitliche Anwendung des Unionskartellrechts und dessen volle Wirksamkeit auf dem gemeinsamen Markt nicht beeinträchtigt.[189] Überdies gilt der Anwendungsbereich des Art. 102 AEUV insoweit nicht, als strengeres nationales Recht erlaubt ist (Art. 3 Abs. 2 S. 1 KartellverfahrensVO). Im nationalen Recht bestimmt § 22 GWB im Einklang mit Art. 3 KartellverfahrensVO die Rangordnung.

II. Harmonisierung beider Rechtsordnungen und Ergebniskongruenz

Die KartellverfahrensVO hat entscheidend zur Angleichung beider Rechtsordnungen geführt, da insbesondere durch Art. 3 KartellverfahrensVO ein dringender Bedarf bestand, die nationalen Wettbewerbsvorschriften anzupassen.[190] Angesichts der fortschreitenden Integration des europäischen Binnenmarkts hat der Gesetzgeber das GWB 2005 grundlegend novelliert. Die 7. GWB-Novelle[191] führte zur Harmonisierung beider Rechtsordnungen mit dem Ziel, gleiche Wettbewerbsbedingungen und faire Voraussetzungen (»level playing fields«) für Unternehmen zu schaffen.[192] Dafür sollen u. a. Regelbeispiele und die Rechtsanwendungspraxis des Art. 101 AEUV bei der Auslegung und Anwendung des § 1 GWB unterstützend herangezogen werden.[193] Die Angleichung machte es überdies notwendig, nationale Sonderausnahmen zu streichen, sodass die Bereichsausnahme in § 102 GWB a. F. aufgehoben wurde und Privilegien von Banken- und Kreditinstitutskooperationen entfielen.[194] Den Mitgliedstaaten ist es weiterhin unter Beachtung des Verhältnismäßigkeitsgrundsatzes erlaubt, in ihrem Hoheitsgebiet strengere Vorschriften zur Unterbindung oder Ahndung einseitiger Handlungen von Unternehmen zu erlassen und anzuwenden (Art. 3 Abs. 2 S. 2 KartellverfahrensVO). Doppelte Sanktionen sind daher bei paralleler

---

189 *EuGH,* Urt. v. 13.2.1969 – Rs. 14/68 (»Walt Wilhelm«) –, in: Slg. 1969, 1 (Rn. 4).

190 *Krimphove,* Finanz-Betrieb 2008, 9 (9); *Lettl,* WM 2005, 1585 (1585).

191 GWB v. 15.7.2005, BGBl. I, S. 3367.

192 *Pischel,* EuZW 2005, 459 (464).

193 Gesetzesbegr. GWB-Novellierung, BT-Drucks. 15/3640 v. 12.8.2004, S. 23 ff.; Zimmer, in: Immenga/Mestmäcker (Hrsg.), Wettbewerbsrecht, § 1, Rn. 4 ff.

194 Näher zu § 102 GWB a. F. s. 3. Kap. D I.

Anwendung unter Beachtung des Grundsatzes der Verhältnismäßigkeit möglich.[195]

Die Möglichkeit, Kompetenzverstöße allein auf Grundlage des nationalen Kartellrechts zu ahnden, ist auf diejenigen Fälle beschränkt, die den zwischenstaatlichen Handel nicht spürbar beeinträchtigen.[196] Diese dürften angesichts zunehmender Globalisierung in sämtlichen wirtschaftlichen und gesellschaftlichen Bereichen immer seltener werden.

III. Paradigmenwechsel: Vom Grundsatz des Verbots mit Erlaubnisvorbehalt zum Prinzip der Legalausnahme

Eine wichtige Erneuerung ist der Wechsel vom Grundsatz des Verbots mit Erlaubnisvorbehalt zum Prinzip der Legalausnahme. Danach besteht keine Möglichkeit mehr, Absprachen durch behördliche Prüfung freistellen zu lassen.[197] Vielmehr sind sie ex lege freigestellt, sofern die Tatbestandsvoraussetzungen (§§ 2 und 3 GWB, Art. 101 Abs. 3 AEUV) erfüllt sind. Der Paradigmenwechsel sollte vor allem zu einer Entbürokratisierung und Entlastung der Wettbewerbsbehörden durch Wegfall von Einzelfallprüfungen beitragen.[198] Die Kommission sollte sich durch die dezentralisierte Anwendung der wettbewerbsrechtlichen Vorschriften, zunehmend auf die Verfolgung der schwerwiegenden Verstöße konzentrieren können.[199] Nachteil des Paradigmenwechsels ist vor allem die für die betroffenen Unternehmen entstehende Rechtsunsicherheit.[200] In der Finanzwirtschaft müssen die Kreditinstitute und insbesondere ihre Verbände einschätzen, ob ihre Kooperationen mit dem Kartellrecht vereinbar sind.

D. Keine Bereichsausnahmen für die Kreditwirtschaft

Eine spezielle Bereichsausnahme für die Finanzbranche gibt es weder im europäischen noch im nationalen Wettbewerbsrecht. Im Zuge der Verab-

---

195 Art. 3 Abs. 1 KartellverfahrensVO (Grundsatz der parallelen Anwendbarkeit).

196 Vgl. Gesetzesbegr. GWB-Novellierung, BT-Drucks. 15/3640 v. 12.8.2004, S. 21; *Lettl*, WM 2004, 1585 (1585).

197 Art. 1 Abs. 1 und 2 KartellverfahrensVO. Dazu s. auch *Röhling*, GRUR 2003, 1019 (1020).

198 Vgl. Gesetzesbegr. GWB-Novellierung, BT-Drucks. 15/3640 v. 12.8.2004, S. 21.

199 Erwägungsgrund 3 und 4 KartellverfahrensVO.

200 *Frenz/Ehlenz*, EuR 2010, 490 (492); *Lettl*, WM 2004, 1585 (1585 ff.).

schiedung des GWB[201] 2004 sind ausnahmslos alle traditionellen Privilegierungen für Kooperationen in der Kreditwirtschaft aufgehoben worden.

I. Wegfall der nationalen Bereichsausnahmen für die Kreditwirtschaft

Die alte Bereichsausnahme, die bereits 1957 in das GWB eingeführt worden war, privilegierte die Banken- und Versicherungsbranche. Dementsprechend wurden Verhaltensweisen, wie Absprachen, Empfehlungen und vertikale Preisbindungen, die in anderen Wirtschaftszweigen verboten waren, partiell dem Wettbewerbsprinzip entzogen. Für Verträge, Beschlüsse und Empfehlungen, die dem Verdikt des Missbrauchs unterlagen, bestand lediglich nach § 102 S. 2 GWB a. F. (1957) eine Meldepflicht. Sie mussten der Bankenaufsicht angezeigt werden, die diese dann an das Bundeskartellamt weitergab. Begründet wurde die gesetzliche Sonderregelung für die Kreditwirtschaft mit der zentralen Bedeutung des Kreditgewerbes für die Gesamtwirtschaft. Die Stabilität der Währung habe einen höheren gesamtwirtschaftlichen Rang als ein ungezügelter Wettbewerb.[202] Die überwiegende Anzahl der angemeldeten Freistellungen unter der Fassung des § 102 GWB a. F. (1957/1980) dienten der Vereinheitlichung von kundenbezogenen Tätigkeiten.[203] Dazu gehörten u. a. AGB-Verbandsempfehlungen[204] sowie Vereinbarungen über Gebühren, Provisionen[205] und Höchstzinssätzen bei Habenzinsen[206]. Daneben wurden technische Absprachen zur Formalisierung

201 GWB v. 15.7.2005, BGBl. I, S. 3367 (i. d. F. v. 21.12.2006, BGBl. I, S. 2114).

202 Ausführlich zur Entstehungsgeschichte des § 102 GWB a. F. und den politischen Hintergründen für die Aufnahme einer Bereichsausnahme, *Renken,* Die Zusammenarbeit der Kreditinstitute nach deutschem und europäischem Kartellrecht; *Kiecker,* in: Wiedemann (Hrsg.), Kartellrecht, § 33, Rn. 133; RegBegr., BT-Drucks. 7/3206, Rn. 54 ff.

203 Reg.-Bericht über die GWB-Ausnahmebereiche 1975, BT-Drucks. 7/3206, S. 21.

204 *BKartA,* TB 1974, BT-Drucks. 7/3791, S. 81 (Anmeldung der empfohlenen Neufassung der Sparkassen-, Volksbanken- und Raiffeisenbanken-AGB durch die jeweiligen Spitzenverbände); *BKartA,* TB 1978, BT-Drucks. 8/2980, S. 90 (Änderung der empfohlenen AGB aufgrund des neuen AGB-Gesetzes); *BKartA,* TB 1983/1984, BT-Drucks. 10/3550, S. 109. Alle Überarbeitungen wurden durch das BKartA zugelassen, solange sie den Vorgaben des AGB-Gesetzes entsprachen.

205 *BKartA,* TB 1976, BT-Drucks. 8/704, S. 92 (Empfehlung des DSGV einheitliche Grundsätze für den Umzug-Service beim Kundenwohnsitzwechsel zu verwenden).

206 *BKartA,* TB 1975, BT-Drucks. 7/5390, S. 84 (Anmeldung einer Empfehlung für Spareinlagen- und Althypothekenzinsen sowie einer Zinsempfehlung des Bundesverbands Deutscher Volksbanken und Raiffeisenbanken e.V.); *BKartA,* TB 1979/1980, BT-Drucks. 9/565, S. 104 (u. a. Anmeldung von Empfehlungen des DSGV für Spareinlagen- und Kreditzinsen); *BKartA,* TB 1987, BT-Drucks. 8/2980, S. 90

der Geschäftsabwicklungen, vornehmlich im Massengeschäft, zwischen den Bankinstituten angemeldet.[207] Viele dieser Bereichsausnahmen sind bereits durch die 5.[208] und 6. GWB-Novelle[209] aufgehoben worden, wobei weiterhin technische Absprachen, u. a. Abkommen im Zahlungsverkehr, möglich blieben.[210] Die 7. GWB-Novelle beseitigte den Ausnahmetatbestand und § 29 GWB a. F. Nach § 29 Abs. 2 S. 2 GWB a. F. waren insbesondere im Konsortialgeschäft kartellrechtliche Sonderregelungen möglich. Der inzwischen mit Wirkung zum 1.1.2008 wiedereingeführte § 29 GWB betrifft die Missbrauchsaufsicht im Elektrizitäts- und Gasmarkt.

II. Keine europäische Gruppenfreistellungsverordnung

Die europäischen Gruppenfreistellungsverordnungen sind aufgrund der dynamischen Verweisung in § 2 Abs. 2 GWB auch national zu berücksichtigen, indem der Anwendungsbereich konstitutiv auf Verhaltensweisen ohne zwischenstaatlichen Bezug ausgeweitet wird.[211] Gruppenfreistellungsverordnungen sind Kommissions-Verordnungen, die unter bestimmten Voraussetzungen Absprachen bestimmter Gruppen für kartellrechtskonform erklären und damit die allgemeinen Freistellungstatbestände (Art. 101 Abs. 3 AEUV sowie § 2 Abs. 1 GWB) konkretisieren. Den Absprachen liegen verwandte Tatbestände zugrunde, die aufgrund vergleichbarer Interessen der Beteiligten, ihrer Wettbewerber sowie der Verbraucher typisierend bewertet werden können.[212] Für die Freistellung von horizontalen Kooperationen sind die Spezialisierungs-GVO für Spezialisierungsvereinbarungen sowie die F&E-GVO für Vereinbarungen in Forschung und Entwicklung besonders

---

(Anmeldung von Sparzinsempfehlungen des DSGV und des Bundesverbands der Deutschen Volksbanken und Raiffeisenbanken). Ab 1980 sind keine Zinsempfehlungen mehr in den TB thematisiert.

207 Dazu gehörte u. a. die Vereinbarung institutsübergreifender Benutzung der Geldautomatensysteme. Durch die freigestellte Vereinbarung konnten die Kunden aller teilnehmenden Kreditinstitute mittels Eurocheque-Karte institutsübergreifend Geld an Geldautomaten abheben; *BKartA,* TB 1979/1980, BT-Drucks. 9/565, S. 105. Näher dazu s. 5. Kap. D.

208 5. Gesetz zur GWB-Änderung v. 22.12.1989, BGBl. I, S. 2486.

209 GWB i. d. F. v. 26.8.1998, BGBl. I, S. 2546.

210 *Emmerich,* WuW 1989, 363 (371).

211 Gesetzesbegr. GWB-Novellierung, BT-Drucks. 15/3640 v. 12.8.2004, S. 44.

212 *Gehring/Mäger,* DB 2011, 398 (399).

hervorzuheben.[213] Für die Freistellung vertikaler Zusammenarbeit ist vor allem die Vertikal-GVO bedeutsam.[214]

Eine unionsrechtliche Gruppenfreistellungsverordnung für die Kreditwirtschaft, vergleichbar mit der sektorspezifischen Gruppenfreistellungsverordnungen für die Versicherungswirtschaft[215], besteht nicht.[216] In Betracht kommt daher lediglich eine Einzelfreistellung nach Art. 101 Abs. 3 AEUV bzw. §§ 2 Abs. 1 und 3 Abs. 1 GWB. Dafür müssen die einzelnen Freistellungsvoraussetzungen vorliegen, andernfalls ist die Vereinbarung nichtig (Art. 101 Abs. 2 AEUV, § 1 GWB i. V. m. § 134 BGB).

E. »More economic approach«

Seit geraumer Zeit verfolgt die Kommission bei der Anwendung und Durchsetzung der europäischen Wettbewerbsregeln anstelle eines rein formaljuristischen Ansatzes einen zunehmend ökonomischeren (»more economic approach«). Dementsprechend verwendet sie in ihren Entscheidungen und Bekanntmachungen vermehrt wirtschaftlich orientierte Bewertungsmaßstäbe. Diese Ökonomisierung wurde auch in den neuen Leitlinien über horizontale Zusammenarbeit fortgeführt.[217]

I. Ziele und Anwendungsbereich

Im Sinne des verfeinerten ökomomoischeren Ansatzes betonte die Kommission, dass der Schutz des Wettbewerbs zum Wohle der Verbraucher und zur effizienten Verteilung der Ressourcen das Hauptziel der Wettbewerbspolitik sei und sie bei der Anwendung der Wettbewerbsvorschriften wirtschaftliche

---

213 Spezialisierung-VO Nr. 1218/2010 v. 14.12.2010, ABl. 2010 Nr. L 335, S. 43; F&E-VO Nr. 1217/2010 v. 14.12.2010, ABl. 2010 Nr. L 335, S. 36.

214 Vertikal-VO Nr. 330/2010 v. 20.4.2010, ABl. 2010 Nr. L 102, S. 1.

215 VO Nr. 267/2010 v. 24.3.2010, ABl. v. 30.3.2010, über die Anwendung von Art. 101 Abs. 3 AEUV auf Gruppen von Vereinbarungen, Beschlüssen und abgestimmten Verhaltensweisen im Versicherungssektor.

216 *EuGH,* Urt. v. 14.7.1981 – Rs. 172/80 (»Züchner/Bayrische Vereinsbank«) –, in: Slg. 1981, 2021 (Rn. 8).

217 Bspw. die koordinierten Effekte, die die Wahrscheinlichkeit v. Kooperationen zwischen am Markt verbliebenen Unternehmen erhöhen (implizite Verhaltensabstimmung): Transparenz, Homogenität v. Produkten und Kosten, fehlende wirksame Abschreckungsmechanismen und unzureichender Außenwettbewerb; *Komm.,* LL zur Anwendbarkeit v. Art. 101 AEUV auf Vereinbarungen über horizontale Zusammenarbeit, ABl. C 11/1, Rn. 65 ff, 80 u. 85.

Erwägungen zugrunde lege.[218] Die ökonomischere Herangehensweise soll die Konsumentenwohlfahrt verbessern und Verbraucherinteressen besser schützen. In der Praxis läuft dies auf eine wirtschaftliche Absicherung von kartellrechtlichen Entscheidungen hinaus.

Die wirtschaftlich geprägte Perspektive ist auf alle drei Säulen des Wettbewerbsrechts in unterschiedlicher Intensität anwendbar.[219] Der Verbotstatbestand des Art. 101 Abs. 1 AEUV soll »den Wettbewerb im Markt schützen, um den Wohlstand der Verbraucher zu fördern und eine effiziente Ressourcenallokation zu gewährleisten. Wettbewerb und Marktintegration dienen diesen Zielen, da die Schaffung und Erhaltung eines offenen Binnenmarktes zu einer effizienten Ressourcenallokation in der gesamten Gemeinschaft zum Wohle der Verbraucher fördert«[220]. Daneben spielt der »more economic approach« vor allem bei der Anwendung des Art. 101 Abs. 3 AEUV eine besondere Rolle.

II. Gegenüberstellung von traditionellem und wirtschaftlicherem Ansatz

Die wirtschaftliche Herangehensweise wird überwiegend im angelsächsischen Recht bevorzugt.[221] Die Unterschiede zwischen beiden Ansätzen liegen vor allem in den verschiedenen Zielvorstellungen. In den angelsächsischen Ländern dominiert das Bestreben, die Konsumentenwohlfahrt zu steigern. Das deutsche Recht geht einen traditionelleren Weg und schützt den Wettbewerb um seiner selbst willen. Dies schließt den Verbraucherschutz allerdings nicht aus.[222] Kartelle, insbesondere Hardcore-Kartelle, sind kartellrechtlich zum Schutz des freien Wettbewerbs untersagt, da sie in der Regel zu Preisanstiegen und Marktabschottungen führen. Durch die er-

218 *Komm.,* LL für vertikale Beschränkungen, ABl. C 291/1, Rn. 7. In der neuen Fassung betont die Komm., dass Art. 101 AEUV sicherstellen soll, dass Unternehmen bestimmte Vereinbarungen, im konkreten Fall vertikale Vereinbarungen, nicht zur Einschränkung des Wettbewerbs und damit zum Nachteil der Verbraucher einsetzen, *Komm.,* LL für vertikale Beschränkungen, ABl. C 130/1, Rn. 7.

219 Zur Fusionskontrolle: VO Nr. 139/2004 v. 20.1.2004 über die Kontrolle v. Unternehmenszusammenschlüssen, ABl. L24/1. Zur Missbrauchsaufsicht: *Komm.,* Erläuterungen zu den Prioritäten der Komm. bei der Anwendung v. Art. 82 EGV auf Fälle v. Behinderungsmissbrauch durch marktbeherrschende Unternehmen, K(2009) 864, ABl. C 45; kritisch *Möschel,* JZ 2009, 1040.

220 *Komm.,* LL zur Anwendung v. Art. 81 Abs. 3 EG, 2004/C 101/08, ABl. C 101, Rn. 13.

221 *BKartA,* Diskussionspapier zum Wettbewerbsschutz 2004, S. 1.

222 *Basedow,* WuW 2007, 712 (712).

schwerte Marktdurchdringung schrumpft oder stagniert der Wettbewerb sowie der Anreiz der Unternehmen, die eigenen Kosten zu senken, um sich durch niedrige Preise von den Mitbewerbern abzuheben. Ebenso entfällt der Antrieb zur Entwicklung neuer Produkte bzw. zur Weiterentwicklung bekannter Produkte. Für den Verbraucher kann dies zu einer eingeschränkten Produktauswahl mit erhöhten Preisen führen. Der Schutz des Wettbewerbs bedingt daher auch positiv die Verbraucherinteressen, indem qualitativ hochwertigere Produkte und/oder niedrigere Preise auf den Märkten angeboten werden.[223]

III. Kritische Untersuchung des »more economic approach«-Grundsatzes

Der ökonomische Ansatz wurde seit seiner Einführung juristisch und wirtschaftswissenschaftlich kritisiert.[224]

1. Keine Notwendigkeit für eine wirtschaftlichere Betrachtungsweise

Wenn dem Ziel der Wettbewerbsfreiheit hinreichend Beachtung geschenkt wird, bedarf es keiner vorrangigen Berücksichtigung der Konsumentenwohlfahrt.[225] Der Verbraucherschutz wird reflexhaft durch den Wettbewerbsschutz geschützt, indem die Konsumentenwohlfahrt als Gedankenziel neben dem primären Richtungspunkt der Wettbewerbsfreiheit zur Auslegung der Wettbewerbsvorschriften herangezogen wird.[226] Dies schließt eine bessere Integration wirtschaftswissenschaftlicher Erkenntnisse bei der Rechtsfindung nicht aus. Im Gegenteil sollten diese allein aufgrund des interdisziplinären Charakters des Kartellrechts berücksichtigt werden. Der beste Schutz für den Verbraucher besteht daher in der Fürsprache und der Sicherung eines funktionierenden Wettbewerbs.[227] In diese Richtung tendiert auch der EuGH. Er betonte, dass zum Schutzgut der Wettbewerbsvorschriften nicht

223 Angelehnt an *BKartA,* Diskussionspapier zum Wettbewerbsschutz 2004, S. 14.

224 Dementsprechend erhielt die Komm. nach Veröffentlichung des Diskussionspapiers zur Anwendung des »more economic approach« auf die Missbrauchsaufsicht im Dezember 2005 über 100 Kommentare; s. *Möschel,* JZ 2009, 1040 (1040).

225 So auch *BKartA,* Diskussionspapier zum Wettbewerbsschutz 2004, S. 14. A. A. *v. Weizsäcker,* WuW 2007, 1078.

226 *Basedow,* WuW 2007, 712 (715); *Kling/Thomas,* Kartellrecht, § 17, Rn. 15.

227 *Schmidt,* Referat im Rahmen des 2. Wissenschaftlichen Roundtable Informationsgesellschaft und Wettbewerb: Praxistauglichkeit des More Economic Approach, 26.10.2007, S. 4 (http://bit.ly/hw7Rpz).

nur die unmittelbaren Interessen der Wettbewerber und Verbraucher gehören, sondern in gleichem Maße die Struktur des Marktes und des Wettbewerbs.[228] Daher reichen zur Verwirklichung des Tatbestandes objektive Umstände aus und eventuelle kausale Nebenauswirkungen der Vereinbarungen fallen grundsätzlich nicht weiter ins Gewicht. Folglich ist kein unmittelbarer Zusammenhang zwischen dem abgestimmten Verhalten und der Konsumentenwohl erforderlich. Eine veränderte Zielsetzung dahingehend, dass der Wettbewerb demonstrativ ergebnisorientiert zu verstehen ist, ist abzulehnen (effect based vs. from based approach).[229]

2. Fehlende Legitimation der Kommission

Überdies fehlt der Kommission die Kompetenz für eine Beförderung bzw. Einführung eines neuen Tatbestandsmerkmals »Konsumentenwohlfahrt«. Die Kommissions-Mitteilungen, in denen sie die wirtschaftlichen Bewertungsmaßstäbe entwickelte, haben keine unmittelbare Bindungswirkung für die Mitgliedstaaten, da sie keine anerkannten Rechtsakte i. S. d. Art. 288 AEUV sind.[230] Zu einer verbindlichen Rechtswirkung gelangt man auch nicht über den Grundsatz der Effektivität (Art. 4 Abs. 3 UAbs. 2, 3 EU, 291 AEUV).[231] Die Mitteilungen sind unverbindliche Verwaltungsgrundsätze und führen allenfalls zu einer Selbstbindung der Kommission.[232] Sie sind lediglich ein analytisches Grundgerüst, das dem Rechtsanwender hilft,

228 *EuGH,* Urt. v. 20.11.2008 – Rs. C-209/07 (»Irisches Rindfleisch«) –, in: Slg. 2008, I-8637 (Rn. 20); *EuGH,* Urt. v. 4.6.2009 – Rs. C-8/08 (»T-mobile Netherlands«) –, in: Slg. 2009, I-4529 (Tenor); *EuGH,* Urt. v. 6.10.2009 – verb. Rs. C-501/06 P, C-513/06 P, C-515/06 P, C-519/06 P (»GlaxoSmithKline Services Unlimited«) –, in: ABl. Nr. C 282 v. 21.11.2009, S. 2. A. A. *EuG,* Urt. v. 27.9.2006 – Rs. T-168/01 (»GlaxoSmithKline Services Unlimited«) –, in: Slg. 2006, II-2969 (Rn. 20).

229 *Jickeli,* in: Hönn/Oetker/Raab (Hrsg.), FS Kreutz, S. 703 (712 f.)

230 *Meessen,* in: Loewenheim/Meessen/Riesenkampff (Hrsg.), Kartellrecht, Einführung, Rn. 61; *Pampel,* EuZW 2005, 11 (12).

231 *Pohlmann,* EuZW 2005, 1005 f.; *Pampel,* EuZW 2005, 11 (12); so aber *Geiger,* EuZW 2000, 325 (325); *Schweda,* WuW 2004, 1133 (1140).

232 *OLG Düsseldorf,* Beschl. v. 10.6.2005 – VI-2 Kart 12/04 (V), 2 Kart 12/04 (V) –, in: WuW/E DE-R 1610 (1613), wonach sich eine andere Auffassung auch nicht aus der EuGH-Masterfoods-Entsch. (Urt. v. 14.12.2000 – Rs C-344/98 – in: WuW/EU-R 389) ergibt. Denn allgemeine Meinungsäußerungen der Komm in LL. sind ohne Bezug auf einen konkreten Fall nicht rechtlich bindend. Ebenso *EuG,* Urt. v. 17.12.1991 – Rs. T-7/89 (»Hercules Chemicals«) –, in: Slg. 1991, II-1711 (Rn. 357); *EuG,* Urt. v. 3.4.2003 – Rs. T-119/02 (»SEB/Moulinex«) –, in: Slg. 2003, II-1433 (1515).

wirtschaftlichere Methodiken insbesondere bei der Bewertung der Freistellungsvoraussetzungen zu berücksichtigen.[233]

3. Grenzen der Rechtsauslegung und Rechtssicherheit

Auch die Grenzen der Rechtsauslegung sowie der Rechtssicherheit stehen einer umfassenden Anwendung des »more economic approach« entgegen.

Die Rechtsauslegung findet ihre Grenze am Wortlaut der jeweiligen Norm. Dies gilt trotz der Schwierigkeiten aufgrund der verbindlichen Mehrsprachigkeit der Unionsverträge auch für die europäische grammatikalische Auslegung (Art. 55 EU). Die Wortlautinterpretation verliert durch die Mehrsprachigkeit nicht ihre Bedeutung.[234] Die verschiedenen Lesarten vergrößern vielmehr die Bedeutung der grammatikalischen Auslegung, wobei zum Auffinden der korrekten Bedeutung die anderen Auslegungsmethoden – vor allem die systematische und die teleologische – unterstützend heranzuziehen sind.[235] Daher kommt eine Neujustierung der europäischen Wettbewerbsvorschriften an ökonomischen und u. U. auch politischen Strömungen lediglich in Betracht, wenn die Vertragstexte dies zulassen. Dies gilt auch bzw. gerade in wirtschaftlich schwierigen Zeiten.[236] Überdies leidet durch die Einführung wirtschaftswissenschaftlicher Bewertungsmaßstäbe die Rechtssicherheit, denn die ökonomischen Beurteilungsprinzipien sind für Juristen oft schwer nachprüfbar.[237] Problematisch ist dies im Kartellrecht vor allem bei den Freistellungstatbeständen.

---

233 *Frenz/Ehlenz,* EuR 2010, 490 (493).

234 *Müller/Christensen,* Juristische Methodik, Bd. 2, Europarecht, 2003, S. 31 ff.

235 I. d. S. *Hager,* Rechtsmethoden in Europa, 6. Kap., Rn. 6; GA *Slynn,* in: *EuGH,* Urt. v. 30.9.1982 – Rs. 295/81 (»International Flavors and Fragances«) –, in: Slg. 1982, 3239 (3254 f.): »Wenn Unterschiede zwischen verschiedenen sprachlichen Fassungen einer gemeinschaftsrechtlichen Vorschrift bestehen, müssen sie alle zusammen, nicht getrennt, und nach allgemeinem Aufbau und dem Zweck der Regelung ausgelegt werden.«

236 *Basedow,* WuW 2007, 712 (714); *Frenz/Ehlenz,* EuR 2010, 490 (498). Ein aktuelles Beispiel ist das v. der Kommission genehmigte FMStFG (*Komm.,* Mitt. v. 12.12.2008, 8629, Staatliche Beihilferegelung Nr. N 625/2008, S. 9.). Es soll die Stabilität des dt. Finanzmarktes stärken und zielt darauf ab, ein tragfähiges Instrumentarium zu schaffen, um die bestehenden Liquiditätsengpässe der Finanzinstitutionen zu überwinden. Maßgebliches Entscheidungskriterium, ob Stabilisierungsmaßnahmen für dt. Kreditinstitute ergriffen werden, ist nach § 4 FMStFG die Systemrelevanz des Finanzinstituts. Es kommt daher entscheidend auf die wirtschaftliche Folgenbetrachtung an und weniger auf die normativen Zielsetzungen.

237 *Gehring/Mäger,* DB 2011, 398 (398); *Frenz/Ehlenz,* EuR 2010, 490 (490).

4. Kapitel: Kartellrechtliche Beurteilung des Regionalprinzips

Die Begrenzung des Wirkungs- und Geschäftsbereichs der Sparkasse auf das Gebiet ihres jeweiligen Trägers führt dazu, dass unter den Sparkassen größtenteils kein Verdrängungswettbewerb stattfindet. Darin sehen vor allem die privaten Mitbewerber eine wettbewerbswidrige Marktaufteilung und -abschottung.[238]

A. Verstoß gegen Art. 101 Abs. 1 lit. c) AEUV

Das Regionalprinzip könnte eine unzulässige Gebietsabsprache nach Art. 101 Abs. 1 lit. c) AEUV sein.

Bereits 2008 war die Gebietsabsprache der Gesellschafter des Deutschen Lotto- und Totoblocks (DLTB) Anlass einer kartellrechtlichen Auseinandersetzung.[239] Das in § 2 Blockvertrag[240] verankerte Regionalitätsprinzip bestimmte, dass die Lottogesellschaften Lotterien und Sportwetten nur innerhalb ihres jeweiligen Landesgebiets, in dem sie eine Genehmigung für die von ihnen angebotenen Glückspiele besitzen, veranstalten dürfen. In Deutschland ist die Durchführung von Lotterien grundsätzlich den von den einzelnen Bundesländern kontrollierten Lottogesellschaften erlaubt. Die in

---

238 Beschwerdebegr. der Europäischen Bankenvereinigung v. 26.7.2000, Rn. 12 f., 19 f.

239 *BGH,* Beschl. v. 8.5.2007 – KVR 31/06 –, in: WuW/E DE-R 2035 ff.; *BGH,* Beschl. v. 14.8.2008 – KVR 54/07 –, in: WuW/E DE-R 2408 ff.; *BGH,* Beschl. v. 10.12.2008 – KVR 54/07 –, in: NJW-RR 2009, 862 (862). Die Vorinstanz (*OLG Düsseldorf,* Beschl. v. 8.6.2006 – VI Kart 15/06 (V), Kart. 15/06 (V) –, in: WuW/E DE-R 2003 ff.; *OLG Düsseldorf,* Beschl. v. 23.10.2006 – VI Kart 15/06 (V), Kart. 15/06 (V) –, in: WuW/E-Rn. 1869 ff.), betonte, dass durchaus Zweifel an der Rechtmäßigkeit der Vfg. des BKartA (Beschl. v. 23.8.2006 – B 10-92713-Kc-148/05 –, in: WuW/E DE-V 1251 ff.) bestünden, wenn diese die Länder dazu verpflichte, Wettbewerb über ihre bundesstaatlichen Landesgrenzen hinaus zu betreiben. Allerdings konnte das Gericht eine solche Auslegung des angefochtenen Beschl. nicht erblicken. Kritische Anmerkung *Dietlein,* ZfWG 2006, 197 ff., der zu Recht darauf hinweist, dass die Lotto- und Totogesellschaften die ihnen erteilten Zuständigkeiten wahrnehmen und in die staatliche Kompetenzordnung eingegliedert sind.

240 § 2 Abs. 1 Blockvertrag i. d. F. v. 22.5.2000: »Da die Lotteriehoheit jedes Landes auf das Hoheitsgebiet beschränkt ist, kann jeder Blockpartner aufgrund der Erlaubnis des Landes Lotterien und Sportwetten nur innerhalb des jeweiligen Landesgebiets veranstalten und durchführen. Auch bei den in § 1 Abs. 1 genannten Veranstaltungen ist daher die Tätigkeit eines jeden Blockpartners auf das Gebiet des jeweiligen Landes beschränkt.« § 1 Abs. 1 Blockvertrag benennt Lotto am Samstag/Mittwoch sowie die Ergebnis- und Auswahlwette im Fußballtoto.

allen Bundesländern bestehenden staatlichen Lotterieunternehmen, die überwiegend als Gesellschaften des privaten Rechts organisiert sind, haben sich zur gemeinsamen Durchführung von Lotterien zum DLTB zusammengeschlossen und die gemeinsame Arbeit im sog. Blockvertrag geregelt. Die einzelnen Unternehmen sind trotz des Zusammenschlusses rechtlich und wirtschaftlich selbstständig. Der BGH untersagte den Betroffenen, die Vertriebsgebiete für Lotterien und Sportwetten in Befolgung von § 2 Blockvertrag auf das jeweilige Bundesland zu beschränken (gem. § 32 GWB), da die Handhabung eine unzulässige Kartellabrede über eine Marktaufteilung sei. Die Lottogesellschaften müssten selbstständig beurteilen, ob der Vertrieb auf andere Bundesländer ausgeweitet werden soll, sodass ein grenzüberschreitender Wettbewerb der staatlichen Lotterieunternehmen eröffnet werde.

Die Entscheidung ist mangels Vergleichbarkeit nicht auf das sparkassenrechtliche Regionalprinzip übertragbar.[241] Zum einen beruht das Regionalitätsprinzip im Unterschied zum sparkassenrechtlichen Regionalprinzip auf Länderabsprachen. Zum anderen haben die Sparkassen keine vergleichbare Monopolstellung wie die Lottogesellschaften. Die Lottogesellschaften haben auf dem nationalen Nachfragemarkt für gewerbliche Spielvermittlung einen Marktanteil von 98 Prozent.[242] Überdies ist der Lotteriestaatsvertrag als materielles Glücksspielrecht dem Polizei- und Ordnungsrecht (§ 10 Abs. 1 GlüStV[243]) zuzuordnen. Damit ist die Lotteriehoheit Teil der Polizeihoheit der Bundesländer.[244] Deren ordnungsrechtliche Aufgabe ist es, ein ausreichendes Angebot an Glückspielen bereitzustellen, wobei die präventive Gefahrenabwehr besonders hervorzuheben ist. Die daneben bestehenden

241 *Ehlers,* Der Landkreis 2007, 456 (463).

242 *BKartA,* Beschl. v. 23.8.2006 – B 10-92713-Kc-148/05 –, S. 7.

243 Staatsvertrag zum Glücksspielwesen, Gesetz v. 30.10.2007, GV.NRW, S. 445.

244 H. M. *BVerfG*; Urt. v. 18.3.1970 – 2 BvO 1/65 –, in: BVerfGE 28, 119 (151); *BVerwG,* Urt. v. 28.3.2001 – 6 C 2.01 –, in: DVBl. 2001, 1364 (1366); *Kunig,* in: Münch/Kunig (Begr./Hrsg.), GG-Kommentar, Art. 70, Rn. 8, Art. 74, Rn. 44; *Tettinger,* DVBl. 2000, 868 (870); *OVG NRW,* Beschl. v. 13.12.2002 – 4B 1844/02 –, in: GewArch 2003, 162 (163); *Ohlmann,* WRP 1998, 1043 (1048); *Ohlmann,* WRP 2005, 48 (57 ff.).). Zweifelnd *OLG Karlsruhe,* Urt. v. 25.5.1977 – 6 U 237/76 –, in: WRP 1977, 502 (505): »Die Veranstaltungen sind nicht fiskalischer Art [...]. Sie sind vielmehr Äußerungsformen der Leistungsverwaltung, welche die Interessenverfolgung der Mitglieder des Gemeinwesens durch gewährende Tätigkeit unmittelbar fördert, denn sie dienen dazu, das Bedürfnis der Bürger nach Spiel und Wette in kontrollierter Form zu befriedigen. Fiskalisch ist erst wieder die Verwendung des Reingewinns der Spielveranstaltungen und Wettveranstaltungen zur Förderung des Sports und der Kultur.«.

fiskalischen Interessen sind für die Einordnung solange bedeutungslos, wie sie nicht im Vordergrund stehen und primäres Ziel die Gefahrenabwehr ist. Der Gefahrenabwehr steht auch nicht die Anpreisung des Lotteriemarkts entgegen, denn der Staat kann seine fiskalischen Interessen auch bei Freigabe und größtmöglicher Anpreisung verwirklichen, indem er einen Teil der erzielten Einnahmen steuerlich abschöpft.[245]

I. Zwischenstaatlichkeitsklausel

Für die Anwendung des europäischen Kartellrechts muss ein zwischenstaatlicher Bezug vorliegen.[246] Die in Betracht kommende wettbewerbsbeschränkende Maßnahme muss nach objektiv rechtlichen oder tatsächlichen Umständen geeignet sein, den Handel zwischen den Mitgliedstaaten konkret zu beeinträchtigen.[247] Um einen möglichst großen Anwendungsbereich der europäischen Vorschriften und die mit dem Vertrag angestrebte wirtschaftliche Durchdringung zu gewährleisten, ist die Zwischenstaatlichkeitsklausel weit auszulegen.[248] Dementsprechend können auch Vereinbarungen erfasst werden, die nur einen einzigen Mitgliedstaat oder einen Teil eines Mitgliedstaats betreffen.[249] Denn diese Kartelle sind nach ständiger Rechtsprechung des EuGH grundsätzlich dazu geeignet, den Handel zwischen den Mitgliedstaaten zu beeinträchtigen, indem sie die Marktaufteilung entlang nationaler Grenzen verfestigen. Dementsprechend reichte im Fall »Ambulanz Glöckner« bereits ein Verhalten aus, das auf ein Bundesland beschränkt war.[250] Auch das Bundeskartellamt und der BGH gingen in ihren Lottobeschlüssen davon aus, dass der zwischenstaatliche Handel bei rein

245 *Tettinger,* DVBl. 2000, 868 (870).

246 *Oppermann/Classen/Nettesheim,* Europarecht, § 21, Rn. 14.

247 *EuGH,* Urt. v. 30.6.1966 – Rs. 56/65 (»Société Technique Minière (LTM)/Maschinenbau Ulm (MBU)«) –, in: Slg. 1966, 283 (S. 303). Der Handelsbegriff ist ebenso weit auszulegen und umfasst das Angebot und die Nachfrage v. Waren und Dienstleistungen jeglicher Art, einschließlich des Geldverkehrs; *EuGH,* Urt. v. 14.7.1981 – Rs. 172/80 (»Züchner/Bayerische Vereinsbank«) –, in: Slg. 1981, 2021 (Rn. 18).

248 *EuGH,* Urt. v. 17.10.1972 – Rs. 8/72 (»Vereinigung Zementhändler (VCH)«) –, in: Slg. 1972, 977 (Rn. 28 ff.); *EuGH,* Urt. v. 16.6.1981 – Rs. 126/80 (»Salonia/Poidomani und Baglieri«) –, in: Slg. 1981, 1563 (Rn. 4); *EuGH,* Urt. v. 19.2.2002 – Rs. C-309/99 (»Niederländische Rechtsanwälte (Wouters)«) –, in: Slg. 2002, I-1577 (Rn. 95); *EuGH,* Urt. v. 19.2.2002 – C-35/99 (»Gebührenordnung für Rechtsanwälte (Arduino)«) –, in: Slg. 2002, I-01529 (Rn. 33).

249 *Komm.* LL über den Begriff der Beeinträchtigung des zwischenstaatlichen Handels in den Art. 81 u. 82 des Vertrags (2004/C 101/07), ABl. C 101/82, Rn. 77 ff.

250 *EuGH,* Urt. v. 25.10.2001 – Rs. C-475/99 (»Ambulanz Glöckner«) –, in: Slg. 2001, I-8089 (Rn. 66).

nationalen Wettbewerbsbeschränkungen spürbar beeinträchtigt sein kann, wenn diese dazu geeignet sind, den gesamten nationalen Markt abzuschotten.[251]

Das Regionalprinzip ist ein bundesweit geltender Rechtssatz für alle öffentlich-rechtlichen Sparkassen.[252] Die bundesweit regionale Aufteilung der Marktgebiete zwischen den Sparkassen ist damit ausreichend, um die Anwendbarkeit des europäischen Kartellrechts im Sinne der Zwischenstaatlichkeitsklausel zu bejahen. Denn die Marktaufteilung ist dazu geeignet, den zwischenstaatlichen Handel – Nachfrage und Angebot im Geldverkehr und im Finanzdienstleistungsbereich – zu beeinflussen.

II. Spürbarkeit der Wettbewerbsbeschränkung

Art. 101 Abs. 1 AEUV verlangt als ungeschriebenes Tatbestandsmerkmal, dass die Wettbewerbsbeschränkung geeignet sein muss, spürbare Auswirkungen auf dem relevanten Markt hervorzurufen.[253] Im Allgemeinen liegt die kritische Grenze bei Vereinbarungen ohne Kernbeschränkungen bei einem Marktanteil von 10 Prozent. Bei Vereinbarungen unter Nichtwettbewerbern darf der insgesamt gehaltene Marktanteil auf einem der von der Vereinbarung betroffenen relevanten Märkte 15 Prozent nicht überschreiten.[254] Ausnahmsweise sinkt der Marktanteilsschwellenwert für alle Vereinbarungen auf 5 Prozent, wenn ein kumulativer Marktabschottungseffekt durch nebeneinander bestehende Netze von Vereinbarungen mit ähnlichen Wirkungen auf dem Markt zu erwarten ist (Bündeltheorie).[255] Die Prozentangaben stellen keine starren Grenzen dar.

Die zuvor relevante Marktabgrenzung erfolgt nach dem Bedarfsmarktkonzept. Danach zeichnet sich ein Gebiet eines gemeinsamen Marktes durch homogene objektive Wettbewerbsbedingungen der relevanten Erzeugnisse aus.[256] Hauptanliegen ist die systematische Ermittlung der Wettbewerbs-

251 *BGH,* Beschl. v. 22.5.2005 – KZR 28/03 –, in: WuW/E DE-R 1449 (1451); *BKartA,* Beschl. v. 23.8.2006 – B 10-92713-Kc-148/05 –, in: WuW/E DE-V 1251 ff.

252 *Schlierbach,* Das Sparkassenrecht, S. 133.

253 *EuGH,* Urt. v. 30.6.1966 – Rs. 56/65 (»Société Technique Minière (LTM)/Maschinenbau Ulm (MBU)«) –, in: Slg. 1966, 281 (Rn. 303 f.).

254 De minimis-B., Rn. 7b).

255 De minimis-B., Rn. 8.

256 *EuGH,* Urt. v. 14.2.1979 – Rs. 27/76 (»United Brands«) –, in: Slg. 1978, 207 (Rn. 44); *Emmerich,* Kartellrecht, § 4, Rn. 64; näher dazu s. 5. Kap. B II 3 b) aa) (1) und (2).

kräfte, denen sich die konkurrierenden Unternehmen stellen sollen. Sie müssen tatsächlich in der Lage sein, zu verhindern, dass sich Mitbewerber einem wirksamen Wettbewerbsdruck entziehen können.[257] Der sachlich relevante Markt ist der gesamte Markt für Finanzdienstleistungen und Bankprodukte. Aufgrund der bundesweiten Geltung des Regionalprinzips kommt ein bundesweiter Markt in Betracht. Exemplarisch hatten die Sparkassen, einschließlich Landesbanken und Deutsche Kommunalbank, in ihrem Kerngeschäft (Privatkundengeschäft[258]) bei den Spareinlagen (ohne Bauspareinlagen) einen Marktanteil von 49,87 Prozent.[259] Die Gebietsbegrenzungen unter den Sparkassen sind daher aufgrund des großen Marktanteils geeignet, die Wettbewerbsstruktur spürbar zu beeinflussen.

III. Räumlicher und sachlicher Anwendungsbereich des europäischen Kartellrechts

Die Eröffnung des räumlichen Anwendungsbereichs des europäischen Kartellrechts richtet sich danach, ob beträchtliche, unmittelbare und vorhersehbare Auswirkungen auf den Märkten der Union zu erwarten sind (modifiziertes Auswirkungsprinzip). Derartige Auswirkungen sind bei der Verbundzusammenarbeit der Sparkassen-Finanzgruppe erkennbar. Der sachliche Anwendungsbereich ist ebenfalls berührt, denn auch der AEUV erfasst als Nachfolger des EGV grundsätzlich alle Wirtschaftsbereiche (Universalitätsprinzip).[260]

IV. Anwendungsbereich des Art. 101 Abs. 1 AEUV

Die Kartell- und Missbrauchsverbote sind nach ihrem Wortlaut und ihrer systematischen Stellung unmittelbar nur auf das Verhalten von Unternehmen anwendbar.[261] Ausgenommen sind Maßnahmen, die von den Mitgliedstaa-

257 *Komm.,* Bek. über die Definition des relevanten Marktes i. S. d. Wettbewerbsrechts der Gemeinschaft (97/C 372/03), ABl. C 372.

258 Dazu zählen u. a. das Spar- und Einlagengeschäft, die Kreditvergabe sowie die Gehaltskontenführung; näher s. 5. Kap. B II 3 b) aa) und D II 2 b) aa).

259 *Statistisches Bundesamt Deutschland,* Jahrbuch 2010, S. 449.

260 *Wiedemann,* in: Wiedemann (Hrsg.), Kartellrecht, § 4, Rn. 4. Die Bereichsausnahmen sind der Verkehr (Luftverkehr VO 3975/87, VO 3976/87; Eisenbahn-, Straßen- und Binnenschifffahrtsverkehr VO 1017/68; Seeverkehr VO 4056/86) sowie die Landwirtschaft (Art. 42 AEUV, VO 1184/2006).

261 *EuGH,* Urt. v. 11.11.1997 – verb. Rs. C-359/95 P, C-379/95 P (»Ladbroke«) –, in: Slg. 1997, I-6265 (Rn. 33); *EuG,* Urt. v. 10.4.2008 – Rs. T-271/03 (»Deutsche Telekom«) –, in: Slg. 2008, II-477 (Rn. 85).

ten durch Ausübung staatlicher Gewalt, wie Rechtsetzung, Rechtsprechung oder hoheitliches behördliches Handeln, getroffen werden.[262] Der Anwendungsbereich ist demnach nicht eröffnet, wenn ein Mitgliedstaat einem Unternehmen durch Rechtsvorschriften verbindliche Verhaltensweisen vorschreibt (state action defense), da ein sanktionierbares kausal selbstständiges Wettbewerbsverhalten des Unternehmens fehlt. Folgerichtig handelt das Unternehmen bei einem erzwungenen Kartellverstoß nicht tatbestandlich im Sinne des Art. 101 Abs. 1 AEUV und das Verhalten wird der staatlichen Stellen zugerechnet. Die Mitgliedstaaten bleiben als Anbieter im Wirtschaftsleben Adressaten des Kartellverbots, wobei die Rechtsform und die Finanzierungsart des staatlichen Organs nicht maßgeblich sind.[263] Ein eigener Verstoß der Unternehmen ist ausnahmsweise möglich, wenn die Rechtsnorm den Unternehmen Handlungsspielräume belässt.[264]

Die den Sparkassen auferlegte Gebietsbeschränkung folgt aus dem gesetzlich verankerten Regionalprinzip. Eine direkte Anwendung des Art. 101 Abs. 1 AEUV auf das Verhalten der Sparkassen scheidet daher aus, da sie sich an das gesetzlich vorgegebene Regionalprinzip halten und insoweit nicht autonom handeln.

1. Entwicklung der »neuen Norm«

Dennoch soll eine Kontrolle staatlicher Maßnahmen anhand Art. 101 Abs. 1 AEUV durch Hinzunahme des unionsrechtlichen Grundsatzes der Effektivität ermöglicht werden. Da sich die direkte Anwendung auf mitgliedstaatliches Verhalten schon aufgrund des Wortlauts verbietet, entwickelte der EuGH eine neue Rechtsfigur (Art. 4 Abs. 3 UAbs. 2, 3 EU, Art. 3 Abs. 1

262 *EuGH,* Urt. v. 4.5.1988 – Rs. 30/87 (»Bodson/Pompes Funebres«) –, in: Slg. 1988, 2479 (2507); *EuGH,* Urt. v. 17.11.1993 – Rs. C-2/91 (»Meng«) –, in: Slg. 1993, I-5751 (5757 f.); *EuGH,* Urt. v. 9.9.2003 – Rs. C-198/01 (»CIF«) –, in: Slg. 2003, I-8055 (8093); *Bunte,* in: Langen/Bunte, Art. 81, Rn. 16.

263 Allg. A. *EuGH,* Urt. v. 23.4.1991 – Rs. C-41/90 (»Höfner und Elser«) –, in: Slg. 1991, I-1979 (Rn. 21); *EuGH,* Urt. v. 27.10.1993 – Rs. C-69/91 (»Decoster«) –, in: Slg. 1993, I-5335 (Rn. 15); *EuGH,* Urt. v. 24.10.2001 – Rs. C-82/01 (»Aéroports de Paris«) –, in: Slg. 2002, I-9297 (Rn. 74 ff.); *Bunte,* in: Langen/Bunte, Art. 81, Rn. 10. Ob davon auch die Nachfragetätigkeit v. Hoheitsträgern erfasst ist, ist umstr. Bejahend: *BKartA,* TB 2005/2006, S. 52; *BGH,* Urt. v. 12.11.2002 – KZR 11/01 (»Ausrüstungsgegenstände für Feuerlöschzüge«) –, in: WuW/E DE-R 1087 (1089). A. A. *EuGH,* Urt. v. 11.6.2006 – Rs. C-205/03 P (»FENIN«) –, in: Slg. 2006, I-6295 (Rn. 25). Zum Ganzen auch: *Bunte,* in: Langen/Bunte, Art. 81, Rn. 5 ff.

264 *EuGH,* Urt. v. 29.10.1980 – verb. Rs. 209/78-215/78, 218/78 (»van Landewyk«) –, in: Slg. 1980, 3125 (Rn. 34).

lit. b), 291 AEUV). Dementsprechend führte er im Jahr 1977 aus, dass »nach ständiger Rechtsprechung die Art. 81 und 82 zwar an sich nur das Verhalten von Unternehmen und nicht als Gesetz oder Verordnung ergangene Maßnahmen der Mitgliedstaaten betreffen. In Verbindung mit Art. 10 Abs. 2, der eine Pflicht zur Zusammenarbeit begründet, verbietet sie es jedoch den Mitgliedstaaten, Maßnahmen auch in Form von Gesetzen oder Verordnungen zu treffen oder beizubehalten, die die praktische Wirksamkeit der für die Unternehmen geltenden Wettbewerbsregeln aufheben könnten.«[265] Dadurch sollte der Wettbewerbsschutz gesteigert werden, indem die staatliche mittelbare bzw. unmittelbare Beeinflussung von Unternehmen verhindert werden sollte. Diese Rechtsfortbildung wurde in der Literatur teilweise als »neue Norm« bezeichnet.[266] Voraussetzung für die Anwendbarkeit des Art. 101 Abs. 1 AEUV auf mitgliedstaatliches Verhalten ist, dass der Staat die verbotene Verhaltenskoordinierung vorschreibt, erleichtert oder deren Auswirkung verstärkt.[267]

An dieser Grundausrichtung wird sich durch den Wegfall des Art. 10 Abs. 2 EG a. F. mit Inkrafttreten des Lissabon-Vertrags inhaltlich nichts ändern. Der EuGH hat weiterhin die Möglichkeit, die Rechtsfigur auf die bisherigen Grundsätze zu stützen. Die allgemeine Treuepflicht der Mitgliedstaaten ist auch künftig anerkannt und befindet sich an anderer Stelle in den Unionsverträgen.[268] Dies gilt ebenso für den Wegfall des Art. 3 Abs. 1 lit. g) EG

---

265 *EuGH,* Urt. v. 16.11.1977 – Rs. 13/77 (»INNO/ATAB«) –, in: Slg. 1977, 2115 (Rn. 31); *EuGH,* Urt. v. 30.4.1986 – verb. Rs. 209-213/84 (»Asjes«) –, in: Slg. 1986, 1425 (Rn. 72); *EuGH,* Urt. v. 21.9.1988 – Rs. 267/86 (»Van Eycke/Aspa«) –, in: Slg. 1988, 4769 (Rn. 16); *EuGH,* Urt. v. 17.11.1993 – Rs. C-185/91 (»Reiff«) –, in: Slg. 1993, I-5801 (Rn. 14); *EuGH,* Urt. v. 9.6.1994 – Rs. C-153/93 (»Delta Schifffahrts- und Speditionsgesellschaft«) –, in: Slg. 1994, I-2517 (Rn. 14); *EuGH,* Urt. v. 5.10.1995 – Rs. C-96/94 (»Centro Servizi Spediporto«) –, in: Slg. 1995, I-2883 (Rn. 20); *EuGH,* Urt. v. 19.2.2002 – Rs. C-35/99 (»Gebührenordnung für Rechtsanwälte (Arduino)«) –, in: Slg. 2002, I-1529 (Rn. 34); *EuGH,* Beschl. v. 27.2.2005 – Rs. C-250/03 (»Mauri«) –, in: Slg. 2005, I-1267 (Rn. 29); *EuGH,* Urt. v. 5.12.2006 – verb. Rs. C-94/04, C-202/04 (»Cipolla/Fazari«) –, in: Slg. 2006, I-11421 (Rn. 46 ff.).

266 *Slot,* ELR 1987, 179 (182); *Mestmäcker,* in: Coing/Kronstein/Mestmäcker (Hrsg.), FS Böhm, S. 383 (389); *Schwarze,* EuZW 2000, 613 (620); *Haßel,* Hoheitliches Handeln als Verstoß gegen EU-Kartellrecht, S. 38.

267 *EuGH,* Urt. v. 1.10.1987 – Rs. 311/85 (»Vlaamse Reisbureaus«) –, in: Slg. 1987, 3801 (Rn. 10); *EuGH,* Urt. v. 17.11.1993 – Rs. C-2/91 (»Meng«) –, in: Slg. 1993, I-5751 (Rn. 14).

268 So besagt Art. 4 Abs. 3 UAbs.1, 2 EU, dass die Union und die Mitgliedstaaten nach dem Grundsatz der loyalen Zusammenarbeit sich bei der Erfüllung der Aufgaben, die sich aus den Verträgen ergeben, gegenseitig achten und unterstützen und die Mitgliedstaaten alle geeigneten Maßnahmen allgemeiner oder besonderer Art zur

a. F., dessen inhaltliche Aussage sich in einer Protokollerklärung wiederfindet.[269]

2. Kritische Analyse der Rechtsfortbildung

Der Anwendung des Art. 101 Abs. 1 AEUV über den Umweg des Art. 4 Abs. 3 UAbs. 2, 3 EU, Art. 3 Abs. 1 lit. b), 291 AEUV ist vor allem aus Rechtssicherheitsgründen zu widersprechen. Schon die Entwicklung der Rechtsfigur verdeutlicht die immer noch bestehenden Rechtsunsicherheiten.[270] Es ist dem EuGH in 30 Jahren Rechtsprechung nicht gelungen, sein eigenes Konstrukt schlüssig und zu einer über den Einzelfall hinausgehenden Aussage zu präzisieren. Dementsprechend sind die Tatbestandsmerkmale (vorschreiben, erleichtern oder verstärken) weiterhin unklar und führen zu Abgrenzungsschwierigkeiten und Rechtsunsicherheit.

Das Tatbestandmerkmal »Vorschreiben« soll diejenigen staatlichen Regeln erfassen, die die Unternehmen verpflichten, gegen Art. 101 Abs. 1 AEUV zu verstoßen, indem sie kartellrechtswidrige Vereinbarungen treffen oder sich an einer beteiligen.[271] Wie diese Verpflichtungswirkung mit dem geforderten Mindestmaß an Eigeninitiative des Unternehmens in Einklang zu bringen ist, bleibt unklar.[272] So betont der EuGH fortwährend, dass Art. 101 Abs. 1 AEUV nur auf Unternehmen anwendbar bleibt, wenn die staatliche Maßnahme die Möglichkeit eines Restwettbewerbs bestehen lässt, der durch die Unternehmen verhindert, eingeschränkt oder verfälscht werden kann.[273] Auch das Merkmal »Erleichtern« ist in seiner exakten Wortbedeutung und damit auch in seinem Anwendungsbereich unklar. Diese

---

Erfüllung der Verpflichtungen ergreifen, die sich aus den Verträgen oder den Handlungen der Organe der Union ergeben. Zu dieser Einschätzung auch *Grill,* in: Lenz/Borchardt (Hrsg.), Vorbem. Art. 101-106, Rn. 40.

269 Protokoll über den Binnenmarkt und Wettbewerb, ABl. 2008, C 115, S. 201 (309). Die Protokolle sind nach Art. 51 EU Bestandteil der Verträge. Zum gleichen Ergebnis auch *Brinker,* in: Schwarze (Hrsg.), Art. 81, Rn. 67.

270 Ausführlich zur Entwicklung *Bach,* Wettbewerbsrechtliche Schranken, S. 127 ff.; *Schwarze,* EuZW 2000, 613 (617 ff.), der v. »verschlungenen Pfaden der Rechtsprechung« spricht.

271 *EuGH,* Urt. v. 30.4.1986 – verb. Rs. 209-231/84 (»Asjes«) –, in: Slg. 1986, 1425 (Rn. 74).

272 *Lange,* EuR 2008, 3 (17).

273 *EuGH,* Urt. v. 29.10.1980 – verb. Rs. 209/78-215/78, 218/78 (»Van Landewyk«) –, in: Slg. 1980, 3125 (Rn. 126); *EuGH,* Urt. v. 11.11.1997 – verb. Rs. C-359/95 P, C-379/95 P (»Ladbroke«) –, in: Slg. 1997, I-6265 (Rn. 33 f.); *EuG,* Urt. v. 30.3.2000 – Rs. T-513/93 (»CNSD«) –, in: Slg. 2000, II-1807 (Rn. 58 ff.).

Ungenauigkeit erschwert die Abgrenzung von den übrigen Tatbestandsmerkmalen, insbesondere dem des »Vorschreibens«.[274]

Zudem besteht Uneinigkeit, ob ein notwendiger Zusammenhang zwischen staatlichem und unternehmerischem Verhalten erforderlich ist. Teilweise wird dieser unter Berufung auf die Rechtsprechung des EuGH verneint.[275] Dieser führte in der Sache »Leclerc/Au blé vert« aus: »Unter diesen Umständen stellt sich die Frage, ob [...] nationalen Rechtsvorschriften, die nach Art. 85 Abs. 1 verbotene Verhaltensweisen von Unternehmen dadurch *überflüssig machen,* dass sie den Verlegern [...] von Büchern die Verantwortung dafür übertragen, die für die Einzelhandelsstufe verbindlichen Preise frei festzusetzen, die praktische Wirksamkeit des Art. 85 beeinträchtigen und daher Art. 5 Abs. 2 EWG-Vertrag zuwiderlaufen.«[276] Daraus wurde geschlussfolgert, dass eine Akzessorietät zwischen staatlichem und unternehmerischem Verhalten nicht (mehr) erforderlich sei. Dem ist zu widersprechen. Ein Zusammenhang zwischen dem hoheitlichen und dem unternehmerischen Tätigwerden ist unverlässlich, da ein Verzicht weder mit dem Wortlaut noch mit der Systematik der Norm vereinbar ist.[277] Es ist insbesondere methodisch nicht vertretbar, die Tatbestandvarianten des Art. 101 Abs. 1 AEUV mit einer staatlichen Maßnahme auszutauschen oder gleichzusetzen. Unternehmerisches Handeln ist notwendige Voraussetzung für die Verwirklichung des Art. 101 Abs. 1 AEUV.

Weiterhin kommt für die Rechtsanwendung erschwerend hinzu, dass der EuGH zahlreiche Ausnahmen gebildet hat.[278] Rechtssicherheit oder ein schlüssiges Konzept zum Schutz des Wettbewerbs sind auch 30 Jahre nach

274 I. d. S. noch: *Grill,* in: Lenz/Borchardt (Hrsg.), Vorbem. Art. 81-86, 4. Aufl., Rn. 41: »Die Abgrenzung im Einzelfall bereitet Schwierigkeiten«; *Brinker,* in: Schwarze (Hrsg.), Art. 81, Rn. 66: » Die Abgrenzung zwischen unzulässigen und erlaubten Maßnahmen ist nicht immer einfach.«

275 A. A. *Ehricke,* WuW 1991, 183 (189 f.); *Bach,* Wettbewerbsrechtliche Schranken, S. 136.

276 *EuGH,* Urt. v. 10.1.1985 – Rs. 229/83 (»Leclerc/Au blé vert«) –, in: Slg. 1985, 1 (Rn. 15).

277 *Emmerich,* Kartellrecht, § 3, Rn. 11; *Lange,* EuR 2008, 3 (14); *Mestmäcker,* RabelsZ 52 (1988), 526 (551 f.); *Haßel,* Hoheitliches Handeln als Verstoß gegen EU-Kartellrecht, S. 180. Überdies hat auch der EuGH in mehreren Entscheidungen trotz gegenteiliger Auffassung der Generalanwälte an der Akzessorietät festgehalten. *GA Lenz,* in: *EuGH,* Urt. v. 1.10.1987 – Rs. 311/85 (»Vlaamse Reisbureaus«) –, in: Slg. 1987, 3801 (Rn. 42); *GA Léger,* in: *EuGH,* Urt. v. 19.2.2002 – Rs. C-35/99 (»Gebührenordnung für Rechtsanwälte (Arduino)«) –, in: Slg. 2002, I-1529 (Rn. 88).

278 *Lange,* EuR 2008, 3 (17 ff.).

Einführung der »neuen Norm« nicht feststellbar.[279] Dies zeigt insbesondere der Fall »Van Eycke/ASPA«. Obwohl der EuGH wettbewerbsbeschränkende Absprachen oder abgestimmte Verhaltensweisen zwischen den beteiligten Banken annahm, ging er nicht von einem Verstoß gegen die »neue Doktrin« aus und sah daher in der fraglichen Regelung keinen Widerspruch zu den wettbewerbsrechtlichen Vorschriften.[280] Der Wettbewerbsschutz hängt daher von dem zufälligen Ergebnis ab, ob noch Restwettbewerb erkennbar ist. Entscheidend muss jedoch die materielle Wirkung der staatlichen Maßnahme auf dem relevanten Markt für den Wettbewerb sein.[281] Eine allgemeingültige Problemlösung zum Umgang mit staatlichen Eingriffen in den Wettbewerb ist mit der neuen Norm nicht möglich.[282]

Überdies liegen die Voraussetzungen für eine legitime Rechtsfortbildung durch den EuGH nicht vor. Dafür bedarf es der Feststellung eines Regelungsdefizits und eines Rechtsgrundsatzes, um das Defizit zu schließen.[283] Bereits die erste Voraussetzung ist nicht gegeben, denn die tradierten Normen der Unionsverträge können die Probleme lösen, sodass es an der Regelungsnotwendigkeit fehlt.[284]

3. Anderer Ansatz

Die vorhandenen Instrumentarien der Unionsverträge sind für den Wettbewerbsschutz ausreichend. Einerseits greift bei bestehendem Restwett-

279 *Haßel,* Hoheitliches Handeln als Verstoß gegen EU-Kartellrecht, S. 198 ff.; *Lange,* EuR 2008, 3 (18).

280 *EuGH,* Urt. v. 21.9.1988 – Rs. 267/86 (»Van Eycke/Aspa«) –, in: Slg. 1988, 4769 (Rn. 17).

281 *Lange,* EuR 2008, 3 (21).

282 *Emmerich,* Kartellrecht, § 3, Rn. 11; *Lange,* EuR 2008, 3 (7 ff.).

283 *Hager,* Rechtsmethoden in Europa, 4. Kap., Rn. 187 f., 7. Kap., Rn. 78. Die generelle Zulässigkeit einer Rechtsfortbildung durch den EuGH ist spätestens mit der »Kloppenburg«-Entsch. (*BVerfG,* Beschl. v. 8.4.1987 – 2 BvR 687/85 –, in: BVerfGE 75, 223 (241 ff.) unbestritten.

284 In der INNO-Entsch., in der der EuGH seine Rechtsfigur entwickelte, hat er eine Anwendung des Art. 106 Abs. 1 AEUV offengelassen; *EuGH,* Urt. v. 16.11.1977 – Rs. 13/77 (»INNO/ATAB«) –, in: Slg. 1977, 2115 (Rn. 40 ff.). Im Rückblick erscheint dies wenig hilfreich. Der EuGH hätte sich eingehender mit Art. 106 Abs. 1 AEUV auseinandersetzen sollen, anstatt vorschnell eine neue Rechtsfigur, gerade im Hinblick auf eine unzulässige Rechtsfortbildung, zu kreieren. So auch *Lange,* EuR 2008, 3 (25); *Müller-Graff,* EuR 1985, 293 (299). Eine unzulässige Rechtsfortbildung liegt insb. vor, wenn die Tatbestandmerkmale Vereinbarungen, Beschlüsse oder aufeinander abgestimmte Verhaltensweisen mit dem Vorliegen einer gesetzlichen Norm ausgetauscht würden.

bewerb Art. 101 Abs. 1 AEUV ein und andererseits können die Grundfreiheiten und Art. 106 Abs. 1 AEUV noch vorhandene Schutzlücken beseitigen.

a) Grundfreiheiten

Bindende staatliche Regelungen, die (ausländische) Unternehmen diskriminieren, sind an den Grundfreiheiten (Art. 34 AEUV ff. und Art. 49 ff. AEUV) zu messen.[285] Diese haben den Vorteil, dass sie sich direkt an die Mitgliedstaaten wenden und daher geeignet sind, die speziellen Probleme staatlicher Maßnahmen zu lösen. Obendrein hilft der weite Anwendungsbereich der Grundfreiheiten bei der Bekämpfung von staatlichen Umgehungsversuchen. Seit der Dassonville-Formel ist »jede Handelsregelung der Mitgliedstaaten, die geeignet ist, den innergemeinschaftlichen Handel unmittelbar oder mittelbar, tatsächlich oder potentiell zu behindern«,[286] grundsätzlich verboten. Daher können zumindest die Sachverhalte mit zwingenden staatlichen Regulierungen sachgerecht über die Grundfreiheiten gelöst werden.[287] Diese Lösung scheint auch der EuGH zu bevorzugen. In seinen Entscheidungen überprüfte er die fraglichen staatlichen Maßnahmen insbesondere dann an den Grundfreiheiten, wenn ein Verstoß gegen die neue Norm nicht vorlag oder die Anwendbarkeit unbeantwortet blieb.[288] U. a. hielt der EuGH nur den freien Warenverkehr für beeinträchtigt,

---

285 Ob die Grundfreiheiten auch inländische Unternehmen vor staatlichen Maßnahmen ihrer eigenen Mitgliedstaaten schützen (Inländerdiskriminierung) s. 4. Kap. B II 1.

286 *EuGH,* Urt. v. 11.7.1974 – Rs. 8/74 (»Dassonville«) –, in: Slg. 1974, 837 (Rn. 5).

287 *Müller-Graff,* EuR 1985, 293 (307 f.); *Schwarze,* EuZW 2000, 613 (622), der sogar v. einem größeren Schutzumfang der Grundfreiheiten ausgeht, weil sie im Gegensatz zum Kartelltatbestand auf ein Spürbarkeitserfordernis verzichten; *Lange,* EuR 2008, 3 (22 ff.); *Slot,* ELR 1987, 179 (185).

288 *EuGH,* Beschl. v. 27.2.2005 – Rs. C-250/03 (»Mauri«) –, in: Slg. 2005, I-1267 (Rn. 39 ff.). Der EuGH hielt eine Verletzung der Niederlassungsfreiheit durch die staatliche Maßnahme für möglich, allerdings wurde dies im Ausgangsverfahren nicht gerügt; *EuGH,* Urt. v. 5.12.2006 – verb. Rs. C-94/04, C-202/04 (»Cipolla/Fazari«) –, in: Slg. 2006, I-11421 (Rn. 55 ff.). *EuGH,* Urt. v. 5.4.1984 – verb. Rs. 177, 178/82 (»Kaveka«) –, in: Slg. 1984, 1797 (Rn. 14), wonach die staatliche Festlegung v. Mindestpreisen unvereinbar mit der Warenverkehrsfreiheit ist. *EuGH,* Urt. v. 29.1.1985 – Rs. 231/83 (»Cullet/Leclerc«) –, in: Slg. 1985, 305 (Rn. 18), in der rein hoheitliche Preisfestsetzungen an der Warenverkehrsfreiheit überprüft wurden, ohne dass die neue Norm einschlägig war. Zu dieser Beobachtung *Schwarze,* EuZW 2000, 613 (618); *Bach,* Wettbewerbsrechtliche Schranken, S. 139.

obwohl ihm das nationale Gericht zwei Fragen zur Vereinbarkeit der Maßnahme mit der neuen Norm vorlegte.[289]

b) Art. 106 Abs. 1 AEUV

Überdies sind die Mitgliedstaaten direkte Adressaten des Art. 106 Abs. 1 AEUV. Art. 106 Abs. 1 AEUV enthält die Verpflichtung, in Bezug auf öffentliche Unternehmen keine dem Vertrag widersprechende Maßnahmen zu treffen oder beizubehalten. Dies entspricht in der Regel den Sachverhalten, die über die neue Norm gelöst werden sollen. Unter Zugrundelegung eines weiten Anwendungsbereichs gewährleistet Art. 106 Abs. 1 AEUV in diesen Situationen den bestmöglichen Wettbewerbsschutz, da sein Zweck insbesondere die Konkretisierung der Anwendungsvoraussetzungen der Wettbewerbsregeln auf öffentliche Unternehmen ist.[290] Auch wenn Einzelheiten wegen der bisherigen geringen Beachtung der Norm nicht restlos geklärt sind, besteht jedoch Einigkeit, dass grundsätzlich jedwede Bildung oder Unterstützung von Kartellen durch die Mitgliedstaaten verboten ist.[291] Art. 106 Abs. 1 AEUV ist somit die speziellere Regelung, wenn es um die Einbeziehung öffentlicher Unternehmen unter die Wettbewerbsvorschriften geht. Die allgemeinen Rücksichtnahme- und Loyalitätspflichten müssen nicht herangezogen werden, sodass Art. 101 Abs. 1 AEUV nach der allgemeinen Auslegungsregel, lex specialis derogat legi generali, von Art. 106 Abs. 1 AEUV verdrängt wird.[292]

---

289 *EuGH,* Urt. v. 29.11.1983 – Rs. 81/82 (»Roussel Laboratoria«) –, in: Slg. 1983, 3849 (Rn. 26). Die Frage ob und inwieweit der EuGH an die Vorlagefragen der nat. Gerichte gebunden ist, ist nicht abschließend geklärt. Der EuGH hält sich für befugt, missverständliche Fragen zu ändern bzw. zu konkretisieren, *EuGH,* Urt. v. 1.10.1987 – Rs. 311/85 (»Vlaamse Reisbureaus«) –, in: Slg. 1987, 3801 (Rn. 9); *EuGH,* Urt. v. 21.9.1988 – Rs. 267/86 (»Van Eycke/Aspa«) –, in: Slg. 1988, 4769 (Rn. 15).

290 Den Anwendungsbereich möglichst umfassend zu interpretieren, gebietet schon der Sinn und Zweck der Vorschrift. Für eine Zurückweisung jeglicher Einschränkungen auch *EuGH,* Urt. v. 4.5.1988 – Rs. 30/87 (»Bodson/Pompes Funebres«) –, in: Slg. 1988, 2479 (Rn. 16); *GA Jakobs,* Schlussanträge v. 17.5.2001 – Rs. C-475/99 (»Ambulanz Glöckner«) –, in: Slg. 2001, I-8089 (Rn. 86 ff.); *Koenig/Kühling,* in: Streinz (Hrsg.), EUV/EGV, Art. 86, Rn. 23. Näher zum Sinn und Zweck s. 4. Kap. B II 2 b).

291 *Lange,* EuR 2008, 3 (24).

292 *Wernicke,* in: Grabitz/Hilf/Nettesheim (Grd./Hrsg.), Art. 106, Rn. 7; *Schepers,* Internet-Banking, S. 138 ff.; *Ehlers,* Der Landkreis 2007, 456 (463); *Ipsen/Nicolaysen,* NJW 1964, 2336 (2338).

4. Ergebnis

Verbotsadressaten des Art. 101 Abs. 1 AEUV sind demnach Unternehmen und Unternehmensvereinigungen und nicht Mitgliedstaaten, die von ihrem Vorrecht Gebrauch machen und staatliche Gewalt ausüben.[293] Sie bleiben lediglich Adressaten, wenn sie als Anbieter bzw. Nachfrager am Wirtschaftsleben teilnehmen. Eine Ausdehnung des Tatbestands ist nicht notwendig, da Schutzlücken mit den vorhandenen Instrumenten gelöst werden können. Art. 101 Abs. 1 AEUV tritt bei der kartellrechtlichen Überprüfung des gesetzlich angeordneten Regionalprinzips hinter den spezielleren Art. 106 Abs. 1 AEUV zurück.

B. Verstoß gegen Art. 106 Abs. 1 AEUV

Art. 106 Abs. 1 AEUV untersagt den Mitgliedstaaten, in Bezug auf öffentliche Unternehmen und auf Unternehmen, denen sie besondere oder ausschließliche Rechte gewähren, dem Vertrag und insbesondere den Art. 18, 101 bis 109 AEUV widersprechende Maßnahmen zu treffen oder beizubehalten.

Der Adressatenkreis wird im Sinne der Vorschrift weit ausgelegt, sodass alle Träger öffentlicher Gewalt hinzugezählt werden. In einem Bundesstaat gehören dazu der Bund, die Länder, die Gemeinden sowie sonstige Verwaltungsträger (Anstalten und Stiftungen des öffentlichen Rechts).[294] Folglich werden auch die Gemeinden und Gemeindeverbände als Träger der regionalen Sparkassen erfasst.

I. Sparkassen als öffentliche Unternehmen

Die Sparkassen müssen öffentliche Unternehmen im Sinne des Art. 106 Abs. 1 AEUV sein.

---

293 *Wiedemann*, in: Wiedemann (Hrsg.), Kartellrecht, § 2, Rn. 2. Hinzukommt, dass selbst bei paralleler Anwendung Art. 101 Abs. 1 AEUV i. V. m. Art. 4 Abs. 3 EU nicht einschlägig ist, da keine verbotene Verhaltensweise vorliegt. Das Regionalprinzip ist keine verbotene Maßnahme i. S. d. Art. 101 Abs. 1 AEUV. Weder ist es auf eine Vereinbarung zwischen den Sparkassen zurückzuführen, noch stellt es eine Ausprägung v. aufeinander abgestimmten Verhaltensweisen dar. Das Regionalprinzip ist eine gesetzliche Anordnung und steht nicht zur Disposition der Sparkassen.

294 *Komm.*, Gemeinschaftsrahmen für staatliche Beihilfen, die als Ausgleich für die Erbringung öffentlicher Dienstleistungen gewährt werden, 29.11.2005, ABl. Nr. C 297/4.

Zur Begriffsbestimmung des »Unternehmens« kann auf das Protokoll 22 zum EWR-Abkommen zurückgegriffen werden, denn die europäischen Primärverträge enthalten keine Legaldefinition. Danach ist jedes Rechtssubjekt ein Unternehmen, das eine kommerzielle oder wirtschaftliche Tätigkeit ausübt. Damit übereinstimmend geht der EuGH von einem weiten funktionalen Unternehmensbegriff aus, wonach jede, eine wirtschaftliche Tätigkeit ausübende Einrichtung, unabhängig ihrer Rechtsform und Finanzierungsart, ein Unternehmen darstellt.[295] Unter wirtschaftlicher Tätigkeit ist jegliches Anbieten von Gütern oder Dienstleistungen auf dem Markt zu verstehen. Dementsprechend ist nahezu jede Aktivität, von der Herstellung über den Handel bis zu Dienstleistungen, erfasst.[296] Nicht erfasst sind Tätigkeiten zur Erfüllung sozialer und kultureller Zwecke sowie die Hoheitsverwaltung der Mitgliedstaaten.[297]

Die Sparkassen üben keine genuin hoheitliche Tätigkeit aus, wenn sie auf den Finanzmärkten tätig werden und Bankdienstleistungen jeglicher Art anbieten.[298] Ihre Aufgabe besteht in der Versorgung der lokalen Bevölkerung und Wirtschaft mit geld- und kreditwirtschaftlichen Mitteln (§ 3 Abs. 1 SpkG NRW). Die angebotenen Dienstleistungen und Waren sind vergleichbar mit denen der Privat- und Genossenschaftsbanken, sodass sie wirtschaftlich tätig sind.

Kennzeichnend für öffentliche Unternehmen ist, dass eine besondere Nähebeziehung zum Mitgliedstaat besteht. Dementsprechend sind öffentliche Unternehmen solche, auf die die öffentliche Hand aufgrund von Eigentum, finanzieller Beteiligung, Satzung oder sonstigen Bestimmungen, die die Tätigkeit des Unternehmens regeln, unmittelbar oder mittelbar einen beherr-

295 *EuGH,* Urt. v. 23.4.1991 – Rs. C-41/90 (»Höfner und Elser«) –, in: Slg. 1991, I-1979 (Rn. 21); *EuGH,* Urt. v. 16.3.2004 – verb. Rs. C-264/01, C-306/01, C-354/01, C-355/01 (»AOK Bundesverband«) –, in: Slg. 2004, I-2493 (Rn. 46); *EuGH,* Urt. v. 11.6.2006 – Rs. C-205/03 P (»FENIN«) –, in: Slg. 2006, I-6295 (Rn. 35).

296 *EuG,* Urt. v. 14.7.1994 – Rs. T-66/92 (»Herlitz AG«) –, in: Slg. 1994, II-531 (Rn. 32); *EuGH,* Urt. v. 16.6.1987 – Rs. 118/85 (»Transparenzrichtlinie«) –, in: Slg. 1987, 2599 (Rn. 7). Der Unternehmensbegriff entspricht dem aus Art. 101 AEUV, *Kling/Thomas,* Kartellrecht, § 6, Rn. 7.

297 *EuGH,* Urt. v. 17.11.1993 – Rs. C-185/91 (»Reiff«) –, in: Slg. 1993, I-5801 (Rn. 16), wonach hoheitliche Tätigkeiten vorliegen, wenn die Aufgabenwahrnehmung dem Allgemeininteresse dient und die Tätigkeit sowohl ihrer Art als auch ihrem Gegenstand nach mit der Ausübung hoheitlicher Befugnisse verknüpft ist.

298 S. die Auflistung der banküblichen Geschäfte in § 1 Abs. 1 Nr. 1-12 KWG sowie die der herkömmlichen Finanzdienstleistungen (§ 1 Abs. 1 a Nr. 1-11 KWG).

schenden Einfluss ausüben kann (Art. 2 Abs. 1 lit. b) Transparenzrichtlinie[299]). Diese Definition kann auch zur Orientierung bei der Bestimmung des öffentlichen Unternehmens in Art. 106 Abs. 1 AEUV herangezogen werden.[300] Der beherrschende Einfluss des Mitgliedstaats wird insbesondere vermutet, wenn die öffentliche Hand unmittelbar oder mittelbar die Mehrheit des gezeichneten Kapitals des Unternehmens besitzt bzw. über die Mehrheit der mit den Anteilen des Unternehmens verbundenen Stimmrechte verfügt (Art. 2 Abs. 2 Transparenzrichtlinie). Zudem gilt die Vermutung dann, wenn der Staat mehr als die Hälfte der Mitglieder des Verwaltungs-, Leistungs- oder Aufsichtsorgans des Unternehmens bestellen kann. Die Rechtsform des Unternehmens ist irrelevant, sodass auch hier die Gesamtheit der Träger öffentlicher Gewalt erfasst wird.[301] Trotz der rechtlichen Verselbstständigung der Sparkassen kann das jeweilige Land gesetzlichen Einfluss auf die Ausgestaltung der Sparkassentätigkeit als Teil der mittelbaren Staatsverwaltung ausüben.[302] Hervorzuheben ist insbesondere der Einfluss der Landesgesetzgeber über die Organisation der Sparkassen. Sie legen u. a. die innere Verfassung der Sparkassen (Ausgestaltung der öffentlich-rechtlichen Sparkassen als rechtlich selbstständige Anstalten des öffentlichen Rechts) fest.[303] Zudem können die Vertreter der Träger Sparkassensatzungen zur Regelung der Rechtsverhältnisse erlassen (§ 6 Abs. 2 S. 1 SpkG NRW) oder über die Trägervertreter im Verwaltungsrat die Auswahl der Leitung und die Richtlinien der Geschäftspolitik mitbestimmen. Die öffentliche Hand hat somit ausreichend Einfluss auf die Sparkassen, sodass diese als öffentliche Unternehmen qualifiziert werden können.

---

299 Art. 2 TransparenzRL neu gefasst mit Wirkung v. 18.8.2000 durch RL v. 26.7.2000 (ABl. Nr. L193, S. 75).

300 *Koenig/Kühling,* in: Streinz (Hrsg.), EUV/EGV, Art. 86, Rn. 16; *Mestmäcker,* RabelsZ 52 (1988), 526 (556).

301 *Emmerich,* in: Dause (Hrsg.), Hdb. EU-Wirtschaftsrecht, Art. 86, Rn. 82. Für die gemeindliche Wirtschaftsteilnahme *Scharpf,* EuZW 2005, 295 (296). Zum Einfluss des Landesgesetzgebers und des kommunalen Trägers auf Entsch. der Sparkassen; *Oebbecke,* in: Henneke (Hrsg.), Sparkassen, Landes- und Förderbanken nach der Finanzmarktkrise, S. 80 (86 ff.).

302 Der Umstand, dass die Sparkassentätigkeit ein Teil der kommunalen Selbstverwaltungsaufgabe ist, wird auch mit dem Begriff der »kommunalen Bindung« umschrieben; *Oebbecke,* LKV 2006, 145 (145).

303 S. bspw. § 1 Abs. 1 SpkG NRW.

II. Kein Treffen oder Beibehalten von den Verträgen widersprechenden Maßnahmen

Art. 106 Abs. 1 AEUV untersagt den Mitgliedstaaten in Bezug auf öffentliche Unternehmen und auf Unternehmen, denen sie besondere oder ausschließliche Rechte gewähren, den Verträgen widersprechende Maßnahmen zu treffen oder beizubehalten. In Betracht kommt grundsätzlich jede rechtliche oder tatsächliche Einflussnahme auf das öffentliche Unternehmen, da der Begriff »Maßnahme« weit auszulegen ist. Die Rechtsform oder Rechtsqualität ist ohne Bedeutung. Maßgeblich ist allein, ob die Handlung geeignet ist, das Wettbewerbsverhalten zu beeinflussen, sodass sowohl privatrechtliche als auch öffentlich-rechtliche Maßnahmen, wie Gesetze, Verordnungen, Verwaltungsakte oder faktische Einflussnahme, in Betracht kommen.[304] Der weite Anwendungsbereich soll es den Mitgliedstaaten erschweren, sich durch geschickte Auswahl der Handlungsformen aus der Verantwortung zu ziehen.

Die örtliche Gebundenheit der Sparkassen kann aus der Verfassung und aus dem einfachgesetzlichen Landesrecht (§ 1 Abs. 2 SpkG NRW) abgeleitet werden. Diese gesetzliche Maßnahme widerspricht den Unionsverträgen, wenn ein Verstoß gegen staatsbezogene oder unternehmensbezogene Normen vorliegt. Ein Verstoß gegen staatsbezogene Normen ist anzunehmen, wenn ein Mitgliedstaat die Unternehmen zu einem Verhalten veranlasst, das, würde der Staat selbst handeln, gegen Unionsrecht verstoßen würde. Die zweite Konstellation erfasst den Fall, dass der Mitgliedstaat das Unternehmen in eine Situation versetzt, in welcher das Unternehmen selbst gegen Art. 101 Abs. 1 AEUV verstößt. Diese Systematik verdeutlicht Art. 106 Abs. 2 S. 1 AEUV, der ausdrücklich bestimmt, dass auch für Unternehmen, die mit Dienstleistungen von allgemeinem wirtschaftlichen Interesse betraut sind, die Vorschriften des Unionsrechts gültig sind.[305]

1. Verstoß gegen das Diskriminierungsverbot

Art. 106 Abs. 1 AEUV untersagt den Mitgliedstaaten beim Betreiben von öffentlichen Unternehmen oder solchen, denen sie besondere Rechte gewähren, die Vorschriften der Unionsverträge zu umgehen und nennt dabei u. a. das allgemeine Diskriminierungsverbot (Art. 18 AEUV) und seine speziellen

304 *EuGH,* Urt. v. 13.12.1991 – Rs. C-18/88 (»GB-Inno-BM«) –, in: Slg. 1991, I-5941 (Rn. 20).

305 *Weiß,* DVBl. 2003, 564 (566).

Ausprägungen[306], die Grundfreiheiten. Die Mitgliedstaaten müssen bei allen Tätigkeiten – auch im Rahmen der Wettbewerbspolitik – darauf hinwirken, Ungleichheiten zu beseitigen und die Gleichstellung von Männern und Frauen zu fördern.[307]

Insgesamt sind drei Konstellationen zu unterscheiden, in denen ein Verstoß gegen die Grundfreiheiten vorliegen könnte. Die räumliche Gebietsbeschränkung könnte ausländische Mitbewerber, ausländische Kunden oder die Sparkassen selbst in ihren Grundfreiheiten beeinträchtigen. Eine Grundfreiheitenverletzung der ersten beiden Gruppen durch das Regionalprinzip scheidet aus.[308] Ausländische Banken werden durch die Regelung nicht gehindert, europaweit wirtschaftlich tätig zu werden. Die Gebietsbeschränkung begrenzt nur die Sparkassentätigkeit. Das Regionalprinzip untersagt den Sparkassen ein unmittelbares Handeln auf den nationalen und europäischen Märkten. Das Ziel von Art. 106 Abs. 1 AEUV, eine Vorzugsbehandlung öffentlicher Unternehmen durch den Staat zu verhindern, wird durch bestehende nationale Vorschriften zum Nachteil öffentlicher Unternehmen nicht konterkariert.[309] Auch eine Verletzung ausländischer Kunden scheidet aus, denn weder aus den Grundfreiheiten noch aus dem Ziel der Verwirklichung eines gemeinsamen Binnenmarktes kann eine Pflicht inländischer Unternehmen hergeleitet werden, ihre Dienstleistungen oder Waren grenzüberschreitend anzubieten.

a) Anwendbarkeit der Grundfreiheiten auf die Sparkassentätigkeit

In der letzten Konstellation stellt sich zunächst die Frage, ob die Grundfreiheiten auf die Sparkassentätigkeiten überhaupt anwendbar sind. Nach der in Art. 49 Abs. 2 letzter HS AEUV und Art. 54 AEUV niedergelegten Gleichstellungsanordnung für öffentliche Unternehmen ist dies nur der Fall, wenn sie einen Erwerbszweck verfolgen. Die Sparkassentätigkeit unterliegt im Grundsatz dem Prinzip der Gemeinnützigkeit.[310] Dementsprechend entschied das OVG NRW, dass »der entscheidende Akzent der Geschäftstätigkeit der Sparkassen [liegt] in der Unterordnung des Gewinnstrebens unter die öffentliche Zielsetzung der Wirtschaftsbetätigung, d. h. in dem

306 *Immenga/Mestmäcker,* in: Immenga/Mestmäcker (Hrsg.), EG-Wettbewerbsrecht, B. Bedeutung Wettbewerbsregeln in der Wirtschaftsverfassung, Rn. 30.

307 Allgemeines Gebot der Gleichbehandlung (Art. 8 AEUV).

308 *Ehlers,* Der Landkreis 2007, 456 (461 f.).

309 *Scharpf,* NVwZ 2005, 148 (153).

310 *Schlierbach,* Das Sparkassenrecht, S. 60 f.

Verbot […], die Gewinnerzielung und -maximierung als das einzige oder hauptsächliche Ziel der geschäftspolitischen Entscheidungen zu deklarieren«[311], liege. Es besteht daher kein striktes Verbot der Gewinnerzielung, sodass die Sparkassen konkurrenzwirtschaftlich arbeiten dürfen, indem sie u. a. Eigenkapital erwirtschaften (s. auch § 2 Abs. 3 S. 2 SpkG NRW).

Fraglich ist somit, wie der europarechtliche Begriff der »Erwerbstätigkeit« zu verstehen ist. Dies lässt sich nicht isoliert aus dem Begriff deduzieren, sondern muss aus dem Zusammenhang und unter Berücksichtigung der Ziele und Zwecke der Verträge hergeleitet werden. Danach ist der Begriff weit auszulegen, denn die Niederlassungsfreiheit stellt einen »fundamentalen Grundsatz«[312] bzw. »eines der Grundprinzipien des Vertrags«[313] dar. Dieses Freiheitsrecht darf nicht durch ein zu enges Verständnis konterkariert werden. Unter Erwerbstätigkeit fällt jede eigenverantwortliche, weisungsfreie, entgeltliche Betätigung.[314] Erfasst werden damit alle Tätigkeiten des Wirtschaftslebens, unabhängig von einer Gewinnerzielungsabsicht.[315] Andernfalls wären lediglich gewinnbringende Unternehmen berechtigt an den Grundfreiheiten teilzuhaben.[316]

Legt man dieses funktionale Begriffsverständnis zugrunde, verfolgen auch die Sparkassen einen Erwerbszweck im Sinne der Art. 49 Abs. 2 letzter HS AEUV und Art. 54 AEUV. Sie betreiben übliche Bankgeschäfte (§ 1 KWG) und nehmen wie private und genossenschaftliche Banken am Wirtschaftsleben teil.[317] Damit ist der sachliche Anwendungsbereich der Grundfreiheiten eröffnet.

---

311 *OVG NRW,* Urt. v. 20.9.1979 – XV A 1206/78 –, in: DVBl. 1980, 70 (71).

312 *EuGH,* Urt. v. 21.6.1974 – Rs. 2/74 (»Reyners«) –, in: Slg. 1974, 631 (Rn. 42 f.); *EuGH,* Urt. v. 7.7.1992 – Rs. C-370/90 (»Singh«) –, in: Slg. 1992, I-4265 (Rn. 15); *EuGH,* Urt. v. 31.3.1993 – Rs. C-19/92 (»Kraus«) –, in: Slg. 1993, I-1663 (Rn. 29).

313 *EuGH,* Urt. v. 7.7.1976 – Rs. 118/75 (»Watson und Belmann«) –, in: Slg. 1976, 1185 (Rn. 16); *EuGH,* Urt. v. 28.1.1986 – Rs. 270/83 (»Komm./Französische Republik«) –, in: Slg. 1986, 273 (Rn. 13).

314 *Bröhmer,* in: Calliess/Ruffert (Hrsg.), Art. 49, Rn. 10.

315 *Oppermann/Classen/Nettesheim,* Europarecht, § 29, Rn. 14.

316 *Weiß,* DVBl. 2003, 564 (568).

317 S. auch § 2 Abs. 4 SpkG NRW; *BVerfG,* Beschl. v. 14.4.1987 – 1 BvR 775/84 –, in: BVerfGE 75, 192 (199).

b) Keine Geltung für rein innerstaatliche Sachverhalte

Die Grundfreiheiten sind nur auf Sachverhalte mit grenzüberschreitendem Bezug anwendbar, so dass rein innerstaatliche Fälle unberührt bleiben.[318] Daher kann die Zulässigkeit des Regionalprinzips in Deutschland durch die Grundfreiheiten nicht beeinträchtigt werden.[319] Allein die Situation, in der eine Sparkasse unter Berufung auf die Grundfreiheiten im europäischen Ausland Zweigstellen errichten möchte, ist relevant.

Die derzeitige Geschäftspolitik der lokalen Sparkassen, die entscheidend durch den öffentlichen Auftrag geprägt ist, lässt an einem solchen Vorhaben zweifeln. Dies gilt insbesondere unter Berücksichtigung der Nachwirkungen der weltweiten Banken- und Wirtschaftskrise. Eine Eventualität reicht für einen Grundfreiheitenverstoß nicht aus.[320] Aus einem bestehenden Recht leitet sich keine Pflicht ab, die Freiheit in Anspruch zu nehmen.[321] Dennoch besteht die Möglichkeit, dass sich eine Sparkasse im Ausland mit einer Zweigstelle niederlassen möchte. Diese Fälle sind vor allem in Grenzgebieten (Sparkasse Westmünsterland mit der Nähe zu den Niederlanden oder der Sparkasse Aachen zu dem Nachbarland Belgien) denkbar, da dort ausländische Neukunden gewonnen werden könnten.

c) Wirkung der Grundfreiheiten gegenüber dem eigenen Mitgliedstaat

Eine Verletzung des Art. 106 Abs. 1 AEUV kommt nur in Betracht, wenn die inländischen Sparkassen ein Recht auf Gleichbehandlung mit den privaten Unternehmen gegenüber dem eigenen Mitgliedstaat als Verpflichtungsadressat hätten (Inländerdiskriminierung (discrimination á rebours)).[322] Dem ist zu widersprechen. Das Gebot der Einhaltung und Verwirklichung der Grundfreiheiten richtet sich an alle Mitgliedstaaten der Europäischen Union. Damit die Grundfreiheiten ihre Wirksamkeit voll entfalten können,

---

318 *Ehlers,* Europäische Grundrechte und Grundfreiheiten, § 7, Rn. 23; *Gimpel,* Das Regionalprinzip, S. 124; *Hinkel,* Niederlassungsfreiheit für Kreditinstitute, S. 150; *Baumann,* Die sachlichen und räumlichen Grenzen der Verbandskompetenz öffentlich-rechtlicher Kreditinstitute, S. 148.

319 *Schepers,* Internet-Banking, S. 142.

320 *EuGH,* Urt. v. 28.6.1984 – Rs. 180/83 (»Moser«) –, in: Slg. 1984, 2539 (Rn. 18); *EuGH,* Urt. v. 29.5.1997 – Rs. C-299/95 (»Kremzow«) –, in: Slg. 1997, I-2629 (Rn. 16).

321 *Purbach,* Privatisierung der Sparkassen, S. 100.

322 In diese Richtung *Langner,* Die örtliche Begrenzung kommunaler Wirtschaftstätigkeit, S. 141 (m. m. N.); *Schwintowski,* NVwZ 2001, 607 (610 ff.); *Burmeister/Staebe,* EuR 2004, 810 (813 f.); *Hedrich,* Privatisierung der Sparkassen, S. 280 f.

werden ferner sämtliche innerstaatlichen Untergliederungen rechtlich an die Gewährleistungen gebunden, unabhängig von ihrer Organisationsebene (Bund, Land, Gemeinde) oder ihrer Staatsgewalt (Legislative, Exekutive, Judikative).[323] Das Unionsrecht behandelt folglich die Mitgliedstaaten als organisatorische Einheiten und respektiert folglich deren innerstaatliche Verwaltungs- und Organisationshoheit. Zu dieser Verwaltungshoheit gehört u. a. die Festlegung der rechtlichen Grenzen kommunalwirtschaftlicher Betätigung der öffentlichen Unternehmen. Die Entscheidung über das »Ob« und »Wie« der kommunal-wirtschaftlichen Betätigung ist ausschließliches Recht der Bundesländer. Eine Inländerdiskriminierung ist nicht verboten.[324] Weiterhin liegt der Sinn und Zweck der Gebietsbeschränkung der Sparkassentätigkeit im Schutz der Kommunen vor Risiken im Bankengeschäft.[325] Die Länder haben sich mit der räumlichen Tätigkeitsbegrenzung ihrer öffentlichen Unternehmen eine – aus europäischer Sicht den Mitgliedstaaten zukommende – Selbstbeschränkung auferlegt, die bei privaten Unternehmen dem jeweiligen Eigentümer obliegt.[326] Diese ist wettbewerbsrechtlich ebenso unbedenklich wie das Selbstbeschränkungsrecht privater Unternehmen.[327]

d) Zwischenergebnis

Das Regionalprinzip verstößt nicht gegen die Personenverkehrsfreiheiten, da es Ausdruck freiwilliger Selbstbeschränkung ist.[328] Sowohl die Niederlas-

---

323 *EuGH,* Urt. v. 18.6.1985 – Rs. 197/84 (»Steinhauser/Ville de Biarritz«) –, in: Slg. 1985, 1819 (Rn. 14); *EuGH,* Urt. v. 15.12.1993 – verb. Rs. C-277/91, C-318/91, C-319/91 (»Ligur Carni Srl«) –, in: Slg. 1993, I-6621 (Rn. 36); *Ehlers,* Europäische Grundrechte und Grundfreiheiten, § 7, Rn. 48; *Oppermann/Classen/Nettesheim,* Europarecht, § 29, Rn. 30.

324 *EuGH,* Urt. v. 27.10.1982 – verb. Rs. 35-36/82 (»Morson u. Jhanjan/Niederlande«) –, in: Slg. 1982, 3723 (Rn. 18); *EuGH,* Urt. v. 16.2.1995 – verb. Rs. C-29/94, C-30/94, C-31/94, C-32/94, C-33/94, C-34/94, C-35/94 (»Aubertin«) –, in: Slg. 1995, I-301 (Rn. 9 f.).

325 *Oebbecke* in: Oebbecke/Ehlers/Schink/Pünder (Hrsg.), Aktuelle Fragen der Sparkassenpolitik, 2002, S. 54.

326 *Ehlers,* in: Wurzel/Schraml/Becker (Hrsg.), Rechtspraxis der kommunalen Unternehmen, B, Rn. 12. Selbstverständlich vorbehaltlich kartellrechtlicher Grenzen.

327 *Henneke,* Kommunale Sparkassen, S. 103.

328 So im Ergebnis auch die h. M. *Manthey,* Bindung und Schutz öffentlicher Unternehmen durch die Grundfreiheiten, S. 115 ff.; *Raskin,* Das Regionalprinzip, S. 91 ff., 152 f.; *Schepers,* Internet-Banking, S. 139 ff.; *Weiß,* EuR 2003, 165 (175 f.); *Ehlers,* Gutachten E 64. DJT, S. 42 f.; *Scharpf,* NVwZ 2005, 148 (152 f.); *Kolm,* Regionalprinzip, S. 124.

sungs- als auch die Dienstleistungsfreiheit billigen den Sparkassen und ihren kommunalen Trägern kein Marktaustrittsrecht gegenüber dem eigenen Mitgliedstaat zu. Kommunalen Unternehmen ist es nicht gestattet, die Vorzüge der Privatwirtschaft und zugleich die Vergünstigungen der öffentlichen Verwaltung für sich in Anspruch zu nehmen.[329] Dieses Ergebnis deckt sich mit der ursprünglichen Konzeption der Grundfreiheiten als fremdenrechtliche Diskriminierungsverbote, wonach es den Empfangsstaaten als Verpflichtungsadressaten verwehrt ist, Staatsbürger anderer Mitgliedstaaten im Verhältnis zu den eigenen rechtlich oder faktisch zu benachteiligen.[330] Ein Benachteiligungsverbot öffentlicher Unternehmen folgt daraus nicht.

2. Ausprägungen des Regionalprinzips als unzulässiges Gebietskartell

Auch wenn kein Verstoß gegen die Grundfreiheiten festgestellt werden konnte, kommt ein Verstoß gegen Art. 106 Abs. 1 Var. 2 AEUV in Betracht. Danach ist es den Mitgliedstaaten verboten, öffentliche Unternehmen und solche, denen sie besondere oder ausschließliche Rechte gewähren, zu einem Verhalten zu veranlassen, das insbesondere den Vorschriften des Art. 101 und 102 AEUV widerspricht.

a) Anwendungsbereich des Art. 106 Abs. 1 AEUV

Vereinzelt wird vertreten, dass ein Verstoß des öffentlichen Unternehmens gegen wettbewerbsrechtliche Vorschriften notwendige Voraussetzung für eine Verantwortlichkeit des Mitgliedstaates sei.[331] Die Haftung des Mitgliedstaates setze eine akzessorische Haftung des öffentlichen Unternehmens voraus. Die Sparkassen verstoßen nicht gegen Art. 101 Abs. 1 lit. c) AEUV, wenn sie sich an die Gebietsbeschränkungen des Regionalprinzips halten.[332] Dieser streng formalistische Standpunkt ist jedoch abzulehnen.[333]

---

329 *Heintzen,* NVwZ 2000, 743 (743).

330 Grundlegend zur Arbeitnehmerfreizügigkeit *EuGH,* Urt. v. 15.10.1969 – Rs. 15/69 (»Südmilch/Ugliola«) –, in: Slg. 1969, 363 (Rn. 3), sowie zur Niederlassungsfreiheit *EuGH,* Urt. v. 28.4.1977 – Rs. 71/76 (»Jean Thieffry«) –, in: Slg. 1977, 765 (777); *Ehlers,* Europäische Grundrechte und Grundfreiheiten, § 7, Rn. 22.

331 *Odersky,* in: FIW (Hrsg.), Beschränkung des staatlichen Einflusses in der Wirtschaft, S. 77 (86 f.); so noch *Mestmäcker,* RabelsZ 52 (1988), 526 (551 f.).

332 S. Kap. 4 B IV 4. Hier stellt sich ein ähnliches Problem wie bei der »neuen Norm«; s. 4. Kap. A IV.

Andernfalls könnten sich das Unternehmen mit dem Hinweis, es habe aufgrund staatlicher Anordnung gehandelt, und der Mitgliedstaat durch Berufung auf mangelnde Verantwortung für sein öffentliches Unternehmen exkulpieren. Dadurch würde der Tatbestand des Art. 106 Abs. 1 AEUV entgegen dem Sinn und Zweck der Norm verengt. Maßgeblich muss die materielle Situation sein, da entscheidendes Ziel die Gleichbehandlung privater und öffentlicher Unternehmen ist. Ein Mitgliedstaat kann daher auch dann gegen Art. 106 Abs. 1 AEUV verstoßen, wenn ein wettbewerbswidriges Verhalten des Unternehmens mangels Eigenverantwortlichkeit nicht vorliegt.[334] In diese Richtung scheint auch der EuGH zu tendieren, wobei eine ausdrückliche Stellungnahme zu diesem Problem fehlt. Das Gericht betonte, dass die wettbewerbsrechtlichen Vorschriften bei allen staatlichen Eingriffen, die unerlaubtes Handeln von Unternehmen vorbereiten, begünstigen oder unvermeidbar machen, Anwendung finden sollen und zwar unabhängig davon, ob sie tatsächlich stattgefunden haben.[335]

Ein Verstoß gegen Art. 106 Abs. 1 AEUV ist daher auch ohne Verstoß der Sparkassen gegen Art. 101 Abs. 1 AEUV möglich. Ob durch die Marktaufteilung gegen Art. 106 Abs. 1 AEUV verstoßen wird, ist anhand der juristischen Auslegungsmethoden festzustellen, wobei die spezifischen europarechtlichen Besonderheiten zu beachten sind.[336]

b) Wortlautauslegung des Art. 106 Abs. 1 AEUV

Nach dem Wortlaut des Art. 106 Abs. 1 AEUV sind nur solche Maßnahmen verboten, die die Mitgliedstaaten in Bezug auf öffentliche Unternehmen

333 *Mestmäcker/Schweitzer,* in: Immenga/Mestmäcker (Hrsg.), EG-Wettbewerbsrecht, Art. 86, Rn. 90; *Stadler,* in: Langen/Bunte, Art. 86, Rn. 9 f.; *Bechtold/Brinker/Bosch/Hirsbrunner,* Art. 86 EGV, Rn. 4; *Schwarze,* EuZW 2000, 613 (626); *Burmeister/Staebe,* EuR 2004, 810 (820); *Bach,* Wettbewerbsrechtliche Schranken, S. 41 ff.

334 *Schwarze,* EuZW 2000, 613 (626).

335 *EuGH,* Urt. v. 4.5.1988 – Rs. 30/87 (»Bodson/Pompes Funebres«) –, in: Slg. 1988, 2479 (Rn. 33 f.). Der EuGH verlangte keinen konkreten Wettbewerbsverstoß, um eine staatliche Verantwortlichkeit nach Art. 106 Abs. 1 AEUV zu bejahen. Er geht demnach offenbar stillschweigend davon aus, dass die Anwendbarkeit nicht v. einem autonomen Verhalten des Unternehmens abhängig ist. So auch *Heinemann,* Grenzen staatlicher Monopole im EG-Vertrag, S. 146 ff. Dieses Ergebnis steht nicht im Widerspruch zur Schlussfolgerung im Zusammenhang mit der neuen Norm. Denn die Probleme, die sich dort bei einem Verzicht auf die Akzessorietät ergeben, sind bei Art. 106 Abs. 1 AEUV nicht relevant; *Schwarze,* EuZW 2000, 613 (626).

336 Zur Schwierigkeit der grammatikalischen Interpretation aufgrund der Mehrsprachigkeit s. 3. Kap. E III 3.

treffen oder beibehalten. Um den Tatbestand im Einklang mit seinem Wortlaut einzuschränken und nicht jede hoheitliche Maßnahme mit wettbewerbsrechtlichen Fernwirkungen zu erfassen, sind Regelungen von allgemeiner Bedeutung ausgenommen.[337] Die Maßnahme muss eine Sonderstellung bezwecken.[338]

Das Regionalprinzip ist kein sparkassenrechtliches Spezifikum, das von der öffentlichen Hand in Bezug auf die Sparkassen erlassen wurde. Es ist ein allgemeiner staats- und verwaltungsrechtlicher Grundsatz, wonach grundsätzlich alle kommunal-(wirtschaftlichen) Betätigungen als Wahrnehmung von Hoheitsaufgaben dem Örtlichkeitsprinzip unterliegen. Die Aufgabenwahrnehmung darf verfassungsrechtlich sowie einfachgesetzlich nur im eigenen Wirkungskreis wahrgenommen werden (§ 2 GO NRW, Art. 78 Abs. 1 LV NRW, Art. 28 Abs. 2 GG). Das Regionalprinzip ist Ausdruck des allgemeinen Örtlichkeitsprinzips, indem es den Tätigkeitsbereich der Sparkassen auf das Gebiet ihres hoheitlichen Trägers absteckt. Demnach zielte der Gesetzgeber bei Festlegung der Strukturmerkmale (Örtlichkeitsprinzip, Regionalprinzip) nicht auf eine wettbewerbsrechtliche Bevorteilung der öffentlichen gegenüber den privaten Unternehmen. Es wurde keine handels-, konzern- oder wettbewerbsrechtliche Anordnung bezweckt.[339] Das Regionalprinzip legt die Zuständigkeitskompetenzen der Gemeinden und Gemeindeverbände fest.[340] Die Gesetzesbegründung zur Novellierung des Sparkassengesetzes NRW[341] betont mehrfach, dass das Wesen und die Tätigkeit der kommunalen Sparkassen im Wesentlichen durch den öffentlichen Auftrag sowie durch die kommunale Bindung an den kommunalen Träger bestimmt werden.[342] Aus der kommunalen Bindung folgt die generelle örtliche Begrenzung der Sparkassentätigkeit auf das Gebiet des kommunalen Trägers. Die Radizierung ist daher primär eine Zuständigkeitsbegrenzung und kein Verteilungsprinzip zwischen Kommunen, ihren Unternehmen und der Privatwirtschaft.

337 *Wernicke,* in: Grabitz/Hilf/Nettesheim (Grd./Hrsg.), Art. 106, Rn. 55; *Jung,* in: Calliess/Ruffert (Hrsg.), Art. 106, Rn. 18.

338 *Müller-Graff,* Unternehmensinvestitionen und Investitionssteuerung im Marktrecht, S. 341 ff. u. 350 ff.

339 *Grawert,* Zuständigkeitsgrenzen der Kommunalwirtschaft, S. 119 ff. (m. m. N.).

340 S. 2. Kap. D II 1.

341 Durch GV.NRW 1970, S. 604 wurde das Regionalprinzip erstmals positiv-rechtlich eingefügt.

342 LT-Drucks. Nr. 1466, 6. Wahlperiode, S. 17 ff.

c) Historisch genetische Auslegung

Im Zuge des europarechtlichen Konflikts um die Anstaltslast und die Gewährträgerhaftung hat sich die Kommission zu dem Vorwurf der Unvereinbarkeit des Regionalprinzips mit dem europäischen Wettbewerbsrecht nicht geäußert. Ursprung der Auseinandersetzung aus dem Jahr 1999 war eine Beschwerde der Europäischen Bankenvereinigung gegen die Anstaltslast und die Gewährträgerhaftung der ehemaligen WestLB AG, der Stadtsparkasse Köln und der Westdeutschen Immobilienbank. Sie vertrat die Auffassung, die Gebietsradizierungen durch das Regionalprinzip führen zu einer verbotenen Marktaufteilung in wettbewerbswidrige Gebietskartelle. Am 17.7.2001 endeten die umfassenden Verhandlungen zwischen der Kommission und Deutschland.[343] In dem daraus hervorgegangenen Arbeitspapier »Understanding on Anstaltslast und Gewährträgerhaftung« wurde trotz Angriff auf das Regionalprinzip nicht näher eingegangen.

Überdies gab es noch einen weiteren sparkassenrechtlichen Konflikt zwischen Deutschland und der Kommission, in dem sich die Parteien im Dezember 2006 einigen konnten. In der Auseinandersetzung ging es im Wesentlichen um den Bezeichnungsschutz der Berliner Sparkasse nach ihrer Privatisierung (§ 40 KWG). Der vereinbarte Kompromiss besteht darin, dass der Berliner Sparkasse trotz Privatisierung weiterhin sparkassentypische Gemeinwohlverpflichtungen auferlegt werden können. In diesem Zusammenhang äußerte sich die Kommission in einem Schreiben von Anfang August 2006 durchaus kritisch zu der Frage, inwiefern die Regelung des Regionalprinzips mit den Bestimmungen der Unionsverträge vereinbar sei. Zweifel bestanden insbesondere an der Verhältnismäßigkeit und an der strikten Formulierung des Vorschlags der Bundesrepublik.[344] Letztlich hat die Kommission jedoch in ihrer Presseerklärung vom 6.12.2006 erklärt, dass »im konkreten Fall der nach Maßgabe der Beihilfeentscheidung vom 18.2.2004 zu veräußernden Bankgesellschaft Berlin AG mit der Berliner Sparkasse eine Reihe sparkassentypischer Gemeinwohlaufgaben festgelegt wurden und als mit dem Unionsrecht vereinbar erachtet werden. Zu diesen Aufgaben gehören u. a. die flächendeckende Versorgung wirtschaftlich

---

343 Infolgedessen entfiel die Anstaltlast und die Gewährträgerhaftung lief am 18.7.2005 aus, wobei für die Gewährträgerhaftung eine Nachwirkungsfrist bis 2015 besteht.

344 Dieser lautete, dass privatisierte Sparkassen die Bezeichnung Sparkasse weiterhin verwenden dürfen, soweit die Geschäftstätigkeit des Unternehmen auf das Geschäftsgebiet, in dem es seinen Sitz hat, in gleichen Umfang wie vor der Umwandlung oder Übertragung eingegrenzt ist; zit. nach *Henneke,* Kommunale Sparkassen, S. 153.

schwächerer Bevölkerungskreise und der mittelständischen Wirtschaft sowie die Gewährleistung des Regionalprinzips gemäß dem maßgeblichen Sparkassenrecht.«[345] Die Kommission hat demnach in beiden Konflikten das Regionalprinzip nicht für kartellrechtswidrig gehalten.[346]

d) Teleologische Auslegung

Art. 106 Abs. 1 AEUV soll verhindern, dass die Mitgliedstaaten aus den Beziehungen zu öffentlichen Unternehmen oder Unternehmen, denen sie besondere oder ausschließliche Rechte gewähren, Vorteile ziehen, indem sie diese zu verbotenen Verhaltensweisen verpflichten und veranlassen. Der Sinn und Zweck des Art. 106 Abs. 1 AEUV ist, jegliche Sonderstellung öffentlicher Unternehmen zu vermeiden, um einen möglichst unverfälschten Wettbewerb zu gewährleisten (Gleichbehandlungsgrundsatz).[347] Da sich das Gleichbehandlungsgebot nicht im Wortlaut des Art. 106 Abs. 1 AEUV wiederfindet, verbietet sich eine pauschale Anwendung. Der Regelungsgehalt muss einzelfallabhängig durch Auslegung ermittelt werden.

aa) Kein umfassendes Selbstentscheidungsrecht

Das Regionalprinzip räumt den Sparkassen keine vorteilhafte Sonderstellung ein, sondern schränkt die Entscheidungsfreiheit im Vergleich zu den privaten Mitbewerbern ein.[348] Es verbietet ihnen, den räumlichen Tätigkeitsbereich anhand marktstrategischer Prinzipien autonom auszuwählen. Dadurch haben sie auch keinen direkten Zugang zu den globalen Aktienmärkten. Die ihnen durch Gesetz auferlegte Versorgungsaufgabe des Mittelstandes und der wirtschaftlich schwächeren Bevölkerungskreise soll nicht dem freien Wettbewerb überlassen werden.[349]

Überdies unterliegen alle Entscheidungen, an denen der Sparkassenträger mitwirkt, der direkten Demokratie (Bürgerbegehren und Bürgerentscheidungen), wodurch die autonome Entscheidungsfreiheit der Sparkassen zusätzlich eingeengt wird. Denn das Betreiben der Sparkassen durch die Gemein-

---

345 *Komm.*, Pressemitt. v. 6.12.2006, IP/06/1692.

346 *Ehlers,* Der Landkreis 2007, 456 (463), der aufgrund dessen auf eine Zustimmung schließt.

347 *EuGH,* Urt. v. 6.7.1982 – Rs. 188/80-190/80 –, in: Slg. 1982, 2545 (Rn. 12); *Schröter,* in: Groeben/Schwarze, Vorbem. Art. 81-89, Rn. 5; *Wernicke,* in: Grabitz/Hilf/Nettesheim (Grd./Hrsg.), Art. 106, Rn. 5; *Ehlers,* Jura 1999, 212 (213).

348 So bereits 1973 *Röper,* Die Wettbewerbsfunktion der dt. Sparkassen, S. 115.

349 § 3 Abs. 1 SpkG NRW.

den und Gemeindeverbände ist Teil der kommunalen Selbstverwaltungsaufgabe.[350] Dementsprechend sind Fusionen oder Privatisierungen von Sparkassen durch Bürgerbegehren verzögert oder vollständig verhindert worden.[351]

bb) Keine Marktabschottung

Eine unzulässige Marktabschottung durch das Regionalprinzip besteht nicht. Die den Sparkassen zugeteilten Gebiete sind für andere Banken weiterhin zugänglich.[352] Inländische und ausländische Banken anderer Bankengruppen werden durch das Regionalprinzip nicht gehindert, in den Geschäftsgebieten der Sparkassen eigene Bankfilialen zu eröffnen und zu betreiben.[353] Zumal die Marktzutrittsschranken für ausländische Banken zum deutschen Finanzmarkt nicht besonders hoch sind.[354] Ein bekanntes Beispiel ist die ursprünglich amerikanische Citibank (jetzt TARGOBANK[355]) mit über 335 Filialen bzw. Vertriebsstandorten in über 200 Städten in Deutschland. Seit dem 6.12.2008 gehört sie zur Crédit Mutuel Gruppe.[356] Auch die spanische Banco Santander Bank ist in das deutsche Retailgeschäft eingestiegen, nachdem sie 2010 das Privatkundengeschäft der zweitgrößten schwedischen Bank »Skandinaviska Enskilda Banken« (kurz: SEB) mit rund 174 Bankfilialen übernommen hat.[357] Nach der Kundenanzahl

350 *Oebbecke,* LKV 2006, 145 ff.; *Meyer,* NJW 2004, 1700 (1702); a. A. *Kolm,* Regionalprinzip, S. 93.

351 Bspw. bei der Sparkasse Stralsund im Jahr 2003/2004 oder die im Jahr 1998 aufkommende Idee, die durch die öffentliche Hand betriebenen Kreditinstitute im Freistaat Sachsen in einer gemeinsamen »Sächsischen Verbundlösung« zu integrieren; s. *Meyer,* NJW 2004, 1700 (1701 ff.).

352 *Steiner,* Bankenmarkt und Wirtschaftsordnung, S. 112 f.; *Witt,* Bewertung v. öffentlich-rechtlichen Sparkassen im Rahmen einer Privatisierungsentscheidung, S. 72.

353 *Linssen,* Rede Handelsblatt Jahrestagung v. 8.2.2006 in Berlin zur Zukunft der Sparkassen und Landesbanken in NRW (http://bit.ly/e635Ve).

354 *Heitzer,* Die Wettbewerbsaufsicht durch das Bundeskartellamt – Ordnungspolitischer Schatten der unsichtbaren Hand, S. 4 (http://bit.ly/fS2ZYE).

355 Die Amerikaner übernahmen bereits 1989 die v. Walter Kaminsky in Düsseldorf gegründete Kundenkreditbank, kurz KKB. Mit der Übernahme gelang der Einstieg in den dt. Privatkundenmarkt. Seit dem 22.2.2010 firmiert die Citibank Privatkunden AG & Co. KGaA als TARGOBANK AG & Co. KGaA.

356 http://bit.ly/gu02eB.

357 http://bit.ly/ieQdIX. Mitte 2010 wurde das Privatkundengeschäft v. der spanischen Bank Santander unter der Marke »Santander Bank« für 555 Mio. EUR übernommen. Aus Deutschland zieht sich die schwedische Bank aber nicht komplett zurück, sondern es bleiben ca. 1200 Beschäftigte, die sich auf Firmenkunden, das Fondge-

gehören sie zu den viertgrößten Privatkundenbanken hinter der Postbank, der Commerzbank und der Deutschen Bank.[358] Eine zunächst zu beobachtende Zurückhaltung ausländischer Banken, sich in Deutschland niederzulassen, beruht auf den verhältnismäßig niedrigen Renditen, welche auf einen starken Wettbewerb und eine hohe Steuerbelastung zurückzuführen sind.[359] Im Übrigen würde allein der Umstand, dass die Sparkassen das Regionalprinzip nicht mehr beachten, nicht automatisch zu einem Neukundenanstieg bei den anderen Banken führen.[360]

cc) Zwischenergebnis

Die erforderliche Gesamtbetrachtung verdeutlicht, dass das Regionalprinzip die öffentlichen Kreditinstitute nicht bevorzugt und ihnen keine positive Stellung im Bankenwettbewerb einräumt. Die kommunalwirtschaftliche Sparkassentätigkeit ist durch die Gebietsbindung eingeschränkter als die gemeindegebietsunabhängige Tätigkeit der Privatbanken. Ein vorteilhaftes Gebietskartell besteht nicht, denn ein Prinzip zu Lasten der Sparkassen verstößt nicht gegen das Verbot der Besserstellung öffentlicher Unternehmen.[361]

---

schäft und die gewerbliche Immobilien-Finanzierung konzentrieren; s. *Handelsblatt*, v. 13.7.2010, S. 32.

358 *Handelsblatt*, v. 7.2.2011, S. 34.

359 *Klein*, Privatisierung der Sparkassen, S. 120 f.; *Steiner*, Bankenmarkt und Wirtschaftsordnung, S. 109 ff.

360 *Frankenberger*, ZfgK 2004, 120 (122).

361 *Scharpf*, NVwZ 2005, 148 (153). Dem steht nicht Art. 14 AEUV entgegen. Denn dieser regelt lediglich, dass die Mitgliedstaaten durch eine geeignete Gestaltung der Rahmenbedingungen dafür Sorgen zu tragen haben, dass die Träger v. Diensten im allgemeinen wirtschaftlichen Interesse ihren Aufgaben angemessen nachkommen können (*Jung*, in: Calliess/Ruffert (Hrsg.), Art. 14, Rn. 22). Art. 14 AEUV stellt darauf ab, ob die Dienste funktionsgerecht erbracht werden, aber nicht durch wen und auf welche Art und Weise. Er ist aufgabenbezogen formuliert und beschäftigt sich nicht mit Trägerfragen; *Henneke*, Kommunale Sparkassen, S. 128. Hinsichtlich der Frage des »Ob« und des »Wie« der Ausgestaltung der Dienste haben die Mitgliedstaaten das alleinige Entscheidungsrecht. Folglich ist eine räumliche Radizierung der öffentlichen Dienste durch die Mitgliedstaaten unter der Voraussetzung legitim, dass die Dienste im Ganzen erbracht werden können; *Weiß*, DVBl. 2003, 564 (570). *Schepers*, Internet-Banking, S. 146 f.; *Raskin*, Das Regionalprinzip, S. 161.

e) Systematische Auslegung – Art. 345 AEUV und das Spannungsverhältnis zu den Anforderungen des gemeinsamen Marktes

Die Union verfügt nur über solche Kompetenzen, die ihr die Mitgliedstaaten übertragen haben (sog. Prinzip der begrenzten Einzelermächtigung nach Art. 5 Abs. 1 S. 1 EU). Die Notwendigkeit einer konkreten Kompetenzzuweisung ist ein Schutzmechanismus zur Erhaltung nationaler Verantwortung.[362] Art. 345 AEUV gewährleistet den Mitgliedstaaten, dass ihre historisch gewachsenen Eigentumsordnungen im Sinne einer Kompetenzausübungsschranke für die europäische Exekutive und Legislative unberührt bleiben.[363] Diese Freiheit führt nicht dazu, dass die in den Mitgliedstaaten bestehende Eigentumsordnung den Grundprinzipien des Vertrags schlechthin entzogen ist, vielmehr sind beide Normen gleichwertig.[364] Die national geschützte Eigentumsordnung darf die Wettbewerbsordnung nicht in einem Maße beeinträchtigen, dass diese keine oder nur noch geringe Wirkung hat. Andererseits dürfen die Wettbewerbsregeln nicht dazu führen, dass die Mitgliedstaaten ihre Zuständigkeit über die Eigentumsordnung verlieren. Die Neutralität der Verträge gegenüber den mitgliedsstaatlichen Eigentumsordnungen hat u. a. zur Konsequenz, dass den Mitgliedstaaten keine Vorgaben dahingehend gemacht werden können, in welchen Bereichen und in welchem Ausmaß private oder öffentliche Unternehmen tätig werden dürfen.[365] Der Vertrag enthält weder eine Begünstigung privater Unternehmen noch eine Pflicht, öffentliche Unternehmen zu privatisieren. Dementsprechend verbleit die Wahlfreiheit, wirtschaftliche Tätigkeiten durch private Anbieter oder durch die öffentliche Hand vornehmen zu lassen, bei den Mitgliedstaaten und ihren Verfassungsordnungen.[366] Daraus folgt, dass auch das Regionalprinzip als Strukturmerkmal der öffentlich-rechtlichen Sparkassen zum nationalen Organisationsermessen gehört und eine

362 *BVerfG,* Urt. v. 30.6.2009 – 2 BvE 2/08 (»Lissabon«) –, Rn. 301.

363 *Landsberg,* in: Krautscheid (Hrsg.), Daseinvorsorge, S. 290 (301); *Stein,* NdsVBl. 2010, 1 (6); Schlussanträge *GA Colomer* v. 3.7.2001, Rs. C-367/98, C-483/99, C-503/99, Rn. 56.

364 *EuGH,* Urt. v. 13.5.2003 – Rs. C-463/00 (Goldene Aktien Spanien) –, in: Slg. 2003, I-4581 (Rn. 67).

365 *Oppermann/Classen/Nettesheim,* Europarecht, § 21, Rn. 41; *Schmidhuber/Hitzler,* ZögU 1990, 397 (399); *Löwer,* VVDStRL 60, 416 (448).

366 *Schmidhuber/Hitzler,* ZögU 1990, 397 (399 f.).

Privatisierungspflicht des gesetzlichen Auftrags nicht besteht, selbst wenn dieser auch durch Privatbanken ausgeführt werden könnte.[367]

III. Gesamtergebnis

Das Regionalprinzip verstößt nicht gegen europäisches Kartellrecht. Eine wettbewerbswidrige Marktaufteilung (Gebietskartelle) oder eine Grundfreiheitenverletzung scheiden aus.[368] Die gebotene Gesamtbetrachtung zeigt, dass die nationale Entscheidungsfreiheit für eine sozialwirtschaftliche Ausgestaltung des öffentlichen und des kommunalen Wirtschaftshandelns nicht durch das Unionsrecht tangiert wird.[369]

C. Verstoß gegen nationales Kartellrecht

Die Begrenzung der Tätigkeitsgebiete kann gegen § 1 GWB verstoßen. § 1 GWB verbietet parallel zu Art. 101 Abs. 1 AEUV Vereinbarungen zwischen Unternehmen, Beschlüsse von Unternehmensvereinigungen und aufeinander abgestimmte Verhaltensweisen, die eine Verhinderung, Einschränkung oder Verfälschung des Wettbewerbs bezwecken oder bewirken. Auch das nationale Recht bindet öffentliche Unternehmen an die kartellrechtlichen Verbotstatbestände (§ 130 GWB).[370] Eine detaillierte Prüfung erübrigt sich aufgrund des Anwendungsvorrangs des EU-Rechts.

Abgesehen von dem Harmonisierungsargument besteht auch materiellrechtlich kein Kartellverstoß gegen § 1 GWB. Das Regionalprinzip lässt sich unter keine der verbotenen Maßnahmen subsumieren. Weder ist es auf eine Vereinbarung zwischen den Sparkassen zurückzuführen noch stellt es eine Ausprägung von aufeinander abgestimmten Verhaltensweisen dar. Das Regionalprinzip ist unmittelbar im Landesrecht (Sparkassengesetz) verankert

367 *Ehlers,* Jura 1999, 212 (213); *Baumann,* Die sachlichen und räumlichen Grenzen der Verbandskompetenz öffentlich-rechtlicher Kreditinstitute, S. 148, 163; *Weiß,* DVBl. 2003, 546 (569); *Raskin,* Das Regionalprinzip, S. 160 f.; *Kolm,* Regionalprinzip, S. 127 f.; *Thode/Peres,* BB 1997, 1749 (1752), die betonen, dass die Union die gewählte Organisationsform der Sparkassen als Anstalt des öffentlichen Rechts mit ihren essentiellen Ordnungsprinzipien vorgefunden und diese Strukturen jahrzehntelang nach Inkrafttreten der Primärverträge im Jahre 1957 nicht in Zweifel gezogen habe. In diese Richtung auch *Donges,* Privatisierung, Rn. 28 ff.

368 *Oebbecke,* LKV 2006, 145 (146); *Henneke,* Kommunale Sparkassen, S. 70; *Ehlers,* Der Landkreis 2007, 456 (462); *Schepers,* Internet-Banking, S. 143 ff; *Berndt,* Sparkasse 2001, 58 (62); *Kolm,* Regionalprinzip, S. 128 f.

369 Zum kommunalen Örtlichkeitsprinzip *Scheps,* Das Örtlichkeitsprinzip, S. 192.

370 *BGH,* Beschl. v. 14.3.1990 – KVR 4/88 –, in: BGHZ 110, 371 (380).

und in der Verfassung (Art. 28 Abs. 2 GG) angelegt. Es steht demnach nicht zur Disposition der Sparkassen und erfüllt daher nicht die Tatbestandsvoraussetzungen des § 1 GWB. Die Sparkassen teilen sich nicht willkürlich die Märkte auf, sondern das Regionalprinzip ist »eine jeder einzelnen kommunalen Sparkasse konstitutionell mitgegebene Beschränkung«.[371] Es gibt keine Absprachen über Gebiete, sondern die Einhaltung verfassungsrechtlicher und einfachgesetzlicher Vorgaben.[372] Somit liegt auch kein Verstoß gegen § 1 GWB vor.[373] Zudem ist die Beschränkung des Aktionskreises im Verfassungsrecht angelegt, wodurch bereits ein Verstoß gegen das einfachgesetzliche GWB ausscheidet.

D. Zusammenfassung

Das Regionalprinzip verstößt weder gegen europäisches noch gegen nationales Kartellrecht. Es ist konstitutionell verankert und steht damit über dem einfachen Recht des GWB, wodurch ein Verstoß gegen nationales Recht bereits ausscheidet. Zudem ist das nationale Recht wegen dem Anwendungsvorrangs des EU-Rechts nicht anwendbar. Das Regionalprinzip ist mit dem europäischen Kartellrecht vereinbar, da die Gebietsbeschränkungen keine Maßnahmen im Sinne des Art. 106 Abs. 1 AEUV sind, die in Bezug auf die öffentlichen Unternehmen erlassen wurden. Die örtliche Gebundenheit der Sparkassen ist eine Ausformung des verfassungsrechtlichen Prinzips aller kommunalen Wirtschaftstätigkeit (Örtlichkeitsprinzip). Weiterhin sind die bundesweiten Gebietsbeschränkungen auch mit den europäischen Grundfreiheiten vereinbar, da diese nicht vor einer zulässigen Selbstbeschränkung schützen.

---

371 *Oebbecke,* LKV 2006, 145 (146).

372 *Kolm,* Regionalprinzip, S. 150.

373 Zu diesem Ergebnis gelangen auch die kritischen Stimmen zum Regionalprinzip wie *Gimpel,* Das Regionalprinzip, S. 55.

5. Kapitel: Kartellrechtliche Beurteilung der Verbundzusammenarbeit

Die Sparkassen arbeiten untereinander, regional in den Sparkassen- und Giroverbänden[374] und bundesweit mit dem Dachverband des DSGV zusammen. Die Zusammenarbeit unterstützt die einzelnen Mitgliedsunternehmen und koordiniert das Zusammenwirken, um die Vorteile der dezentralen Verbundstruktur der Sparkassen-Finanzgruppe bestmöglich zu nutzen. Der Praxisrelevanz wegen wird diese Zusammenarbeit anhand der kartellrechtlich spannungsgeladenen Betätigungen der Sparkassen und ihrer Verbundpartner u. a. auf den Gebieten Marketing, Produktentwicklung, Zahlungsverkehr und Geldautomatenverbünde exemplifiziert.

A. Grundlagen der Verband- und Verbundzusammenarbeit

Verbände sind Zusammenschlüsse von natürlichen, juristischen Personen oder Vereinigungen zur Förderung gemeinsamer Interessen, insbesondere in gleichartigen Wirtschaftszeigen.[375] Die Zusammenarbeit in Verbänden und Verbünden ist in allen wirtschaftlichen, sozialen sowie kulturellen Betätigungsfeldern weit verbreitet. Auch die Banken- und Versicherungsbranchen organisieren sich größtenteils in Verbänden.[376]

Kartellrechtlich brisant sind u. a. Absprachen über wettbewerbsrelevante Parameter oder die Weitergabe von sensiblen Informationen, insbesondere der Austausch über Preise, Nachlässe, Preiserhöhungen, Umsatzzahlen und andere sensible Daten (Joint Marketing, Standard Setting). Sie können das

---

374 S. Sparkassenverband Westfalen-Lippe, Saar, BW, Rh.-Pf., Bay., Berl., Nds., Hanseatischer Sparkassen- und Giroverband, Sparkassen- und Giroverband Hessen-Thüringen, Ostdeutscher Sparkassenverband, Rheinischer Sparkassen- und Giroverband, Sparkassen- und Giroverband für SH, Verband der Deutschen Freien Öffentlichen Sparkasse e.V. Zum Recht der regionalen Sparkassen- und Giroverbänden; s. *Jungkamp,* Sparkassen- und Giroverbände.

375 *Creifelds,* Rechtswörterlexikon, S. 1264.

376 Gesamtverband der Deutschen Versicherungswirtschaft, Bundesverband öffentlicher Banken Deutschland, Bundesverband deutscher Banken e.V. sowie Bundesverband der Deutschen Volksbanken und Raiffeisenbanken. Auf europäischer Ebene ist etwa der Zentralverband der öffentlichen Wirtschaft «European Centre of Enterprises with Public Participation and of Enterprises of General economic Interest (CEEP)« zu nennen. Er vertritt die Interessen v. Unternehmen mit öffentlicher Beteiligung und v. Unternehmen, die Dienstleistungen im allgemeinen wirtschaftlichen Interesse erbringen, ungeachtet ihrer Eigentümer oder Stellung.

Marktverhalten der Unternehmen vereinheitlichen und dadurch den Wettbewerb dämpfen. Die bewusste praktische Zusammenarbeit darf nicht an die Stelle des mit Risiken verbundenen Wettbewerbs treten.[377] Bei aufeinander abgestimmten Vereinbarungen innerhalb der Sparkassen-Finanzgruppe besteht daher ein kartellrechtliches Risiko, denn die Sparkassen sind – auch im Verbund – eigenständige Unternehmen, die im Wettbewerb autonom entscheiden sollten. Eine kartellrechtliche Privilegierung für autonome Unternehmen, die sich zu einer Unternehmensvereinigung verbünden und wettbewerbsbeschränkende Maßnahmen treffen, existiert nicht.[378] Anders sieht dies bei Absprachen innerhalb von Konzernstrukturen aus, da auf konzerninterne (strategische) Allianzen das Kartellverbot grundsätzlich nicht anwendbar ist.[379]

I. Anwendbarkeit des Kartellrechts nur auf Koordinierungen unabhängig bleibender Unternehmen

Fraglich ist, ob nicht innerhalb der Sparkassen-Finanzgruppe Strukturen bestehen, die eine Anwendbarkeit des Kartellrechts ausschließen. Denkbar ist dies vor allem auf regionaler Ebene durch die enge Zusammenarbeit der Sparkassen mit den Sparkassen- und Giroverbänden. Die nordrhein-westfälischen Mitgliedsparkassen und der Sparkassenverband Westfalen-Lippe (SVWL) könnten einen Unternehmensverbund im Sinne des § 18 Abs. 2 AktG darstellen, in dem die Sparkassen als rechtlich selbstständige Unternehmen unter einheitlicher – wirtschaftlicher – Leitung agieren. Außerdem könnte die enge Kooperation der Sparkassen mit dem DSGV zu einer privilegierten Unternehmensverbindung führen.

1. Methodische Begründung des Konzernprivilegs

Art. 101 Abs. 1 AEUV ist nicht anwendbar, wenn eine Muttergesellschaft mit ihren Tochtergesellschaften eine wirtschaftliche Einheit bildet und infolgedessen die Tochtergesellschaften ihr Vorgehen auf dem Markt nicht mehr autonom bestimmen, sondern den Weisungen der Muttergesellschaft

---

377 *BKartA,* zit. nach Handelsblatt v. 16.2.2010, S. 16.

378 *Fleischer,* AG 1997, 491 (500).

379 *BKartA,* TB 1989/1990, BT-Drucks. 12/847, S. 31.

unterliegen.[380] Gibt ein Unternehmen seine wirtschaftliche Selbstständigkeit durch Zusammenschluss auf und unterwirft sich einer einheitlichen Leitung, sind Verhaltenskoordinierungen innerhalb dieser Einheit kartellverbotsneutral. Dieses Konzernprivileg[381] besteht selbst dann, wenn die Politik der Muttergesellschaft primär dazu dient, verschiedene nationale Märkte unter ihren Tochtergesellschaften aufzuteilen und dadurch Wettbewerbspositionen Dritter beeinträchtigt werden. In Betracht kommt in dieser Konstellation allerdings ein Verstoß gegen Art. 102 AEUV.

Diese Privilegierung beruht auf dem Gedanken, dass durch den Konzentrationsvorgang mangels antagonistischen Verhaltens unabhängig im Wettbewerb zueinander stehender Unternehmen kein Wettbewerb stattfindet, der durch das Kartellrecht geschützt werden kann.[382] Die Entscheidungsfindung erfolgt durch eine synagonistisch koordinierte Politik.[383] Kartellbehördliche Interventionen könnten einem funktionierenden Wettbewerb sogar schaden. Denn grundsätzlich ist die Konzernspitze die beste Instanz, Entscheidungen über Organisations- und Vertriebsstrategien, die den größtmöglichen Erfolg und Gewinn für den Konzern versprechen, zu treffen. Entsprechend der Transaktionskostenökonomie hat das Kartellrecht die Funktion eines »pouvoir neutre«.[384] Die methodische Begründung des Konzentrationsprivilegs beruht folglich auf einer teleologischen Reduktion

---

380 *EuGH,* Urt. v. 24.10.1996 – Rs. C-73/95 P (»Viho Europe BV«) –, in: Slg. 1996, I-5457 (1. LS). Wenn die Muttergesellschaft 100 % des Kapitals ihrer Tochtergesellschaft hält, besteht eine widerlegbare Vermutung, dass sie ein einziges Unternehmen i. S. v. Art. 101 Abs. 1 AEUV bilden; *EuGH,* Urt. v. 16.11.2000 – Rs. C-286/98 P (»Stora Kopparbergs Bergslags«) –, in: Slg. 2000, I-9925 (Rn. 28 f.); *EuG,* Urt. v. 15.6.2005 – verb. Rs. T-71/03, T-74/03, T-87/03, T-1/03 (»Spezialgraphit«) –, in: Slg. 2005, II-10 (Rn. 59).

381 Die Begriffe Konzentrationsprivileg und Konzernprivileg werden synonym verwandt.

382 Nat.: *OLG Stuttgart,* Urt. v. 27.6.1980 – 2 U (Kart.) 130/79 –, in: WuW/E OLG 2352 (2355); *OLG Frankfurt a. M.*, Urt. v. 22.4.1985 – 6 U 174/81 –, in: WuW/E OLG 3600 (3601); *BKartA,* TB 1989/1990, BT-Drucks. 12/847, S. 31; *Bar,* BB 1980, 1185 (1186); *Pohlmann,* Der Unternehmensverbund, S. 44 f. Europäische Ebene: *EuGH,* Urt. v. 25.11.1971 – Rs. C-22/71 (»Beguelin Import Co./S.A.G.L.«) –, in: Slg. 1971, 949 (Rn. 7 f.); *EuGH,* Urt. v. 24.10.1996 – Rs. C-73/95 P (»Viho Europe BV«) –, in: Slg. 1996, I-5457 (Rn. 15 ff.); *Komm.,* Entsch. v. 18.6.1969, ABl. Nr. L 165 v. 5.7.1969, S. 12. Die Beurteilung erfolgt primär anhand der Höhe der Beteiligungen der Muttergesellschaft sowie anhand eines bestehenden Weisungsrechts gegenüber der Tochtergesellschaft. Zusätzlich können auch andere Umstände herangezogen werden, wie personelle Verflechtungen oder Unternehmensverträge, *Voet van Vormizeele,* WuW 2010, 1008 (1010).

383 *Fleischer,* AG 1997, 491 (495).

384 *Fleischer,* AG 1997, 491 (495).

des Kartellverbots. In diesem Sinne führte die Kommission bereits 1969 aus, dass die Anwendbarkeit des Kartellverbots voraussetze, dass zwischen den fraglichen Unternehmen überhaupt Wettbewerb besteht, der eingeschränkt werden könne.[385] Abzulehnen ist die dogmatische Begründung, die die Privilegierung darauf zurückführen will, dass das herrschende und das beherrschte Unternehmen ein einheitliches Unternehmen darstellen.[386] Dies zeigt bereits eine Betrachtung der Gruppenfreistellungsverordnungen. Diese gehen in den einschlägigen Verbundklauseln davon aus, dass Adressaten der Verbotstatbestände nicht nur die verbundenen Unternehmen, sondern auch die unselbstständigen Tochtergesellschaften sein können.[387] Zudem gelangt man bei konsequenter Anwendung der Argumentation zu einem relativen Unternehmensbegriff. Einerseits haften nur die Muttergesellschaften für kartellrechtliche Verstöße, weil die konzernangehörigen Unternehmen mangels Selbstständigkeit untereinander keinen Verstoß begehen können.[388] Sie gehören einem Machtkreis an. Andererseits ist im Verhältnis zu Dritten ein kartellrechtlicher Verstoß der Tochtergesellschaften möglich, denn das wirtschaftlich abhängige Tochterunternehmen agiert nach außen im Wirtschaftsverkehr wie ein selbstständig handelndes Unternehmen.[389] Durch einen relativen Unternehmensbegriff wird der Anwendungsbereich des Art. 101 AEUV zu stark auf wirtschaftlich selbstständige Einheiten begrenzt.[390] Es bleibt entsprechend dem Grundsatz der persönlichen

---

385 *Komm.*, Entsch. v. 18.6.1969 (»Christiani & Nielsen«), ABl. Nr. L 165 v. 5.7.1969, S. 12 (13).

386 *EuG,* Urt. v. 10.3.1992, verb. Rs. T-68/89, T-77/89, T-78/89 (»Societa Italiana Vetro«) –, in: Slg. 1992, II-1403 (Rn. 357); *Harms,* Konzerne, S. 158.

387 Verbundklauseln gibt es nicht nur in den GVO, sondern auch in B. (de minimis-B., 2001/C 368/07, ABl. C 368/13, Nr. 12) oder Komm-Entsch. (*Komm.,* Entsch. v. 29.5.1991 (»Magneti Marelli/CEAc«), ABl. Nr. L 222 v. 10.8.1991, S. 38 (41)). Der Aufbau und die Ziele der Gruppenfreistellungsverordnungen sind nahezu identisch. Sie beginnen mit einer Definition zum Unternehmensverbund. Anschließend folgen Ausführungen zur Rechtsfolge, die mitunter sehr unterschiedlich ausfallen können. Alle Klauseln sind Zurechnungsnormen, die u. a. Umsätze, Marktanteile oder Handlungen eines Unternehmens zum Unternehmensverbund hinzuzählen; *Pohlmann,* Der Unternehmensverbund, S. 73. Bsp. Verbundklauseln in Gruppenfreistellungsverordnungen: Art. 1 Abs. 2 VO Nr. 330/2010 v. 20.4.2010, ABl. 2010 Nr. L 102, S. 1 (3); Art. 1 VO Nr. 1217/2010 v. 14.12.2010, ABl. 2010 Nr. L 335, S. 36 (40); Art. 1 VO Nr. 1218/2010 v. 14.12.2010, ABl. 2010 Nr. L 335, S. 43 (46); Art. 1 VO Nr. 461/2010 v. 27.5.2010, ABl. 2010 Nr. L 129, S. 52 (55). Keine Verbundklauseln enthalten: VO Nr. 1459/2006 v. 28.9.2006, ABl. L 272, S. 3; VO Nr. 1419/2006 v. 25.9.2006, ABl. L 269, S. 1.

388 *Pohlmann,* Der Unternehmensverbund, S. 44, 347.

389 *Bunte,* in: Langen/Bunte, Art. 81, Rn. 12.

390 *Pohlmann,* Der Unternehmensverbund, S. 44.

Verantwortlichkeit dabei, dass der beherrschten Tochter ihr eigenes kartellrechtliches Verhalten zugerechnet wird.[391]

2. Aktienrechtliche Regelungen zum Unterordnungs- und Gleichordnungskonzern

Das AktienG unterscheidet zwischen zwei Konzernarten (Unterordnungs- und Gleichordnungskonzern). Der Unterordnungskonzern ist der aktienrechtliche Konzerngrundtypus.[392] Das Unternehmen verliert durch (vertragliche) Vereinigung seine wirtschaftliche Selbstständigkeit und unterliegt fortan der Leitung eines anderen herrschenden Unternehmens gemäß §§ 18 Abs. 1 i. V. m. 291 ff., 308 AktG. Konzernspitze ist die Obergesellschaft (herrschendes Unternehmen). Die Konzernleitung und Leitung der Obergesellschaft sind grundsätzlich kongruent. Sie kann jedoch auch durch mehrere herrschende Unternehmen ausgeübt werden (Mehrmütterschaftherrschaft).[393] Daneben existiert der faktische Unterordnungskonzern nach §§ 17 Abs. 1 AktG i. V. m. 311 ff. AktG. Beide Varianten des Unterordnungskonzerns fallen nach allgemeiner Ansicht nicht unter das Kartellverbot.[394]

Komplexer ist die Sachlage bei einem Gleichordnungskonzern (§§ 18 Abs. 2, 291 Abs. 2 AktG). Dieser ist dadurch gekennzeichnet, »dass mehrere Unternehmen, die vertraglich oder auch nur faktisch verbunden sind, unter einer einheitlichen Leitung zusammengefasst sind, ohne dass dabei das eine Unternehmen zu dem anderen in einem Abhängigkeitsverhältnis steht.«[395] Die einheitliche Leitung wird in einem faktischen Gleichordnungskonzern, im Gegensatz zum vertraglichen, nicht durch vertragliche

391 *Bechtold/Brinker/Bosch/Hirsbrunner,* Art. 81, Rn. 29. Zur Zurechnung der Haftung der Konzernmutter für Kartellrechtsverstöße ihrer Tochter nach dt. Recht; s. *Bürger,* WuW 2011, 130 ff.

392 *Junker,* Der Gleichordnungskonzern, S. 169 (169).

393 *Bayer,* in: Münchener Kommentar AktG, Bd. 1, § 18, Rn. 2.

394 *BGH,* Urt. v. 26.10.1959 – KZR 2/59 (»Glasglühkörper«) –, in: BGHZ 31, 105 (Rn. 18); *Huber,* ZHR 131, 193 (194, 217).

395 *BGH,* Beschl. v. 8.12.1998 – KVR 31/97 (»Pirmasenser Zeitung«) –, in: BB 1999, 335 (335); a. A. *Schmidt,* ZHR 155, 417 (423 ff.), der eine fehlende Abhängigkeit innerhalb eines Gleichordnungskonzerns infrage stellt. Lediglich bei den Konzernunternehmen untereinander fehle die Abhängigkeit, jedoch nicht im Verhältnis zur Konzernleitung. Charakteristisch für die einheitliche Leitung v. gleichgeordneten Unternehmen sei nicht eine fehlende Abhängigkeit, sondern vielmehr eine institutionalisierte Vereinheitlichung der Unternehmensplanung. Dazu ausführlicher s. 5. Kap. A I 3 d) cc).

Vereinbarung, sondern durch Personalunion in den Organen der Konzernunternehmen hergestellt.[396] In dem Gleichordnungsvertrag werden üblicherweise Regelungen zu Art und Umfang der Leitung getroffen.[397] Der Gleichordnungskonzern mit oder ohne Kapitalverflechtung kann zur Wahrung der einheitlichen Leitung ein Gemeinschaftsunternehmen institutionalisieren, indem eine oder mehrere Holdings bzw. andere Zentralgesellschaften gegründet werden.[398] Es gibt vier Grundtypen des Gleichordnungskonzerns, solche mit oder ohne Kapitalverflechtungen und mit oder ohne Zentralgesellschaft.[399]

Die Sparkassen und ihre Träger könnten sich mit dem jeweiligen Regionalverband oder dem DSGV zu einem Gleichordnungskonzern ohne Kapitalverflechtung verbunden haben. Ein Unterordnungskonzern scheidet aus, denn durch die Zusammenarbeit entstehen weder abhängige Untergesellschaften noch eine herrschende Obergesellschaft. Die Sparkassen bleiben selbstständige Unternehmen, die durch ihren jeweiligen Vorstand in eigener Verantwortung geleitet werden (§ 20 Abs. 1 S. 1 SpkG NRW).

3. Abgrenzung konzentrativer von kooperativen Sachverhalten bei gleichgeordneten Unternehmensverträgen

a) Einführung in die Abgrenzungsproblematik

Wie Gleichordnungssachverhalte kartellrechtlich zu behandeln sind, ist umstritten. Aus den gesellschaftlichen Regelungen können keine Rückschlüsse auf die kartellrechtliche Behandlung geschlossen werden.[400] Das

---

396 *Buntscheck,* WuW 2004, 374 (376).

397 *Bayer,* in: Münchener Kommentar AktG, Bd. 1, § 18, Rn. 52.

398 Bsp. in: *BGH,* Urt. v. 16.11.1981 – II ZR 150/80 –, in: BGHZ 82, 188.

399 Im Wirtschaftsleben häufiger anzutreffen sind Gleichordnungskonzerne, die auch kapitalmäßig miteinander verflochten sind. Besonders verbreitet sind Gleichordnungskonzerne in der Versicherungsbranche. Eine Untersuchung der Komm. des Gesamtverbands der Deutschen Versicherungswirtschaft (GDV) ergab, dass die meisten Versicherungsvereine auf Gegenseitigkeit (VVaG) – faktische – Gleichordnungskonzernstrukturen aufweisen, die sich in den letzten Jahren stetig entwikkelt haben (*Peiner,* VersW 1992, 920 (922)). U. a. Barmenia-Gruppe, Signal Iduna Gruppe, Münchener Verein Gruppe, Universal Versicherungsgruppe sowie Gothaer Konzern.

400 *Huber,* ZHR 131, 193 (197 f.); *Schmidt,* in: Löwisch (Hrsg.), FS Rittner, S. 561 (568.); a. A. *Möhring,* GRUR 1965, 645 (647 ff.), der davon ausgeht, dass das jüngere AktG durch gesetzliche Normierung bestimmte Verträge zur Unternehmensverbindung legalisierte. Daraus folgert er, dass das AktG das ältere GWB modifiziert und nach der »lex-posterior-Regel« zurücktritt. Die Ansicht ist seit Verabschie-

Aktienrecht ist kein Instrument zur Regelung der Markt- oder Wettbewerbsordnung, sondern normiert die gesellschaftsrechtliche Unternehmensorganisation.

Die kartellrechtliche Schwierigkeit liegt in der Abgrenzung zwischen Gleichordnungssachverhalten und rein kooperativen Unternehmensverbindungen, die dem Anwendungsbereich des Kartellverbots in vollem Umfang unterliegen. Formal betrachtet, beschließen in beiden Konstellationen wirtschaftlich unabhängige Unternehmen künftig enger zusammenzuarbeiten, um dadurch wirtschaftlicher arbeiten zu können. Dazu treffen sie wettbewerbsbeschränkende Vereinbarungen. Der Konkurrenzwettbewerb wird insbesondere durch Vereinbarungen über das Produktionsvermögen, eine gemeinsame Markenpolitik sowie die Harmonisierung von Verkauf und Vertrieb der Verbundprodukte beseitigt.[401] Gleichordnungssachverhalte befinden sich daher in einer Grauzone zwischen Konzern und Kartell. Bei der Differenzierung zwischen konzentrativem und kooperativem Verhalten kommt es entscheidend darauf an, ob noch Partikularinteressen verfolgt werden oder bereits eine wirtschaftliche Einheit entstanden ist.[402] Um vom Konzernprivileg zu profitieren müssen alle beteiligten Unternehmen ihre Handlungsfreiheit verlieren und sich gänzlich der Leitungsmacht der gemeinsamen Instanz unterordnen.[403]

b) Allgemeine Voraussetzungen des Konzentrationsprivilegs

Unter welchen Umständen ein ausreichender Konzentrationsgrad innerhalb gleichgeordneter Sachverhalte erreicht ist, damit die konzentrativen die kooperativen Elemente überwiegen, ist unklar. Das Meinungsspektrum der einschlägigen Literatur ist vielfältig. Teilweise wird vertreten, dass die kartellrechtlichen Vorschriften unter bestimmten Voraussetzungen auch auf

---

dung der Zusammenschlusskontrolle 1973 historisch überholt. Die Fusionskontrolle ist durch die 2. Kartellgesetznovelle in das GWB eingeführt und damit das spätere Gesetz. Überdies passt die Auslegungsregel »lex posterior derogat legi priori« nicht, da ein kein echter Gegensatz zwischen § 18 AktG und § 1 GWB besteht. § 18 AktG enthält lediglich die Aussage, dass eine bestimmte Anzahl v. Unternehmen unter einer einheitlichen Leitung zusammenarbeiten können. Wie diese herzustellen ist, darüber schweigt das AktG, sodass aus ihm nicht abgeleitet werden kann, dass ein Vertrag, der eine derartige Unternehmensverbindung unter einer einheitlichen Leitung bezweckt, allein deshalb gültig ist.

401 Beispiele bei *Gromann,* Gleichordnungskonzerne, S. 12, 22.

402 Näher dazu s. 5. Kap. A I 3 d) cc).

403 *Pohlmann,* Gutachten, unveröffentlicht, S. 17.

Gleichordnungsverträge anwendbar seien, da die kooperativen die konzentrativen Elemente überwögen.[404]

Die Kommission ging in dem Reißverschluss-Fall davon aus, dass »the formerly separate IMI and Heilmann groups had merged into a single economic entity. There were therefore no grounds for intervention under Article 85 [Art. 101 AEUV] against the agreements and decisions entered into for that purpose.«[405] Voraussetzung für die wirtschaftliche Einheit war eine einheitliche Leitung, die die finanzielle Planung, den Einsatz von Investitionen und alle weiteren maßgeblichen wirtschaftlichen Gebiete der teilnehmenden Unternehmen regelte. Zweitens mussten die Geschäftsvermögen sämtlicher Beteiligter dauerhaft unter dieser Leitung stehen und es musste eine Risikogemeinschaft für wirtschaftliche und finanzielle Unsicherheiten existieren. Letztere sollte das gemeinsame Interesse an der Verfolgung der einheitlichen Ziele widerspiegeln.[406] Das Merkmal der Risikogemeinschaft wurde im Laufe der Fortentwicklung der Rechtsprechung folgerichtig aufgegeben.[407] Denn aus einer einheitlichen Unternehmensleitung ergibt sich in der Regel eine wirtschaftliche Risikogemeinschaft, sodass das Merkmal lediglich als Indiz heranziehbar ist.[408] Die faktische Verschmelzung kann durch eine Kapitalverflechtung der beteiligten Unternehmen untermauert werden.

Noch weitergehende Voraussetzungen forderte das Bundeskartellamt im Fall Südmilch, in dem sich mehrere Molkereiunternehmen zu einem Gleich-

---

404 Für das nat. Kartellrecht: *Gromann,* Gleichordnungskonzerne, S. 107 ff.; *Zimmer,* in: Immenga/Mestmäcker (Hrsg.), Wettbewerbsrecht, § 1, Rn. 131 ff.; *Bar,* BB 1980, 1185 (1189). Für das europäische Kartellrecht: *Immenga/Körber,* in: Immenga/Mestmäcker (Hrsg.), EG-Wettbewerbsrecht, VO 139/2004/EG Art. 21, Rn. 13 und Art. 81, Rn. 58. Für beide Rechtsordnungen bejahend: *Jacob,* Gleichordnungskonzerne, S. 78 ff., 109 ff.

405 *Komm.*, 7. Wettbewerbsbericht 1978, Rn. 31 f. Die britische IMI (Imperial Metall Industries) und die dt.-schweizerische Gruppe Heilmann, beide Hersteller und Vertreiber v. Reißverschlüssen, hatten sich zusammengeschlossen. Zuvor trafen sie eine Reihe v. Maßnahmen, die darauf abzielten, beide Unternehmen wirtschaftlich und finanziell miteinander zu verflechten, um ihre Geschäftspolitik einheitlich koordinieren zu können. Dafür räumten sie sich u. a. in den Jahren 1964/65 wechselseitige Beteiligungen i. H. v. 50 % am Grundkapital ein und gründeten eine gemeinsame Leitungsgesellschaft.

406 *Komm.,* 7. Wettbewerbsbericht 1978, Rn. 30.

407 *Komm.,* Begriff des Zusammenschlusses, VO (EWG) Nr. 4064/89, Nr. 4064/89; *Komm.,* Kontrolle v. Unternehmenszusammenschlüssen, 98/C 66/02, ABl. C 66/5, Rn. 7.

408 *Pohlmann,* Der Unternehmensverbund, S. 203.

ordnungskonzern zusammenschließen wollten.[409] Im Unterschied zur Reißverschluss-Entscheidung verlangte das Bundeskartellamt eine einheitliche Leitung im Sinne einer umfassenden Unternehmensleitung. Dem ist zu widersprechen. Ein genereller Einfluss auf die wettbewerbsrelevanten Bereiche der einheitlichen Unternehmensleitung ist ausreichend.[410] Einzelne Geschäftsgebiete, vor allem solche der (Personal- oder kaufmännischen)Verwaltung, können weiterhin eigenständig von den Unternehmen betrieben werden, ohne dass dies den Gleichordnungskonzern ausschließt.[411] Ebenso bedarf es keiner zusätzlichen Anforderung an den Zweck der Vereinbarung. Der früher vertretenen Auffassung[412], die Vereinbarung müsse dem Zweck der internen Aufgabenverteilung dienen, ist der EuGH zustimmungswürdig entgegengetreten.[413] Liegt eine wirtschaftliche Einheit vor, sind die wettbewerbsrechtlichen Vorschriften allein wegen des fehlenden Wettbewerbs zwischen den Unternehmen nicht anwendbar. Eine darüber hinaus gehende Bedingung an den Zweck bedarf es nicht. Schließlich ist kaum eine vertragliche Vereinbarung im Sinne der Kartelltatbestände denkbar, die nicht der internen Aufgabenverteilung dient. Folglich ist die Forderung eines zusätzlichen Zwecks redundant.[414]

---

409 *BKartA,* TB 1973, BT-Drucks. 7/2250, S. 99: »Im Gegensatz zu einem Kartell, in dem die wirtschaftliche Selbstständigkeit [...] erhalten bleibt, muss beim Gleichordnungskonzern eine einheitliche Leitungsmacht im Sinne einer umfassenden Unternehmensleitung geschaffen werden. Ferner kann eine solche Zusammenfassung zu einer umfassenden Unternehmensleitung notwendigerweise nicht vorübergehender Natur sein, sondern muss auf Dauer angelegt sein.«.

410 Ob eine qualifizierte oder generelle Einflussnahme auf die Geschäftspolitik der Tochtergesellschaft vorliegen muss, war bisher in der europäischen Rspr. unklar. In jüngster Zeit scheint eine generelle Einflussnahme auszureichen; s. *EuGH,* Urt. v. 16.11.2000 – Rs. C-286/98 P (»Stora Kopparbergs Bergslags«) –, in: Slg. 2000, I-9925 (Rn. 27).

411 *Schroeder,* in: Wiedemann (Hrsg.), Kartellrecht, § 8, Rn. 8; *Buntscheck,* WuW 2004, 374 (382).

412 *OLG Frankfurt a. M.*, Urt. v. 22.4.1985 – 6 U 174/81 –, in: WuW/E OLG 3600 ff.; *EuGH,* Urt. v. 31.10.1974 – Rs. 15/74 (»Centrapharm und De Peijper/Sterling Drug«) –, in: Slg. 1974, 1147 (Rn. 41); *EuGH,* Urt. v. 4.5.1988 – Rs. 30/87 (»Bodson/Pompes Funebres«) –, in: Slg. 1988, 2479 (Rn. 19); *Komm.,* Entsch. v. 16.1.1991 (»IJsselcentrale«), ABl. Nr. L 28 v. 2.2.1991, S. 32 (Rn. 23).

413 *EuGH,* Urt. v. 24.10.1996 – Rs. C-73/95 P (»Viho Europe BV«) –, in: Slg. 1996, I-5457 (Rn. 50 f.).

414 *Thomas,* ZWeR 2005, 236 (242).

c) Gleichordnungsverträge als Fusionssachverhalte oder mit Kapitalverflechtungen

Die angesprochenen Entscheidungen behandelten Fälle, in denen die Konzernunternehmen auch kapitalmäßig zu einem bestimmten Anteil (100 Prozent oder andere Mehrheitsbeteiligungen) verflochten waren oder denen Fusionssachverhalte zugrunde lagen.[415] Denn zumindest vertragliche Gleichordnungskonzerne beruhen primär auf Zusammenschlusssachverhalten.[416] Zur Anwendbarkeit der kartellrechtlichen Regeln auf die Gründung sowie auf Absprachen innerhalb bestehender Gleichordnungskonzerne ohne Kapitalverflechtung haben sich weder die Unionsgerichte noch die nationalen Gerichte geäußert.[417] Allein der Umstand, dass Gleichordnungsverträge bisher überwiegend anhand der Fusionskontrollregeln untersucht worden sind, schließt eine parallele Anwendbarkeit des Kartellverbots nicht aus. Denn beide Säulen des Wettbewerbsrechts haben unterschiedliche Herangehensweisen.[418] Die Fusionskontrolle schützt vor nachteiligen Strukturveränderungen, das Kartellverbot kontrolliert das Marktverhalten von Unternehmen.[419] Eine kartellrechtliche Überprüfung ist insbesondere dann nicht ausgeschlossen, wenn sich Unternehmen durch schuldrechtliche Verträge dazu entschließen, zukünftig eng zusammenzuarbeiten.[420] Andernfalls

---

415 In der IMI/Heilmann-Entsch. verknüpften die Unternehmen ihr Kapital paritätisch und veränderten so die rechtlichen Beteiligungsverhältnisse. Zudem lagen den Entscheidungen Südmilch und IMI Fusionssachverhalte zugrunde. In der Viho-Entsch. gehörten die Töchter zu 100 % zur Unternehmensgruppe Parker Pen Ltd.

416 Dementsprechend konkretisierte die Komm. den Begriff der wirtschaftlichen Einheit in einer Mitt. im Zusammenhang über Unternehmenszusammenschlüsse; s. 5. Kap. A I 4.

417 S. nur *BGH,* Beschl. v. 11.12.1997 – KVR 7/96 (»Europapokalheimspiele«) –, in: juris, Rn. 43.

418 Für eine parallele Anwendbarkeit *BGH,* Beschl. v. 1.10.1985 – KVR 6/84 (»Mischwerke«) –, in: BGHZ 96, 69 ff.; *Schmidt,* in: Löwisch (Hrsg.), FS Rittner, S. 561 (581).

419 Erwägungsgrund Nr. 5 FusionskontrollVO; *Schmidt,* in: Löwisch (Hrsg.), FS Rittner, S. 561 (569 f.).

420 *Komm.,* Entsch. v. 23.11.1984 (»Peroxyd«), ABl. Nr. L 35 v. 7.2.1985, S. 1 (Rn. 49 f.), in der die Komm. eine verbotene Absprache zw. den Muttergesellschaften annahm. Die Kooperationsvereinbarungen hätten die Selbstständigkeit nicht aufgehoben. Mehrere im Peroxyd-Sektor tätige Unternehmen (Solvay, Laporte) kooperierten durch Gründung v. »Interox«- Gesellschaften. Die Muttergesellschaften übernahmen die Produktion und den Vertrieb, da die Interox weder mit eigenem Personal noch mit Mitteln zur Produktion und zum Vertrieb ausgestattet wurden. Die Unternehmenspolitik wurde durch einen Ausschuss bestimmt, der sich zu gleichen Teilen aus Solvay und Laporte gestellten Direktoren zusammensetzte und keine formelle Leitungsbefugnis besaß. Marketing-, Finanzierung- und Technikent-

wäre mit einer sprunghaften Ausbreitung der Unternehmensform zu rechnen und die kartellrechtlichen Verbotstatbestände liefen Gefahr, ausgehöhlt zu werden.

d) Kartellrechtliche Behandlung vertraglicher Gleichordnungskonzerne ohne Kapitalverflechtung

Die entscheidende Frage hat *Schmidt* zutreffend gestellt: »Kann in einem Gleichordnungskonzern ein solch intensiver Grad an Integration möglich sein, der es ermöglicht, bei dieser Unternehmensform von einem Wegfall des Wettbewerbs zu sprechen, anstatt von einem hochentwickelten Kartell?«[421] Fraglich ist demnach, ob der konzentrative Gleichordnungsvorgang zwischen den Beteiligten dazu führt, dass Vereinbarungen zwischen den Unternehmen vom Kartellverbot ausgenommen werden.

aa) Dauerhaftigkeit als Abgrenzungsmerkmal

Teilweise wird vertreten, dass die kartellrechtlichen Vorschriften auch auf konzerninterne Absprachen in Gleichordnungskonzernen und deren Gründung anwendbar seien.[422] Der Grund hierfür sei die theoretisch jederzeit bestehende Möglichkeit der außerordentlichen Kündigung, womit vor allem auf das Merkmal der Dauerhaftigkeit abgestellt wird.[423] Ab welchem Zeitraum eine kartellrechtliche Privilegierung in Betracht kommt, ist jedoch unklar. Das Bundeskartellamt ließ eine Periode von 10 bis 15 Jahren genügen.[424] Andere fordern darüber hinaus, dass die gesellschaftliche Verbindung so lange bestehen müsse, bis das Ausscheiden die Gefahr der

scheidungen wurden durch eine in der Abteilung der Muttergesellschaften gegründete Gruppe – »Interox-Koordination« – entschieden. Die Gewinne wurden geteilt. Mit dem Konzernprivileg setzte sich die Kommission nicht auseinander, sodass auf keine generelle Ablehnung auf derartige Zusammenschlüsse ausgegangen werden kann. Außerdem bleibt offen, bis zu welchem Grad die beteiligten Unternehmen tatsächlich ihre Handlungsfreiheit einbüßen mussten; *Pohlmann,* Gutachten, unveröffentlicht, S. 16 f.

421 *Schmidt,* in: Löwisch (Hrsg.), FS Rittner, S. 561 (573).

422 *Gromann,* Gleichordnungskonzerne, S. 107 ff.; *Zimmer,* in: Immenga/Mestmäcker (Hrsg.), Wettbewerbsrecht, § 1, Rn. 131 ff.; *Bar,* BB 1980, 1185 (1189); *Jacob,* Gleichordnungskonzerne, S. 109 ff.

423 Zimmer, in: Immenga/Mestmäcker (Hrsg.), Wettbewerbsrecht, § 1, Rn. 130; *Bar,* BB 1980, 1185 (1190 f.). Zu bedenken ist, dass nicht alle Gleichordnungsvereinbarungen jederzeit kündbar sind.

424 *BKartA,* TB 1973, BT-Drucks. 7/2250, S. 99.

Abhängigkeit nahelege.[425] Dann wäre eine Freistellung nur annehmbar, wenn die Partner endgültig aus dem Wettbewerb ausscheiden.

Das Merkmal der Dauerhaftigkeit ist kein brauchbares Kriterium zur Abgrenzung konzentrativer Sachverhalte von koordiniertem Verhalten.[426] Denn auch konzentrative Sachverhalte, wie die Unternehmenspacht, haben nicht zwangsläufig eine dauerhafte Zusammenlegung der unternehmerischen Ressourcen zur Folge.[427] Überdies ist das Merkmal zu unbestimmt und führt zu willkürlichen Zeitspannen. Die Dauerhaftigkeit der Zusammenarbeit kann allenfalls als Indiz dafür herangezogen werden, dass eine Zusammenfügung der Unternehmen beabsichtigt ist.[428] Konzentrative Gleichordnungskonzerne mit einem intensiven Integrationsgrad sind unabhängig von ihrer Dauer freigestellt. Vergleichbar mit den Fusionssachverhalten endet die Privilegierung erst, wenn der hohe Integrationsgrad wegfällt.

bb) Aktienrechtliche Einwände gegen die Privilegierung

Teilweise wird angeführt, dass einer kartellrechtlichen Privilegierung § 76 Abs. 1 AktG entgegenstehe. Nach § 76 Abs. 1 AktG leitet der Vorstand die Gesellschaft in eigener Verantwortung. Es ist ihm gestattet, Bereiche der Geschäftsführung (§ 77 AktG) zu delegieren, allerdings keine Aufgaben, die im Zusammenhang mit der Leitung der Gesellschaft stehen.[429] Dementsprechend bleibt in allen Konzernierungsfällen, ausgenommen der eingegliederten oder abhängigen Aktiengesellschaft, die eigenverantwortliche Leitung beim Vorstand der Tochter-AG. Daraus wird für den Gleichordnungskonzern gefolgert, dass die Vorstände berechtigt sind, jede Maßnahme des Leitungsorgans zu überprüfen und alle Beschlüsse und Weisungen nur unter Vorbehalt gelten.[430]

Dieser Schutzmechanismus für Aktionäre und Gläubiger ist nicht notwendig, da das Leitungsorgan für Schäden der Beteiligten, die durch die Ausführung von nachteiligen Weisungen stammen, haftet. Nachteilige Weisungen sind nach herrschender Meinung auch im Gleichordnungskonzern ausgleichs-

---

425 *Bar,* BB 1980, 1185 (1190 f.).

426 *Harms,* Konzerne, S. 191 f.; *Schmidt,* in: Löwisch (Hrsg.), FS Rittner, S. 561 (580 f.); *Pohlmann,* Der Unternehmensverbund, S. 101, 203.

427 *Pohlmann,* Der Unternehmensverbund, S. 101.

428 *Pohlmann,* Der Unternehmensverbund, S. 101.

429 *Hüffer,* AktG, § 76, Rn. 7.

430 *Gromann,* Gleichordnungskonzerne, S. 61.

pflichtig.[431] Die in der Begründung zum Regierungsentwurf enthaltene Sorglosigkeit des Gesetzgebers ist durch praktische Erfahrungen überholt.[432] Dieser ging davon aus, dass innerhalb eines Gleichordnungskonzerns keine eigenen Haftungsregeln nach dem Vorbild der §§ 302 ff. und 311 ff. AktG notwendig seien, da die Unternehmen an der Willensbildung selbst beteiligt sind und ihnen daher keine vergleichbaren Gefahren, wie dies bei einem Beherrschungsvertrag der Fall sei, drohen.

Auch § 291 Abs. 2 AktG steht einer kartellrechtlichen Privilegierung nicht entgegen. Seine Aussagekraft ist auf die Feststellung begrenzt, dass der Gleichordnungsvertrag kein Beherrschungsvertrag nach § 291 Abs. 1 AktG ist.[433] Der Gesetzgeber ging von dem Idealtyp aus, dass alle Unternehmen gleichberechtigt an der Willensbildung beteiligt sind und vernachlässigte dabei, dass auch in einem Gleichordnungskonzern eine gewisse Machtübergabe stattfinden kann. Denn die einheitliche Leitung kann die Autonomie der Mitglieder minimieren.[434]

cc) Entscheidendes Abgrenzungsmerkmal: Verlust der Dispositionsfreiheit

Ob der Gleichordnungskonzern kartellrechtlich privilegiert werden kann, hängt davon ab, ob eine wirtschaftliche Einheit vorliegt. Dies ist primär anhand des Bestehens einer einheitlichen Leitung zu überprüfen.[435] Liegt diese vor, können Absprachen zwischen den Beteiligten eines Gleichord-

---

431 *Lutter/Drygala,* ZGR 1995, 535 (563 ff.). Im vertraglichen Gleichordnungskonzern folgt die Haftungsverfassung den allgemeinen schuldrechtlichen Regeln über die GbR. Danach kann grob zwischen dem Schädigungs-, Treupflichtverletzungs- und Strukturhaftungsmodell unterschieden werden. Kernaussage des Schädigungsmodells ist es, dass die Schädigung einer Gesellschaft des Gleichordnungskonzerns untersagt ist. Nach der Treupflichtverletzungstheorie muss eine Schädigung mit Schadensersatz ausgeglichen werden und nach dem Strukturhaftungsmodell ist ein pauschaler Verlustausgleich, ähnlich den §§ 302 ff. AktG, zu leisten. In Betracht kommt auch das sog. Verlustgemeinschaftsmodell, in dem eine wechselseitige Ausgleichsverpflichtung eventueller Fehlbeträge im Voraus statuiert wird. Zu den unterschiedlichen Haftungsmodellen *Möller,* Haftung innerhalb v. Konzernstrukturen auf horizontaler Ebene der Konzerne, S. 108 ff.; *Kübler,* Die einheitliche Leitung paritätischer fusionsähnlicher Unternehmensverbindungen, S. 119 ff., 167 f. (http://bit.ly/h6zaCS).

432 Begr. zum RegE. in *Kropff,* AktG, S. 377.

433 *Pohlmann,* Der Unternehmensverbund, S. 202.

434 *Heermann,* ZHR 161, 665 (705).

435 *Buntscheck,* WuW 2004, 374 (384); *Pohlmann,* Der Unternehmensverbund, S. 230, 244 f.; *Nordemann,* in: Loewenheim/Meessen/Riesenkampff (Hrsg.), Kartellrecht, § 1, Rn. 96; *Bar,* BB 1980, 1185 (1191).

nungskonzerns unter bestimmten Voraussetzungen kartellrechtlich unbedenklich sein.[436]

Eine Definition der einheitlichen Leitung enthält das AktG nicht. Ein Mindestmaß an einheitlicher Führung muss jedoch bestehen, weil andernfalls ein konzernrechtlicher Verbund kaum denkbar wäre.[437] Der enge Konzernbegriff geht davon aus, dass insbesondere die Finanzplanung sowie alle weiteren wettbewerbsrechtlich bedeutsamen Gebiete unter der einheitlichen Leitung stehen müssen.[438] Denn auch in einem vergleichbaren Einheitsunternehmen sei eine einheitliche Finanzplanung (Liquiditäts- und Erfolgsplanung) der Unternehmensleitung für die Verwirklichung der unternehmerischen Ziele (Ertragsoptimierung, Bestandskontinuität) unverzichtbar.[439] Nach der Gesetzesbegründung zum AktG liegt eine Zusammenfassung unter einheitlicher Leitung bereits dann vor, wenn die Konzernleitung die Geschäftspolitik der Konzerngesellschaften und sonstige grundsätzliche Führungsfragen aufeinander abstimmt. Ein Weisungsrecht sei dafür nicht notwendig, vielmehr könne sich eine Abstimmung auch durch gemeinsame Beratungen vollziehen oder aus einer personellen Verflechtung hervorgehen.[440] Damit ist die Gesetzesbegründung auffallend extensiv.

Letztlich ist entscheidend, dass ein Integrationsgrad erreicht wird, der dazu führt, dass die Unternehmen auch nachteiligen Weisungen Folge leisten müssen.[441] Der erforderliche Verlust der Handlungsfreiheit ist nur durch Bindung an die Konzernspitze möglich, wodurch eine Abhängigkeit von der gemeinsamen Leitungsmacht der gleichgeordneten Unternehmen – entgegen dem Gesetzeswortlaut – entsteht. Durch die Gründung der wirtschaftlichen Einheit muss die wirtschaftliche Selbstständigkeit aller betroffenen Unternehmen verloren gehen.[442] Folglich sind in jedem Fall alle Vereinbarungen, die durch entsprechende Weisungen der Leitungsinstanz ersetzt werden

---

436 *Möhring,* GRUR 1966, 645 (645 ff.); *v. Hahn,* Gemeinschaftsunternehmen, S. 57 (58); *Deringer/Herrmann,* BB 1966, 1157 (1165); *Fikentscher,* Die Interessengemeinschaft, S. 52, *Huber,* ZHR 131 (193); *v. Bar,* BB 1980, 1185 ff; *Buntscheck,* WuW 2004, 374 (381).

437 *Junker,* Der Gleichordnungskonzern, S. 169 (179).

438 *Buntscheck,* WuW 2004, 374 (384).

439 *Koppensteiner,* in: Zöllner/Noack (Hrsg.), Kölner Kommentar AktG, § 18, Rn. 26.

440 RegE in *Kropff,* AktG, 1965, S. 33.

441 *Dierdorf,* Herrschaft und Abhängigkeit einer Aktiengesellschaft, S. 78 ff.; *Liebscher,* Konzernbildungskontrolle, S. 21; *Schmidt,* in: Löwisch (Hrsg.), FS Rittner, S. 561 (578); *Schmidt,* ZHR 155, 417 (424 ff.), ihm folgend: *Pohlmann,* Der Unternehmensverbund, S. 202.

442 *Pohlmann,* Gutachten, unveröffentlicht, S. 17 f.

könnten, kartellrechtsneutral. Die Differenzierung zwischen kartellrechtlich untersagtem koordinierten Marktverhalten und erlaubter gemeinsamer Tätigkeit durch Gleichordnungsvereinbarungen erfolgt damit anhand der Begutachtung der verbleibenden Selbstständigkeit der Beteiligten.[443] Dies entspricht dem dogmatischen Ursprung des Konzentrationsprivilegs. Sobald ein Unternehmen nicht mehr autonom wirtschaftlich elementare Fragen entscheidet, sondern fundamentale Entschlüsse (Ausrichtung der Geschäftspolitik und Unternehmensführung) durch gemeinsame Abstimmungen getroffen werden, liegt ein kartellrechtlich unbedenklicher Gleichordnungsvertrag vor.[444] Bei einer derart engen Zusammenarbeit wird in der Regel auch eine Gewinn- und Verlustgemeinschaft entstehen.[445]

Eine einheitliche Leitung ist daher u. a. anzunehmen, wenn grundlegende Aufgaben der Geschäftsführung (interner kaufmännischer, technischer, sozialer Bereich sowie Sicherstellung eines effizienten und gewinnorientierten Betriebsablaufs) oder der Finanz- und Investitionsplanung aufeinander abgestimmt sind. Das Leitungsrecht kann sich auf den gemeinsamen Einkauf, die gemeinsame Produktion, die gemeinsamen Investitionen, den gemeinsamen Vertrieb, die einheitliche Werbung, die gemeinsame Verwaltung, die gemeinsamen Personalangelegenheiten, die gemeinsame Bilanzierung oder die gemeinsame Eigenkapitalbildung erstrecken.[446] Sie kann durch Personalunion oder einen Gleichordnungsvertrag begründet werden und beruht im Idealfall auf gegenseitiger Verständigung und Koordination. Die geschäftlichen Abreden beinhalten typischerweise Regelungen zur Abwicklung der Leitungsausübung, der gemeinsamen Willensbildung sowie über die Art und das Ausmaß der gewollten Integration.[447]

dd) Zwischenergebnis

Auch der vertragliche Gleichordnungskonzern (§ 18 Abs. 2 AktG) kann konzentrative Züge aufweisen, die einen bestimmenden Einfluss und eine gemeinsame Leitung ermöglichen. Eine kartellrechtliche Privilegierung ist daher nicht ausgeschlossen.

443 *Pohlmann,* Der Unternehmensverbund, S. 201 ff.
444 *Schmidt,* ZHR 155, 417 (422).
445 *Schmidt,* in: Löwisch (Hrsg.), FS Rittner, S. 561 (578).
446 *Bechtold,* GWB, § 1, Rn. 75.
447 *Gromann,* Gleichordnungskonzerne, S. 25 ff.

4. Übertragung der Ergebnisse auf die Sparkassenzusammenarbeit

Durch die Verbund- und Verbandzusammenarbeit könnte ein Gleichordnungskonzern entstanden sein. Maßgeblich ist, dass die Zusammenarbeit unter einer einheitlichen Leitung stattfindet.

a) Einheitliche Leitung durch vertragliche Vereinbarungen oder Willensbildung

Die Zusammenarbeit innerhalb des Sparkassenverbunds wird durch zahlreiche Regelungswerke koordiniert.[448] Insbesondere Verträge zwischen den Sparkassen und den jeweiligen Landesbanken oder Regelungswerke der Verbände bzw. des DSGV könnten Vorgaben enthalten, die auf eine einheitliche Leitung schließen lassen. Weiterhin kann ein konzentrierter Gleichordnungssachverhalt auch durch tatsächliches Handeln begründet werden, sodass die Willensbildung zwischen den Verbundpartnern zu untersuchen ist.

aa) Verbundvereinbarungen

(1) Rahmenvereinbarungen zwischen Verbundpartnern

Rahmen- und Einzelvereinbarungen verfolgen das Ziel, die partnerschaftliche Zusammenarbeit der Beteiligten durch Festlegung gemeinsamer Ziele, Strategien und Grundsätze zu intensivieren.[449] Sie sollen das Verbundprinzip zwischen den Verbundpartnern konkretisieren.

Eine einheitliche Leitungsmacht könnte sich aus der Initiierung eines Organs mit weitreichenden Durchgriffsrechten oder aus den vertraglichen Regelungen zur genauen Ausgestaltung der engen marktlichen Zusammenarbeit ergeben. Die Begründung einheitlicher Leitungsmacht durch Organe ist immer dann ausgeschlossen, wenn diese nicht verbindlich auf die Beteiligten einwirken können und daher lediglich Kooperations- und/oder Koordinierungsfunktionen wahrnehmen. In dem Rahmenvertrag und den Einzelvereinbarungen zwischen den nordrhein-westfälischen Sparkassen und der ehemaligen WestLB AG sind jedenfalls keine Instanzen vorgesehen, die einen beherrschenden Einfluss auf die Sparkassen haben. Die Organe dürfen die gemeinsame Arbeit nur beraten, analysieren und bewerten sowie

---

448 Zu horizontalen und vertikalen Koordinationsmechanismen s. 2. Kap. B II.
449 S. Präambel Rahmenvereinbarung 2004, unveröffentlicht.

unverbindliche Vorschläge für Verbundprojekte[450] unterbreiten. Daneben könnte sich eine einheitliche Leitung aus den Vorschriften über die Ausgestaltung eines gemeinsamen Geschäftsplans ergeben. Detaillierte Regelungen zur gemeinsamen Entwicklung von Produkten, zum Vertrieb, zur Steuerung und zur Produktion sind Anhaltspunkte für weitreichenden Einfluss und lassen auf eine einheitliche Leitungsmacht schließen. Anders ist dies zu beurteilen, wenn sich die Einflussnahme auf die Produkte des Verbundpartners, die die Sparkassen lediglich vertreiben, beschränkt. Wenn die Regelungen der Vereinbarungen nur die gemeinsamen Geschäftsfelder betreffen und keinen Einfluss auf die Sparkassenprodukte haben, reicht dies für eine einheitliche Leitung über die Sparkassen nicht aus. Die Vereinbarungen statuieren keine Leitungsbefugnisse.[451]

(2) Markensatzung

Die den einheitlichen Auftritt bestimmende Markensatzung des DSGV enthält ebenfalls keine zentralen Durchgriffsrechte.[452] Der DSGV ist Inhaber der nationalen und internationalen Kollektivmarken der Sparkassen-Finanzgruppe und für die Verwaltung, Pflege und Fortentwicklung eines gemeinsamen Bestands an Marken und sonstigen Kennzeichen, welche nach einheitlichen Vorschriften von den Mitgliedern der Sparkassen-Finanzgruppe genutzt werden sollen, zuständig.[453] Die lokale Sparkasse hat daneben die Möglichkeit, innerhalb der Grenzen der Markensatzung eigene Marken-

450 Verbundprojekte sind die gemeinsamen Vorhaben der Partner, die die partnerschaftliche Arbeitsteilung fördern sollen.

451 *Pohlmann,* Gutachten, unveröffentlicht, S. 22.

452 *Pohlmann,* Gutachten, unveröffentlicht, S. 22.

453 § 5 und § 2 h) Markensatzung DSGV nach § 102 MarkenG v. 28.11.2002 i. d. F. der Änderung v. 2.12.2009. Die Markensatzung ist Anhang der Vereinssatzung des DSGV und beruht auf dessen § 4a. Als Kollektivmarken können nach § 97 Abs. 1 MarkenG alle als Marke schutzfähigen Zeichen i. S. d. § 3 MarkenG eingetragen werden, die geeignet sind, die Waren oder Dienstleistungen der Mitglieder des Inhabers der Kollektivmarke v. denjenigen anderer Unternehmen nach ihrer betrieblichen oder geographischen Herkunft, ihrer Art, ihrer Qualität oder ihren sonstigen Eigenschaften zu unterscheiden. Als Marke können alle Zeichen, insb. Wörter einschließlich Personennamen, Abbildungen, Buchstaben, Zahlen, Hörzeichen, dreidimensionale Gestaltungen einschließlich der Form einer Ware oder ihrer Verpackung sowie sonstige Aufmachungen einschließlich Farben und Farbzusammenstellungen geschützt werden, die geeignet sind, Waren oder Dienstleistungen eines Unternehmens v. denjenigen anderer Unternehmen zu unterscheiden; s. § 3 Abs. 1 MarkenG. Vorliegend handelt es sich um die Bezeichnung »Sparkasse«, das Sparkassen »S« und die Farbe »Rot« (HKS 13).

strategien zu entwickeln.[454] Die Sparkassen können, auch unter Zuhilfenahme ihrer Regionalverbände, die mit der Marke verbundenen Zielsetzungen vor Ort nach eigenen Vorstellungen umsetzen, sodass genügend Flexibilität und Individualität, u. a. in der Filialgestaltung, besteht.[455]

bb) Willensbildung auf Verbandsebene

Aus dem Willensbildungsbildungsprozess könnte sich eine einheitliche Leitung ableiten lassen. Der Willensbildungsprozess, unter besonderer Berücksichtigung der Festlegung der Vertriebsschwerpunkte in der Werbung, verläuft nach einem standardisierten Ablauf.[456] Die Sparkassen können Projektideen dem jeweiligen Fachausschuss[457] der Bezirksarbeitsgemeinschaft[458] mitteilen, der diese über die Verbandsgeschäftsstelle in die nächste Fachausschusssitzung weiterreicht. Neben den Vorschlägen werden die Vertriebsschwerpunkteempfehlungen des Vorständearbeitskreises in den Fachausschusssitzungen beraten. An den Sitzungen nehmen die Verbandsgeschäftsführer sowie der Leiter des zugehörigen Kompetenz-Centers teil.[459] Diejenigen Projekte, die den Ausschuss überzeugt haben, werden an den Obleute-Ausschuss weitergeleitet, der über die endgültige Festlegung der Vertriebsschwerpunkte und damit über die Durchführung der Konzepte

---

454 Nach der Rahmenvereinbarung 2004 haben die Sparkassen in NRW, die Regionalverbände und die ehemalige WestLB AG die Option, eine eigene Markenstrategie nach den v. der Finanzgruppe auf Bundesebene aufgestellten Grundsätzen zu formulieren. Zudem gehört es zu den Aufgaben des Verbands, das Sparkassenwesen und die Wettbewerbsfähigkeit der Mitgliedsparkassen zu fördern, Geschäftsstrategien zu entwickeln für die Durchführung v. Maßnahmen der Werbung, Öffentlichkeitsarbeit und Marktforschung (§ 2 lit. a), d) SVWL-Satzung).

455 *Rampf/Rampf/Riekeberg,* Sparkasse 2010, S. 38 (39).

456 Der nachfolgende Abschnitt beruht auf Angaben des SVWL.

457 Laut § 2 GO Fachausschuss Markt/Vertrieb wählt jede Bezirks-Arbeitsgemeinschaft für die Dauer der kommunalen Wahlperiode zwei Sparkassenvorstände aus dem Bereich Markt/Vertrieb als Mitglieder in den Fachausschuss Markt/Vertrieb.

458 In Westfalen-Lippe gibt es historisch bedingt sieben Bezirksarbeitsgemeinschaften: Münsterland, Minden-Ravensberg-Lippe, Ruhrgebiet, Hellweg-Paderborner-Land, Sauerland, Mark, Siegen-Wittgenstein-Olpe.

459 § 2 Abs. 3 GO Fachausschuss Markt/Vertrieb. Der Fachausschuss Markt/Vertrieb ist v. a. für das Produkt-, Vertriebs-, Kommunikationsmanagement, für die Öffentlichkeitsarbeit und die Koordinierung der Verbundzusammenarbeit bei markt- und vertriebsbezogenen Sachverhalten zuständig. Der Leiter des Kompetenz-Centers unterstützt die Meinungsbildung im Obleute-Ausschuss, indem er Wettbewerbsvorstöße vorschlägt. Seinerseits wird er durch das zugehörige Kompetenz-Center sekundiert.

entscheidet.[460] Die Umsetzung übernimmt das jeweilige Kompetenzcenter, begleitet von Vertretern der Mitgliedsparkassen, der Verbandsgeschäftsstelle bzw. anderen teilnehmenden Verbundpartnern. Die Fachebenen der Sparkassen werden über die Projekte in einer jährlich stattfindenden Fachtagung informiert. Dies ist, je nach Größe der Sparkasse, der Marketing- oder Vertriebssteuerungsleiter. Zusätzlich findet tertial ein Vertriebs- und Kommunikationskonzept mit den betroffenen Verbundpartnern, drei Sparkassenvorständen und dem DSV statt. Diese Redaktionssitzung dient hauptsächlich der regionalen Feinabstimmung zur Umsetzung der Werbestrategien. Die Ergebnisse werden über den zuständigen Fachausschuss an den Obleute-Ausschuss weiterempfohlen. Dieser regt seinerseits über den Fachausschuss die Verwirklichung der erarbeiteten Konzepte gegenüber den Mitgliedsparkassen an.

Aus diesem Willensbildungsprozess lässt sich keine einheitliche Leitung ableiten. Die Sparkassen können, trotz Einbindung in den Regionalverband, autonom über die Umsetzung der Projekte entscheiden.[461] Die beteiligten Fachebenen des Verbands können den Sparkassen keine verbindlichen Weisungen zur Umsetzung eines beschlossenen Projekts vorschreiben. Die Sparkasseninstitute und ihre Vorstände werden nicht auf ihren Bestand reduziert und sind nicht bloße Vollzugsorgane eines gemeinsamen Leitungsorgans. Der Meinungs- und Willensbildungsprozess vollzieht sich von den Sparkassen zu den regionalen Verbänden und wird von dort gebündelt zu anderen Verbundpartnern weitergeleitet. Sie sind die maßgeblichen Akteure in der Meinungs- und Willensbildung innerhalb der Sparkassen-Finanzgruppe.[462]

b) Risikogemeinschaft durch gemeinsame Haftung

Neben der einheitlichen Leitung sind eine Risikogemeinschaft für den internen Gewinn- und Verlustausgleich sowie eine gesamtschuldnerische Haftung nach außen Indizien für das Vorliegen eines Gleichordnungskonzerns.[463] In Betracht kommen die eingerichteten Sicherungssysteme der

460 § 3 Abs. 4 GO Obleute-Ausschuss.

461 *Pohlmann,* Gutachten, unveröffentlicht, S. 21.

462 *Gerlach,* Strukturdiskussion in der Sparkassenorganisation, S. 3 (http://bit.ly/hfRsiM).

463 *Komm.,* Begriff des Zusammenschlusses, 1998, Rn. 7; *Buntscheck* WuW 2004, 374 (383).

Sparkassen-Finanzgruppe, die ihren Mitgliedern im Bedarfsfall finanzielle Hilfe gewähren.

aa) Haftungsverbund der Sparkassen-Finanzgruppe

Das Sicherungssystem der Sparkassenorganisation besteht aus mehreren Sicherungseinrichtungen, die satzungsrechtlich zu einem Haftungsverbund zusammengeschlossen sind und dem alle Sparkassen, Landesbanken und Landesbausparkassen angeschlossen sind.[464] Er besteht aus drei Fonds bzw. Fondsgruppen: elf regionalen Sparkassenstützungsfonds, der Sicherungsreserve der Landesbanken und Girozentralen sowie dem Sicherungsfonds der Landesbausparkassen.[465] Die einzelnen Sicherungseinrichtungen sind derart miteinander verbunden, dass sie stufenweise eingreifen (Überlaufmechanismus).[466] Zunächst sind die regionalen Sparkassenstützungs-

---

464 Ausführlich zum Haftungsverbund *Pehla,* Haftungsverbund der Sparkassen-Finanzgruppe. Nach Informationen des Handelsblatts v. 17.11.10, S. 4, will die Komm. den urspr. Haftungsverbund mit den Landesbanken als Mitglieder beseitigen. Sie soll den Sparkassen den Erhalt ihrer Institutssicherung und den Verzicht auf ein zusätzliches Einlagensicherungssystem signalisiert haben, wenn die acht Landesbanken im Gegenzug aus dem Haftungsverbund ausscheiden. Dadurch wird der Druck auf die Landesbanken erhöht, ihr Geschäftsmodell zu ändern. In Gefahr wäre dadurch auch die Bonitätseinstufung der Landesbanken, die derzeit v. dem guten »Aa2«-Verbundrating v. Moody´s profitieren. Dieses betont explizit die Unterstützungsmechanismen innerhalb des Verbunds (5. Kap. A I 4 b) bb)). Danach können die Landesbanken nicht mehr als zwei Ratingstufen unter das »Aa2«-Verbundrating fallen.

465 S. § 2 a DSGV-Satzung: Mustersatzung für die Sparkassenstützungsfonds der Regionalverbände; Satzung für die Sicherungsreserve der Landesbanken und Girozentralen; Satzung für den Sicherungsfonds der Landesbausparkassen; Satzung für den Überregionalen Ausgleich der Sparkassenstützungsfonds (Satzung Überregionaler Ausgleich); Satzung für den Haftungsverbund zwischen den Sparkassenstützungsfonds und der Sicherungsreserve der Landesbanken und Girozentralen sowie dem Sicherungsfonds der Landesbausparkassen (Satzung Haftungsverbund). Die regionalen Sparkassenverbände verwalten ihre eigenen Sparkassenstützungsfonds. Die lokalen Sparkassen gehören dem jeweiligen Sparkassenstützungsfonds ihres Verbandsgebietes an.

466 Benötigt ein Mitgliedsinstitut Unterstützung, wird diese zunächst v. dem Regionalstützungsfonds geleistet, dem das notleidende Institut angehört. Falls dies nicht ausreichen sollte, kann die Gesamtheit aller 11 Sparkassenstützungsfonds der Regionalverbände aktiviert werden. Erst in einem nächsten Schritt können dann alle 13 Fondsressourcen genutzt werden. Damit tritt der Haftungsverbund erst ein, sofern durch Stützungsfall Einzahlungssoll und Nachschusspflicht der beantragenden Sicherungseinrichtung aufgebraucht sind; § 1 Abs. 3 Satzung Sicherungsreserve der Landesbanken und Girozentralen. Laut DBRS können dabei 90 % aller Unterstützungsfälle durch den jeweils unmittelbaren Fonds ohne zusätzliche Hilfe durch den

fonds durch einen überregionalen Ausgleich verbunden, der eingreift, wenn die erforderlichen Aufwendungen die Mittel des regionalen Sparkassenstützungsfonds übersteigen.[467] Sollten darüber hinaus weitere Mittel erforderlich werden, können diese aus den Sicherungseinrichtungen der Landesbanken und der Landesbausparkassen zugeführt werden. Diese Abstufung der Informations- und Einwirkungsrechte soll Wohlverhaltensanreize setzen.[468] Es besteht weder für Mitglieder noch für Gläubiger ein Rechtsanspruch auf Stützung.[469] Die im Haftungsverbund beteiligten Sicherungseinrichtungen sind institutssichernde Einrichtungen im Sinne von § 12 Einlagensicherungs- und Anlegerentschädigungsgesetz (EAG) und schützen die Mitgliedsinstitute des Sparkassenverbundes, indem sie Liquidität und Solvenz gewährleisten.[470] Im Stützungsfalle entscheiden die Gremien der Sicherungseinrichtungen über Art und Umfang der durchzuführenden Stützungsmaßnahmen sowie über die entsprechenden Auflagen.[471] Dadurch wird ein Automatismus verhindert, der das Ausgleichssystem einem Versicherungssystem angleichen würde.[472]

Der Verbandsvorsteher ist bei gefährdeten Mitgliedsparkassen berechtigt und verpflichtet, den Verbandsvorstand oder den Stützungsfondsausschuss zu unterrichten, eine Sitzung mit den Mitgliedern des Verwaltungsrats und des Vorstands der Mitgliedsparkasse einzuberufen oder die Einleitung zweckdienlicher Maßnahmen, wie die Umsetzung personeller oder sachlicher Veränderungen, zu fordern.[473] Diese Einwirkungsrechte sind nicht intensiv genug, um eine einheitliche Leitungsmacht zu begründen.[474] Sie helfen die Risikolage richtig zu erörtern und ein Konzept zur Neustrukturierung zu erarbeiten. Der im Haftungsverbund eingerichtete Transparenz-

Haftungsverbund abgewickelt werden (Ratingbericht DBRS v. 7.4.10, S. 7 (http:// bit.ly/hejxCR).

467 § 3 Satzung Haftungsverbund; § 3 Satzung Überregionaler Ausgleich.

468 *Berndt,* Sparkasse 2004, 74 (75).

469 § 21 Satzung Sicherungsfonds Landesbausparkassen; § 22 Satzung Sicherungsreserve Landesbanken und Girozentralen; § 9 Satzung Haftungsverbund; § 10 Satzung Überregionaler Ausgleich.

470 S. § 2a DSGV-Satzung, § 2 S. 1 Satzungen Mustersatzung Sparkassenstützungsfonds Regionalverbände, Satzung Sicherungsreserve Landesbanken und Girozentralen, Satzung Sicherungsfonds Landesbausparkassen (Institutssicherung).

471 Maßnahmen sind insb. Eigenkapitalzufuhr, Übernahme v. Garantien, Bürgschaften oder verzinsliche Schuldversprechen.

472 Bspw. § 13 Satzung Sicherungsfonds Landesbausparkassen sowie Satzung Sicherungsreserve Landesbanken und Girozentralen.

473 § 10 Mustersatzung Sparkassenstützungsfonds Regionalverbände.

474 *Pohlmann,* Gutachten, unveröffentlicht, S. 23.

ausschuss ist nicht mit einer solchen Machtfülle ausgestattet, die zur Annahme einer einheitlichen Leitung führt.[475] Sein Aufgabenschwerpunkt liegt in der Koordination. Er kann Empfehlungen aussprechen, über die Hinzuziehung eines Vertreters einer Sicherungseinrichtung bzw. des mit dem Monitoring betrauten Gremiums zu Sitzungen des Transparenzausschusses bestimmen oder Bericht an den Präsidialausschuss des DSGV erstatten.[476] In der Satzung »Überregionaler Ausgleich« sind ebenfalls keine Organe mit intensiveren Einwirkungsrechten vorgesehen, sodass keine einheitliche Leitung vorliegt.

bb) Reservefonds zur Stützung der Mitgliedsparkassen der nordrhein-westfälischen Verbände oder der ehemaligen WestLB AG

Zusätzlich zur Einbindung in das Sicherungssystem der Sparkassen-Finanzgruppe haben die damalige WestLB AG und beide nordrhein-westfälischen Sparkassenverbände je einen Reservefonds zur Stützung der Mitgliedsparkassen oder der ehemaligen WestLB AG im Fall finanzieller Schwierigkeiten eingerichtet, welche unabhängig vom Sicherungssystem der Sparkassen-Finanzgruppe bestehen.[477] Das Gesamtvolumen jedes Reservefonds beträgt 500 Millionen EUR. 250 Millionen EUR sind Barmittel (Einzahlungssoll), die andere Hälfte besteht aus einer Nachschusspflicht. Letztere besteht bis zur Höhe des Gesamtvolumens abzüglich der vor Erbringung der Hilfeleistungen vorhandenen Barmittel. Unabhängig von der diskretionären Entscheidung über die Institutssicherung[478] besteht ein Gläubigerschutz. Der Reservefonds soll die Verbindlichkeiten der Mitgliedsinstitute gegenüber den Kunden einschließlich Kreditinstituten, Versicherungsunternehmen und sonstigen institutionellen Anlegern sowie die verbrieften Verbindlichkeiten sichern.[479]

---

475 *Pohlmann,* Gutachten, unveröffentlicht, S. 23. Ihm gehören zwei Vertreter der Sparkassenstützungsfonds der Regionalverbände, zwei Vertreter der Sicherungsreserve der Landesbanken und Girozentralen, ein Vertreter des Sicherungsfonds der Landesbausparkassen und ein Vertreter des DSGV, der durch den Präsidenten benannt wird, an (§ 11 Satzung Haftungsverbund).

476 § 11 Abs. 4 Satzung Haftungsverbund.

477 S. für den SVWL: Satzung für den Reservefonds des Westfälisch-Lippischen Sparkassen- und Giroverbandes v. 1.10.2004 (geänd. am 13.6.2007). Die geänderte Fassung ist gem. Zif. 10 Reservefond-Satzung am 27.8.2007 in Kraft getreten. Die Nachfolgerin der WestLB AG – SPM-Bank – soll Mitglied der Sicherungsreserven bleiben.

478 S. Wortlaut Pkt. 4 Abs. 1 Reservefonds-Satzung (»kann gewährt werden«).

479 S. Pkt. 5 Reservefonds-Satzung.

Fraglich ist, ob durch den Reservefonds eine gemeinsame Außenhaftung begründet wird. Dabei ist bereits unklar, ob ein direkter Gläubigeranspruch gegen den Reservefonds besteht oder ein Anspruch der Sparkassen gegen den Reservefonds auf Befriedigung der Gläubiger.[480] Die Unterscheidung ist für die vorliegende Fragestellung nicht entscheidend, denn selbst bei Zugrundelegung eines direkten Gläubigeranspruchs gegen den Reservefonds wird eine gesamtschuldnerische Haftung der Mitgliedsinstitute nach außen nicht begründet.[481] In allen Fällen haftet der Regionalverband, sodass allenfalls eine mittelbar beschränkte Außenhaftung angenommen werden kann.

Die Sicherungssysteme des Sparkassenverbunds begründen weder eine gesamtschuldnerische Außenhaftung noch eine Risikogemeinschaft mit gemeinsamer Gewinn- oder Verlustrechnung.[482] Das Risiko der Sicherungseinrichtungen ist begrenzt, denn die Mitgliedsparkassen und Mitgliedsinstitute sind nicht zu einem laufenden Gewinn- und Verlustausgleich verpflichtet sind und haben keinen Rechtsanspruch auf Stützung. Ein Gleichordnungskonzern wird nicht begründet.

cc) *Gemeinsames Rating*

Die Sparkassen-Finanzgruppe verfügt derzeit über drei Ratings von unterschiedlichen Ratingagenturen. Seit Januar 2008 bewertet die Ratingagentur Moody´s die Sparkassen-Finanzgruppe nach dem Verbundrating. Danach wird das Ausfallrisiko der gesamten Unternehmensgruppe als wirtschaftliche Einheit überprüft. Demensprechend führt Moody´s in ihrem Kreditbericht aus: »Bei der Ratingerteilung für die S-Finanzgruppe hat Moody´s diese so behandelt, als agiere sie wie ein einzelnes Wirtschaftssubjekt, und seine Analyse auf das aggregierte Kreditprofil der Gruppe gestützt. Dieser Ansatz trägt dem großen Zusammenhalt und der Solidarität innerhalb der S-Finanzgruppe sowie der verbesserten Zusammenarbeit zwischen den einzelnen Mitgliedern Rechnung, was unseres Erachtens die Erteilung der beiden

480 Ein Direktanspruch der Gläubiger könnte sich aus der Entstehungsgeschichte und dem Sinn und Zweck der Satzung ergeben. Die Erwartung war durch Bildung des Reservefonds das angestrebte A-Rating der WestLB AG zu sichern (s. *OVG NRW,* Urt. v. 22.6.2009 – 16 A 3137/08 –, in: NWVBl. 2010, 108 (108 ff.) I. d. S. auch *Jungkamp,* Sparkassen- und Giroverbände, S. 172 f; a. A. *Pohlmann,* Gutachten, unveröffentlicht, S. 24.

481 *Pohlmann,* Gutachten, unveröffentlicht, S. 24.

482 *Wittmann,* Der Sparkassenverbund, S. 75; *Pohlmann,* Gutachten, unveröffentlicht, S. 23 f.

obigen Ratings für die S-Finanzgruppe rechtfertigt. Moody´s weist jedoch darauf hin, dass die S-Finanzgruppe tatsächlich kein einzelnes Wirtschaftssubjekt unter zentralisierter Führung und Kontrolle auf Gruppenebene darstellt. Das BFSR und das CFR gelten nicht für einzelne Mitglieder der Gruppe, sondern beziehen sich nur auf die Kreditwürdigkeit der Gruppe als Ganzes.«[483] Der Bundesverband der Deutschen Volks- und Raiffeisenbanken hat ebenfalls ein solches Verbundrating für den Finanzverbund bei den Ratingagenturen Fitch sowie Standard & Poors eingeholt. Die beiden anderen Ratingagenturen Dominion Bond Rating Service (kurz: DBRS) und Fitch gehen weiterhin von einem Floor-Rating für die Sparkassen-Finanzgruppe aus.[484] Dementsprechend heißt es im Rating Report von DBRS, dass »die wachsende Diversifikation der Landesbanken, die unterschiedlichen Grade der Kooperation und Koordination zwischen Sparkassen und Landesbanken in den verschiedenen Bundesländern, gekoppelt mit der Tatsache, dass der Haftungsverbund nicht einer Garantie gleichkommt, DBRS davon abhält, ein Gruppenrating an die Mitglieder des Haftungsverbunds zu vergeben.«[485] Die Verbundmitglieder werden nicht als ökonomische Einheit wahrgenommen, da der Haftungsverbund für ein Gruppenrating nicht stark genug ist.[486] Denn Voraussetzung für eine Gruppenbewertung ist, dass die Bankengruppe signifikanten Zusammenhalt bei der Geschäftsstrategie, beim Management und der Betriebswirtschaft darlegt und durch einen Unterstützungsmechanismus ökonomisch miteinander verbunden ist.[487] Die Gruppenbewertung der Sparkassen-Finanzgruppe durch Moody´s beruht vor allem auf dem gemeinsamen Haftungsverbund. Aus ihm werden die Kennzahlen von den beteiligten Instituten im Risikomonitoring erhoben. Individualratings für die einzelnen Gruppenmitglieder sind daneben grundsätzlich nicht beabsichtigt, die Möglichkeit bleibt aber unberührt. Sollte ein Individualrating durchgeführt werden, können die Ergebnisse prinzipiell nicht mehr als zwei Rankingstufen vom Gruppenrating nach

483 *Moody´s*, Kreditanalyse Mai 2011, S. 1.

484 *DBRS,* Rating Report April 2010, S. 1; *Fitch,* Ratingbericht Mai 2011, S. 1. Der Rating-Floor ist eine Art Mindestbonitätseinstufung, die der Sparkassen-Finanzgruppe eine gemeinsame Basis, unter die kein Verbundpartner fallen kann, bietet. Allerdings findet keine einheitliche Rating-Einstufung wie bei den Verbund/Gruppenmodellen statt.

485 *DBRS,* Rating Report April 2008, S. 5.

486 *Fitch,* Ratingbericht Mai 2011, S. 1.

487 *Dawson-Kropf/Theodore,* in: Büschgen/Everling, Hdb. Rating, S. 195 (197).

unten abweichen.[488] Aus der Gesamtbetrachtung ergibt sich jedoch, dass alle Ratingagenturen bei der Sparkassen-Finanzgruppe nicht von einem Konzern ausgehen.[489] Denn auch Moody´s erläutert in ihrer ausführlichen Kreditanalyse, dass die Sparkassen-Finanzgruppe tatsächlich kein einzelnes Wirtschaftssubjekt unter zentralisierter Führung und Kontrolle ist. Ausschlagend für die Einstufung war der gemeinsame Haftungsverbund, welcher aber seinerseits nicht zu der Annahme eines Gleichordnungskonzerns führt.[490] Eine Strukturveränderung ist mit der Anwendung des Gruppenratings nicht verbunden.

dd) Nullgewichtung von Intragruppenforderungen (intra-group exposures)

Grundsätzlich besteht die Pflicht zur vorausschauenden Absicherung des Kreditausfallrisikos durch Unterlegung mit Eigenkapital. Mit dem durch die 7. KWG-Novelle eingeführten § 10c KWG wurde von der in Art. 80 Abs. 7 und 7a Bankenrichtlinie[491] eröffneten Möglichkeit, Kreditrisiko-Standardansatz-Positionen (KSA-Positionen) eines inländischen Kreditinstituts an ein anderes Unternehmen der gleichen Instituts- oder Finanzholding-Gruppe mit einem Risikogewicht von Null Prozent zu bewerten (§ 10c Abs. 1 KWG), Gebrauch gemacht. Diese Möglichkeit besteht unter strengen Voraussetzungen auch für KSA-Positionen von Instituten und Unternehmen, die einem institutsbezogenen Einlagensicherungssystem angehören (§ 10c Abs. 2 KWG).[492] Die Risiko- und Haftungsstrukturen von Verbundsystemen sollten damit gleichwertig mit denen der Bankkonzerne sein.[493] Dass der Haftungsverbund der Sparkassen-Finanzgruppe alle Voraussetzungen erfüllt, hat

---

488 *Mauch,* in: Keidel/Schwab (Hrsg.), Das Rating der Sparkassen-Finanzgruppe und ihrer Institute, S. 23 f.

489 Ähnlich bei anderer Tatsachengrundlage *Pohlmann,* Gutachten, unveröffentlicht, S. 26.

490 S. 5. Kap. I 4 b) aa).

491 RL 2006/48/EG v. 14.6.2006 über die Aufnahme und Ausübung der Tätigkeit der Kreditinstitute, ABl. Nr. L 177, S. 1.

492 In diesem Punkt wurde die BankenRL wörtlich übernommen und dadurch für die Verbundinstitute im Gegensatz zu den Konzerngruppen erheblich verschärft. Hintergrund waren die erbitterten Auseinandersetzungen im EU-RLverfahren und bei der Umsetzung in nat. Recht. Die konzernangehörigen Unternehmen wollten eine Gleichstellung v. Verbundinstituten, wie den Sparkassenverbund oder den Genossenschaftsverbund, mit den konzernanhängigen Unternehmen verhindern, denn die Nullanrechnung v. gruppeninternen Forderungen ist relevant für den Wettbewerb. Zum Ganzen Antwort der Bundesreg. auf die kleine Anfrage zur Basel-II-Umsetzung: Nullgewichtung v. Intergruppenforderungen, BT-Drucks. 16/1140.

493 *Boos,* in: Boos/Fischer/Schulte-Mattler, KWG, § 10c, Rn. 11.

die Bundesanstalt für Finanzdienstleistungsaufsicht (kurz: BaFin) mit Schreiben vom 20.3.2007 bestätigt (§ 10c Abs. 2 Nr. 12 KWG).[494] Eine wirtschaftliche Einheit wird dadurch nicht begründet. Die Voraussetzungen für die Nullgewichtung knüpfen, mit Ausnahme der ersten beiden allgemeinen Voraussetzungen (betroffenes inländisches Unternehmen gehört zum Adressatenkreis) an die nähere Ausgestaltung des gemeinsamen Haftungsverbunds an.[495] Die Forderungsfreistellung von der Eigenkapitalunterlegung ist nur gerechtfertigt, wenn die Ausfallrisiken durch ein Sicherungssystem weitgehend minimiert werden. Dementsprechend fordert u. a. § 10c Abs. 2 Nr. 3 KWG, dass in einem Stützungsfall dem in Not geratenen Unternehmen unverzüglich zu helfen ist. Weiter wird eine Haftungsabrede (§ 10c Abs. 2 Nr. 4 KWG), ein institutsbezogenes Risikomonitoring und eine Risikobewertung (§ 10c Abs. 2 Nr. 6 und 7 KWG), ein Verbot der Mehrfachbelegung von Eigenmitteln (§ 10c Abs. 2 Nr. 10 KWG) sowie eine angemessene Risikostruktur (§ 10c Abs. 2 Nr. 11 KWG) verlangt. Dass der Haftungsverbund der Sparkassen-Finanzgruppe alle Voraussetzungen erfüllt, hat die Bundesanstalt für Finanzdienstleistungsaufsicht (kurz: BaFin) mit Schreiben vom 20.3.2007 bestätigt (§ 10c Abs. 2 Nr. 12 KWG).[496] Der Haftungsverbund der Sparkassen-Finanzgruppe begründet keine wirtschaftliche Einheit.

II. Ergebnis

Resümierend ist festzuhalten, dass im Rahmen der Zusammenarbeit innerhalb der Sparkassen-Finanzgruppe kein Verbundpartner über ein absolutes Steuerungs- oder Leitungsrecht verfügt.[497] Insofern bilden die Partner keinen Gleichordnungskonzern, vielmehr sind die Sparkassen eigenständige kommunale Anstalten des öffentlichen Rechts, die ihre Geschäftspolitik in eigener Verantwortung treffen.[498] Die Sparkassen-Finanzgruppe kennzeichnet sich dadurch aus, dass »Mütter, Töchter und Enkelinnen auf

494 Auch der Haftungsverbund des Bundesverbandes der Volks- und Raiffeisenbanken wurde anerkannt; s. *Boos,* in: Boos/Fischer/Schulte-Mattler, KWG, § 10c, Rn. 30.

495 *Pohlmann,* Gutachten, unveröffentlicht, S. 25 f.

496 Auch der Haftungsverbund des Bundesverbandes der Volks- und Raiffeisenbanken wurde anerkannt; s. *Boos,* in: Boos/Fischer/Schulte-Mattler, KWG, § 10c, Rn. 30.

497 *Schmidt,* Wissen für Verwaltungsräte, S. 57.

498 *Oebbecke,* Der Landkreis 2010, 187 (190), der v. einer korporatistischen Zusammenarbeit spricht, bei der die Sparkassenorganisation nicht gesteuert wird, sondern sich selbst steuert.

gleicher Augenhöhe« arbeiten.[499] Das Kartellrecht ist somit auf die Verbundzusammenarbeit anwendbar. Dieses Ergebnis wird durch die ständige Rechtspraxis des Bundeskartellamts bestätigt, das in Fusionskontrollverfahren bei Zusammenschlüssen zwischen Sparkassen das Konzernprivileg nicht anwendet.

B. Vermarktungsvereinbarungen in der Sparkassen-Finanzgruppe

Vermarktungsvereinbarungen dienen der Koordinierung der Zusammenarbeit im Verkauf oder Vertrieb austauschbarer Produkte von untereinander im Wettbewerb stehenden Unternehmen.[500] Darunter fallen alle Absprachen, die mit dem Verkauf eines Produkts verbunden sind (Preisvereinbarungen oder gemeinsame Werbungs- und Marketingmaßnahmen zur Verkaufsförderung).

I. Werbung im Sparkassenverbund

Unter Werbung versteht man »jede Äußerung bei der Ausübung eines Handels, Gewerbes, Handwerks oder freien Berufs mit dem Ziel, den Absatz von Waren oder die Erbringung von Dienstleistungen, einschließlich unbeweglicher Sachen, Rechte und Verpflichtungen zu fördern.«[501]

1. Rechtliche Vorgaben

Die Werbung der Sparkassen-Finanzgruppe unterliegt den allgemeinen Anforderungen des KWG. § 23 KWG bestimmt, dass zur Verhinderung von Missständen bei der Werbung der Institute die Bundesanstalt für Finanzdienstleistungsaufsicht bestimmte Arten der Werbung untersagen kann. Werbung im Sinne des KWG umfasst auch die Öffentlichkeitsarbeit, nicht aber die Weitergabe von bloßen Informationen.[502]

---

499 *Oebbecke,* Der Landkreis 2010, 187 (190).

500 *Komm.,* LL zur Anwendbarkeit v. Art. 101 AEUV auf Vereinbarungen über horizontale Zusammenarbeit, ABl. C 11/1, Rn. 225.

501 Art. 2 a) RL 2006/114/EG.

502 S. § 30b ZAG; *Fischer,* in: Boos/Fischer/Schulte-Mattler (Hrsg.), Kommentar KWG, § 23, Rn. 5 f.

Überdies müssen bei der Verbreitung der Werbung die Grenzen des Regionalprinzips beachtet werden.[503] Dementsprechend bestimmte § 3 Abs. 7 SpkVO NRW a. F.[504], dass die lokalen Sparkassen eigene Werbung, soweit tatsächlich möglich, im Inland auf das jeweilige Geschäftsgebiet beschränken müssen. Dieser Grundsatz ist weiterhin gültig, denn Werbung ist kein eigenes Geschäftsfeld, sondern notwendige Annexmaßnahme der wirtschaftlichen Betätigung.[505] Folglich unterliegt sie grundsätzlich den gleichen Regeln, die bei den zu bewerbenden Produkten berücksichtigt werden müssen.[506]

Darüber hinaus darf die Sparkassenwerbung nicht gegen wettbewerbsrechtliche oder verbraucherrechtliche Bestimmungen verstoßen (UWG, GWB, PAngV). Das Kartellverbot umfasst alle unternehmerischen Betätigungen, sodass auch die Werbung für den Wettbewerb von zentraler Bedeutung ist.[507]

2. Gesamtwerbung, Einzelwerbung und Werbestrategie der Sparkassen-Finanzgruppe

a) Gesamtwerbung und Einzelwerbung

Die gemeinsame Sparkassenwerbung, auch Gesamtwerbung genannt, existiert bereits seit 1924.[508] Bei der Gesamtwerbung stehen keine Produktkonditionen, sondern die Stärken der Sparkassen im Verbund im Vordergrund. Dementsprechend wird u. a. das Allfinanzangebot der Sparkassen-Finanzgruppe als Unternehmensleitbild vermarktet. Die Gesamtwerbung ist vorwiegend Imagewerbung. Sie soll ein positives Bild der Sparkassen-Finanzgruppe erzeugen und das Interesse der Kunden an der Marke Sparkasse wecken. Sie geeignet sich zur Abgrenzung von anderen Wettbewerbern auf dem Finanzdienstleistungsmarkt, da sie die gemeinsame Schlag-

---

503 Grundlegend zu den Grenzen der Werbung und der Öffentlichkeitsarbeit durch das Regionalprinzip; s. *Stern/Nierhaus,* Das Regionalprinzip, S. 181, 201.

504 Aufgehoben m. W. v. 29.11.2008 durch § 45 S. 2 SpkG v. 18.11.2008 (GV.NRW, S. 696).

505 *OVG Rh.-Pf.,* Urt. v. 2.10.1990 – 7 A 10096/90 –, in: WM 1991, 318 (321).

506 *Raskin,* Das Regionalprinzip, S. 125.

507 Die Rspr. wendet seit 1961 § 1 GWB auch auf Abreden in der Werbung an; *BGH,* Urt. v. 26.10.1961 – KZR 3/61(»Export ohne WBS«) –, in: BGHZ 36, 105 (110); *BGH,* Urt. v. 21.10.1986 – KZR 28/85 (»Guten Tag – Apotheke II«) –, in: NJW-RR 1987, 485 ff.; *KG,* Beschl. v. 1.12.1988 – Kart W 240/88 (»Bettenpreise«) –, in: WuW/E OLG 4351 (4352).

508 http://bit.ly/fDME3C.

kraft als homogene Gruppe betont.[509] Besondere Bedeutung gewann die Imagewerbung nach der Finanzkrise.[510] Um das Vertrauen der Kunden zurückzugewinnen, setzen viele Banken auch in der regionalen Werbung weniger auf plakative Werbung mit Konditionen und Prozentzeichen, sondern heben ihre Rolle als vertrauensvolle Partner hervor.[511] In diese Richtung tendiert die Sparkassenwerbung mit dem Werbeslogan: »Alles, nur nicht 08/15« oder die Genossenschaftsbanken, die mit Ulrich Wickert als neuem Testimonial und dem Slogan »Werte schaffen Werte« werben.

Aufgrund der Gebietsbeschränkung wird außerhalb des eigenen Geschäftsgebiets nicht die Einzelwerbung der lokalen Sparkassen, sondern die Gemeinschaftswerbung im Verbund verwendet. Die Zulässigkeit der Teilnahme der einzelnen Sparkasse an der Gesamtwerbung ergibt sich entweder aus speziellen Ermächtigungsgrundlagen (§ 2 Abs. 5 S. 1 SpkO Bay) oder aus dem allgemeinen Verbundprinzip.[512]

Die lokale Einzelwerbung ist notwendige Leistungswerbung für einzelne Produkte und Konditionen.[513] Die Gesamtwerbung ist wegen der ihr innewohnenden starken Image-Komponente allein nicht geeignet, die Werbeziele (Bindung der wechselbereiten Kunden und Gewinnung von Neukunden) optimal umzusetzen und die Produktkompetenz der Sparkassen ausreichend zu vermitteln. Folglich werden regional gezielt Produkte mit spezifisch lokalen Konditionen beworben, wobei durchaus Testimonials aus der Gesamtwerbung übernommen werden, um den Werbedruck zu erhöhen. Die Regionalverbände können die DSGV-Werbung durch Großflächenplakatierung, Anzeigen in Tageszeitungen, Funkwerbung, Online-Werbung, sog. Microsites[514] sowie durch Ausstattung der einzelnen Sparkassen mit Materialien für den lokalen Einsatz im Vertrieb unterstützen.

509 *Raskin,* Das Regionalprinzip, S. 131.

510 *Praeg,* zit. nach *Handelsblatt* v. 10.5.2011, S. 34.

511 Mit Inkrafttreten des Gesetzes zur Umsetzung der VerbraucherkreditRL am 11.6.2010 ist das Herausstellen verlockender Schaufensterzinsen eingeschränkt worden. Näher dazu s. Kap. 5 B I 2 b) bb).

512 *Kolm,* Regionalprinzip, S. 104.

513 *Sturmbaum/Stetter,* BBL 1980, 231 (237 f.).

514 Microsites sind Webseiten mit geringer Navigationstiefe innerhalb eines größeren Internet-Auftritts und sind visuell unabhängig v. der Hauptwebseite.

b) Werbestrategie

Die Marketingmaßnahmen werden auf allen drei Ebenen (lokal von den Sparkassen, regional von den Verbänden und bundesweit u. a. vom DSGV) geplant und umgesetzt, sodass sich der dreistufige Aufbau der Sparkassen-Finanzgruppe auch in der Werbung widerspiegelt.[515]

aa) Dreistufiger Aufbau

Hauptinitiator der gemeinsamen Werbung ist der DSGV, der durch die Dachorganisation, dem Zentralverband der deutschen Werbewirtschaft e. V. (ZAW), unterstützt wird. Umgesetzt werden die Werbekonzepte durch den Deutschen Sparkassen-Verlag (DSV), der die Organisation, Koordination und Abwicklung des gemeinsamen Werbeauftritts leitet. Verbreitet wird die Werbung bundesweit in den wichtigsten Kommunikationsmedien (TV, Kino, Rundfunk, Internet, Printmedien).[516]

Die Umsetzung vor Ort ist freiwillig und erfolgt durch die einzelne Sparkasse mit Unterstützung der regionalen Verbände.[517] Die regionalen Werbemaßnahmen können begleitend oder nachgeordnet zu der bundesweiten Gemeinschaftswerbung geschaltet werden. Durch gezielt eingesetzte lokale oder regionale Kommunikationsmaßnahmen (Anzeigen und Beilagen in Tageszeitungen, Kinowerbung, Funkwerbung, Großflächenplakate, Ambient-Werbung, Online-Werbung oder im Bereich des Direktmarketing durch scorecard-basierte Mailing-Kampagnen mit den entsprechenden Verbund-

---

515 *Güde,* Geschäftspolitik der Sparkassen, S. 399.

516 *Güde,* Geschäftspolitik der Sparkassen, S. 399. Die TV-Vermarktung ist mit 15 % Anteil bei der ARD immer noch ein bedeutsamer Werbekanal für den Finanzsektor, *Handelsblatt* v. 10.05.2011, S. 34 f.

517 Der DSGV schaltete im vierten Quartal 2009 eine Sparkassen-Altersvorsorge-Kampagne in Print-, Online- und TV-Medien. Auch regional wurde die Altersvorsorge verstärkt beworben, indem die einzelne Sparkasse sich nach Bedarf aus der Produktpallete der S-Altersvorsorgen ein Altersvorsorgeprodukt ihrer Wahl aussuchte und dieses intensiviert durch Plakate, Ganzkörperaufsteller, Grafiken für Geldautomaten und Kontoauszugsdrucker bewarb. Überdies wurden durch den entsprechenden Verbundpartner die Mitarbeiter der Sparkassenfachebene in Vortragsveranstaltungen, Lehrgängen sowie Werbeempfehlungen geschult. Diese Trainings werden durch die ansässigen Sparkassenakademien begleitet. Hierdurch wird das einheitliche Auftreten am Markt sichergestellt und eine hohe Wiedererkennungswahrscheinlichkeit erreicht. Das Kompetenz-Center Markt/Vertrieb des SVWL koordinierte vertriebsunterstützend ein zentrales direct-mailing unter Einbeziehung des Verbundunternehmens. Ein datenbasiertes Affinitätsscoring erleichtert und intensiviert das Ansprechen der betreffenden Zielgruppe (bspw. Personen mit hoher Affinität für Altersvorsorge).

partnern) können die Vertriebsschwerpunkte der Gemeinschaftswerbung verlängert werden. Für die Sparkasse ist die Übernahme der zentralen, überwiegend normierten Werbelinie vor allem kostengünstig.[518] Sie kann je nach Größe und wirtschaftlichen Rahmenbedingungen die Werbung, die Marktforschung, das Risikomanagement sowie die IT-Unterstützung nicht alleine bewältigen. Trotzdem verbleibt eine gewisse Individualität, indem Einzelschwerpunkte in der lokalen Werbung gesetzt werden können. Die Sparkassen können sich bei der Produktgestaltung durch ihre Vorstände einbringen, die in Zusammenarbeit mit den zuständigen Hauptamtlichen im Regionalverband die maßgeblichen Konzepte erarbeiten.[519]

Die gemeinsame Werbung steht damit besonders im Spannungsfeld zwischen freiwilliger dezentraler Verbundkooperation und gemeinsamer Imagewerbung, die notwendigerweise eine übereinstimmende geschäftliche Orientierung und Standards voraussetzt.[520] Neben der Umsetzung der bundesweiten Werbelinie steht es den Verbänden und Sparkassen frei, für die regionale Ebene neue Werbestrategien zu entwerfen.[521]

bb) Einheitliche Bewerbung von Leuchtturmprodukten

Nach der 5-Punkte-Erklärung der deutschen Sparkassen und Landesbanken zur Verbundzusammenarbeit und künftigem Marktauftritt vom 7.11.2005 (kurz: Berliner Erklärung) sollen vermehrt vergleichbare Produkte ausgewählter Geschäftsfelder mit gemeinsamen Merkmalen bundesweit einheitlich beworben werden. Vorstufe einer solchen einheitlichen Werbung ist eine gemeinsame Produktinnovation. Die einheitliche Bewerbung unter Nennung eines gemeinsamen Namens, insbesondere im Standardmengengeschäft, soll die Werbewirkung und den gemeinsamen Marktauftritt durch Produktprägnanz und Steigerung des Wiedererkennungswerts verstärken. Die geeigneten Produkte für derartige Leuchtturmprodukte sind u. a. die Prämienrente, das Zuwachssparen, die Baufinanzierung und der Privatkredit[522].

518 *Sturmbaum/Stetter,* BBL 1980, 231 (239).

519 *Oebbecke,* in: Henneke (Hrsg.), Sparkassen, Landes- und Förderbanken nach der Finanzmarktkrise, S. 80 (91). Die kommunale Beteiligung ist dabei verschwindend gering.

520 *Oebbecke,* VerwArch 2002, 278 (281).

521 Der SVWL hat unabhängig vom DSGV für die Jahre 2009 und 2010 eine regionale Werbekampagne mit Atze Schröder als Testimonials entwickelt.

522 Seit Mitte 2011 gibt es ein neues gemeinsames Tochterunternehmen für Auto- und Konsumentenkredite v. der Deutschen Leasing und Landesbank Berlin unter dem Namen S-Kreditpartner GmbH. Die S-Kreditpartner GmbH ist das Pendant zu der

Durch den Einsatz von Leuchtturmprodukten sollen Synergieeffekte besser ausgeschöpft werden, indem Arbeitsprozesse effizienter gestaltet werden.

In diesem Sinne startete der SVWL die Marktoffensive Konsumentenkredit mit dem Kernziel einer kommunikativen Herausstellung von attraktiven Schaufensterkonditionen[523], um im Wahrnehmungswettbwerb besser aufgestellt zu sein. Ähnliche Vorhaben planten auch die bayerischen Sparkassen, wonach bestimmte Produkte bayernweit mit einheitlichen Konditionen angeboten und beworben werden sollten. Die scoringabhängige Darlehnsbepreisung wurde durch eine gemeinsame Werbung mit einheitlichem Eingangszins begleitet.

II. Kartellrechtliche Beurteilung gemeinsamer Preiswerbung

Die gemeinsame Bewerbung der Leuchtturmprodukte mit einheitlichen Konditionen (exemplarisch: Eingangszinssätze bei Privatkrediten) ist kartellrechtlich bedenklich.

1. Zwischenstaatlichkeit

Die Werbeaktionen der jeweiligen Mitgliedssparkassen und ihrer Regionalverbände für Leuchtturmprodukte haben grundsätzlich keine zwischenstaatlichen Bezüge. Sie betreffen weder die Ein- oder Ausfuhr von Produkten noch erstrecken sie sich auf das gesamte Bundesgebiet. Die getroffenen Vereinbarungen umfassen nur einen Teil des Bundesgebiets. Derartige

---

genossenschaftlichen Teambank »Easycredit«. Sie ist die erste überregionale standardisierte technische Plattform im Internet der Sparkassen-Finanzgruppe für provisionswirksame Kreditgeschäfte. Bei der Wahl ihres Provisions-Partners sind die Sparkassen auch weiterhin frei. Neben den provisionswirksamen Geschäften können die Sparkassen auch zukünftig bilanzwirksame Kredite ihren Kunden anbieten.

523 Mit Inkrafttreten des Gesetzes zur Umsetzung der VerbraucherkreditRL am 11.6.2010 ist das Herausstellen verlockender Schaufensterzinsen erschwert worden. Die bonitätsunabhängige Bepreisung v. Darlehensverträgen in der Werbung wurde stärker reglementiert. Es dürfen nicht mehr einzelne Zahlen plakativ herausgestellt werden (§ 6a Abs. 3 S. 2 PAngV). Vielmehr müssen die Angaben mit einem Beispiel versehen werden, bei dem der Werbende erwarten darf, dass mindestens zwei Drittel der auf Grund der Werbung zustande kommenden Verträge zu dem angegebenen oder einem niedrigeren effektiven Jahreszins abgeschlossen werden können. Dadurch sollen Lockvogelangebote unterbunden und die Verbraucher in die Lage versetzt werden, anhand aussagekräftiger Informationen selbst die Vor- und Nachteile abzuwägen. Möglich bleibt die Werbung ohne Nennung des Zinssatzes unter Herausstellung »niedriger« oder »günstiger« Zinsen; BT-Drucks. 16/11643, S. 143. Kritisch *Gessner,* VuR 2010, 363 ff; *Nobbe,* WM 2011, 625 (626).

Vereinbarungen können ebenfalls ausreichend sein, wenn nicht auf dem Markt natürliche Handelsschranken bestehen.[524] Als natürliche Handelsschranke kommen vorliegend vor allem Verständigungsschwierigkeiten in Betracht. Kunden aus angrenzenden Mitgliedstaaten werden, vor allem bei komplexen und beratungsintensiven Bankprodukten, die Leuchtturmprodukte kaum in Anspruch nehmen. Insbesondere der Verbraucherkreditmarkt ist grundsätzlich ein nationaler Markt, da der Verbraucher seine Wünsche im lokalen Umfeld mit Hilfe von ortsansässigen Banken befriedigt.[525] Eine Beeinträchtigung des mitgliedsstaatlichen Handelns durch Verfestigung der Marktaufteilung entlang nationaler Grenzen ist nicht anzunehmen.

2. Verhaltenskoordinierung von Unternehmen

§ 1 GWB verbietet alle Vereinbarungen zwischen Unternehmen, Beschlüsse von Unternehmensvereinigungen und aufeinander abgestimmte Verhaltensweisen, die eine Verhinderung, Einschränkung oder Verfälschung des Wettbewerbs bezwecken oder bewirken. Adressaten sind damit sowohl Unternehmen als auch Unternehmensvereinigungen. Letztere allerdings nur, wenn sie ihrerseits das Verhalten von Unternehmen koordinieren.[526] Sparkassen sind Unternehmen im Sinne des funktionalen Unternehmensbegriffs.[527]

Eine Vereinbarung liegt vor, wenn die betreffenden Unternehmen ihren gemeinsamen Willen zum Ausdruck gebracht haben, sich auf dem Markt in einer bestimmten Weise zu verhalten.[528] Es reichen bereits ein scheinbar einseitiger Akt oder ein entsprechendes Verhalten aus, das Ausdruck des übereinstimmenden Willens von mindestens zwei Parteien ist. Die äußere Form ist unerheblich.[529] Die Vereinbarung kann daher konkludent, ausdrücklich, schriftlich, formlos, freiwillig oder unter Druck zustande

524 *EuGH,* Urt. v. 21.1.1999 – Rs. C-215 u. C-216/96 –, in: Slg. 1999 I-135 (51).

525 *Nobbe,* WM 2011, 625 (625).

526 *Schröter,* in: Groeben/Schwarze, Art. 81, Rn. 64 ff.

527 S. 4. Kap. B I.

528 *EuG,* Urt. v. 20.3.2002 – Rs. T-9/99 (»HFB«) –, in: Slg. 2002, II-1487 (Rn. 199); *EuG,* Urt. v. 11.12.2003 – Rs. T-61/99 (»Adriatica di Navigazione SpA«) –, in: Slg. 2003, II-5349 (Rn. 88); *EuG,* Urt. v. 27.7.2005 – Rs. T-49/02 bis T-51/02 (»Luxemburgisches Bierkartell«) –, in: Slg. 2005, II-3033 (Rn. 118); *EuG,* Urt. v. 8.7.2008 – Rs. T-53/03 (»Gipsplattenkartell«) –, in: ABl. C 209 v. 15.8.2008 (Rn. 79).

529 *EuGH,* Urt. v. 13.7.2006 – Rs. C-74/04 P (»Volkswagen«) –, in: Slg. 2006, I-6585 (Rn. 37).

gekommen sein.[530] Aufeinander abgestimmte Verhaltensweisen sind Absprachen zwischen Unternehmen, die zu einer bewussten und gewollten Vereinbarung führen. Die so erzielte Verständigung muss im Unterschied zur Vereinbarung inhaltlich nicht konkretisiert sein.

Die verbotenen Verhaltensweisen liegen vorliegend in der Absprache über gemeinsame Konditionen (Zinssatz) sowie die einheitliche Ausgestaltung der Merkmale des Leuchtturmprodukts. Die Tatsache, dass die Übernahme des einheitlichen Einstiegszinssatzes fakultativ war, lässt die Wettbewerbsbeeinträchtigung nicht entfallen, denn das Kartellrecht schützt sowohl die unternehmerische Gestaltungsfreiheit als auch das Interesse der Allgemeinheit an einem funktionierenden Wettbewerb.

3. Bewirken oder Bezwecken einer spürbaren Wettbewerbsbeschränkung

Das abgestimmte Verhalten der Beteiligten muss zu einer Verfälschung des Wettbewerbs führen. Eine Wettbewerbsbeschränkung liegt vor bei einer durch Zwang bestimmten Einschränkung oder künstlichen Veränderung des durch autonomes Marktverhalten geprägten Wettbewerbsprozesses.[531] Diese muss bezweckt oder bewirkt worden sein (Alternativität von Zweck und Wirkung). Haben die Kartellbehörden nachgewiesen, dass die Vereinbarung eine Wettbewerbsbeschränkung bezweckt, entfällt die Analyse der tatsächlichen Auswirkungen der Verhaltenskoordinierung.[532] Liegt eine bewirkte Wettbewerbsbeschränkung vor, sind die tatsächlichen und potentiellen Auswirkungen auf dem relevanten Markt zu begutachten. Bei der Abgrenzung zählt nicht die subjektive Beteiligtenansicht, sondern ob die Vereinbarung objektiv geeignet ist, eine Wettbewerbsbeeinträchtigung hervorzurufen.[533] Dabei sind u. a. der Inhalt der Abrede sowie die rechtlichen, wirtschaftlichen und tatsächlichen Umstände maßgebend.[534]

---

530 *Kling/Thomas,* Kartellrecht, § 4, Rn. 50.

531 *BGH,* Beschl. v. 29.1.1975 – KRB 4/74 (»Aluminiumhalbzeug«) –, in: WuW/E BGH 1337 (1342); *BGH,* Urt. v. 14.1.1997 – KZR 41/95 (»Druckgussteile«) –, in: WuW/E BGH 3115 (3118).

532 *EuGH,* Urt. v. 4.6.2009 – Rs. C-8/08 (»T-mobile Netherlands«) –, in: Slg. 2009, I-4529 (Rn. 29 ff.).

533 *Bechtold/Bosch/Brinker/Hirschbrunner,* EG-Kartellrecht, Art. 81, Rn. 70.

534 *EuGH,* Urt. v. 30.6.1966 – (»Société Technique Minière (LTM)/Maschinenbau Ulm (MBU)«) –, in: Slg. 1966, 282 (303); *EuGH,* Urt. v. 12.7.1979 – verb. Rs. 32/78, 36/78-82/78 (»BMW Belgium«) –, in: Slg. 1979, 2435 (Rn. 23, 28).

Die Mitgliedsparkassen einigten sich, mehrere Merkmale, insbesondere einen identischen Zinssatz, für den Sparkassen-Privatkredit sowie die dazugehörige Werbung einheitlich zu gestalten. Bei Preisabsprachen (Hardcore-Kartell) wird ein Bezwecken regelmäßig angenommen, da die autonome Preisbildung zentrales Element der freien Marktwirtschaft ist.[535] Der Preisbegriff wird weder im GWB noch in den europäischen Verträgen definiert. Er beschreibt das Gegenseitigkeitsverhältnis zwischen Gegenleistung und der vom Vertragspartner geschuldeten Leistung.[536] Die Vereinheitlichung des Zinssatzes reicht als Dämpfung des Wettbewerbs bereits für eine Wettbewerbsbeschränkung aufgrund der hohen Intensität der Beeinträchtigung aus. Dies gilt selbst dann, wenn das Preiskartell nur für einzelne Produkte gilt oder auf eine Zeitspanne beschränkt ist.[537]

Die Preisbindung der Gemeinschaftswerbung ist nicht gesetzlich durch das UWG bedingt.[538] Einem möglichen Verstoß gegen den unlauteren Wettbewerb kann mit dem Hinweis darauf, dass die beworbene Aktion nur in den teilnehmenden Sparkasseninstituten gültig ist, begegnet werden.

a) Teleologische Reduktion der Wettbewerbsbeschränkung

Die Vereinbarung muss einen wettbewerbswidrigen Zweck verfolgen bzw. tatsächlich oder potenziell wettbewerbswidrige Auswirkungen haben. Bestimmte Beschränkungen werden jedoch von vornherein nicht vom Verbotstatbestand erfasst.

aa) Wettbewerbsbeschränkungen in Franchiseverträgen

Franchiseverträge beinhalten regelmäßig wettbewerbsbeschränkende Vereinbarungen. Ein typisches Verbot ist, während der Vertragsdauer oder einer angemessenen Zeit nach Vertragsbeendigung ein Geschäft mit gleichem oder ähnlichem Zweck in einem festgelegten Gebiet zu eröffnen (Bannmeilenregelung) oder Abreden zum Erhalt des Identitätsschutzes bzw. des Geschäftskonzepts. Ein Franchisevertrag ist dadurch gekennzeichnet, dass

---

535 Diese wichtige Funktion des Preiswettbewerbs betonte der EuGH bereits 1972 in seinem Farbstoffe-Urteil: »Der Preiswettbewerb soll die Preise auf einem möglichst niedrigen Niveau halten […]«; *EuGH,* Urt. v. 14.7.1972 – Rs. 48/69 (»Imperial Chemical Industries – Farbstoffe«) –, in: Slg. 1972, 619 (Rn. 115).

536 *Fuchs,* in: Immenga/Mestmäcker (Hrsg.), Wettbewerbsrecht, § 2, Rn. 141.

537 *KG,* Beschl. v. 1.12.1988 – Kart W 240/88 (»Bettenpreise«) –, in: WuW/E OLG 4351 (4353).

538 In diese Richtung aber *Beuthien,* Handelskooperationen, S. 168 ff.

ein Unternehmer (Franchisegeber) einem anderen Unternehmer (Franchisenehmer) für dessen Betriebsführung gegen Entgelt und Übernahme bestimmter Pflichten, Handelswaren, Handelsmarken, Warenzeichen, Geschäftsformen, Vertriebsmethoden, Know-how oder das Recht überlässt, bestimmte Waren oder Dienstleistungen zu vertreiben.[539] Die konkrete Überlassung hängt von den verschiedenen Franchise-Typen ab (Vertriebs- oder Dienstleistungsfranchise). Üblicherweise zeichnen sich die Franchisepartner durch einheitliche Warenpräsentation und Werbung aus. Im Gegensatz zur reinen Unternehmensfiliale betreibt der Franchisenehmer sein Geschäft im eigenen Namen und auf eigene Rechnung und ist daher selbstständiger Unternehmer.

Absprachen, die für das Funktionieren des Franchisesystems unerlässlich sind, sind keine Wettbewerbseinschränkungen.[540] Dazu gehören insbesondere solche Bestimmungen, die verhindern, dass das zur Verfügung gestellte Know-How nicht der Konkurrenz zugutekommt und solche, die zur Wahrung der einheitlichen Identität zwingend geboten sind. Solche Abreden fördern den Wettbewerb, indem sie erfolgreiche Geschäftsmethoden verbreiten, neue Tätigkeiten und Märkte für alle Beteiligten eröffnen und zur wirtschaftlichen Integration beitragen.[541]

Die Sparkassen-Finanzgruppe hat einige Gemeinsamkeiten mit einem Franchiseunternehmen.[542] Ihre dezentrale Struktur mit selbstständigen Unternehmen, der einheitliche Marktauftritt sowie die Preishoheit der Sparkassenvorstände sind mit Franchise-Strukturen vergleichbar.[543] Allerdings bestehen auch bedeutende Unterschiede. Das Controlling, der Marktauftritt und das Produktsortiment werden von der Franchisezentrale verbindlich bestimmt. Der Franchisenehmer, auch Unternehmer im Korsett

539 v. Hoyningen-Huene, in: Schmidt (Hrsg.), Münchener Kommentar HGB, § 59, Rn. 83.

540 *EuGH,* Urt. v. 28.1.1986 – Rs. 161/84 (»Pronuptia«) –, in: Slg. 1986, 353 (Rn. 27).

541 *Komm.,* Entsch. v. 17.12.1986 (»Yves Rocher«), ABl. Nr. L 8 v. 10.1.1987, S. 49; *Komm.,* Entsch. v. 13.7.1987 (»Computerland«), ABl. Nr. L 222 v. 10.8.1987, S. 12; *Komm.,* Entsch. v. 14.11.1988 (»Service Master«), ABl. Nr. L 322 v. 3.12.1988, S. 38; *Komm.,* Entsch. v. 2.12.1988 (»Charles Jourdan«), ABl. Nr. L 35 v. 7.2.1989, S. 31.

542 *Rampf/Rampf/Riekeberg,* Sparkasse 2010, S. 38 (38), die die Sparkassen-Finanzgruppe mit dem Franchiseunternehmen McDonalds vergleichen. Ähnliche Überlegungen *Pohlmann,* Gutachten, unveröffentlicht, S. 27 f.

543 Einschränkungen in der Preishoheit können sich durch bundesweite Werbeaktionen ergeben, bei denen alle Franchisenehmer an die vorgegebenen Preise gebunden werden; *Rampf/Rampf/Riekeberg,* Sparkasse 2010, S. 38 (40).

genannt, entscheidet nur über das Personal vor Ort und trägt die Verantwortung für die Umsetzung der zuvor festgelegten Aktionen und Innovationen. Eine derartige Subordination gibt es in der Sparkassen-Finanzgruppe nicht. Die Sparkasseninstitute sind keinem anderen Verbundpartner gegenüber weisungsgebunden. Franchiseunternehmen haben engere Vorgaben beim Produktangebot, der Werbung und dem Filialdesign. Die Vorgaben der Filialgestaltung sind strikt und reichen oftmals bis zur einheitlichen Personalkleidung. Die für den einheitlichen Auftritt maßgebende Markensatzung des DSGV enthält keine vergleichbaren zentralen Durchgriffsrechte.[544]

Des Weiteren sind Vereinbarungen, die zur Ausschaltung des Preiswettbewerbs führen, auch zwischen Franchisepartnern nicht erlaubt. Allenfalls die Festsetzung von Höchstpreisbindungen oder die Abgabe von Preisempfehlungen an die Franchisenehmer können kartellrechtlich zulässig sein.[545]

bb) Kartellrechtliche Behandlung von Höchst- und Mindestpreisbindungen

Die typischerweise verwendete Werbung für Kredite – »Sparkassen-Privatkredit schon ab X %« – könnte eine Höchst- oder Mindestpreisvereinbarung darstellen. Bei Mindestpreisvereinbarungen verbleibt den Beteiligten nur noch die Möglichkeit, höhere Preise als den vereinbarten Preis zu verlangen. Ein Unterbieten ist ausgeschlossen, sodass generell eine wettbewerbsbeschränkende Vereinbarung anzunehmen ist.[546] Höchstpreisbindungen legen Preisobergrenzen fest, sodass die Beteiligten ihre Preise weiterhin unterhalb der Höchstpreisgrenze nach eigenem Ermessen festsetzen können.[547] Diese Eingrenzung der unternehmerischen Freiheit kann sich für den Verbraucher positiv auswirken, indem das Preisniveau niedrig bleibt. Die gemeinsame Preiswerbung der Sparkassen könnte daher kartellrechtskonform sein, wenn die getroffene Vereinbarung eine Höchstpreisbindung ist.

---

544 5. Kap. A I 4 a) aa) (2).

545 *BGH,* Urt. v. 2.2.1999 – KZR 11/97(»Preisbindung Franchisenehmer I«) –, in: BGH NJW 1999, 2671 (2674); *BGH,* Urt. v. 20.5.2003 – KZR 27/02 (»Preisbindung Franchisegeber II«) –, in: BGH NJW-RR 2003, 1624 (1626 f.).

546 *Zimmer,* in: Immenga/Mestmäcker (Hrsg.), Wettbewerbsrecht, § 1 GWB, Rn. 243.

547 *Zimmer,* in: Immenga/Mestmäcker (Hrsg.), Wettbewerbsrecht, § 1 GWB, Rn. 241.

(1) Kartellrechtliche Behandlung von Höchstpreisbindungen in vertikalen Wettbewerbsbeziehungen

Der wirtschaftlichen Betrachtungsweise der Kommission entsprechend, verneint sie bei vertikalen Höchstpreisvereinbarungen regelmäßig das Vorliegen einer spürbaren Wettbewerbsbeschränkung, es sei denn, sie wirken im Einzelfall wie Fest- oder Mindestpreise.[548] Denn Koordinierungen zwischen vertikalen Wettbewerbern können sich wirtschaftlich sogar positiv auswirken, wohingegen individuelles separiertes Unternehmensverhalten zu einer defizitären Preisfindung und zu ökonomischen Effizienzverlusten führen kann.[549] Angenommen, Hersteller und Händler von komplementären Gütern oder auf Upstream- und Downstream-Märkten[550] haben jeweils monopolitische Marktmacht. Diese gibt ihnen die Möglichkeit ihre Preise oberhalb der Grenzkosten festzulegen. Dadurch, dass beide Monopolisten auf ihre Grenzkosten Preisaufschläge hinzurechnen, steigt der Produktpreis über das Marktniveau (Doppelte Marginalisierung) und die ausgebrachte Absatzmenge sinkt aufgrund der Preiserhöhung.[551] Der Lieferant berücksichtigt bei seiner Preisfestlegung nur die Auswirkungen auf seine Nachfrage. Das separierte Verhalten führt grundsätzlich zu einer geringen Konsumentenrente und zu einem höheren Preis als der, bei dem der Gesamtgewinn von Herstellern und Händlern am größten wäre.[552] Vereinbarte Mindestabnahmeverpflichtungen oder Hilfspreisbindungen

---

548 S. Art. 4 lit. a) Vertikal-GVO; *Komm.,* Entsch. v. 5.7.2000 (»Editions Nathan«), ABl. Nr. L 54 v. 23.2.2001, S. 1 (Rn. 87: »Die Kommission ist dagegen inzwischen nicht mehr der Auffassung, dass die Verpflichtung, einen Höchstwiederverkaufspreis einzuhalten [...], als solche wettbewerbsbeschränkend ist.«.

549 *Kniesp,* Wettbewerbsökonomie, S. 168.

550 Auf dem Upstream-Markt agiert das Unternehmen, das am weitesten vom Endverbraucher entfernt ist (Distribution). Auf dem Downstream-Markt agiert das Unternehmen, das am dichtesten am Konsumenten ist (Handel), *Pies/Leschke,* Oliver Williamsons Organisationsökonomik, S. 203.

551 Zum Ganzen *Franck/Meister,* in: Wirtz (Hrsg.), Hdb Merger & Acquisitions Management, S. 81 (88 ff.)

552 *Komm.,* Grünbuch zur EG-Wettbewerbspolitik gegenüber vertikalen Wettbewerbsbeschränkungen, 1997, KOM(96) 721, S. 18; *Franck/Meister,* in: Wirtz (Hrsg.), Hdb Merger & Acquisitions Management, S. 81 (88). Die Konsumentenrente (consumer surplus) ist die Differenz zwischen dem Geldbetrag, den die Konsumenten für ein Gut äußerstenfalls zu bezahlen bereit wären (maximale Zahlungsbereitschaft) und dem Marktpreis; *Gabler,* Wirtschaftslexikon (http://bit.ly/kek2cT). Sie wird als einfaches Wohlfahrtsmaß eingesetzt, wenn v. Einkommenseffekten abgesehen wird, da die betrachteten Güter nur einen geringen Anteil an der gesamten Gütermenge ausmachen oder nur ein geringer Teil des Einkommens für diese Güter ausgegeben wird; *Borrmann/Finsinger,* Markt und Regulierung, S. 49 ff.

(Einzelhandelshöchstpreisfestsetzungen) bezogen auf den Wiederverkaufspreis können zu einer Senkung der Herstellerpreise führen.[553] Durch vertikale Kooperationen kann der suboptimale Preisauftrieb verhindert werden und der abgesprochene Absatzpreis entspricht dem maximalen Ertrag beider Unternehmen. Der Preis ist grundsätzlich geringer als der Preis bei vertikaler Separation, wodurch die Nachfragemenge und der Absatz steigen.[554] Der externe Effekt (Externalität) wird demnach internalisiert. Davon profitieren nicht nur die Unternehmen durch höhere Gewinne, sondern auch die Konsumenten durch niedrigere Preise. Diese Annahme gilt allerdings nicht, wenn auf einer der beiden Handelsstufen bereits Preiswettbewerb besteht. Dann führen vertikale Vereinbarungen nicht mehr zu Effizienzgewinnen und eine doppelte Marginalisierung ist nicht möglich.

(2) Kartellrechtliche Behandlung von Höchstpreisbindungen in horizontalen Wettbewerbsbeziehungen

Diese Privilegierung von Höchstpreisbindungen durch die Kommission ist nicht auf horizontale Beziehungen übertragbar. Denn horizontale Wettbewerbsbeschränkungen sind in der Regel schädlicher als vertikale Wettbewerbsbeschränkungen für den Wettbewerb. Sie kumulieren Angebots- oder Nachfragepotenziale und können zu erheblichen Wettbewerbsminderungen, u. a. durch die Nachahmungswirkung, führen.[555] Hält ein Großteil der Beteiligten den angegebenen obersten Wert ein – was in der Praxis durchaus zu beobachten ist[556] –, wird der ursprünglich als Orientierungspreis gedachte Wert zum Festpreis und trägt zur Verfestigung des Preiswettbewerbs bei.[557] Die Gründe der Unternehmen, den Höchstpreis zu übernehmen, können vielfältig sein. Vielfach ist bei niedrig vereinbarten Höchstpreisen nur so eine lohnende Gewinnspanne erzielbar. Höchstpreisbindungen führen dann zu den gleichen schädlichen Wettbewerbsfolgen wie Mindestverkaufspreisfestlegungen. Das Gefährdungspotenzial von Wettbewerbs-

---

553 *Gehring/Mäger,* DB 2011, 398 (400); *Komm.,* Grünbuch zur EG-Wettbewerbspolitik gegenüber vertikalen Wettbewerbsbeschränkungen, 1997, KOM(96) 721, S. 18.

554 *Franck/Meister,* in: Wirtz (Hrsg.), Hdb Merger & Acquisitions Management, S. 81 (89 f.).

555 *Köhler,* WRP 1996, 835 (835 ff.).

556 »Vereinbarung über die Festsetzung einer Höchstgebühr für die Benutzung der institutsübergreifenden Geldautomaten« v. 1.7.1993; näher dazu s. 5. Kap. D I.

557 *Komm.,* LL für vertikale Beschränkungen 2010/C, ABl. C/130, S. 46, Rn. 227; *Pohlmann,* Gutachten, unveröffentlicht, S. 8 f.

beschränkungen durch vertikale Vereinbarungen ist abhängig von der potenziellen Marktverschließung der Vereinbarungen.[558]

Aus der Gesamtbetrachtung ergibt sich, dass eine generelle Befreiung von Höchstpreisbindungen bei Horizontalvereinbarungen abzulehnen ist.[559] Dem kann nicht entgegengehalten werden, dass mangels abstrakter Markterheblichkeit keine Wettbewerbsbeschränkung eintrete und den Beteiligten ansonsten die Möglichkeit fehle, individuelle Preisnachlässe zu gewähren.[560] Denn auch ein niedriges Preisniveau kann wettbewerbsschädlich sein, da infolgedessen notwendige Investitionen für Verbesserungen und den Ausbau des Warensortiments ausbleiben können. Die Lenkungswirkung des Wettbewerbs kann somit durch ineffiziente Ressourcenverwendung blockiert werden.[561] Dementsprechend sind horizontale Höchstpreisbindungen aufgrund ihrer diametralen Wirkungen auf die Handlungsfreiheit der Unternehmen als oberstes wettbewerbsrechtliches Ziel Wettbewerbsbeschränkungen.[562] Es kann daher dahinstehen, ob es sich bei dem standardmäßig verwendeten Werbetext für Konsumentenkredite um eine Höchst- oder Mindestpreisvereinbarung handelt.[563]

---

558 *Baron,* in: Loewenheim/Meessen/Riesenkampff (Hrsg.), Kartellrecht, Einf. Vertikalvereinbarungen, Rn. 5; *Franck/Meister,* in: Wirtz (Hrsg.), Hdb Merger & Acquisitions Management, S. 81 (93), die allerdings vor der Diskriminierungsgefahr bei vertikalen Fusionen warnen.

559 *EuGH,* Urt. v. 18.6.1998 – Rs. C-35/96 (»CNSD«) –, in: Slg. 1998, 3851 (Rn. 46: »Die Beschlüsse, mit denen ein Berufsverband eine für alle Zollspediteure einheitliche und verbindliche Gebührenordnung festlegt, schränken den Wettbewerb i. S. v. Art. 85 des Vertrags ein, wenn durch die Gebührenordnung unmittelbar die Preise für die Dienstleistungen der Zollspediteure festgelegt werden, darin für die verschiedenen Leistungsarten Höchst- und Mindestpreise [sic!], die v. den Kunden verlangt werden können, sowie verschiedene Preisstufen je nach Wert oder Gewicht der zu verzollenden Ware oder der konkreten Warenart bzw. der Art der gewerblichen Leistungen vorgesehen sind und die Gebührenordnung verbindlich ist, so daß ein Zollspediteur nicht v. sich aus v. ihr abweichen kann.«). *Komm.,* Die Anwendung der Art. 85, 86 EG durch die Gerichte der Mitgliedstaaten, S. 45 f.

560 *Kirchhoff,* in: Wiedemann (Hrsg.), Kartellrecht, § 10, Rn. 326.

561 Zimmer, in: Immenga/Mestmäcker (Hrsg.), Wettbewerbsrecht, § 1, Rn. 241.

562 *Kirchhoff,* in: Wiedemann (Hrsg.), Kartellrecht, § 11, Rn. 6; *Kirchhoff,* in: Müller/Osterloch/Stein (Hrsg.), FS Hirsch, S. 249 ff.; *Lange,* in: Lange (Hrsg.), Hdb. Kartellrecht, Kap. 2, Rn. 147; *Kirchhain,* WuW 2008, 167 (172).

563 Hinzu kommt, dass der Werbetext »ab X %« eher als Mindestpreisbindung und nicht als Höchstpreisbindung auszulegen ist und damit in jedem Fall eine Wettbewerbsbeeinträchtigung darstellt. Bereits der Wortlaut »ab« suggeriert, dass sich die Teilnehmenden dahingehend einigten, den festgelegten Zinssatz nicht zu unterbieten; a. A. *Pohlmann,* Gutachten, unveröffentlicht, S. 8.

cc) Fehlender Wettbewerb zwischen den Beteiligten

Speziell in Fusionsfällen ist versucht worden, eine Verschlechterung der Wettbewerbsbedingungen durch Sparkassenzusammenlegungen mit Hinweis auf die wettbewerbsausschließende Wirkung des Regionalprinzips zu verneinen.[564] Allerdings agieren die Sparkassen unabhängig voneinander im Wettbewerb, sodass zwischen ihnen trotz Geltung des Regionalprinzips und einheitlichem Marktauftritt schützenswerter Restwettbewerb im Passiv- und Aktivgeschäft besteht.[565]

dd) Arbeitsgemeinschaftsgedanke

Die gemeinsame Kooperation wäre kartellrechtlich zulässig, wenn die Beteiligten finanziell, technologisch, fachlich oder ökonomisch die Aufgabe allein nicht bewältigen könnten (Arbeitsgemeinschaftsgedanke).[566] Dabei gilt grundsätzlich, dass der Wettbewerb nicht verkürzt wird, wenn die Mitglieder der Arbeitsgemeinschaft aus verschiedenen Märkten stammen und zwischen ihnen noch nicht einmal ein potenzielles Wettbewerbsverhältnis besteht.[567] Bei Unternehmen der gleichen Branche ist eine Beeinträchtigung des Wettbewerbs wahrscheinlicher. Bei Vorliegen der Voraussetzungen des Arbeitsgemeinschaftsgedankens kann die Zusammenarbeit den Wettbewerb fördern, indem neue Wettbewerber auf den Markt gelangen, die

564 *Bosse,* Rechtsprobleme, S. 229, der sich auf zwei unveröffentlichte Rechtsgutachten zur Neuordnung der Stadt- und Kreissparkasse Köln im Anschluss an die kommunale Neugliederung v. *Jungbluth,* 1977, S. 26 ff., 56 ff., und *Kleinmann/Bechtold,* 1980, S. 94 ff., bezieht. Ähnlich das BKartA im Fall der Gründung des Sachsen-Finanzverbands; s. *BKartA,* TB 1999/2000, BT-Drucks. 14/6300, S. 165 f. Der Zusammenschluss wurde genehmigt, da keine wettbewerbsbeeinträchtigten Strukturveränderungen zu erwarten waren. Bei der Prüfung der Zusammenschlusskontrolle hat das Amt insb. die Tatsache berücksichtigt, dass der Wettbewerb unter den Sparkassen bereits zuvor als Folge des Regionalprinzips eingeschränkt sei. Andererseits betont das BKartA, dass Sparkassen eigenständige Unternehmen mit einer eigenständigen Geschäftspolitik sind, die in einzelnen Bereichen als Wettbewerber agieren können; s. *BKartA,* TB 2007/2008, BT-Drucks. 16/13500, S. 139; *BKartA,* TB 2005/2006, BT-Drucks. 16/5710, S. 158.

565 S. 2. Kap. D III 2 u. 3.

566 *Komm.,* LL zur Anwendbarkeit v. Art. 101 AEUV auf Vereinbarungen über horizontale Zusammenarbeit, ABl. C 11/1, Rn. 30; *KG,* Beschl. v. 16.6.1982 – Kart. 7/82 (»HFGE«) –, in: WRP 1983, 25 (25); *BGH,* Beschl. v. 11.12.1997 – KVR 7/96 (»Europapokalheimspiele«) –, in: juris, Rn. 43.

567 *Kling/Thomas,* Kartellrecht, § 17, Rn. 95. Ausführlich zum Problem des potentiellen Wettbewerbs bei Bietergemeinschaften; *Immenga,* DB 1984, 385 ff., wobei die Bietergemeinschaft als Vorstufe zu der später zwecks Auftragsausführung gebildeten Arbeitsgemeinschaft angesehen wird.

erst durch die Kooperation marktfähig werden und am Leistungsaustausch teilnehmen können.[568] Charakteristisch ist ein projektbezogenes Zusammenwirken mehrerer Unternehmen zur gemeinsamen Auftragsbewältigung.[569]

Der BGH erweiterte den Anwendungsbereich, indem er zusätzlich wirtschaftlich sowie kaufmännisch vernünftige Kooperationen kartellrechtlich privilegiert.[570] Diesem Ansatz kann nur einschränkend gefolgt werden. Die Bewertung der Kriterien der Marktfähigkeit darf nicht allein durch die subjektive Sichtweise der beteiligten Unternehmen erfolgen. Die Prüfung muss objektiv anhand von Marktdaten und anderen wirtschaftlichen Bedingungen im Umfeld der Arbeitsgemeinschaft, gegebenenfalls durch den Tatrichter mit den Beweismitteln der ZPO, vorgenommen werden.[571]

Der Arbeitsgemeinschaftsgedanke ist nicht zielführend, wenn die Zusammenarbeit in der Produktentwicklung und Werbung rein wirtschaftlich motiviert war. Die lediglich wirtschaftlich effizientere Zusammenarbeit genießt keine Kartellfreiheit. Denn allein der Wunsch der Beteiligten, durch die zentrale Vermarktung Kosten einzusparen und eine optimale Vergütung zu erzielen, ist der typische Anlass für die Bildung von Kartellen.[572]

568 *OLG Stuttgart,* Urt. v. 8.9.1983 (»Pulverbeschichtungsanlage«) –, in: WuW/E OLG 3110 (3111); *Komm.,* Entsch. v. 24.10.1988 (»Eurotunnel«), ABl. Nr. L 331 v. 17.11.1988, S. 36 (Rn. 17).

569 *Kling/Thomas,* Kartellrecht, § 17, Rn. 94.

570 *BGH,* Urt. v. 13.12.1983 – KRB 3/83 (»Bauvorhaben Schramberg«) –, in: BB 1984, 364 (365); *BGH,* Urt. v. 5.2.2002 – KZR 3/01 (»Jugendnachtfahrten«) –, in: WRP 2002, 709 (711); *OLG Düsseldorf,* Beschl. v. 2.11.2005 – Kart 30/04 (V), Kart 30/04 (V) –, in: OLGR Düsseldorf 2006, 366 (370); *Lübbert,* GRUR 1984, 380 (380); *Hootz,* DB 1984, 557 (557). Kritisch *Emmerich,* Kartellrecht, § 21, Rn. 63; *Koenig/Kühling/Müller,* WuW 2005, 126 (131); *Immenga,* DB 1984, 385 (388 ff.); *Maasch,* ZHR 150, 657 (672 ff.). Zu den faktischen Schwierigkeiten, die sich aus der BGH-Entsch. ergeben; s. *BKartA,* TB 1983/1984, BT-Drucks. 10/3550, S. 32 f.

571 *BKartA,* Beschl. v. 16.11.2004 – B 10-74/04 –, in: WuW/E DE-V 995 (1008: »Der Zusammenschluss einer Bieter- und Arbeitsgemeinschaft ist […] eine wettbewerbsbeschränkende Vereinbarung i. S. d. § 1 GWB, wenn nicht anhand v. Fakten belegbar und damit objektiv nachvollziehbar ist […], dass die Zusammenarbeit eine im Rahmen wirtschaftlich zweckmäßigen und kaufmännisch vernünftigen Handelns liegende Unternehmensentscheidung darstellt […].«).

572 I. d. S. verneinte das KG die Anwendung des Arbeitsgemeinschaftsgedankens auf die zentrale Vermarktung v. Fernsehübertragungsrechten an Fußballspielen; *KG,* Beschl. v. 8.11.1995 – Kart 21/94 –, in: WuW/E OLG 5565 (5576). So auch *Komm.,* Entsch. v. 14.9.1999 (»GEAE/P&W«), ABl. Nr. L 58 v. 3.3.2000, S. 16 (Rn. 75); *Komm.,* Entsch. v. 17.7.1986 (»Alliance de constructeurs français de machines-outils«), ABl. Nr. L 201 v. 12.8.1986, S. 1 (Abs. 2 Nr. 2); *Simon,* in: Lange (Hrsg.), Hdb. Kartellrecht, Kap. 3, Rn. 330.

Zudem ist die Produktvereinheitlichung insbesondere im sensiblen Preisbereich für die Sparkassen für die Ausgestaltung der Kreditverträge nicht erforderlich. Allenfalls bei der gemeinsamen Werbung wäre eine notwendige Zusammenarbeit denkbar, wobei für die einheitliche Werbung keine vollständige Produktvereinheitlichung unter Angabe eines einheitlichen Zinssatzes erforderlich ist.

b) Spürbare Beeinflussung des Marktverhaltens

Die Wettbewerbsbeschränkung muss eine spürbare Beeinflussung der Marktverhältnisse bewirken.[573] Eine spürbare Beeinflussung liegt vor, wenn die Beschränkung zumindest prognostizierbar merkliche Auswirkungen auf den Markt hat und nicht bloß theoretischer Natur ist.[574] Zur Orientierung kann die Bekanntmachung Nr. 18/2007 des Bundeskartellamts über die Nichtverfolgung von Kooperationsabreden mit geringer wettbewerbsbeschränkender Bedeutung (kurz: Bagatellbekanntmachung) herangezogen werden sowie die de minimis-Bekanntmachung der Kommission.[575] Das Bundeskartellamt ist in seiner Bagatellbekanntmachung der Kommission gefolgt und hat die Bagatellgrenzen angehoben. Danach muss für die Einleitung eines behördlichen Verfahrens bei Nichtkernbeschränkung ein Marktanteil der Kooperationsbeteiligten von 10 Prozent bzw. bei vertikalen Vereinbarungen von 15 Prozent vorliegen. Im Rahmen einer möglichen Freistellung von Mittelstandskartellen hält es weiterhin an seiner ehemaligen Verwaltungspraxis mit Marktanteilsschranken von zehn bis 15 Prozent bei wesentlichen Wettbewerbsparametern und von oberhalb 15 Prozent bei

---

573 Die Spürbarkeit der Wettbewerbsbeschränkung ist weiterhin ungeschriebenes Tatbestandsmerkmal, auch wenn es seit der 6. GWB-Novelle (1999) nicht mehr im Gesetzestext steht. Allg. A. *BGH,* Beschl. v. 9.3.1999 – KVR 20/97 (»Lottospielgemeinschaft«) –, in: BGH WuW DE-R 289 (295); *BKartA,* Beschl. v. 25.8.1999 – B 6/22131/M/49/99 (»Stellenmarkt für Deutschland II«) –, in: WuW/E DE-V 209 (213); *Bechtold,* GWB, § 1, Rn. 30; *Emmerich,* Kartellrecht, § 4 Rn. 56. Denn es gibt keine Anhaltspunkte in der RegBegr. zur 7. GWB-Novelle an der Rechtslage etwas zu ändern. Außerdem wird so die angestrebte Parallelität zum europäischen Kartellverbotstatbestand verwirklicht. Ein Unterschied zwischen den beiden Verbotstatbeständen besteht nur insoweit, als sich das Spürbarkeitskriterium des Art. 101 Abs. 1 AEUV zusätzlich auf die Zwischenstaatlichkeitsklausel bezieht, die § 1 GWB naturgemäß nicht kennt.

574 *OLG Düsseldorf,* Beschl. v. 29.12.2004 – VI-Kart 17/04 (V), Kart 17/04 (V) (»PKK Entsorgung«) –, in: WuW/E DE-R 1453 ff.

575 Diese tritt an die Stelle der Bek. Nr. 57/80 v. 8.7.1980 über die Nichtverfolgung v. Kooperationsabreden mit geringer wettbewerbsbeschränkender Bedeutung (BAnz. Nr. 133 v. 23.7.1980).

weniger bedeutsamen Parametern fest.[576] Diese Praxis ist nicht unproblematisch, weil damit die Spürbarkeitsgrenze und die Grenze der wesentlichen Wettbewerbsbeeinträchtigung nahezu identisch sind. Damit § 3 Abs. 1 GWB seine eigenständige Bedeutung behält, sind bei weniger bedeutsamen Wettbewerbsparametern die Marktanteile der Beteiligten wesentlich höher als zehn bis 15 Prozent anzusetzen. Für im Einzelfall erheblich höhere Marktschwellen spricht auch der Vergleich mit den verschiedenen Grenzen in den Gruppenfreistellungsverordnungen (20 Prozent bei Spezialisierungsvereinbarungen, 25 Prozent bei F&E-Vereinbarungen und 30 Prozent bei Vertikalvereinbarungen).[577]

Durch die Verständigung auf einheitliche Konditionen wie dem Zinssatz für Leuchtturmprodukte (Sparkassen-Privatkredit) verliert die einzelne Sparkasse ihr autonomes Preisfestsetzungsrecht. Derartige Verhaltenskoordinierungen gehören zu den Kernbeschränkungen des Kartellrechts, die grundsätzlich von der Bagatellbekanntmachung ausgenommen sind. Allerdings befreit diese nicht von der Einzelfallprüfung (Marktstellung auf dem relevanten Markt, Marktanteile, Qualität der Wettbewerbsbeschränkung).[578] Die Höhe der Marktanteile hängt entscheidend von der sachlichen und räumlichen Marktabgrenzung ab.

aa) Sachliche Marktabgrenzung

Die Abgrenzung des relevanten Marktes orientiert sich an sachlichen, räumlichen und seltener an zeitlichen Merkmalen. Ziel der Festlegung der betroffenen Märkte ist die Ermittlung der Wettbewerbskräfte, denen sich die Unternehmen stellen müssen. Es gilt herauszufinden, welchen Konkurrenten es möglich ist, das Verhalten der beteiligten Unternehmen zu lenken.[579]

---

576 *BKartA,* Merkbl. KMU, Rn. 35.

577 *Bechtold,* GWB, § 3, Rn. 10; *Fuchs,* in: Immenga/Mestmäcker (Hrsg.), Wettbewerbsrecht, § 3, Rn. 74; *Nordemann,* in: Loewenheim/Meessen/Riesenkampff (Hrsg.), Kartellrecht, § 3, Rn. 55.

578 St. Rspr. *EuGH,* Urt. v. 9.7.1969 – Rs. 5/69 (»Voelk/S.P.R.L«) –, in: Slg. 1969, 295 (Rn. 5 ff.), wonach es selbst im Rahmen eines Alleinvertriebsvertrags mit absolutem Gebietsschutz möglich war, diesen vom Kartellverbotstatbestand unter Berücksichtigung der schwachen Stellung der Beteiligten auf dem relevanten Markt auszunehmen. *Komm.,* Entsch. v. 24.7.2002, ABl. Nr. L 318 v. 22.11.2002, S. 17 (Rn. 79); *Kling/Thomas,* Kartellrecht, § 17, Rn. 64.

579 *BGH,* Urt. v. 4.11.2003 – KZR 16/02 (»Strom und Telefon I«) –, in: BGHZ 156, 379 (384); *BGH,* Beschl. v. 7.2.2006 – KVR 5/05 (»DB Regio«) –, in: juris, Rn. 29; *Bunte,* in: Langen/Bunte, Art. 81, Rn. 131.

(1) Bedarfsmarktkonzept und Angebotsumstellungskonzept

Die gegenständliche Marktabgrenzung erfolgt grundsätzlich nach dem Bedarfsmarktkonzept. Danach werden diejenigen Leistungen einem sachlichen Markt zugerechnet, die aufgrund von Eigenschaften, Verwendungszwecken und Preislagen vom Verbraucher zur Deckung eines bestimmten Bedarfs für gegeneinander austauschbar gehalten werden.[580] Hierbei ist ein objektiver Maßstab anzulegen. Abzustellen ist auf die funktionelle Austauschbarkeit der fraglichen Güter oder Dienstleistungen aus Sicht der (möglichen) Kunden, die diese Güter oder Dienstleistungen zur Deckung eines spezifischen Bedarfs nachfragen.[581] Neben dem klassischen Bedarfsmarktkonzept können ergänzend quantitative Methoden zur Überprüfung der Austauschbarkeit herangezogen werden (Kreuzpreiselastizität[582], SSNIP-Test[583] oder Preiskorrelationsanalysen). Die Methoden haben national eine geringere Bedeutung als auf europäischer Ebene, wobei sie auch dort nur als Gegenproben verstanden werden und nicht als selbstständige Abgrenzungsmethoden.[584]

---

580 St. Rspr. *BGH,* Beschl. v. 24.6.1980 – KVR 5/79 (»Hydrostatischer Antrieb, Mannesmann/Brueninghaus«) –, in: WuW/E BGH 1711 ff.; *BGH,* Urt. v. 19.3.1996 – KZR 1/95 (»Pay-TV-Durchleitung«) –, in: WuW/E 3058 (3062); *BGH,* Beschl. v. 5.10.2004 – KVR 14/03 (»Staubsaugerbeutelmarkt«) –, in: WuW/E DE-R 1355 (1357).

581 *BGH,* Beschl. v. 16.12.1976 – KVR 2/76 (»Valium I«) –, in: WuW/E 1445 (1447).

582 Das Kriterium der Kreuzpreiselastizität geht der Frage nach, ob Kunden in Reaktion auf eine Preiserhöhung der relativen Preise v. etwa 5-10 % auf andere, leicht verfügbare Substitute ausweichen würden. Dabei ist v. zwei verschiedenen Märkten auszugehen, wenn kein Wechselverhalten anzunehmen ist; näher dazu *Komm.,* Bek. über die Definition des relevanten Marktes i. S. d. Wettbewerbsrechts der Gemeinschaft, ABl. 1997 C 372/5, Rn. 17. Die Kreuzpreiselastizität ist kein vollwertiges alleiniges Abgrenzungskriterium, weil der Preis nur indikative Bedeutung haben kann und daneben andere Produkteigenschaften, wie die Qualität, das Verbraucherverhalten ebenfalls deutlich beeinflussen können.

583 Der SSNIP-Test (»small but significant non-transitory increase in price«) misst die Nachfrage-Substituierbarkeit anhand hypothetischer Preiserhöhungen. Problematisch bei dieser Methode ist, dass Aussagen über hypothetische Preiserhöhungen nur aussagekräftig sind, wenn der reale Ausgangspreis nicht v. einem Monopol oder einem marktbeherrschenden Unternehmen festgesetzt wurde, sondern durch den Wettbewerb. Der Monopolist kann seine Preise derart hoch angesetzt haben, dass ihm eine weitere Erhöhung keinen zusätzlichen Gewinn einbringen würde, sondern zu Kundenschwund führt. Eine lohnende Preisgrenze ist durch den SSNIP-Test nicht ermittelbar. Außerdem beschränkt sich die SSNIP-Prüfung auf den Preisfaktor und lässt damit andere wichtige Kaufentscheidungsanreize, wie Qualität oder Image, außer Betracht; *Kling/Thomas,* Kartellrecht, § 5, Rn. 12 ff., § 9, Rn. 130 ff.

584 S. kritische Stellungnahme *BKartA,* 2004, Diskussionspapier zum Wettbewerbsschutz; *Crocioni,* E.C.L.R. 2002, 354 (360 ff.).

Das sich ausschließlich am Nachfrageverhalten der Kunden orientierende Bedarfsmarktkonzept bedarf jedoch eines Korrektivs, um die Bildung von extrem kleinteiligen Märkten zu verhindern. Es besteht die Gefahr, dass »der konkrete Bedarf [...] durch einen gleichartigen, aber doch in einem für den Nachfrager entscheidenden Punkt unterschiedlichen Gegenstand [...] nicht befriedigt werden kann«[585] und dadurch atomisierte Minimärkte gebildet werden. Eine darauf beruhende staatliche Intervention kann einen unverhältnismäßigen Eingriff in eine effektiv funktionierende Wettbewerbsordnung darstellen. Denn nur die Abgrenzung der durch Wettbewerb geregelten freien von den vermachteten Märkten ist mit Art. 2 und 12 GG vereinbar. Dementsprechend ist das Bedarfsmarktkonzept durch das Konzept der Angebotsumstellungsflexibilität zu ergänzen.[586] Danach werden zusätzlich Anbieter ähnlicher Produkte mit in die Prüfung einbezogen, die ihr Angebot kurzfristig umstellen können, um eine bestehende Nachfrage zu befriedigen. Die Angebotsumstellungsflexibilität kann nur berücksichtigt werden, wenn es den anderen Wettbewerbern überhaupt möglich ist, ihre Produktion schnell und mit ökonomisch vertretbarem Aufwand umzustellen. Die Ermittlung des sachlichen Markts orientiert sich folglich an der Analyse der Nachfrage- und Angebotssubstituierbarkeit.[587]

(2) Sachliche Märkte im Bankgeschäft

Nach dem Bedarfsmarktkonzept und dem Angebotsumstellungskonzept ergeben sich folgende Teilmärkte im Bankenmarkt: das Privatkundengeschäft, das Firmenkundengeschäft mit Nichtbanken, das Geld- und Wertpa-

585 BGH, Beschl. v. 16.1.2007 – KVR 12/06 (»National Geographic II«) – , in: WRP 2007, 542 (545).

586 *Komm.,* ABl. 1997 C 372, Rn. 20; *BGH,* Beschl. v. 5.10.2004 – KVR 14/03 (»Staubsaugerbeutelmarkt«) –, in: WuW/E DE-R 1355 (1357); BGH, Beschl. v. 16.1.2007 – KVR 12/06 (»National Geographic II«) –, in: WRP 2007, 542 (1. LS: »Bei der Abgrenzung des relevanten Marktes sind auch Produkte einzubeziehen, die zwar mit anderen auf dem ins Auge gefassten Markt angebotenen Produkten nicht funktionell austauschbar sind, die aber die Grundlage dafür bieten, dass ihr Hersteller bei Vorliegen günstiger Wettbewerbsbedingungen jederzeit sein Sortiment umstellen und ein Konkurrenzprodukt anbieten könnte. Eine solche Angebotsumstellungsflexibilität kann jedoch nur angenommen werden, wenn die Umstellung kurzfristig und mit wirtschaftlich vertretbarem Aufwand erfolgen kann.«.

587 *Díaz,* in: Loewenheim/Meessen/Riesenkampff (Hrsg.), Kartellrecht, Art. 81, Rn. 168.

piergeschäft, das Investmentgeschäft und das Finanzgeschäft.[588] Aus Kundensicht unterscheiden sich die Teilbereiche sowohl in quantitativer als auch in qualitativer Hinsicht. Gewerbliche Kunden haben bei der Inanspruchnahme von Bankdienstleistungen andere Anforderungen (Finanzierung geschäftlicher Tätigkeiten) als Privatkunden (Aufbau/Erhalt von privatem Vermögen). Zudem stellen die Märkte variierende Anforderungen an die Anbieterseite, was sich in den Beratungs- und Betreuungsstrukturen der Banken widerspiegelt.

Weiter unterteilt sich der hier betroffene Markt Privatkundengeschäft in Girokonten, Zahlungsverkehrsabwicklung, Einlagengeschäft (vor allem Spareinlagen) und Kreditgeschäft.[589] Letzteres kann aufgrund unterschiedlicher Kundenbedürfnisse an die Kreditvergabe weiter untergliedert werden.[590] Die Strukturierung erfolgt in Anlehnung an die Bundesbankstatistik nach Fristen (kurz-, mittel- oder langfristige Kredite), Verwendungszwecken (Wohnungsbau-, Konsumenten-, Bildungs-, Autokredite), Kundenkreisen oder Modalitäten. Der sachlich relevante Markt ist daher der Markt für Konsumentenkredite zur Finanzierung von Konsumgütern. Die Abstufungen in den anderen Teilmärkten sind für die vorliegende Untersuchung nicht von Bedeutung.[591]

---

588 *BKartA,* Beschl. v. 19.6.2002 – B4-37/02 (»Eurohypo«) –, S. 8 f. (http://bit.ly/ebsFCa); *BKartA,* Fallbericht zu den Entsch. v. 14.11.2008, 18.2.2009, 10.12.2008, 28.1.2009 – B4-133/08, B4-29/09, B4-134/08, B4-177/08 –, S. 3 f. (http://bit.ly/fMW05t); *BKartA,* Fallbericht zur Entsch. v. 21.10.2010 – B4-45/10 –, S. 1 f. (http://bit.ly/ftLePS); *Komm.,* Entsch. v. 23.10.1995 (»CGER Bank/SNCI«), ABl. C 293 v. 8.11.1995, S. 8 (Rn. 11); *Komm.,* Entsch. v. 21.12.1995 (»BLG/BAWAG«), ABl. C 23 v. 27.1.1996, S. 5 (Rn. 13); *Komm.,* Entsch. v. 25.9.1995 (»Generale Bank/Crédit Lyonnais Bank Nederland«), ABl. C 289 v. 31.10.1995, S. 10 (Rn. 8).

589 Ausführliche Darstellung *Komm.,* Entsch. v. 11.3.1997 (»Bank Austria/Creditanstalt«), ABl. C 160 v. 27.5.1997, S. 4 (Rn. 15 ff.).

590 *BKartA,* Fallbericht zu den Entsch. v. 14.11.2008, 18.2.2009, 10.12.2008, 28.1.2009 – B4-133/08, B4-29/09, B4-134/08, B4-177/08 –, S. 3 ff. (http://bit.ly/fMW05t).

591 Das Finanzgeschäft teilt sich in Märkte für Leasing und Factoring. Das Investmentbanking in M&A-Beratung, Aktien- und Anleiheemission sowie Börsenführung. Das Geld- und Wertpapiergeschäfts gliedert sich in Aktienhandel, Anleihen, Derivate, Devisen und das Valutageschäft. Der große Markt Gewerbekunden beinhaltet u. a. Bankleistungen für Unternehmen und internat. Kunden, wie das Einlagengeschäft, das Kreditgeschäft, das Dokumentengeschäft oder die Außenhandelsfinanzierung. Der Gewerbekundenmarkt ist aufgrund unterschiedlicher Nachfrage nach größeren Firmenkunden und kleineren Geschäftskunden getrennt zu betrachten. Besonders deutlich wird dies bei den Kreditfinanzierungen. Geschäftskunden benötigen zur Deckung ihres Kreditbedarfs, im Vergleich zu Firmenkunden, vermehrt Bankkredite, da ihnen Kapitalmarktprodukte kaum zur Verfügung stehen.

bb) Räumliche Marktabgrenzung

Vervollständigend zur sachlichen Marktabgrenzung ist der geographisch relevante Markt zu bestimmen. Der räumliche Markt umfasst das Gebiet, in dem die Unternehmen die relevanten Produkte oder Dienstleistungen anbieten und die Wettbewerbsbedingungen hinreichend homogen sind, sodass es sich von benachbarten Gebieten durch spürbar unterschiedliche Wettbewerbsbedingungen unterscheidet.[592] Zudem kommt es entscheidend auf die funktionelle Austauschbarkeit aus Sicht der Nachfrager und Anbieter an.[593] Die Homogenität wird vor allem durch die vorhandene Marktstruktur, die Preislage der angebotenen Waren oder Dienstleistungen sowie die Verbrauchergewohnheiten bestimmt. Wichtige Kriterien der räumlichen Abgrenzung sind Transportkosten, Existenz von Kontingenten und Zöllen, Gebietspräsenz, Haltbarkeit des Produkts, regionale Besonderheiten, wie nationale bzw. regionale Kundenvorlieben, Kosten für die Errichtung eines Vertriebsnetzes, staatliche Regulierungen oder administrative Markteintrittsmaßnahmen (Genehmigungsvorbehalte).[594] Der im Kartellrecht bedeutsame Markt ist kongruent mit dem realistisch ökonomischen Markt.[595] Der gemeinsamen Bewerbung und Produktentwicklung von Leuchtturmprodukten kann ein regionaler oder bundesweiter Markt zugrunde liegen.

---

592 *BKartA,* Beschl. v. 9.12.1999 – B4-33206-U-106/99 –, in: WuW/E DE-V 203 (207); *Komm.,* Definition des relevanten Marktes im Sinne des Wettbewerbsrechts der Gemeinschaft, ABl. 1997 C 372/5.

593 *OLG Düsseldorf,* Beschl. v. 4.9.2002 – Kart 26/02 (V), Kart 26/02 –, in: WuW/E DE-R 945 (947); *Bechtold,* GWB, § 19, Rn. 16.

594 *BKartA,* Beschl. v. 26.4.2000 – B2-15963-U-8/00 –, in: WuW/E DE-V 286 (287), *Komm.,* Entsch. v. 24.3.2004 (»Microsoft«), IP/04/382.

595 Anders noch *BGH,* Beschl. v. 24.10.1995 – KVR 17/94 (»Backofenmarkt«) –, in: juris, Rn. 19 ff, wonach der räumlich relevante Markt nicht größer als das Bundesgebiet sein könne. V. dieser Rspr. hat sich das Gericht distanziert: »Die Vorstellung eines normativ beschränkten räumlichen Marktes entsprach zwar im Jahre 1995 noch einer weit verbreiteten Ansicht, doch lag stets ein gewisser Widerspruch darin, dass der relevante Markt bei dem Geltungsbereich des Gesetzes an eine normative Grenze stößt. Denn die räumlichen Grenzen eines Marktes lassen sich allein nach ökonomischen und nicht nach rechtlichen Kategorien bemessen. Im europäischen Binnenmarkt, in dem die nat. Grenzen keine Marktzutrittsschranken mehr bilden und sich deswegen die räumlich relevanten Märkte unabhängig v. den Staatsgrenzen zwischen den Mitgliedstaaten entwickeln, ist eine solche mit der ökonomischen Wirklichkeit nicht in Einklang stehende künstliche Grenze besonders unbefriedigend.«; *BGH,* Beschl. v. 5.10.2004 – KVR 14/03 (»Staubsaugerbeutelmarkt«) –, in: WuW/E DE-R 1355 (1359) ebenso die Klarstellung in § 19 Abs. 2 S. 3 GWB.

(1) Rechtsprechung und Verwaltungspraxis

In der Rechtsprechung und Verwaltungspraxis gibt es kaum Vergleichsentscheidungen zur räumlichen Marktabgrenzung im Privatkundenmarkt für Kreditgeschäfte. Die genaue Marktabgrenzung konnte oft dahinstehen, da selbst bei kleinstmöglicher Abgrenzung keine wettbewerblich problematische Marktstellung zu erwarten war.[596] Erschwerend kommt hinzu, dass den Marktabgrenzungen Fusionssachverhalte von bundes- oder europaweit agierenden Banken zugrunde lagen. In der Gesamtschau ergibt sich eine Tendenz zu kleinen räumlichen Märkten. Dementsprechend favorisiert die Kommission, trotz fortschreitender Internationalisierung des Bankenmarktes, nationale Märkte im Privatkundengeschäft.[597] Zurückzuführen sei dies auf bestehende Sprachunterschiede sowie die Vorliebe der Bankkunden für lokale Anbieter. Dies habe sich auch nicht durch die Einführung des Internetbanking geändert, denn die Bedeutung der überwiegend national beschränkten Filialnetzdichte sei weiterhin ein gewichtiger Wettbewerbsfaktor. Auch national sind überwiegend lokale Märkte anerkannt.[598] Ein bundesweiter Markt sei, insbesondere im filialgebundenen Privatkundengeschäft, aufgrund der rechtlichen Gebietsradizierung bereits ausgeschlossen, weil der einzelnen Sparkasse dieser geographische Markt nicht als Tätigkeitsfeld

596 *BKartA,* Fallbericht zu den Entsch. v. 14.11.2008, 18.2.2009, 10.12.2008, 28.1.2009 – B4-133/08, B4-29/09, B4-134/08, B4-177/08 –, S. 4 (http://bit.ly/fMW05t). Aufzählung der offen gelassenen Entsch. s. *Langen/Bunte,* FKVO Nr. 139/2004, Rn. 280.

597 Eine andere Beurteilung kommt bei den Märkten Geldmarkt- und Wertpapiergeschäft sowie Investmentbanking in Betracht. Hier werden über den einzelnen Mitgliedstaat hinausgehende Märkte angenommen, da die Leistungen bereits europaweit angeboten und nachgefragt werden; *Komm.,* Entsch. v. 11.3.1997 (»Bank Austria/Creditanstalt«), ABl. C 160 v. 27.5.1997, S. 4 (Rn. 22 ff.); *Komm.,* Entsch. v. 19.7.2001 (»Allianz/Dresdner«), ABl. Nr. L 316 v. 10.11.2001, S. 13 (Rn. 14).

598 *BKartA,* TB 1974, BT-Drucks. 7/3791, S. 40; *BKartA,* TB 1991/1992, BT-Drucks. 12/5200, S. 136 (Regionalmarkt Berlin mit angrenzenden Landkreisen); *BKartA,* Fallbericht zur Entsch. v. 21.10.2010 – B4-45/10–, S. 2 (http://bit.ly/ftLePS); *BKartA,* Merkbl. Fusionskontrolle, S. 14 (http://bit.ly/hrFncL); *BKartA,* TB 2009/2010, BT-Drucks. 17/6640, S. 90. Die Monopolkomm. erklärte auf Anfrage, dass sie in jüngerer Zeit keine eigene Einschätzung vorgenommen habe, aber weiterhin gewichtige Argumente (jedenfalls im Privatkundenbereich) für regionale Märkte, insb. aufgrund der nur regional präsenten Marktteilnehmer, sprechen würden (email v. 23.6.2010).

zugänglich sei.[599] Außerdem hätten gerade Sparkassen einen stark regional orientierten Kundenkreis.[600]

(2) Industrieökonomische Untersuchungen

Mit der räumlichen Marktabgrenzung haben sich daneben vorwiegend industrieökonomische Untersuchungen befasst.[601] Ausgangspunkt der empirischen Studien bei der Messung von Wettbewerb ist die Betrachtung von Konzentrationsmaßen. Als Grundregel gilt, dass der Wettbewerb auf stark konzentrierten Märkten wenig ausgeprägt ist und mit abnehmender Konzentration zunimmt.

(a) Marktabgrenzung durch Betrachtung der Nachfrage- und/oder Anbieterseite

Die »*Zehner-Gruppe*«[602] analysierte die Auswirkungen der Bankenkonsolidierung u. a. auf die Geldpolitik, den Wettbewerb sowie den Kreditfluss. Die Studie geht im Privatkundengeschäft von lokal eng begrenzten Einheiten (Provinzen, Landkreisen, Kantonen oder Ballungsgebieten) als räumlich relevante Märkte aus.[603] Das Ergebnis beruht auf Umfragewerten, nach denen die Mehrheit der amerikanischen Privathaushalte sowie kleineren Unternehmen ihre Bankangelegenheiten bei Instituten in unmittelbarer

599 Für einen auf das Geschäftsgebiet der Sparkasse eng begrenzten lokalen Markt aufgrund des Regionalprinzips auch *Bosse,* Rechtsprobleme, S. 223 f., ihm folgend *Niggemeyer,* Zulässigkeit und Grenzen v. Sparkassenfusionen, S. 105 f; *Richter,* in: Wiedemann (Hrsg.), Kartellrecht, § 20, Rn. 28. Zur Abgrenzung nach Unternehmenstätigkeitsgebieten, *Bechtold,* GWB, § 19, Rn. 22.

600 *BKartA,* TB 1974, BT-Drucks. 7/3791, S. 40.

601 Die Deutsche Bundesbank verfügt laut telefonischer Auskunft v. 21.6.2010 nicht über entsprechendes Datenmaterial. Seinen Ursprung findet die lokale Bankenmarktbetrachtung in der amerikanischen Rspr. 1963. Der Supreme Court ging in der Sache United States v. Philadelphia National Bank davon aus, dass der relevante räumliche Markt zur Wettbewerbsanalyse im Wesentlichen lokal begrenzt ist; United States v. Philadelphia National Bank, 374 U.S. 321 372 (1963).

602 Die Zehner-Gruppe (G10) ist ein 1962 gebildetes, informelles Kooperationsgremium mit Sitz in Paris. Mitglieder sind die zehn westlichen Hauptindustrieländer (Kanada, USA, Japan, Belgien, Frankreich, Bundesrepublik Deutschland, Italien, Niederlande, Schweden, Schweiz, Großbritannien). Ihre Aufgabe ist die Abstimmung und Wahrung der gemeinsamen Währungsinteressen und der gegenseitigen Unterstützung bei Zahlungsbilanzschwierigkeiten. Die Schweiz ist seit 1984 elftes Vollmitglied. Belgien ist assoziiertes Mitglied; *Gabler,* Wirtschaftslexikon (http://bit.ly/fo0tcC).

603 *G10,* consolidation in the financial sector, 2001, S. 5, 24 (http://bit.ly/hi4D8n).

Nähe (»within a few miles of the customer«[604]) erledigen. Diese Beobachtung sei kein ausschließlich amerikanisches Phänomen, sondern auch auf Europa übertragbar. Die zunehmende Verbreitung neuer Technologien, wie Internet- oder Telefonbanking, habe diese Einschätzung nicht revidiert, denn die Transaktionskosten im Retailbanking-Markt seien weiterhin hoch.[605] Insbesondere könnten die Kosten, bei denen die Bank auf lokale Informationen angewiesen sei, wie bei der Einschätzung der Kreditwürdigkeit ortsansässiger Familienbetriebe, nicht gesenkt werden. Überdies bestehe bei hochwertigen Bankprodukten (Abschluss von Lebensversicherungen, Hypothekenbestellungen) ein Bedürfnis der Verbraucher sowie der mittelständischen Firmen nach persönlicher Betreuung und Beratung.[606] Auf Anbieterseite gebe es ebenfalls empirisch gewonnene Indizien für lokale Bankenmärkte. Dies zeige vor allem der kontinuierliche Anstieg der Bankfilialen bzw. Zweigstellen. Die hohe Filialdichte in Europa sei, im Gegensatz zum englisch sprachigen Raum, ein weiterer Hinweis für den lokalen Wettbewerbsfaktor.[607]

Das Ergebnis der Untersuchung wird durch weitere Studien unterstützt.[608] Laut einer amerikanischen Umfrage besuchen mehr als 80 Prozent der Bankkunden mindestens einmal im Monat ihre Bankfiliale und 80 bis 90 Prozent aller neuen Verträge über Sparkonten (»deposit accounts«) sowie Festgeld- und Anlagekonten (»investment accounts«) werden in der Bankfiliale abgeschlossen.[609] Zur gleichen Einschätzung gelangen auch zwei Analysen zum deutschen Bankenmarkt. Danach wollen Bankkunden eine

---

604 *G10,* consolidation in the financial sector, 2001, S. 24 (http://bit.ly/hi4D8n).

605 *G10,* consolidation in the financial sector, 2001, S. 6, 26, 269 ff. (http://bit.ly/hi4D8n).

606 *G10,* consolidation in the financial sector, 2001, S. 26, 276 (http://bit.ly/hi4D8n).

607 Im Jahr 2001 ist Deutschland im europäischen Vergleich mit 0,65 Zweigstellen pro 1000 Einwohner Spitzenreiter neben Spanien mit 0,97 Zweigstellen. Demgegenüber gab es in Irland und Großbritannien im gleichen Jahr nur 0,25 Zweigstellen pro 1000 Einwohner. Deutschland lag mit seinen Zweigstellen über dem Mittel innerhalb der Europäischen Union (0,51 Zweigstellen) und der Währungs- und Wirtschaftsunion (0,57 Zweigstellen); *ECB,* Structural analysis of the EU banking sector, 2003, S. 23 (http://bit.ly/g4pxLA). Ende des Jahres 2009 gab es noch 2121 Kreditinstitute in Deutschland mit 39441 Zweigstellen; *Deutsche Bundesbank,* Monatsbericht Mai 2010, in: Statistisches Beiheft zum Monatsbericht 1, S. 104.

608 *Rhoades,* Federal Reserve Board Staff Studies 1992, 117 ff.; *Berger/Hannan,* Review of Economics and Statistics 1989, 291 ff.; *Kwast et. al,* Antitrust Bulletin 1997, 973 ff.

609 *Bekier/Flur/Singham,* U.S. Banker 2000, 76 (76).

gehobene individuelle Beratung in räumlicher Nähe.[610] Privatkunden bevorzugten eindeutig Kreditinstitute, die für sie auf kurzen Wegen erreichbar seien, sodass kleine geographische Märkte maßgeblich seien (Landkreise, kreisfreie Städte und Regierungsbezirke).[611] Laut einer Studie gaben 40,8 Prozent der Befragten an, bei einer zusätzlichen Wegezeit für eine Beratung über einen Bankwechsel nachzudenken.[612]

Neuere Analysen gehen ebenfalls davon aus, dass zumindest für die Standard-Bankgeschäfte im Privatkundenbereich der geographisch relevante Bankenmarkt lokal ist.[613] Dies ergebe sich aufgrund der geringen durchschnittlichen Entfernung des Kunden zur Bank (6,44 km=4 miles). Eine größere Tendenz sei nur bei der Inanspruchnahme von Krediten, mit Ausnahme von Dispositionskrediten, erkennbar.[614] Die Untersuchung von *Amel/Kennickell/Moore* geht exemplarisch nur auf einen Teil der Konsumentenkredite ein (Autokredite), sodass sich eine exakte Aussage zu den Verbraucherkrediten insgesamt nicht ableiten lässt. Hinzu kommt, dass die Ergebnisse derjenigen Studien, die sich ausschließlich auf Umfragedaten stützen, nur begrenzt zur Marktabgrenzung geeignet sind.[615] Die Vorgehensweise verengt die Analyse der räumlichen Marktabgrenzung auf die

610 *Kirmße,* in: Rolfes/Schierenbeck/Schüller (Hrsg.), Konzentration am Bankenmarkt, S. 144 ff.; *Riekeberg,* Die Bank 1995, 479 (480).

611 Andere wichtige Merkmale für Kunden sind: die Möglichkeit v. Terminabsprache, Zeitpunkt der Beratung (innerhalb/außerhalb der Öffnungszeiten), Unterstützung durch Produktspezialisten, Lage der Filiale (zentral Lage/Randlage); *Kirmße,* in: Rolfes/Schierenbeck/Schüller (Hrsg.), Konzentration am Bankenmarkt, S. 156, 159.

612 *Kirmße,* in: Rolfes/Schierenbeck/Schüller (Hrsg.), Konzentration am Bankenmarkt, S. 161.

613 *Amel/Kennickell/Moore,* Banking Market Definition 2008 (http://1.usa.gov/dXXBmG). Der Untersuchung liegen Datensätze v. 1998-2004 zugrunde. *Amel/Starr-McCluer,* Market Definition in Banking, gehen nicht näher auf die Schwierigkeiten der lokalen Marktabgrenzung angesichts des Internetbankings ein. Vielmehr wird die herkömmliche Einteilung der Bankprodukte an sich infrage gestellt; s. *Amel/Starr-McCluer,* Market Definition in Banking, 5.

614 *Amel/Kennickell/Moore,* Banking Market Definition 2008, 8 u. 14 (http://1.usa.gov/dXXBmG): »While the great majority of checking and savings accounts, certificates of deposit, and money market accounts remain at a local institution, the shares of vehicle loans and other loans fell below half and other types also declined substantially.« – »This stability largely reflects the continued use of at least nominally local institutions for checking, savings and money market accounts and certificates of deposit. But markets for many other banking services appear to have become notably less local over this time.«

615 *Pohlmann,* Gutachten, unveröffentlicht, S. 49.

Nachfrageseite und vernachlässigt die Anbieterseite.[616] Zudem geben die Umfragedaten keine Rückschlüsse darauf, ob die Verbraucher bei Preisänderungen oder besseren Konditionen nicht zu einer Bank außerhalb der Gemeinde bzw. des Umkreises von 6,44 km wechseln würden. Die Studien geben nur die tatsächlich bestehenden Situationen wieder.[617]

(b) Marktabgrenzung durch Betrachtung der Konditionenpolitik

Andere industrieökonomische Untersuchungen betrachten zur Abgrenzung der räumlichen Märkte die Konditionenpolitik der Banken. Sie kommen zu dem Schluss, dass bei Bankprodukten mit einer bestimmten Volumenobergrenze der geographische Markt größer als bei solchen mit geringerer Obergrenze sei.[618] Dies sei vor allem auf den Abbau staatlicher Regulierungen in der Finanzdienstleistungsbranche zurückzuführen, der zu einer Gebührenvereinheitlichung bei Verbraucherkrediten, unabhängig lokaler Grenzen, geführt habe.[619] Wobei die Finanzmarktkrise und die darauf folgenden Regulierungen zumindest die Tendenz des Regelungsabbaus verringern werden. Zugleich beruhe die Vereinheitlichung auf der Zunahme großer Finanzholdings, die Entscheidungen über Standardprodukte und Konditionen im Privatkundengeschäft zentral beschließen und an die lokalen Filialen delegieren.[620]

---

616 *Gilbert/Zaretsky,* Federal Reserve Bank of St. Louis Review 2003, 29 (35) (http://bit.ly/fGzwn2).

617 *Pohlmann,* Gutachten, unveröffentlicht, S. 49.

618 *Hannan/Strahan,* Federal Reserve Board of Governors 2000, unveröffentlicht, zit. nach *Dick,* Demand Estimation and Market Power in the Banking Industry 2001 (http://bit.ly/eTRiTc), gehen für den US-amerikanischen Markt v. Bundesstaatsgrenzen aus. *Alfredo,* Banco de Espana Working Paper No. 1008, 2010 (http://bit.ly/gScufU), geht ebenfalls v. einer nat. Marktbetrachtung aufgrund der homogenen Marktstruktur des spanischen Markts aus. Der dt. Bankenmarkt ist jedoch inhomogen. Die dt. Bankenstruktur zeichnet sich durch landesweit am Markt tätige Bankkonzerne, auf bestimmte Regionen beschränkte kleinere Privatbanken sowie durch lokal begrenzt arbeitende Sparkassen und Volks- und Raiffeisenbanken aus; *Stiele,* Wettbewerb im Bankensektor, S. 65.

619 *Radecki,* Economic Policy Review 1998, 15 u. 32 (http://bit.ly/hzDLv9), der aus seiner Beobachtung, dass es eine zunehmende Bankenpraxis in New York und anderen großen amerikanischen Staaten gäbe, einheitliche Gebühren für den (nahezu) gesamten Staat bei Verbraucherkrediten festzusetzen, schließt, dass die relevanten Märkte sich an Staatsgrenzen orientierten.

620 *Radecki,* Economic Policy Review 1998, 18 (http://bit.ly/hzDLv9). Dies entspricht nicht der Struktur der Sparkassen-Finanzgruppe.

Die Aussagekraft der Thesen, die den räumlichen Markt allein durch Betrachtung der Konditionen abgrenzen, ist gering. Die Analysten gehen davon aus, dass gleiche Bankdienstleistungen oder Bankprodukte mit identischen Konditionen aufgrund ihrer Austauschbarkeit notwendigerweiser einem lokalen Territorium angehören. Diese Schlussfolgerung ist nicht zwingend. In der Tat ist davon auszugehen, dass nahezu identische Produkte, die in einem geographischen Markt an verschiedenen Standorten angeboten werden, austauschbar sind und deshalb zum gleichen Preis angeboten werden.[621] Daraus ergeben sich aber keine (größeren) geographischen Märkte. Denn die Preisidentität ist eine notwendige, aber keine hinreichende Bedingung dafür, dass verschiedene Standorte einem lokalen Markt angehören.[622] In diesem Sinne ist auch die Entscheidung der englischen Wettbewerbskommission über Bankdienstleistungen für kleine und mittelständische Unternehmen zu verstehen, wenn diese ausführt: »[…] the existence of national prices does not necessarily mean that there are no local markets. […] The absence of major price differences would not necessarily constitute evidence that there is a single market; it might reflect similar local markets behaving in similar ways«[623].

(c) Marktabgrenzung unter Berücksichtigung des technischen Fortschritts

Der technische Fortschritt der letzten Jahre könnte die Ergebnisse der Studien überholt haben. Vor allem die rasante Verbreitung des portablen Internets durch Smartphones oder Tablet-Computer könnte Auswirkungen auf die geographische Marktabgrenzung haben und zu einer Abschwächung des wettbewerblichen Faktors räumliche Nähe führen. Die Tendenz, alltägliche Bankgeschäfte online zu erledigen, wird immer deutlicher. Über 90 Prozent der befragten Online-Banking-Nutzer gaben an, den PC/Laptop häufig zur Erledigung von Bankgeschäften zu nutzen.[624] Selbst bei den Nichtnutzern nimmt der Laptop/PC mit über 75 Prozent den ersten Platz ein.[625] Sowohl das Smartphone mit 23 Prozent als auch der Tablet-Com-

---

621 *Pohlmann,* Gutachten, unveröffentlicht, S. 50.

622 *Heitfield,* 44 Antitrust Bull. 1999, 333 (336).

623 *UK Competition Commission,* The supply of banking services by clearing banks to small and medium-sized enterprises 2002, CM 5319, S. 41 (http://bit.ly/ibNqUR).

624 *Initiative D 21,* Sonderstudie zum Online-Banking 2011, S. 17. Methodensteckbrief: Die Studie besteht aus 1006 repräsentativen Interviews. Befragt wurden deutschsprachige Onliner in Privathaushalten in Deutschland im Alter ab 14 Jahre, die das Internet privat nutzen.

625 *Initiative D 21,* Sonderstudie zum Online-Banking 2011, S. 17.

puter spielen bisher nur eine untergeordnete Rolle.[626] Trotz des technischen Fortschritts geht fast jeder zweite Onliner regelmäßig in die Bankfiliale, wobei der persönliche Kontakt zum Bankberater nicht die Regel ist.[627] Auch 2011 ist das mit Abstand wichtigste online Bankprodukt das Girokonto.[628] Beim Abschluss eines Girokontovertrags besteht kein Bedürfnis mehr nach persönlicher Beratung. Danach folgen Fest-/Tagesgelder sowie Sparprodukte. Bei den Bankprodukten Kredit, Aktien und Fonds nimmt die Bereitschaft stark ab. Bei diesen Produkten ist das persönliche Gespräch weiterhin wichtig. Bestätigt wird diese Beobachtung durch neuere industrieökonomische Studien, die auch zukünftig bei Bankprodukten mit großem Beratungsaufwand einen hohen Wettbewerbsfaktor in der Filiale sehen und daher von kleinen Märkten ausgehen.[629]

(3) Ergebnis

Bei beratungsintensiven Bankprodukten besteht ein Bedürfnis der Verbraucher, sich vor Ort in der Filiale persönlich beraten zu lassen. Dazu gehört (noch) die Aufnahme eines Privatkredits, allerdings nicht mehr der Abschluss eines Zahlungsdiensterahmenvertrags (Eröffnung eines Girokontos nach § 1 Abs. 3 ZAG).[630] Der Beratungswunsch nach einem One-to-One-Marketing kann durch das Internet nicht ersetzt werden, sodass die Filialen

626 *Initiative D 21,* Sonderstudie zum Online-Banking 2011, S. 17.

627 60 % besuchen die Filiale ohne Kontakt und 46 % mit persönlichem Kontakt; *Initiative D 21,* Sonderstudie zum Online-Banking 2011, S. 17.

628 *Initiative D 21,* Sonderstudie zum Online-Banking 2011, S. 20.

629 *Fischer/Pfeil,* Regulation and Competition in German Banking, 19 ff.: »Most of these retail banks conduct their business in narrowly defined regional markets as they belong to either the co-operative or the public banking sector.« (http://bit.ly/fxn2qB); *Stiele,* Wettbewerb im Bankensektor; *Felici/Pagnini,* local banking markets 2005 (http://bit.ly/huwGvO); *Bonaccorsi di Patti/Gobbi,* Journal of Banking & Finance 2001, 2209; *Sapienza,* The Journal of Finance 2002, 329 (335); *Degryse/Ongena,* The Journal of Finance 2005, 231.

630 Zur Marktabgrenzung beim Girokonto s. 5. Kap. D II 2 b). Wie lange der lokale Markt für Verbraucherkredite maßgeblich bleibt, ist abzuwarten. Die Sparkassen-Finanzgruppe entwickelt bspw. zurzeit eine Software für einen reinen Online-Konsumentenkredit; s. *Schneider,* Sparkasse 2011, 2 (2). Die Software »Konsumentenkredit im Internet« (KKI) befindet sich noch in der Einführungsphase. Hauptentwickler ist die Finanz Informatik. Der Internet-Service könnte bei Annahme durch den Verbraucher und Ausbreitung einen eigenen sachlichen Teilmarkt bilden, der dem Privatkundenmarkt aufgrund der komplementären Funktion zum Filialgeschäft unterzuordnen ist. Der Service Internet-Banking ist dann kein Äquivalent zum Service in der Bankfiliale; so etwa *BKartA,* Fallbericht Entsch. v. 21.10.10 – B 4-45/10 – S. 2 (http://bit.ly/ftLePS); *G10,* consolidation in the financial sector 2001, S. 26 (http://bit.ly/hi4D8n).

weiterhin einen Wettbewerbsfaktor besitzen.[631] Der räumliche Markt für Konsumentenkredite zur Anschaffung von Konsumgütern ist der lokale Markt.

cc) Marktanteil

Der Marktanteil bei Konsumentenkrediten für den Raum Westfalen-Lippe liegt bei ca. 30 Prozent.[632] Zur Berechnung wird der Marktanteil der Mitgliedssparkassen des Sparkassenverbands mit einem Faktor X multipliziert. Der Hochrechnung liegt die Annahme zugrunde, dass zahlreiche Kennzahlen für Westfalen-Lippe einem Zehntel der Bundeswerte entsprechen. Die bundesweiten Marktanteile bei den in Betracht kommenden Leuchtturmprodukten betragen für Konsumentenkredite ca. 30 Prozent, für Wohnungsbaukredite 40 Prozent und für Spareinlagen 50 Prozent.[633] Es ist davon auszugehen, dass die lokalen Marktanteile vergleichbar hoch sind.

dd) Zwischenergebnis

Bei einem ungefähren Marktanteil von 30 Prozent ist von einer spürbaren Wettbewerbsbeschränkung auszugehen. Der Marktanteil liegt oberhalb des »safe harbours«. Die Marktanteilsschwelle, jenseits derer eine vertiefte Wirkungsanalyse zur Bestimmung von Wettbewerbsbeschränkungen entbehrlich ist, liegt bei Vermarktungsvereinbarungen bei unter 15 Prozent gemeinsamem Marktanteil.[634]

---

631 Die Beratung ist nicht durch Webcams ersetzbar, da eine vergleichbare vertrauensvolle Umgebung wie bei einem persönlichen Beratungsgespräch in der Filiale nicht geschaffen werden kann; s. *Heinrich,* in: Ahlert/Evanschitzky/Hesse (Hrsg.), Exzellenz in Dienstleistung und Vertrieb, S. 110.

632 Auskunft SVWL. Bei Zugrundelegung eines lokal relevanten Marktes im Retailbanking-Bereich kommen auch *Fischer/Pfeil,* Regulation and Competition in German Banking, S. 21 (http://bit.ly/fxn2qB) zu dem Ergebnis eines dominierenden Marktanteils der Genossenschaft und Sparkassen gegenüber den Privatbanken: »Looking at local banking markets as the relevant market in retail banking business thus reveals that the large private banking institutions, i. e. Deutsche Bank, Dresdner Bank, Hypovereinsbank and Commerzbank, which are often perceived as being the most powerful and dominant players in German financial services, are better described as fringe players in many local markets (the average share of the branch network in the 83 markets considered amounted to 7 % for Deutsche Bank, 5 % for Dresdner Bank, 5 % for Commerzbank and 3 % for Hypovereinsbank), whereas savings banks and co-operative banks seem to dominate the retail market.«.

633 *DSGV,* Geschäftszahlen 2010, S. 6.

634 *Komm.*, LL zur Anwendbarkeit v. Art. 101 AEUV auf Vereinbarungen über horizontale Zusammenarbeit (2011/C 11/01), ABl. C 11/1, Rn 240.

4. Freistellungsmöglichkeiten

Eine Vereinbarung kann durch eine *Gruppenfreistellungsverordnung* oder durch eine Einzelfreistellung freigestellt werden. Sind die Freistellungsvoraussetzungen erfüllt, sind die Absprachen zivilrechtlich wirksam und nicht mit Bußgeldern belegbar.

a) Gruppenfreistellungsverordnungen

Die dynamische Verweisung in § 2 Abs. 2 GWB stellt klar, dass die europäischen Gruppenfreistellungsverordnungen auch im deutschen Kartellrecht, selbst ohne zwischenstaatlichen Bezug, unmittelbar anwendbar sind. Eine spezielle Gruppenfreistellungsverordnung für das Kreditgewerbe gibt es nicht, sodass lediglich eine Einzelfreistellung möglich ist. Eine Vermutung dahingehend, dass Absprachen per se unwirksam sind, wenn keine Gruppenfreistellungsverordnung greift, besteht nicht. Vielmehr verdeutlicht die Situation die Notwendigkeit einer Einzelfallprüfung, da Pauschalbewertungen anhand einer Gruppenfreistellungsverordnung ausscheiden.[635]

b) Einzelfreistellung nach § 3 Abs. 1 GWB (Mittelstandskartelle)

Nach der 7. GWB-Novelle ist § 3 Abs. 1 GWB – abgesehen von dem Spezialtatbestand (§ 28 Abs. 1 GWB) für landwirtschaftliche Erzeugerbetriebe – der letzte charakteristische Freistellungstatbestand für horizontale Wettbewerbsbeeinträchtigungen. Vereinbarungen zwischen miteinander im Wettbewerb stehenden Unternehmen, die die Rationalisierung wirtschaftlicher Vorgänge durch zwischenbetriebliche Zusammenarbeit zum Gegenstand haben, erfüllen nach § 3 Abs. 1 GWB die Voraussetzung des § 2 Abs. 1 GWB, wenn dadurch der Wettbewerb auf dem Markt nicht wesentlich beeinträchtigt wird und die Vereinbarung dazu dient, die Wettbewerbsfähigkeit kleinerer und mittlerer Unternehmen (KMU) zu verbessern. Denn bei Vereinbarungen zwischen KMU überwiegen häufig die positiven Wirkungen auf den Wettbewerb.[636] Der Vorteil für Unternehmen ist, dass die einzelnen Tatbestandsvoraussetzungen des § 2 Abs. 1 GWB nicht nachgewiesen werden müssen, sondern bei Vorliegen der Voraussetzungen des § 3 Abs. 1 GWB fingiert werden.[637]

---

635 *Bechtold,* GWB, § 2, Rn. 27; Gesetzesbegr. GWB-Novellierung, BT-Drucks. 15/3640 v. 12.8.2004, S. 25.

636 Gesetzesbegr. GWB-Novellierung, BT-Drucks. 15/3640 v. 12.8.2004, S. 28.

637 Gesetzesbegr. GWB-Novellierung, BT-Drucks. 15/3640 v. 12.8.2004, S. 45.

aa) Normadressaten

Die Normadressaten des § 3 Abs. 1 GWB sind KMU. Eine genaue Definition findet sich weder im GWB noch hat sich das Bundeskartellamt auf einen bestimmten Größenbegriff festgelegt.

Einigkeit besteht insoweit, als es primär auf die relative Größe der Beteiligten ankommt, die sich aus ihrer Stellung im Verhältnis zu ihren Wettbewerbern ergibt.[638] Diese wird anhand von Marktstrukturkriterien, wie Beschäftigtenzahl, Kundenbeziehungen, Produktionskapazität, Wertschöpfung, Eigenkapital oder Energieverbrauch, ermittelt, wobei vor allem der Wert des Umsatzes maßgeblich ist.[639] Teilweise werden ergänzend absolute Größen (wie Jahresumsatzgrenzen) herangezogen. Dementsprechend geht *Bechtold*[640] in Anlehnung an § 35 GWB davon aus, dass Unternehmen mit weniger als zehn bis 25 Millionen EUR Umsatz regelmäßig als Kleinunternehmen zu behandeln seien (vgl. § 35 Abs. 1 Nr. 2, Abs. 2 Nr. 1 GWB) und Unternehmen mit mindestens 500 Millionen EUR Umsatz als Großunternehmen (vgl. § 35 Abs. 1 Nr. 1 GWB). Diese (auch nur hilfsweise) Einordnung anhand von absoluten Größen ist abzulehnen.[641] Ausgehend vom Sinn und Zweck des § 3 Abs. 1 GWB, die Wettbewerbsfähigkeit KMU gegenüber Großunternehmen zu optimieren, ist ausschließlich auf das Verhältnis zu den großen Unternehmen im relevanten Markt abzustellen. Denn absolute Umsatzzahlen haben für eine Abgrenzung wenig Aussagekraft. Selbst ein Unternehmen mit dreistelligen Jahresumsätzen kann in einem Markt, auf dem andere Wettbewerber Milliardenumsätze machen, ein KMU sein. Andererseits kann ein Unternehmen mit gleich hohen (absoluten) Umsatzzahlen in einem anderen Marktumfeld und einer anderen Unternehmensstruktur bereits als Großunternehmen eingestuft werden.[642] Überdies besteht bei der Zugrundelegung absoluter Größen eine große Rechts-

---

638 *BKartA,* TB 1969, BT-Drucks. VI/950, S. 59; *Fuchs,* in: Immenga/Mestmäcker (Hrsg.), Wettbewerbsrecht, § 3, Rn. 35 ff.; *Nordemann,* in: Loewenheim/Meessen/Riesenkampff (Hrsg.), Kartellrecht, § 3, Rn. 12.

639 *Veltins,* DB 1978, 239 (240); *Fuchs,* in: Immenga/Mestmäcker (Hrsg.), Wettbewerbsrecht, § 3, Rn. 38. Das BKartA zählt neben dem Umsatz nur die Anzahl der Beschäftigten als weiteres Kriterium auf; s. *BKartA,* Merkbl. KMU, Rn. 12.

640 Bechtold, GWB, § 3, Rn. 11. Ebenso für eine Obergrenze bei 500 Mio. EUR Keßler, WuW 2002, 1162 (1165), und für eine vermutete Untergrenze v. 50 Mio. EUR *Nordemann,* in: Loewenheim/Meessen/Riesenkampff (Hrsg.), Kartellrecht, § 3, Rn. 16.

641 *BGH,* Urt. v. 19.1.1993 – KVR 25/91 (»Herstellerleasing«) –, in: WuW/E 2875 (2878).

642 *BKartA,* Merkbl. KMU, Rn. 12.

unsicherheit. Denn das Spektrum der angedachten Grenzen ist weit und wird immer wieder relativiert.[643]

Die Berechnung des Umsatzes erfolgt analog § 38 GWB. Bei Kredit- und Finanzunternehmen tritt an die Stelle der Umsatzerlöse im Sinne des § 2 Abs. 6 Investmentgesetz der Gesamtbetrag der in § 34 Abs. 2 S. 1 Nr. 1a-e Kreditinstituts-RechnungslegungsVO[644] genannten Erträge, abzüglich der Umsatzsteuer und sonstigen, direkt auf diese Erträge erhobenen Steuern (§ 38 Abs. 4 S. 1 GWB). Die größte Mitgliedsparkasse im SVWL-Verbandsgebiet ist die Sparkasse Münsterland Ost mit einem Gesamtertrag in dreistelliger Millionenhöhe.[645] Andere Mitgliedsinstitute, wie die Sparkasse Bielefeld, Bochum, Paderborn erwirtschaften niedrigere Erträge.[646] Die kleineren Mitgliederinstitute erzielen jährliche Gesamterträge im zweistelligen Millionenbereich.[647] Im Vergleich dazu erzielten die Wettbewerber Postbank und Deutsche Bank Erträge im Milliardenbereich und somit deutlich höhere Gesamterträge.[648] Im maßgeblichen Horizontalverhältnis sind die teilnehmenden Sparkassen KMU. Nicht erforderlich ist es, dass alle beteiligten Unternehmen KMU sind. Eine Freistellung unter Beteiligung von Großunternehmen am Rationalisierungskartell ist möglich.[649] Notwendig

643 *Fuchs,* in: Immenga/Mestmäcker (Hrsg.), Wettbewerbsrecht, § 3, Rn. 36.

644 VO über die Rechnungslegung der Kredit- und Finanzdienstleistungsinstitute (v. 10.2.1992 i. d. F. v. 11.12.1998, BGBl. I, S. 3658, zuletzt geänd. durch Gesetz v. 25.5.2009, BGBl. I, S. 1102) dient der Umsetzung der RL 86/635/EWG.

645 *Sparkasse Münsterland Ost,* Geschäftsbericht 2010, S. 16 ff.

646 *Sparkasse Paderborn,* Geschäftsbericht 2010, S. 38 ff.; *Sparkasse Bielefeld,* Geschäftsbericht 2011, S. 31 ff.; *Sparkasse Bochum,* Geschäftsbericht 2009, S. 34 ff.

647 *Kreissparkasse Halle,* Geschäftsbericht 2009, S. 15 f.

648 Postbank-Mehrjahresübersicht (http://bit.ly/gHrAMS), Deutsche Bank AG, Zahlen und Fakten (http://bit.ly/fcdF3w). Bei Konzernunternehmen wird nach a. A. grundsätzlich nicht auf das einzelne Unternehmen, sondern auf die Umsätze des Gesamtkonzerns abgestellt. Etwas anders gilt nur, soweit die Märkte sich vom Standpunkt der Organisation des Instituts wesentlich voneinander unterscheiden. Damit ist für die Einordnung als KMU sowie für die Beurteilung der Marktstellung jeweils der Gesamtkonzern als wirtschaftliche Einheit zu betrachten, vgl. nur *Fuchs,* in: Immenga/Mestmäcker (Hrsg.), Wettbewerbsrecht, § 3, Rn. 66.

649 H. M.: *BGH,* Beschl. v. 30.9.1986 – KVR 8/85 (»Mischguthersteller«) –, in: BGHZ 99, 1 (7); *BGH,* Urt. v. 12.11.2002 – KZR 11/01 (»Ausrüstungsgegenstände für Feuerlöschzüge«) –, in: WuW/E DE-R 1087 (1090); *BT,* WuW 1973, 581 (584); Gesetzesbegr. 5. GWB-Novelle, BT-Drucks. 11/4610, S. 332 (339); *Lange,* in: Lange (Hrsg.), Hdb. Kartellrecht, Kap. 6, Rn. 796; *Lübbig,* in: Wiedemann (Hrsg.), Kartellrecht, § 7, Rn. 88; *Schneider,* in: Langen/Bunte, § 3, Rn. 47 ff.; *Nordemann,* in: Loewenheim/Meessen/Riesenkampff (Hrsg.), Kartellrecht, § 3, Rn. 19; *Kling/Thomas,* § 17, Rn. 189; *Bechtold,* GWB, § 3, Rn. 11. A. A. *Fuchs,* in: Immenga/Mestmäcker (Hrsg.), Wettbewerbsrecht, § 3, Rn. 43 ff., der eine Beteiligung v.

ist nur, dass die Beteiligung des Großunternehmens zur Verbesserung der Wettbewerbsfähigkeit der KMU beiträgt und damit den Zweck der Regelung fördert.[650]

bb) *Rationalisierung wirtschaftlicher Vorgänge durch zwischenbetriebliche Zusammenarbeit*

Das gemeinsame Vorgehen bei der Produktinnovation und Werbung muss zu einer Rationalisierung der wirtschaftlichen Vorgänge beitragen. Der betriebswirtschaftliche Begriff der Rationalisierung hat keinen eindeutig abgegrenzten Inhalt. Rationalisierende Maßnahmen zeichnen sich im Wesentlichen dadurch aus, dass nach ihrer erfolgreichen Durchführung eine gegebene Leistung mit geringerem Arbeits-, Zeit- und (oder) Kapitalaufwand ausgeführt werden kann.[651] Das Ziel stimmt mit dem des ökonomischen Prinzips überein: Bei einem gegebenen Aufwand an Produktionsfaktoren (Input/Aufwand) den größtmöglichen Gütertrag (Output/Ertrag) zu erzielen (Maximumprinzip) oder eine gegebene Gütermenge (Output/ Ertrag) mit geringstmöglichem Einsatz von Produktionsfaktoren (Input/ Aufwand) zu erwirtschaften (Minimumprinzip).[652] Umfasst sind daher alle Maßnahmen, die bei jedem beteiligten KMU zur Produktivitäts- und Wirtschaftlichkeitssteigerung beitragen.[653] Hierzu gehören insbesondere kooperative Maßnahmen in den Bereichen Produktion, Verwaltung, Finanzierung, Forschung und Entwicklung, Einkauf, Vertrieb sowie Werbung.[654] Preisabsprachen sind in der Regel unzulässig, auch wenn nach § 3 Abs. 1 GWB Kernbeschränkungen freigestellt werden können, die nicht unter § 2 GWB fallen. Sie sind erlaubt, wenn sie in direkter Beziehung zur Wettbewerbssteigerung stehen, was insbesondere bei Werbegemeinschaften KMU anzunehmen ist.[655]

Bei der gemeinschaftlichen Projektierung von Leuchtturmprodukten besteht die Möglichkeit, Ent- und Abwicklungskosten einzusparen. Denkbar sind

---

Großunternehmen nur bei Unerlässlichkeit und eigenen Defiziten des beteiligten Großunternehmens gegenüber Konkurrenten zulassen will.

650 *Lübbig,* in: Wiedemann (Hrsg.), Kartellrecht, § 7, Rn. 88.

651 *Wöhe,* Allgemeine Betriebswirtschaftslehre, S. 655.

652 *Wöhe,* Allgemeine Betriebswirtschaftslehre, S. 34.

653 *BKartA,* Beschl. v. 29.12.1960 – B 2-352/58 (»Textillohnveredelung«) –, in: WuW/ E 322 (328); *Gabler,* Wirtschaftslexikon (http://bit.ly/iSARTs).

654 *Lange,* in: Lange (Hrsg.), Hdb. Kartellrecht, Kap. 6, Rn. 798; *BKartA,* Merkbl. KMU, Rn. 29.

655 *BKartA,* Merkbl. KMU, Rn. 14.

Produktivitäts- und Wirtschaftlichkeitssteigerungen vor allem dann, wenn Marketing-, Managementkonzepte und Produktinnovationen zusammen mit dem Regionalverband erarbeitet werden und das einzelne Sparkasseninstitut die Projekte bei Bedarf verwenden kann. Dadurch kann das Risikomanagement optimiert und interne Arbeitsprozesse verbessert werden. Bei der gemeinsamen Sparkassenwerbung sind Kostenvorteile insbesondere über Mengen- und Massenproduktionen von Werbemitteln zu erzielen (Fixkostendegressionseffekt). Die Sparkasse kann sich den gemeinsam erarbeiteten Werbekonzepten anschließen und spart dadurch Kosten für eigene Werbekampagnen. Zudem kann sie auf die zur Verfügung gestellten Werbe-, Dekorations- und Unterstützungsmaterialien zugreifen und vom Werbedruck der Gesamtwerbung profitieren. Werbeabkommen bieten daher eine Möglichkeit, wirtschaftliche Vorgänge zu rationalisieren.[656] Ob durch das gemeinsame Projekt Rationalisierungseffekte erzielt werden, müsste detailliert dargelegt werden. Dabei sind mangels eigener Beweislastregeln im GWB die allgemeinen zivilprozessualen Darlegungs- und Beweislastregeln anzuwenden.[657] Folglich obliegt die Darlegungs- und Beweislast für das Vorliegen der Freistellungsvoraussetzungen den Unternehmen, die sich auf § 3 Abs. 1 GWB berufen.[658] Zusätzlich müssen auch die negativen Tatbestandsvoraussetzungen des § 3 Abs. 1 Nr. 1 GWB von den Unternehmen dargelegt und ggf. bewiesen werden.[659] Die Sparkassen träfe daher die Darlegungs- und Beweislast. Das Bundeskartellamt stellt vor allem bei der Substantiierung des Tatbestandsmerkmals »Rationalisierung der wirtschaftlichen Vorgänge« hohe Anforderungen.[660]

---

656 *Kling/Thomas,* Kartellrecht, § 17, Rn. 191.

657 Bei Fällen mit zwischenstaatlichen Bezügen kann überdies Art. 2 VO 1/2003 herangezogen werden, der über § 22 Abs. 1 u. 2 GWB auch für das dt. Kartellrecht gilt. Danach obliegt die Beweislast für eine Zuwiderhandlung gegen Art. 101 Abs. 1 AEUV der Partei oder der Behörde, die den Vorwurf erhebt. Die Beweislast dafür, dass die Voraussetzungen des Art. 101 Abs. 3 AEUV vorliegen, obliegt den Unternehmen, die sich auf diese Bestimmung berufen; s. Gesetzesbegr. GWB-Novellierung, BT-Drucks. 15/3640 v. 12.8.2004, S. 23 u. 44.

658 *Nordemann,* in: Loewenheim/Meessen/Riesenkampff (Hrsg.), Kartellrecht, § 3, Rn. 68.

659 *Fuchs,* in: Immenga/Mestmäcker (Hrsg.), Wettbewerbsrecht, § 3, Rn. 78.

660 *BKartA,* Beschl. v. 10.8.2007 – B4-31/05 (»Wirtschaftsprüfer-Haftpflichtrisiken«) –, in: WuW/E DE-V 1459 (1468); *BKartA,* Beschl. v. 31.5.2007 – B4-1006/06 (»Altglas«) –, in: WuW/E DE-V 1392 (1400).

cc) Keine wesentliche Beeinträchtigung des Wettbewerbs auf dem Markt

Gemäß § 3 Abs. 1 Nr. 1 GWB darf die Vereinbarung zwischen den KMU nicht dazu führen, dass der Wettbewerb auf dem Markt wesentlich beeinträchtigt wird. Dementsprechend muss die Kooperationsvereinbarung dazu beitragen, dass eine ausgewogene Wettbewerbsstruktur auf dem betroffenen Markt gefördert wird oder zumindest bestehen bleibt.[661] Ob eine solche Verkürzung des Wettbewerbs durch die Vereinbarung anzunehmen ist, ist in jedem Einzelfall anhand einer umfassenden Gesamtwürdigung der Auswirkungen im relevanten Markt vorzunehmen. Bedeutsame Abwägungskriterien sind die Marktstellung – insbesondere die Marktanteile der an der Kooperation beteiligten Unternehmen – die Art der zwischenbetrieblichen Zusammenarbeit und die Berücksichtigung eventuell bereits auf dem Markt bestehender Kooperationen.[662] Bei schwerwiegenden Wettbewerbsbeschränkungen (Kernbeschränkungen) wie Preis- und Mengenabsprachen müssen die Marktanteile kleiner sein als bei Wettbewerbsbeeinträchtigungen mit geringerer Intensität. Die kritische Grenze für eine wesentliche Wettbewerbsbeeinträchtigung liegt bei einem Marktanteil von zehn bis 15 Prozent. Bei Kooperationen über qualitativ weniger bedeutsame Wettbewerbsparameter, wie u. a. in der Werbung[663], kann der Marktanteil oberhalb der 15 Prozentschwelle liegen.[664]

Absprachen über gemeinsame Werbemaßnahmen für Leuchtturmprodukte gehören zu den weniger schwerwiegenden Absprachen. Allerdings handelte es sich nicht um eine reine Werbekooperation, sondern man einigte sich zusätzlich auf eine Preisbandbreite, wodurch die individuelle Preisfestlegung der Sparkasse beeinträchtigt wurde.[665] Sie musste sich an den vorgebenden Preisrahmen halten, wenn sie die gemeinsame Werbung benutzen wollte. Der Innenwettbewerb zwischen den Sparkassen wurde ausgeschaltet, da nach der Produkteinführung der Preiswettbewerb für Privatkredite nahezu ausgeschlossen ist. Preise gehören zu den wichtigsten Wettbewerbsparametern, da sie selbst bei geringen Marktanteilen den Wettbewerb wesentlich

---

661 *Nordemann,* in: Loewenheim/Meessen/Riesenkampff (Hrsg.), Kartellrecht, § 3, Rn. 53.

662 *BKartA,* Merkbl. KMU, Rn. 34.

663 *Kling/Thomas,* Kartellrecht, § 17, Rn. 191 ff.

664 *BKartA,* TB 1974, BT-Drucks. 7/3791, S. 49; *BKartA,* TB 1976, BT-Drucks. 8/704, S. 12 u. 41; *BKartA,* TB 1981/1982, BT-Drucks. 10/243, S. 44 u. 55; *BKartA,* TB 1999/2000, BT-Drucks. 14/6300, S. 110; *BKartA,* Vfg. v. 25.10.2005 – B1-248/04 –, in: WuW/E DE-V 1142 (1146).

665 *Pohlmann,* Gutachten, unveröffentlicht, S. 58.

beeinträchtigen können. Dementsprechend ist eine Kooperation in der Werbung und Produktinnovation nur unbedenklich, wenn daneben nicht weitere Wettbewerbsparameter (Preise, Konditionen, Mengen, Produktqualitäten) abgesprochen werden.[666] Hinzukommen die hohen Marktanteile der Mitgliedsparkassen in den betroffenen regionalen Märkten für Verbraucherkredite, sodass aufgrund der vorzunehmenden Gesamtschau eine wesentliche Minderung des Wettbewerbs vorliegt, die nicht freistellungsfähig ist.[667] Dem steht auch nicht entgegen, dass zwischen den einzelnen Instituten nur eingeschränkter Wettbewerb besteht, denn im Markt für Kreditgeschäfte besteht trotz des Regionalprinzips Innenwettbewerb.[668]

dd) Zwischenergebnis

Die Zusammenarbeit ist nicht freistellbar, da der Wettbewerb durch die Vereinbarung mehr als nur unwesentlich gemindert ist. Ein zulässiges Mittelstandskartell liegt nicht vor.

c) Einzelfreistellung nach § 2 Abs. 1 GWB

Der an Art. 101 Abs. 3 AEUV orientierte § 2 Abs. 1 GWB ist zentraler Freistellungstatbestand. Für eine Freistellung wird in positiver Hinsicht ein Beitrag zur Verbesserung der Warenerzeugung bzw. -verteilung oder zur Förderung des technischen oder wirtschaftlichen Fortschritts verlangt, wobei eine angemessene Beteiligung der Verbraucher am entstehenden Gewinn gewährleistet sein muss. Negative Tatbestandsvoraussetzungen sind die Unerlässlichkeit der Wettbewerbsbeschränkung für die Verwirklichung der genannten Ziele. Außerdem darf die Vereinbarung nicht dazu führen, dass für einen wesentlichen Teil der betreffenden Waren der Wettbewerb ausgeschaltet wird. Die vier Tatbestandsvoraussetzungen müssen kumulativ vorliegen.[669] Wenn alle Voraussetzungen erfüllt sind, liegt keine Wettbewerbsbeeinträchtigung, sondern eine Wettbewerbsstärkung vor. Der

---

666 *OLG Frankfurt a. M.*, Beschl. v. 20.9.1982 – 6 VA 1/82 –, in: WuW/E OLG 2771 (2774).

667 Angesicht der hohen Marktanteile ist ein anderes Ergebnis auch nicht bei kritischer Betrachtung der vom BKartA niedrig angesetzten Freistellungsgrenze im Rahmen der Marktanteile im Vergleich zu den großzügigeren Spürbarkeitsschwellen erzielbar.

668 Ausführlich dazu s. 2. Kap. D III 2.

669 *EuGH,* Urt. v. 17.1.1984 – verb. Rs. 43/82, 63/82 (»VBVB/VBBB«) –, in: Slg. 1984, 19 (Rn. 61); *EuG,* Urt. v. 8.10.2002 – verb. Rs. T-185/00, T-216/00, T-299/00, T-300/00 (»Métropole télévision SA u. a.«) –, in: Slg. 2002, 3805 (Rn. 86).

Verbraucher erhält im Idealfall günstigere und qualitativ hochwertigere Produkte durch die Zusammenarbeit. Bei der Untersuchung der Freistellungsfähigkeit können die europäische Rechtsprechung und die Verwaltungspraxis als Auslegungshilfe herangezogen werden.[670]

aa) *Effizienzgewinne und Weitergabe an die Kunden*

Kartellrechtswidrige Vereinbarungen können positive Auswirkungen auf den Wettbewerb haben, indem sie diesen durch Effizienzgewinne fördern.

(1) *Effizienzgewinne*

Die erste Freistellungsvoraussetzung verlangt daher, dass die Verhaltenskoordination zur Verbesserung der Warenerzeugung oder -verteilung (z. B. Senkungen der Produktionskosten) oder zur Förderung des technischen oder wirtschaftlichen Fortschritts (u. a. Verbesserungen der Produktqualität) beiträgt. Nicht dazu zählen Einsparungen, die auf das Ausnutzen von Marktmacht zurückzuführen sind. Die Effizienzgewinne müssen wirtschaftlicher Art sein, Allgemeininteressen wie Umweltschutz oder Volksgesundheit reichen nicht aus.[671] § 2 Abs. 1 GWB umfasst seinem Wortlaut nach nur Waren. Allerdings werden Dienstleistungen analog erfasst, denn es besteht eine planwidrige Regelungslücke und Interessengleichheit.[672] Effizienzgewinne sind u. a. Kosteneinsparungen durch Synergieeffekte, Skaleneffekte oder Verbundvorteile, aber auch qualitative Effizienzgewinne, wie z. B. Qualitätsverbesserungen.

Die Absprachen bei der Produktstandardisierung und gemeinsamen Werbung können Kostenvorteile und damit Effizienzgewinne erzielen, indem u. a. das Produkt selbst und die Werbemittel in Massen produziert werden und dadurch der Anteil der Fixkosten je produzierter Einheit verkleinert wird. Denn durch eine anwachsende Ausbringungsmenge sinken bei wachsender Betriebsgröße die durchschnittlichen totalen Kosten bis zur mindestoptimalen, technischen Unternehmensgröße. Außerdem verringern Produktvereinheitlichungen die Entwicklungs- und Abwicklungskosten der einzel-

670 *Komm.,* LL Art. 81 Abs. 3 EG, ABl. Nr. C 101 v. 27.4.2004, S. 97 ff.; Gesetzesbegr. GWB-Novellierung, BT-Drucks. 15/3640 v. 12.8.2004, S. 25; *Nordemann,* in: Loewenheim/Meessen/Riesenkampff (Hrsg.), Kartellrecht, § 2, Rn. 15.

671 *Komm.,* LL Art. 81 Abs. 3 EG, ABl. Nr. C 101 v. 27.4.2004, Rn. 50 ff. (»objektive wirtschaftliche Effizienzgewinne«).

672 Ausdrücklich *Komm.,* LL Art. 81 Abs. 3 EG, ABl. Nr. C 101 v. 27.4.2004, Rn. 48.

nen Sparkasse, indem auf bewährte Produkte und praxiserprobte Marketingmaßnahmen zurückgegriffen werden kann.

Problematisch ist, dass die Zinssatzvereinbarung eine Absprache über preisbildende Faktoren darstellt und damit zu den besonders gravierenden Wettbewerbsbeeinträchtigungen gehört, die nur selten die Freistellungsvoraussetzungen erfüllen. Effizienzgewinne durch Preis- oder Quotenabsprachen werden in der Regel abgelehnt.[673] Überdies stellt das Bundeskartellamt, der Verwaltungspraxis der Kommission folgend, hohe Anforderungen an die Substantiierung der Effizienzgewinne. Die Beweislast träfe die Sparkassen. Sie müssten insbesondere die Art der geltend gemachten Effizienzgewinne, die Verknüpfung zwischen der Vereinbarung und den Effizienzgewinnen, die Wahrscheinlichkeit, das Ausmaß jedes geltend gemachten Effizienzgewinns und wie bzw. wann der geltend gemachte Effizienzgewinn erreicht wird, substantiiert darlegen. Bei Kosteneinsparungen durch gemeinsame Vermarktungsvereinbarungen muss der Wert der Einsparungen möglichst detailliert berechnet und angegeben werden, um den Behörden und Gerichten eine Nachprüfung zu ermöglichen.[674] Mutmaßliche bzw. allgemeingehaltene Angaben zu Kosteneinsparungen reichen in der Entscheidungspraxis regelmäßig nicht aus.

(2) Angemessene Verbraucherbeteiligung

Weiter können nur solche Kooperationen vom Kartellverbot freigestellt werden, die eine angemessene Verbraucherbeteiligung am Gewinn gewährleisten. Die Weitergabe der Vorteile muss die negativen Auswirkungen des Kartells zumindest ausgleichen, wobei die Verbraucher nicht an jedem einzelnen Effizienzgewinn beteiligt werden müssen, da ansonsten den Unternehmen jeglicher Optimierungsanreiz genommen würde.[675] Grundsätzlich gilt, dass – je gravierender die Wettbewerbsbeschränkung ausfällt – desto größer müssen die Effizienzgewinne sein, an denen der Verbraucher partizipieren muss (Wechselwirkung). Wenn die Verbraucherinteressen

673 *Nordemann*, in: Loewenheim/Meessen/Riesenkampff (Hrsg.), Kartellrecht, § 2, Rn. 21.

674 *BKartA*, Beschl. v. 31.5.2007 – B4/1006/06 (»Altglas«) –, in: WuW/E DE-V 1392 (1400).

675 *OLG Düsseldorf*, Beschl. v. 4.10.2007 – VI-2 Kart 1/06 (V), 2 Kart 1/06 (V) –, in: WuW/E DE-R 2197 (2208); *Komm.*, LL Art. 81 Abs. 3 EG, 2004/C 101/08, ABl. C 101, Rn. 85.

hinreichend gewahrt werden, profitiert die Gesellschaft insgesamt von der effizienteren Ressourcenallokation.

Der Verbraucherbegriff ist weit auszulegen. Entgegen dem Verbraucherbegriff im BGB sind alle Produktnutzer, auf die sich die Vereinbarung bezieht, Adressaten. Dazu gehören Produzenten, Großhändler, Einzelhändler sowie Endkunden.[676] Adressaten von Verbraucherkrediten sind nur natürliche Personen, die den Verbraucherkredit weder gewerblich noch beruflich nutzen.

Gewinn ist jeder wirtschaftliche Vorteil des Kartells, der den rein finanziellen Bilanzgewinn übersteigt.[677] Neben den finanziellen Vorteilen sind qualitative Verbesserungen, wie verbesserte Produkte durch technischen Fortschritt, verbesserte Kundenbetreuung oder ein umfangreicheres Warensortiment mit Mehrwert für den Verbraucher, zu berücksichtigen. Dabei ist es nicht notwendig, dass der einzelne Verbraucher von den positiven Wirkungen profitiert. Ausreichend ist, dass die Verhaltenskoordination für die Verbraucher insgesamt positive Wirkungen entfaltet.[678]

Die einheitliche Produktbezeichnung der Leuchtturmprodukte sowie deren Bepreisung in der Werbung erhöht die Markttransparenz und erleichtert dem Verbraucher die Vergleichbarkeit der Angebote, wodurch Suchkosten verringert werden können.[679] Die eingesparten Kosten der Sparkassen könnten überdies an die Kunden, u. a. durch günstige Zinsen, weitergegeben werden. Dabei wird trotz der Schwierigkeit, die Weitergabe der Effizienzvorteile genau zu bestimmen und rechnerisch darzulegen, von den Betroffenen eine nachvollziehbare Substantiierung der Behauptungen verlangt.[680] Ein pauschaler Hinweis, dass die erzielten Vorteile in angemessenem Umfang an die Sparkassenkunden weitergegeben wurden, weil der Außenwettbewerb dies gewährleiste, wäre nicht ausreichend.

---

676 *Komm.,* LL Art. 81 Abs. 3 EG, 2004/C 101/08, ABl. C 101, Rn. 84.

677 *Nordemann,* in: Loewenheim/Meessen/Riesenkampff (Hrsg.), Kartellrecht, § 2, Rn. 33; Fuchs, in: Immenga/Mestmäcker (Hrsg.), Wettbewerbsrecht, § 2, Rn. 91.

678 *EuGH,* Urt. v. 23.11.2006 – Rs. C-238/05 (»Asnef-Equifax/Ausbanc«) –, in: Slg 2006, I-11125 (Rn. 70).

679 *Bunte,* in: Schimansky/Bunte/Lwowski (Hrsg.), Bankrechts-Hdb., Bd. 2, § 140, Rn. 94.

680 Bspw. durch Vorlage v. Quellennachweisen mit den angestellten Schätzungen; s. *Komm.,* LL Art. 81 Abs. 3 EG, 2004/C 101/08, ABl. C 101, Rn. 94.

bb) Unerlässlichkeit

Die Wettbewerbsbeschränkung muss für die Verwirklichung der Ziele unerlässlich sein. Unerlässlichkeit liegt vor, wenn andernfalls die Effizienzgewinne beseitigt oder erheblich gemindert würden.[681] Die Wettbewerbsnachteile und die positiven Auswirkungen der Kooperation sind daher gegeneinander abzuwägen.[682] Gravierende Wettbewerbsbeschränkungen oder solche von Unternehmen mit einer großen Marktmacht sind grundsätzlich nicht unerlässlich.[683] Insbesondere in den Fällen, in denen die Effizienzgewinne auf »economies of scale« (Vorteile aus reinen Mengenerhöhungen) oder »economies of scope« (Vorteile aus der Nutzung von Gemeinsamkeiten und Komplementaritäten) beruhen, sind die Unternehmen verpflichtet, darzulegen, warum die Vorteile nicht ebenso gut durch Wachstum oder Preiswettbewerb verwirklicht werden können.

Die Konditionenabsprache als schwerwiegende Wettbewerbsbeeinträchtigung ist nicht unerlässlich, insbesondere unter Berücksichtigung der starken Marktstellung der Beteiligten auf dem regionalen Markt. Zwar gibt es keine starren Grenzen für die Größe der Marktstellung, aber eine Wechselwirkung zwischen qualitativen und quantitativen Kriterien, sodass bei steigenden Marktanteilen der Unternehmen eine Freistellung immer unwahrscheinlicher wird.[684] Die Schwellen der Gruppenfreistellungsverordnungen können dabei als wichtige Indizien für noch tolerierbare Marktanteile herangezogen werden.[685] Demzufolge können Marktanteile in Höhe von 20 bis 30 Prozent regelmäßig als freistellungsfähig betrachtet werden, währenddessen Anteile über 40 Prozent eher nicht freigestellt werden können oder zumindest einer kritischen Untersuchung bedürfen.

cc) Ergebnis

Nach der erforderlichen Gesamtabwägung wird der Wettbewerb zwischen den Mitgliedsparkassen durch Verwendung des identischen Zinssatzes in einem nicht mehr freistellungsfähigen Maß beschränkt.

---

681 *Komm.,* LL Art. 81 Abs. 3 EG, 2004/C 101/08, ABl. C 101, Rn. 74 ff.

682 *BGH,* Beschl. v. 9.7.2002 – KVR 1/01 (»Stellenmarkt für Deutschland«) –, in: BGHZ 151 (260).

683 *Lange,* in: Lange (Hrsg.), Hdb. Kartellrecht, Kap. 2, Rn. 228.

684 *EuGH,* Urt. v. 29.10.1980 – verb. Rs. 209/78-215/78, 218/78 (»van Landewyk«) –, in: Slg. 1980, 3125 (Rn. 189).

685 *Fuchs,* in: Immenga/Mestmäcker (Hrsg.), Wettbewerbsrecht, § 2, Rn. 107.

5. Verbundprinzip als Legitimation für Verbundzusammenarbeit

Die Teilumschreibung des Verbundprinzips in § 4 Abs. 1 SpkG NRW besagt, dass die Sparkassen Produkte und Dienstleistungen der für sie zuständigen Einrichtungen und Unternehmen, die Aufgaben für die Sparkassen wahrnehmen (Sparkassen-Finanzgruppe), anbieten.[686] Eine Legaldefinition existiert nicht, sodass der genaue Inhalt unklar bleibt. Die große Bedeutung des Verbundprinzips als Grundsatzerklärung zeigt sich durch die Aufnahme ins Gesetz, in wichtige Verträge und Absichtserklärungen. Dementsprechend heißt es in der Präambel der Rahmenvereinbarung zwischen den nordrhein-westfälischen Verbänden, deren Mitgliedsparkassen sowie der ehemaligen nordrhein-westfälischen Landesbank: »Die Verbundunternehmen arbeiten zusammen, um ihre Wettbewerbsfähigkeit am Markt nachhaltig zu sichern und auszubauen. [...] Sie [die Sparkassen] arbeiten im Rahmen des sparkassenrechtlichen Verbundprinzips mit den Partnern der S-Finanzgruppe arbeitsteilig zusammen. Durch diese Rahmenvereinbarung soll das sparkassenrechtliche Verbundprinzip [...] näher ausgestaltet werden.«[687]

Das Verbundprinzip in seiner Abstraktheit kann die Verbundzusammenarbeit der Sparkassen-Finanzgruppe nicht kartellrechtlich legitimieren. Die Gesetzesformulierung deutet die Unverbindlichkeit an. Die Norm ist nicht als Rechtsregel ausgeformt, sondern als Rechtsprinzip, das lediglich den angestrebten Zustand beschreibt.[688] Das bundesrechtliche GWB hat im Kollisionsfall Vorrang gegenüber dem landesrechtlichen Sparkassengesetz.

6. Rechtsfolge

Die Absprache über den einheitlichen Einstiegszinssatz ist nichtig (§§ 1 GWB i. V. m. 134 BGB).

III. Zusammenfassung

Der Einsatz von Leuchtturmprodukten ist kartellrechtlich insoweit unbedenklich, als die vereinheitlichte Zusammenarbeit im Wesentlichen auf die Bewerbung der Produkte beschränkt ist und keine preisrelevanten Merkmale abgesprochen werden. Unzulässig ist jede Vereinbarung über Quoten, Mengen, Konditionen, Preise oder Preisbestandteile, insbesondere über

686 Das Verbundprinzip als Koordinationsmechanismus s. 2. Kap. B II 3.
687 Rahmenvereinbarung 2004, S. 4, unveröffentlicht; »Berliner Erklärung«, S. 3.
688 *Wittmann,* Der Sparkassenverbund, S. 250.

Mindestzinsen, Zinsstufen und andere Tendergrößen. Unbedenklich sind die gemeinsame Imagewerbung und die reinen Austauschbeziehungen, bei denen der Grundsatz der Reziprozität von Leistung und Gegenleistung gewahrt bleibt.[689] Überdies muss die Projektteilnahme freiwillig sein und die Umsetzung sowie Ausgestaltung der Vorschläge durch die Sparkassen in eigener unternehmerischer Verantwortung erfolgen (keine »best practice«).[690] Oberstes Ziel der Verbundzusammenarbeit muss die selbstständige Entwicklung neuer Produkte sein, wobei Anregungen durch beidseitigen Informationsaustausch über komplementäre Güter nicht ausgeschlossen sind. Dieser darf indes nicht marktbezogen sein oder/und dem wettbewerbsrechtlichen Risikoausschluss dienen. Die Gemeinschaftswerbung ist daher sachlich, zeitlich und örtlich zu limitieren, da eine permanente Zusammenarbeit die eigenständige Produktinnovation verhindern kann.[691] Dies gilt auch für Werbung auf gemeinsamen Internetseiten, soweit einheitliche Zinssätze, Gebühren und/oder sonstige finanzielle Konditionen abgesprochen werden.[692]

C. Gemeinsame Abwicklung des bargeldlosen Zahlungsverkehrs unter besonderer Berücksichtigung des Kartengeschäfts

Die Abwicklung des bargeldlosen Zahlungsverkehrs ist aufgrund anfallender Provisionen eine ertragreiche Einnahmequelle. Mithin ist auch das Kartengeschäft ein wichtiges Instrument im Wettbewerb, um bestehende Kundenbeziehungen zu verfestigen oder Neukunden zu akquirieren.[693] Auch hier

689 *BKartA,* TB 1989/1990, BT-Drucks. 12/847, S. 31 f. Davon ausgenommen ist Gemeinschaftwerbung, die gezielt gegen Konkurrenzprodukte gerichtet ist; *EuGH,* Urt. v. 13.12.1983 – Rs. 222/82 (»Apple & Pear./.Lewis«) –, in: Slg. 1983, 4083.

690 *BKartA,* TB 2005/2006, BT-Drucks. 16/5710, S. 158.

691 *BKartA,* TB 2007/2008, BT-Drucks. 16/1350, S. 139.

692 *OGH,* Beschl. v. 8.10.2008 – 16 Ok 9/08 –, in: ÖBl-LS 2009/123, 63 (63 f.), wonach ein Kreditrechner auf gemeinsamen Internetseiten der österreichischen Sparkassen als kartellrechtlich bedenklich eingestuft worden ist. Dies gilt insbesondere bei solchen Kalkulationsbehelfen für Finanzprodukte (u. a. Kredite), welche die Sparkassen im eigenen Namen und auf eigene Rechnung vertreiben. Dem aktuellen oder potentiellen Kunden dürfen keine einheitlichen Zinssätze oder sonstige relevante Konditionen zur Verfügung gestellt werden.

693 Vgl. die Zusammenarbeit der Sparkassen-Kreditkarte mit dem Lufthansa-Bonusprogramm »Miles and More«. Dem Kunden wird bei jedem Einsatz der Sparkassen-Kreditkarte eine Prämienmeile pro EUR Umsatz gutgeschrieben. Diese werden gesammelt und können gegen Flug-, Reise-, Sach- und Erlebnisprämien eingetauscht werden. Der Erfolg der Zusammenarbeit zeigt sich im Nutzungsverhalten der

erhöhen die Direktbanken den Wettbewerbsdruck, indem sie ihre günstigen Konditionen als eingängige Benchmarks für den Bankkunden positionieren.[694]

I. Grundlagen

1. Begriffsbestimmungen

Unter unbarem Zahlungsverkehr versteht man die Abwicklung und Übertragung von Zahlungsmitteln mit Ausnahme von Bargeld.[695] Zahlungsmittel sind Geld und Geldersatzmittel (Zahlungssurrogate: Wechsel und Scheck). Der Geldbegriff umfasst Bar-, Buch- sowie elektronisches Geld. Buch- oder Giralgeld bezeichnet Geldbeträge, die jederzeit verfügbar auf Giro- oder Kontokorrentkonten liegen und überwiegend für den Zahlungsverkehr verwendet werden (Sichteinlagen, keine Spareinlagen). Elektronisches Geld als besondere Buchgeldart ist jeder elektronisch, darunter auch magnetisch, gespeicherte monetäre Wert in Form einer Forderung gegenüber dem Emittenten, der gegen Zahlung eines Geldbetrags ausgestellt wird, um damit Zahlungsvorgänge im Sinne des § 675f Abs. 3 S. 1 BGB durchzuführen, und der auch von anderen natürlichen oder juristischen Personen als dem Emittenten angenommen wird (s. Legaldefinition in § 1a Abs. 3 ZAG, § 675c Abs. 2 und 3 BGB). Es kann u. a. im Voraus auf Kartenchips von Geldkarten für anschließende Bezahlungen gespeichert werden. Bei Pay-Now-Karten (SparkassenCard) wird der Abbuchungsvorgang im Moment des Bezahlens in die Wege geleitet, nachdem z. B. über die Clearingstelle Kontodeckung zugesichert wurde (POS-System = Point-of-sale-System). Möglich sind auch Bezahlungen ohne Kontoabfragungen, indem der Handel vom Kunden eine Einzugsermächtigung erhält. Die Bezahlung ohne Zahlungsgarantie im POZ-Verfahren (Point-of-sale ohne Zahlungsgarantie) wurde aufgrund geringer und rückläufiger Nachfrage zum 31.12.2006 eingestellt.[696] Die Karte kann noch ohne PIN mit Unterschrift des Karten-

---

Kunden. Der Kartenumsatz stieg bei den teilnehmenden Kunden um durchschnittlich 22 %; s. *Source Informationsdienst,* »Sparkassen: Kundenbindung per Miles & More«, 2003, 1 (1).

694 *Büschgen,* in: Oebbecke/Bauer/Pünder (Hrsg.), Perspektiven der kommunalen Sparkassen, S. 17 (32 f.).

695 *Schmidt,* Wissen für Verwaltungsräte, S. 253, 264; Palandt/*Sprau,* Einf. § 675c, Rn. 1 ff.

696 Das electronic cash Verfahren mit Debitkarte und PIN Eingabe hatte einen doppelt so hohen Marktanteil und die höchste Wachstumsrate der kartengestützten Zahlungsverfahren; *ZKA,* Pressemitt. v. 15.10.2004 (http://bit.ly/eEWGUy).

inhabers im elektronischen Lastschriftverfahren eingesetzt werden. Dabei werden aus dem Magnetstreifen der Karte die Kontonummer und die Bankleitzahl des Kunden herausgelesen und ein Lastschriftbeleg generiert. Mit seiner Unterschrift gibt der Kunde dem Händler eine einmalige Einzugsermächtigung. Beide Kartentypen gehören zu den Debitkarten.

Der bargeldlose Zahlungsverkehr wird zum Großteil beleglos abgewickelt, um die Masse zu bewältigen und Kosten einzusparen (elektronischer Zahlungsverkehr). Die Zahlungsrealisierung erfolgt durch die jeweiligen Zahlungsverkehrsnetze der Kreditinstitutsgruppen und der Deutschen Bundesbank (Gironetze). Girostellen innerhalb der Sparkassen-Finanzgruppe sind die DekaBank, alle Sparkassen, Landesbanken und deren Zweigstellen, soweit diese an den jeweiligen Zahlungsverkehrsarten teilnehmen.[697] Eine wichtige Rolle bei der Zahlungsverkehrsabwicklung spielt das Clearing, bei dem die eingehenden Zahlungsnachrichten geordnet, bearbeitet und weitergeleitet werden. Clearingstellen sind die Verbundrechenzentren. Bei Inhouse-Zahlungen innerhalb einer Institutsgruppe reicht ein internes Clearing aus, ansonsten findet ein bilateraler Austausch per Datenfernübertragung (DFÜ) oder Datenträger statt. Dabei sind Absprachen über das zu verwendende Kommunikationsverfahren, die Verrechnung und Datenformate für eine schnelle und reibungslose Abwicklung entscheidend.[698]

2. Zahlungsverkehrsabkommen

Die Zahlungsverkehrsabkommen der Sparkassen-Finanzgruppe sind unter »Allgemeine Girogrundsätze« zusammengefasst. Bestandteile sind u. a. Überweisungs- und Einzugsgrundsätze. Die allgemeinen Girogrundsätze setzen verbindliche Regelungen für einen schnellen, sicheren und wirtschaftlichen Zahlungsverkehr fest und bilden die Grundlage für innerbetriebliche Dienstanweisungen.[699] Daneben ist die Abwicklung des Inlands- und des Auslandszahlungsverkehrs durch viele weitere nationale und europäische Abkommen zwischen den verschiedenen Banken und Bankengruppen geprägt.[700] Sie enthalten eine Reihe von Absprachen zur Regelung des Interbankengeschäfts wie Haftungsregeln, Regelungen zur Vereinbarung gemein-

697 Pkt. 5 Allgemeine Girogrundsätze der Sparkassen-Finanzgruppe, Stand Februar 2009.

698 S. zum Ganzen http://bit.ly/p9afVN sowie 5. Kap. C I 4 und IV 2 a).

699 Nr. 3 Allg. Girogrundsätze, Stand Februar 2009.

700 Zum klassischen Zahlungsverkehr s. Überweisungsabk. v. 1.1.2002; Scheckabk. (zuletzt geänd. am 3.9.2007); Lastschriftabk. v. 1.2.2002.

samer Abwicklungsstandards oder Verrechnungs- sowie Gebührenregeln zur Durchführung des gemeinsamen Zahlungsverkehrs. Daneben existieren zahlreiche europäische Bekanntmachungen und Verordnungen zum Zahlungsverkehr.[701] Dementsprechend bestimmt die EU-PreisVO, dass Zahlungsdienstleister von Zahlungsdienstnutzern für grenzüberschreitende Zahlungen die gleichen Entgelte erheben, wie sie sie von Zahlungsdienstnutzern für entsprechende Inlandszahlungen in gleicher Höhe und in der gleichen Währung berechnen.[702] Die Verordnung gilt für alle elektronisch abgewickelten Zahlungen (Überweisungen, Lastschriften, Geldabhebungen am Geldautomaten, Zahlungen per Kredit- und Debitkarte). Hinzu kommt seit dem 2.11.2009 die Einführung von Single Euro Payments Area (SEPA). SEPA soll dazu beitragen, einen einheitlichen Binnenmarkt im bargeldlosen Zahlungsverkehr zu verwirklichen. Dazu werden normierte Verfahren sowie Standards für Überweisungen, Lastschriften und Kartenzahlungen implementiert, um den Zahlungsverkehr unter den Mitgliedstaaten zu vereinheitlichen. Weiter soll dem Kunden eine möglichst schnelle, effiziente und breite Bargeldversorgung gewährleistet werden.[703]

3. Klassische und neuere Formen des bargeldlosen Zahlungsverkehrs

Der bargeldlose Zahlungsverkehr umfasst u. a. Zahlungsformen und -vorgänge, wie Überweisung, Lastschrift, Verrechnungsscheck und kartengestützte Zahlungssysteme (Debit- und Kreditkarten). Man unterscheidet

---

701 *Komm.*, Bek. über die Anwendung der EG-Wettbewerbsregeln auf grenzüberschreitende Überweisungssysteme, ABl. Nr. C 251 v. 27.9.1995, S. 3 ff. (im Folgenden: Bek. Überweisungssysteme).

702 Der Grundsatz gilt nur bis zu einem Betrag v. 50.000 EUR (Art. 3 Abs. 1 EU-PreisVO, *Komm.*, 924/2009, ABl. L 266/11). Die Entgeltgleichheit erstreckt sich u. a. auf EU-Standardüberweisungen, Debitkarten-, Kreditkartenzahlungen, Bargeldabhebungen am Geldautomaten. Notwendig ist, dass für jede Kategorie grenzüberschreitender Zahlungsvorgänge eine Inlandszahlung bestimmt wird, die die gleichen oder sehr ähnlichen Merkmale wie der grenzüberschreitende Zahlungsvorgang aufweist. Daher bestimmt Art. 3 Abs. 2 EU-PreisVO, dass bei der Berechnung der Entgelte für grenzüberschreitende Zahlungen der Zahlungsdienstleister die entsprechende Inlandszahlung bestimmen muss.

703 Die Angleichung betrifft v. a. Überweisungen und Lastschriften zwischen europäischen Ländern. So sind ab Januar 2011 nur noch SEPA-fähige Karten auszugeben. Diese SEPA Cards Framework Standards für Karten wurden durch Gremien des European Payments Council (EPC) entwickelt. Im Prinzip ähneln sich die neuen SEPA-Verfahren und der nat. Zahlungsverkehr. Ein Unterschied ist die Verwendung v. Internationalen Bankkontonummern (IBAN) und Internationalen Bankleitzahlen (BIC) im Gegensatz zu den bisherigen nat. beschränkten Kontonummern und Bankleitzahlen; s. *Deutsche Bundesbank* (http://bit.ly/7DUsZ).

zwischen dem klassischen bargeldlosen Zahlungsverkehr (Überweisung, Lastschrift oder Scheckeinreichung) und den neueren Formen (Kreditkartenzahlungen, ec-cash Übertragungen im POS-System). Die klassischen Zahlungsarten verbuchen Buchgeldzahlungen von Konto zu Konto. Bei der Kartenzahlung werden Transaktionsbelege vom Kartenakzeptanten zur Gutschrift des Rechnungsbetrags bei der Kartenorganisation eingereicht.[704] Der Deutsche Sparkassen Verlag und seine einhundertprozentige Tochtergesellschaft »S-Card Servicegesellschaft für Kartenanwendungen der Sparkassen-Finanzgruppe mbH« sind für das Kartengeschäft der Sparkassen-Finanzgruppe maßgeblich zuständig (Kartenkompetenzcenter). Sie entwickeln neue Karten mit dazugehöriger Chiptechnologie und steuern das Qualitätsmanagement, um die Sicherheitsstandards im Kartenzahlungsverkehr zu verbessern.

4. Kartenzahlungssystem

Die kartenausgebende Bank (issuer) schließt mit ihrem Kunden einen Kreditkartenvertrag. Mit der ausgehändigten Kreditkarte kann dieser bei den Akzeptanzhändlern, zumeist an den im Eingangsbereich angebrachten Logos erkennbar, bezahlen. Neben der periodischen Übersendung der Rechnungszusammenstellung über die aufgelaufenen Beträge obliegen dem issuer die Kartenverwaltung, die Pflege von System-Parametern, die Buchung der Beträge sowie die Bearbeitung von Schadensfällen.[705] Der Akzeptanzhändler verpflichtet sich generell vertraglich dazu, die Kreditkarte als Zahlungssubstitut zu akzeptieren, die Vorschriften zum ordnungsgemäßen

---

704 *Gabler,* Wirtschaftslexikon (http://bit.ly/iiLQOk). Die Anzahl der Kartenzahlungen mit im Inland ausgegebenen Karten wächst seit 2002 stetig. Im Jahr 2002 waren es 1.864,34 Mio.; s. *Deutsche Bundesbank,* Statistiken über den Zahlungsverkehr in Deutschland 2002-2006, (Stand: Januar 2008). Die Nutzung bargeldloser Zahlungstransaktionen durch Nichtbanken betrug 2008 bereits 2.244,4 Mio. Stück pro Jahr, was einem Wert v. 152.032 Mrd. EUR entspricht; s. *Deutsche Bundesbank,* Zahlungsverkehrs- und Wertpapierabwicklungsstatistiken in Deutschland 2007, 2008, (Stand: August 2009), Tabelle 6 u. 7. In Deutschland gab es Ende 2007 rund 92 Mio. Debitkarten sowie 24 Mio. Kreditkarten. Laut EHI-Marktforschung wurden 2010 144 Mrd. EUR über kartengestützte Zahlungsverfahren im Einzelhandel umgesetzt, was zum Vorjahr eine Steigerung v. 7 Mrd. EUR ausmacht. Bei einem gesamten Einzelhandelsumsatz v. 375 Mrd. EUR, ausgenommen KFZ-, Mineralöl, Apotheken- und Versandhandel, entfallen 38,4 % auf Kartenzahlungen; s. *EHI-Marktforschung,* S. 18.

705 S. Bedingungen für die Mastercard/Visa Card der Sparkassen, Fassung Okt. 2009. Die Kreditkartenabrechnung über die mit der Karte getätigten Verfügungen erfolgt mind. einmal im Monat zu dem vereinbarten Abrechnungsstichtag.

Karteneinsatz zu beachten sowie Karteninhaber und Barzahler gleich zu behandeln (non-discrimination rule).[706] Letztere verbietet es dem Händler, eventuell höhere Kosten des Karteneinsatzes den Kartenbenutzern allein in Rechnung zu stellen. Das Dauerschuldverhältnis wird mit der akquirierenden Bank geschlossen, die identisch mit der austellenden Bank sein kann. Sie übernimmt u. a. die Einleitung des Zahlungsverkehrs, die Autorisierung der Transaktionen sowie das Clearing. Dabei kommt der Händler in der Regel für die Kosten der Dienstleistungen sowie für die anfallenden Bankgebühren auf. In einem Vier-Parteien-System (Händlerbank, Händler, issuer, Kartennutzer) kann die kartenemittierende Bank eine Zahlungsgarantie gegenüber dem Händler übernehmen, indem sie sich verpflichtet, die Beträge aus den Kunden-Händler-Verträgen abzüglich eines Disagio zu begleichen. Die beteiligten Kreditinstitute vereinbaren grundsätzlich, dass die Händlerbank der kartenausgebenden Bank ein Interbankenentgelt bezahlt. In einem Dreiparteienverhältnis ist die Vereinbarung eine bankinterne Verrechnungseinheit. Die anfallende Händlergebühr und damit mittelbar das Interbankenentgelt werden durch die non-discrimination rules an alle Endkunden über einheitliche Verkaufspreise weitergegeben, damit sich die Gewinnspanne des Handels bei Kartenzahlungen nicht schmälert.[707]

II. Zwischenstaatlichkeit

Die Kommission hat sich mehrfach mit zahlungsverkehrsrechtlichen Sachverhalten auseinandergesetzt und größtenteils zwischenstaatliche Bezüge verneint.[708] Trotz dieser restriktiven Haltung ist bei der Ablehnung zwischenstaatlicher Auswirkungen Zurückhaltung geboten. Denn seit den Entscheidungen, die überwiegend aus den 80er und 90er Jahren stammen, ist die Internationalisierung der Finanzmärkte stark vorangeschritten. Heute kommen fast 80 Prozent der Regulierungsvorschriften für die Finanzwirtschaft aus Brüssel.[709] Zudem können nationale Zahlungsverkehrsabreden auch zwischenstaatliche Auswirkungen haben. Eine Vereinbarung über ein

---

706 *AG Neuss,* Urt. v. 20.11.1989 – 30 C 496/89 –, in: WM 1990, 433 ff.; *LG Düsseldorf,* Urt. v. 24.10.1990 – 23 S 885/89 –, in: WM 1991, 1027 ff.

707 Zum Ganzen s. *Bunte,* in: Schimansky/Bunte/Lwowski (Hrsg.), Bankrechts-Handbuch, § 140, Rn. 74 ff.

708 *Komm.,* Entsch. v. 12.12.1986, ABl. Nr. L 43 v. 13.2.1987, S. 51 (Rn. 34 ff.); *Komm.,* Entsch. v. 19.7.1989 (»Niederländische Banken«), ABl. Nr. L 253 v. 30.8.1989, S. 1 (Rn. 58 f.); *Komm.,* Entsch. v. 8.9.1999, ABl. Nr. L 271 v. 21.10.1999, S. 28 (Rn. 57 ff.).

709 SparkassenZeitung v. 26.2.2010, S. 3.

rein nationales Interbankenentgelt, das über die Händler an alle Verbraucher weitergereicht wird, kann auch Verbraucher aus anderen Mitgliedstaaten treffen, wenn diese in Deutschland einkaufen.[710] Darüber hinaus können Preiserhöhungen Ausweichreaktionen auf andere Mitgliedstaaten, insbesondere in grenznahen Gebieten, auslösen.[711] Dabei sind jedoch, insbesondere bei beratungsintensiven Produkten, vorhandene Sprachbarrieren zu bedenken. Ob ein zwischenstaatlicher Bezug gegeben ist, ist daher einzelfallabhängig.

Speziell im Privatkundenzahlungsverkehr überwiegen nationale Überweisungen und Lastschriften. Auch die SEPA-Umsetzungsphase ist noch nicht abgeschlossen, sodass zwischenstaatliche Bezüge (noch) zu verneinen sind.[712] Dementsprechend ist auch zwei Jahre nach Einführung der SEPA-Überweisungen die Anzahl, gemessen am Anteil sämtlicher von den Clearing- und Abwicklungsmechanismen im Euroraum bearbeiteten Überweisungen, noch unter 10 Prozent (9,3 Prozent im August 2010).[713] Das bedeutet, dass die vollständige SEPA Umsetzung bei linearer Extrapolierung der aktuellen Umstellungsquote etwa 30 Jahre dauern wird.[714] In diesem Sinne nimmt auch die Kommission in neueren Entscheidungen weiterhin nationale Märkte an.[715]

III. Verhaltenskoordinierung von Unternehmen

Die Zahlungsverkehrsvereinbarungen werden vornehmlich durch die Spitzenverbände der Kreditwirtschaft »namens der ihnen angeschlossenen

710 *Freigang/Grün,* WM 681 (685).

711 *Schwintowski,* VuR 2001, 134 (139); *Freigang/Grün,* WM 681 (685).

712 Die SEPA-Lastschrift wurde am 1.11.2009 eingeführt, die Erreichbarkeitsverpflichtung für Kreditinstitute im SEPA-Lastschriftverkehr am 1.11.2010. Auch ist das Bewusstsein für SEPA bei den Verbrauchern noch wenig ausgeprägt; s. *Deutsche Bundesbank,* Zahlungsverkehr und Wertpapierabwicklung, Dezember 2010, S. 1 f.

713 *Komm.,* Vorschlag für eine VO zur Festlegung der technischen Vorschriften für Überweisungen und Lastschriften in Euro und zur Änderung der VO Nr. 924/2009, KOM(2010) 775, S. 3.

714 *Komm.,* Vorschlag für eine VO zur Festlegung der technischen Vorschriften für Überweisungen und Lastschriften in Euro und zur Änderung der VO Nr. 924/2009, KOM(2010) 775, S. 3.

715 *Komm.,* Entsch. v. 9.8.2001, ABl. Nr. L 293 v. 10.11.2001, S. 24 (Rn. 45); *Komm.,* Entsch. v. 24.7.2002, ABl. Nr. L 318 v. 22.11.2002, S. 17 (Rn. 53).

Kreditinstitute«[716] geschlossen. Sie sind als Vereine im Sinne des § 21 BGB privatrechtlich organisiert und handeln gemeinsam unter dem Dachverband »Zentraler Kreditausschuss« (ZKA).[717] Der ZKA nimmt seit 1932 die Interessenvertretung der Spitzenverbände wahr, indem er deren Standpunkte gegenüber der Legislative, Exekutive sowie anderen nationalen oder europäischen finanzwirtschaftlichen Institutionen vertritt.[718] Die Entwicklung und Verbesserung eines einheitlichen Zahlungsverkehrs einschließlich der Kartenzahlungssysteme gehört zu seinen primären Aufgaben.[719]

Die Spitzenverbände des Bank- und Kreditgewerbes sind Vereinigungen von Unternehmen im Sinne des kartellrechtlichen Unternehmensbegriffs. Die Kooperationen im Zahlungsverkehr sind daher Beschlüsse von Unternehmensvereinigungen.

IV. Bewirken oder Bezwecken einer spürbaren Wettbewerbsbeschränkung

Das abgestimmte Verhalten der Beteiligten muss zu einer Verfälschung des Wettbewerbs führen. Der Wettbewerb im Zahlungsverkehr findet zwischen den verschiedenen Zahlungssystemen (Systemwettbewerb) sowie zwischen den Finanzinstituten (systeminterner Wettbewerb) statt.[720]

---

716 Abk. Überweisungsverkehr v. 1.1.2002. Fehlt diese Passage, wie in dem Lastschriftabk., wird im Vertrag ausdrücklich darauf hingewiesen, dass das Abk. nur Rechte und Pflichten zwischen den beteiligten Kreditinstituten begründet; s. Lastschriftabk. Abschn. 4 Nr. 1.

717 Bundesverband der Deutschen Volks- und Raiffeisenbanken e. V., Bundesverband Deutscher Banken e. V., Bundesverband Öffentlicher Banken Deutschlands e. V., Deutscher Sparkassen- und Giroverband e. V. und Verband Deutscher Pfandbriefbanken e. V. (hervorgegangen aus dem Verband Deutscher Hypothekenbanken e. V.).

718 http://bit.ly/oGNXn6.

719 ZKA-Abk. für den Inlandzahlungsverkehr (nicht abschließend): DFÜ-Abk., Clearingabk., Abk. einheitliche Zahlungsverkehrsvordrucke, Homebanking-Abk., Überweisungsverkehrabk., Scheckabk., Reisescheckabk., Lastschriftverkehrabk., Abk. über den Einzug v. Wechseln und die Rückgabe nicht eingelöster und zurückgerufener Wechsel, Abk. über die Absicherung der ec-PIN, Abk. über das dt. Geldautomaten-System, Abk. über ein institutsübergreifendes System zur bargeldlosen Zahlung an automatisierten Kassen.

720 *Komm.*, Entsch. v. 24.7.2002, ABl. Nr. L 318/17 v. 22.11.2002, S. 17 (Rn. 43); *Freigang/Grün*, WM 2005, 681 (684); *Hönn*, ZBB 1991, 6 (14).

1. Relevante Märkte

Der relevante Produktmarkt umfasst alle Produkte, die vom Verbraucher aufgrund von Preisen, Verwendungszwecken und sonstigen signifikanten Merkmalen als austauschbar angesehen werden. Zudem sind auch Produkte zu berücksichtigen, die bei Vorliegen günstiger Wettbewerbsbedingungen jederzeit (kurzfristig und mit wirtschaftlich vertretbarem Aufwand) vom Hersteller ins Sortiment aufgenommen werden können (Angebotsumstellungsflexibilität).[721]

Es ist daher zunächst zwischen dem Privatkundenzahlungsverkehr mit überwiegend Kleinwertzahlungen sowie dem Geschäfts- und Firmenkundenzahlungsverkehr mit Großwertzahlungen zu differenzieren.

a) Klassische und kartengestützte Zahlungssysteme

Weiter besteht keine Austauschbarkeit zwischen den klassischen Zahlungsmitteln und den kartengestützten Zahlungsmitteln mit Ausstellergarantie. Zumindest der deutsche Verbraucher zahlt bei alltäglichen Einkäufen wesentlich häufiger mit Karte als per Scheck oder Überweisung, sodass 2001 nur noch 0,5 Prozent des Einzelhandelsumsatzes mit Scheck beglichen wurden.[722] In anderen EU-Ländern (Frankreich) ist der Scheck weiterhin gängiges Zahlungsmittel. Dennoch zeichnet sich die Scheckzahlung durch andere Merkmale als die Kartenzahlung aus. Zum einen wird der Scheck oft nur in Verbindung mit einem Lichtbildausweis akzeptiert, zum anderen muss der Scheck vor dem Bezahlen ausgefüllt werden.[723] Ebenso unterscheidet sich das Lastschriftverfahren von der Kartenzahlung. Im Gegensatz zu den Zahlungskarten wird das Lastschriftverfahren mehrheitlich als Fernzahlungsmittel eingesetzt.[724] Der Verbraucher nutzt die klassischen Zahlungsformen dort, wo sie ihm durch den Zahlungsempfänger angeboten werden.[725] Oftmals sind das beständige Geschäftsbeziehungen, wie Dauerschuldverhältnisse (Versorgungs-, Versicherungs-, Mietverträge), da der

---

721 Ergänztes Bedarfsmarktkonzept s. 5. Kap. B II 3 b) aa) (1).

722 *Schmidt,* Wissen für Verwaltungsräte, S. 262.

723 *Komm.,* Entsch. v. 9.8.2001 (»Visa International«), ABl. Nr. L 293 v. 10.11.2001, S. 24 (Rn. 39); *Komm.,* Entsch. v. 24.7.2002, ABl. Nr. L 318 v. 22.11.2002, S. 17 (Rn. 50).

724 *Komm.,* Entsch. v. 8.9.1999 (»Nederlandse Vereniging van Banken«), ABl. Nr. L 271 v. 21.10.1999, S. 28 (Rn. 32 ff.).

725 *Massari,* Wettbewerb, S. 27, 94 f.

Empfänger grundsätzlich die Gefahr des Widerrufs trägt.[726] Außerdem wird das Lastschriftverfahren häufig von Großgläubigern (Versicherungen, Versandhäuser, Internetshops) mit etlichen Zahlungsansprüchen in unterschiedlichen Höhen angewandt.[727] Bei den kartengestützten Zahlungsformen mit Ausstellergarantie übernimmt das kartenausgebende Unternehmen dieses Risiko, denn die im Einsatz der Karte liegende Weisung des Karteninhabers ist grundsätzlich unwiderruflich.[728] Daher ist die Zahlungsart besonders im alltäglichen Massengeschäft verbreitet. Zudem sind die klassischen Zahlungsarten untereinander nicht vollständig austauschbar. Sie grenzen sich durch unterschiedliche Handhabung (Scheck gegenüber Lastschrift und Überweisung) und Wirkung (Widerrufsrecht aufgrund des Zeitpunktes der Gutschrift) ab.

Die Abgrenzung der verschiedenen Bezahlkartensysteme beruht vor allem auf der unterschiedlichen Ausgestaltung der Abrechnung der Kartensysteme (sofortige Debitierung, Termindebitierung oder Kreditierung).[729] Debitkarten sind an das Girokonto (Zahlungskonto nach § 1 Abs. 3 ZAG) des jeweiligen Karteninhabers gebunden und dienen vornehmlich der Geldabhebung am Geldautomaten oder der bargeldlosen Bezahlung im Einzelhandel, wofür sie mit PIN ausgestattet sind. Die Bezahlbeträge sowie das durch die Geldautomatenverfügung abgehobene Geld werden vom Guthaben des Zahlungskontos sofort abgezogen. Kreditkarten sind Zahlungssubstitute, die vorwiegend im Einzelhandel und anderen Dienstleistungsbereichen, wie in der Gastronomie, eingesetzt werden.[730] Im Gegensatz zu den Debitkarten wird das Konto des Kreditkarteninhabers grundsätzlich periodisch (oft monatlich) mit den aufgelaufenen Umsätzen belastet. Die verschiedenen Zahlungsmittel können jeweils als eigenständige sachliche Märkte betrachtet werden.[731]

---

726 Unwiderruflichkeit eines Zahlungsauftrags nach dessen Zugang beim Zahlungsdienstleister des Zahlers nach § 675p BGB, was den Wirkungen der Gutschrift entspricht. Der Zeitpunkt der Unwiderruflichkeit tritt damit erheblich früher ein, als nach bisherigem Recht (§ 676a Abs. 4 S. 1 BGB). Danach war ein Überweisungsvertrag nicht mehr widerrufbar, wenn der Betrag auf dem Konto des Kreditinstituts des Begünstigten eingegangen ist. Die Vorschrift beruht auf der RL 2007/64/EG über Zahlungsdienstleistungen im Binnenmarkt.

727 *Köndgen,* JuS 2011, 481 (482).

728 § 675p Abs.1 BGB; *Gößmann,* in: Langenbucher/Gößmann/Werner (Hrsg.), Zahlungsverkehr, § 3, Rn. 4.

729 *Komm.,* Entsch. v. 24.7.2002, ABl. Nr. L 318 v. 22.11.2002, S. 17 (Rn. 51).

730 *Freigang/Grün,* WM 2005, 681 (681).

731 *Komm.,* Bek. Überweisungssysteme, Rn. 18.

b) Räumlich relevante Märkte

Der räumlich relevante Markt ist ein Gebiet, auf dem die Wettbewerbsbedingungen für das betreffende Produkt hinreichend homogen sind und sich von benachbarten Territorien unterscheiden.[732] Die Kommission geht aufgrund unterschiedlicher Wettbewerbsbedingungen innerhalb der Mitgliedstaaten von nationalen Märkten aus.[733] Diese Einschätzung ist allerdings über 15 Jahre alt (1995) und berücksichtigt daher nicht die vermehrt in den letzten Jahren angestoßenen Harmonisierungsversuche im Zahlungsverkehr.[734] Besonders hervorzuheben ist die Einführung von SEPA, die die bislang vorhandende Fragmentierung im Zahlungsverkehrsmarkt grundlegend beheben soll.[735] Mittelfristig ist von einem europaweiten Markt der Zahlungsverkehrsabwicklung auszugehen. Jedenfalls ist der räumlich relevante Markt nicht kleiner als der deutsche Markt.[736]

2. Wettbewerbsbeeinträchtigungen und Freistellungsmöglichkeiten

Kritisch sind vor allem diejenigen Kooperationen, die die autonome Preis- und Bedingungsfestsetzung unter den Banken oder gegenüber den Bankkunden beeinträchtigen.

---

732 Ausführlich s. 5. Kap. B II 3 b) bb).

733 *Komm.*, Bek. Überweisungssysteme, Rn. 19.

734 *Komm.*, 87/598/EWG v. 8.12.1987 (Empfehlung für einen Verhaltenskodex im elektronischen Zahlungsverkehr), ABl. L 365 v. 24.12.1987, S. 72; *Komm.*, 88/590/EWG v. 17.11.1988 (Empfehlung zu Zahlungssystemen, insb. zu den Beziehungen zwischen Karteninhabern und Kartenausstellern), ABl. L 317 v. 24.11.1988, S. 55; *Komm.*, 97/489/EG v. 30.7.1997 (Empfehlung zu Geschäften, die mit elektronischen Zahlungsinstrumenten getätigt werden), ABl. L 208 v. 2.8.1997, S. 52; *Komm.*, 924/2009, ABl. L 266/11 v. 9.10.2009.

735 RL 2007/64/EG v. 13.11.2007 über Zahlungsdienstleistungen im Binnenmarkt, ABl. Nr. L 319 v. 5.12.2007, S. 1 ff. (zur Änderung der RL 97/7/EG, 2002/65/EG, 2005/60/EG, 2006/48/EG sowie zur Aufhebung der RL 97/5/EG). Die vorwiegend aufsichtsrechtlichen und zivilrechtlichen Vorgaben der RL wurden in dt. Recht umgesetzt und sind am 31.10.2009 in Kraft getreten. Die aufsichtsrechtlichen Vorgaben wurden durch das »Gesetz zur Umsetzung der aufsichtsrechtlichen Vorschriften der Zahlungsdienstrichtlinie« umgesetzt, die zivilrechtlichen sind durch das »Gesetz zur Umsetzung der Verbraucherkreditrichtlinie, des zivilrechtlichen Teils der Zahlungsdienstrichtlinie sowie zur Neuordnung der Vorschriften über das Widerrufs- und Rückgaberecht« größtenteils in das BGB integriert (§§ 675c-675z, 676-676c BGB).

736 *BKartA*, Fallbericht zu den Entsch. v. 14.11.2008, 18.2.2009, 10.12.2008, 28.1.2009 – B4-133/08, B4-29/09, B4-134/08, B4-177/08 –, S. 5 (http://bit.ly/fMW05t).

a) Regeln zur Koordination der gemeinsamen Zahlungsverkehrsabwicklung

Die Zahlungsverkehrsabkommen enthalten Bestimmungen über die Art und Weise der bargeldosen Zahlungsabwicklung. Demgemäß legen das Überweisungsabkommen und die Allgemeinen Girogrundsätze der Sparkassen fest, dass die Institute/Girostellen die Vordrucke für Überweisungen gemäß den Richtlinien für einheitliche Zahlungsverkehrsvordrucke entgegennehmen. Vereinbarungen über Betriebsnormen und technische Vorkehrungen (Verwendung standardisierter Nachrichtenformate und Leitwegkenner, Anforderungen an Mindestangaben für die weitere Bearbeitung) werden regelmäßig nicht vom Kartellrecht erfasst.[737] Diese Regelungen erleichtern sowohl die Einführung neuer Verfahren durch die Festlegung gemeinsamer Standards als auch die Abwicklung der täglich anfallenden Masse von Zahlungsvorgängen, die andernfalls nicht bewältigt werden könnte. Von dieser Vereinfachung profitiert auch der Verbraucher, da einzelne Abwicklungen beschleunigt werden. Im Allgemeinen sind daher die zwangsläufig institutsübergreifenden Verhaltenskoordinierungen, die sich darauf beschränken, die einheitliche Anwendung bestimmter gewohnheitsrechtlicher Regeln in der Praxis durchzusetzen, bis zu ihrer Unerlässlichkeit kartellrechtlich unbedenklich.[738] Dazu gehören u. a. die Behandlung von Dokumentenakkreditiven, Aufträge für Akzepte oder Inkasso, die Abgrenzung von Bank- und Eigengeschäften von Devisenhändlern bzw. Angestellten oder die Festsetzung des Kursdurchschnitts ständig gehandelter Devisen.[739] Eine ebenfalls zulässige Maßnahme zur Kosteneinsparung ist die Zentralisierung der Zahlungsverkehrsdienstleistung.[740] Differenziert zu betrachten sind Standardisierungsabsprachen, die neben Koordinationsregeln auch Zahlungsverkehrsdienstleistungen zunehmend ähnlicher werden lassen. Dies kann dazu führen, dass technische Innovationen ausbleiben und der Wettbewerb gedämpft wird. Problematisch sind auch multilaterale Vereinbarungen, wenn die Zwecke ebenso gut durch bilaterale Absprachen zu erzielen sind.[741]

---

737 *Komm.,* Bek. Überweisungssysteme, Rn. 31 f; *Komm.,* Entsch. v. 24.7.2002, ABl. Nr. L 318 v. 22.11.2002, S. 17 (Rn. 59).

738 *Komm.,* Die Anwendung der Art. 85, 86 EG durch die Gerichte der Mitgliedstaaten, S. 39.

739 *Komm.,* Entsch. v. 19.7.1989, ABl. Nr. L 253 v. 30.8.1989, S. 1 (8 f.); *Komm.,* Entsch. v. 24.6.1996, ABl. Nr. L 188 v. 27.7.1996, S. 37 (Rn. 18).

740 In diese Richtung gehen Bemühungen im Genossenschaftssektor, bei dem es seit Jahren Versuche gibt, beide Rechenzentren, GAD in Münster und Fiducia in Karlsruhe, zusammenzulegen.

741 *Kiecker,* in: Wiedemann (Hrsg.), Kartellrecht, § 33, Rn. 138.

b) Interbankenentgelte, insbesondere multilaterale Austauschgebühren

Die Allgemeinen Girogrundsätze sehen vor, dass zwischen den Girostellen der Sparkassen-Finanzgruppe in der Regel keine Verrechnungspreise berechnet werden, es sei denn, die regionalen Vereinbarungen über Kostendeckungsbeiträge, die Girogrundsätze oder die Abkommen des Kreditgewerbes sehen eine Gebühr vor.[742] Solche regionalen Vereinbarungen bestehen u. a zwischen den Sparkassen und der ehemaligen WestLB AG. Die Gebührenhöhe orientiert sich an dem von der Deutschen Bundesbank im Bankentransfer eingeforderten Entgelt.[743] Die Abkommen des Kreditgewerbes sehen Interbankenentgelte u. a. in Kreditkartensystemen, bei Lastschriftvereinbarungen (Rücklastschriften), bei Scheckeinlösungen und bei institutsfremder Nutzung von Geldautomaten[744] vor. Bei den SEPA-Lastschriften (SEPA-Basis-Lastschriftverfahren für Business to Consumer und SEPA-Firmenkunden-Lastschriftverfahren für Business to Business) ist ein Interbankenentgelt nur für eine Übergangszeit von drei Jahren geduldet, sodass nach 2012 ein einheitliches Entgelt von Null die Regel ist.[745]

Wenn keine Gebühren anfallen, wirkt sich die Vereinbarung nicht auf die Leistungserbringung zwischen Sparkasse und Endverbraucher aus. Eine Wettbewerbsbeeinträchtigung ist nicht zu erwarten. Ansonsten sind einheitlich vereinbarte Interbankenentgelte (kollektive) Preisabsprachen, die eine unabhängige Gebühren- und Preispolitik einschränken und dadurch den Wettbewerb beschränken. Gemeinsame Interbankenentgelte sind einheitliche Mindestgebühren, die für bestimmte Transaktionen verlangt werden. Diese

742 Nr. 12 Allg. Girogrundsätze, Stand Februar 2009.

743 Die Deutsche Bundesbank berechnet u. a. für die v. Kreditinstituten per Datenfernübertragung eingereichten Massenzahlungen (SEPA, DTA) ein Entgelt i. H. v. 0,0025 EUR pro Datensatz. Dieses wird auch berechnet, wenn Zahlungen aus Clearingverfahren der Bundesbank über andere Clearinginfrastrukturen weitergeleitet werden; *Deutsche Bundesbank*, Die Abwicklung v. Massenzahlungen: Das Angebot der Deutschen Bundesbank, S. 7.

744 Die Interbankenentgelte bei Fremdabhebungen mittels Girocard außerhalb des eigenen Verbunds, die das geldautomatenbetreibende Kreditinstitut dem Institut des Karteninhabers in Rechnung stellte, wurden zum 15.1.2011 abgeschafft. Das kartenausgebende Institut berechnet seinem Kunden kein zusätzliches Entgelt für Fremdabhebungen, sondern das geldautomatenbertreibende Institut kann vom Fremdkunden direkt ein frei festgelegtes Entgelt verlangen, welches vor Abhebung angezeigt wird. Der Kunde kann den Vorgang dann nach Belieben abbrechen.

745 Pressemitt. EZB/Komm. v. 24.3.2009 (http://bit.ly/dYatSq). Außerdem haben sich die europäischen Banken auf die Nutzung des Datenformats XML gemäß ISO 20022 Standard, IBAN und BIC für SEPA-Lastschriften und Überweisungen verbindlich verständigt.

führen dazu, dass sich die Beteiligten auf den jeweiligen Märkten nicht mehr durch abweichende Konditionen unterscheiden.[746] Besonders brisant sind multilaterale Austauschgebühren bei kartengestützten Zahlungssystemen.[747] Sie beeinträchtigen nicht nur den systeminternen Wettbewerb, sondern auch den Systemwettbewerb. Das gemeinsam festgesetzte Interbankenentgelt verzerrt den Wettbewerb, da es ohne Beeinflussung durch die freien Marktkräfte auf die Händlergebühren aufgeschlagen wird und damit die Rentabilität der Kartenbezahlsysteme mindert.[748]

aa) Arbeitsgemeinschaftsgedanke

Eine teleologische Reduktion nach dem Arbeitsgemeinschaftsgedanken scheidet aus, da die Interbankenentgelt-Absprachen für den gemeinsamen Kartenzahlungsverkehr nicht notwendig sind.[749] Allenfalls in der Markteintrittsphase sind einheitliche Interbankenentgelte zur Systemsteuerung unerlässlich, da eine einzelne Bank technisch und wirtschaftlich nicht in der Lage sein wird, eigenständig ein effizientes Zahlungssystem zu errichten (ancillary restraints). Das Kreditinstitut braucht möglichst viele Verbraucher, die sich an dem System beteiligen, um es für die Händler attraktiv zu gestalten. Andererseits braucht sie ebenso viele mitwirkende Händler, damit

---

746 *Komm.*, Entsch. v. 24.7.2002, ABl. Nr. L 318/17 v. 22.11.2002, S. 17 (Rn. 44); *Freigang/Grün*, WM 2005, 681 (684).

747 Vgl. die zahlreichen Entsch.: *BKartA*, Bek. Nr. 90/94 über die Anmeldung der Visa Deutschland Verfahrensregeln v. 23.11.1994, BAnz. Nr. 226 v. 2.12.1994, S. 11815; *BKartA*, Bek. Nr. 141/00 über die Änderung der Visa Verfahrensregeln v. 5.10.2000, BAnz. Nr. 195 v. 17.10.2000, S. 20627 f.; *BKartA*, Bek. Nr. 2/01 v. 16.1.2001, BAnz. Nr. 10 v. 16.1.2001, S. 563. Den ersten beiden Anmeldungen wurde nicht widersprochen, jedoch der Einführung eines kollektiven Interbankenentgelts für ec-Karten im POS-System. *Komm.*, Entsch. v. 24.7.2002, ABl. Nr. L 318/17 v. 22.11.2002, S. 17; *Komm.*, Entsch. v. 19.12.2007, ABl. Nr. C 264/8 v. 6.11.2009, S. 8; Don Cruickshank, Competition in UK Banking 2008. Die nachfolgende Beschreibung der Rechtsbeziehungen im Kreditkartengeschäft beruhen größtenteils auf *Koch*, in: Fischer/Klanten (Hrsg.), Bankrecht, Rn. 10.281 ff; *Gößmann*, in: Langenbucher/Gößmann/Werner (Hrsg.), Zahlungsverkehr, § 3; *Langenbucher*, in: Langenbucher/Gößmann/Werner (Hrsg.), Zahlungsverkehr, § 7.

748 Don Cruickshank, Competition in UK Banking 2008, Rn. 3.107 ff.; *Mundt/Buch*, WM 2001, 2142 (2152). Ein ähnliches Problem hätte sich bei der geplanten Einführung einer einheitlichen Gebühr für POS-Systeme ergeben. Dementsprechend sollte das nicht zahlungsgarantierte ELV pro Transaktion 35 Pf. und eine Transaktion im zahlungsgarantierten ec-cash 0,3 % des Transaktionsvolumens bzw. mind. 25 Pf. betragen; *BKartA*, Bek. Nr. 7/2001 v. 11.1.2001, BAnz. Nr. 13 v. 19.1.2001, S. 737.

749 *Mundt/Buch*, WM 2001, 2142 (2146).

die Verbraucher das System überhaupt annehmen (chicken-or-egg-problem).[750] Die kartenemeritierende Bank hat daher einen erheblichen finanziellen Aufwand, um das Kartenzahlungssystem interessant zu gestalten (ansprechende Kartenproduktion, Entwicklung von Sicherheitsstandards, Marketing).

bb) Freistellungsmöglichkeiten

Der wirtschaftliche Nutzen kartengestützter Bezahlsysteme mit multilateraler Austauschgebühr liegt vor allem in der Vereinfachung der unbaren Zahlungsvorgänge. Bilaterale Verhandlungen über Gebühren stoßen ab einer gewissen Teilnehmeranzahl an ihre Grenzen. Massenhaft singuläre Vertragsabschlüsse können die Zahlungstransaktionen verlangsamen und zu höheren Kosten – eventuell auch für den Verbraucher – führen.[751] Multilaterale Austauschgebühren sind insofern effizient, als durch sie Zeit und Kosten eingespart werden können.

An diesen Vorteilen muss der Verbraucher angemessen beteiligt werden. Dabei sind nicht bloß Endverbraucher, sondern auch beteiligte Händler und sonstige Dritte (Barzahler) zu berücksichtigen.[752] Die Kartenzahler profitieren von der schnellen und kostengünstigen Abwicklung durch multilaterale Interbankenentgelte. Allerdings wird der kartellierte Preis durch die non-discrimination rule nicht allein von den Systemnutzern bezahlt. Die Händler und/oder bei Umlegung der Gebühren die Barzahler begleichen ebenfalls (mittelbar) die Interbankenentgelte. Eine angemessene Beteiligung sämtlicher Verbraucher besteht somit nicht.[753] Die undifferenzierte Massengebühr führt zu einer gesamtwirtschaftlichen Fehlallokation und widerspricht

---

750 *Mundt/Buch,* WM 2001, 2142 (2148).

751 *Komm.,* Entsch. v. 11.12.1986 (»ABB«), ABl. Nr. L 7 v. 9.1.1987, S. 27 (Rn. 48); *Komm.,* Entsch. v. 24.7.2002, ABl. Nr. L 318 v. 22.11.2002, S. 17 (Rn. 101), wobei die Komm. zu bedenken gibt, dass Effizienzgewinne bei multilateralen Austauschgebühren in einheimischen Systemen kritischer zu beurteilen sind, da mit schwindender Anzahl der teilnehmenden Banken die Vorteile der Vereinbarung die Nachteile nicht aufwiegen; *Krüger,* ZfgK 2009, 822 (823 f.).

752 S. 5. Kap. B II 4 c) a) (2).

753 *Komm.,* Entsch. v. 19.12.2007, ABl. Nr. C 264/8 v. 6.11.2009, S. 8 (Rn. 23). Überdies zeigt eine Statistik der EZB, dass diejenigen Kartensysteme ohne Interbankenentgelt die höchste Kartenanwendung pro Kopf der Bevölkerung in der EU haben; zit. nach *Willershausen,* in: Meder/Beesch (Hrsg.), jurisPR-BKR 2/2008 Anm. 1, S. 3.

dem Verursacherprinzip.[754] Dem kann nicht entgegengehalten werden, das Interbankenentgelt sei keine Gegenleistung für eine bestimmte Dienstleistung, sondern eine Transferleistung zum Ausgleich eines bestehenden Ungleichgewichts durch positive externe Netzwerkeffekte für die issuer.[755] Denn der Händler muss sich nicht durch ein zusätzliches Interbankenentgelt an Netzwerkeffekten beteiligen. Die kartenausgebende Bank trägt zwar die Kosten der Kartenausgabe, an der auch der Händler durch eventuelle Spontaneinkäufe oder vermindertes Bargeldrisiko profitieren kann.[756] Andererseits ist der Akzeptanzhändler nicht der Veranlasser der Kartenzahlung und bezahlt für die Vorteile, die überwiegend in der Infrastruktur und Abrechnung liegen, ein Händlerentgelt. Verursacher ist der Karteninhaber, der die freie Wahl der Zahlungsart hat. Dementsprechend ist er an den Kosten des Emittenten, z. B. durch bilaterale Karteninhaberentgelte (Ausgabepreis für Karte/Entgelt pro Transaktion), zu beteiligen.[757] Eine solche, dem Verursacherprinzip entsprechende Entgeltbelastung des Kunden lehnte der BGH bisher zumeist mit dem Hinweis ab, dass das »Verursacherprinzip von vornherein fehl [gehe], da dieses für die Preisgestaltung im nicht regulären Wettbewerb rechtlich bedeutungslos [sei].«[758] Dieses Leitbild dürfte mit Einführung des neuen Zahlungsdiensterechts korrigiert sein, denn § 675o Abs. 1 S. 4 BGB sieht eine verursachergerechte Bepreisung ausdrücklich

---

754 *BKartA,* Pressemitt. v. 7.3.2001, S. 1 (http://bit.ly/hegr5P); *Mundt/Buch,* WM 2001, 2142 (2149); *Freigang/Grün,* WM 2005, 681 (688); a. A. *Massari,* Wettbewerb, S. 110.

755 So die Argumentation v. Visa in *Komm.,* Entsch. v. 24.7.2002, ABl. Nr. L 318/17 v. 22.11.2002, S. 17 (Rn. 14).

756 In einer Untersuchung der schweizerischen Wettbewerbskomm. wird die Zunahme v. Spontaneinkäufen durch die Bereitstellung v. Kreditkartenzahlungen, zumindest bei etablierten Systemen, verneint: »Während Spontankäufe bei der Lancierung der Kreditkartensysteme eine Rolle gespielt haben mögen, so scheint die Möglichkeit, mit einer Kreditkarte zu bezahlen, aufgrund der weiten Verbreitung der Kreditkarten kein entscheidendes Kaufkriterium mehr zu sein. Es handelt sich hier also nicht um einen sachlichen Grund, der geeignet wäre, die den Geschäftspartnern auferlegten Nachteile zu rechtfertigen.«; s. *Wettbewerbskomm.,* RPW 2003/1, S. 156 (Rn. 271).

757 Die durchschn. Jahresgebühr in Frankreich für französische Debitkarten liegt bei 35 EUR und für Kreditkarten bei 43 EUR, *Krüger,* ZfgK 2009, 822 (824). In Irland zahlen die Nutzer der Karten für jede Transaktion einen Betrag v. ca. 0,12 EUR pro Transaktion mit der Debitkarte, Financial Times v. 3.5.2000, zit. nach *Mundt/Buch,* WM 2001, 2142 (2150, Fn. 92).

758 *BGH,* Urt. v. 13.2.2001 – XI ZR 197/00 –, in: NJW 2001, 1419 (1420). Anders bei Postenpreisen; s. *BGH,* Urt. v. 7.5.1996 – XI ZR 217/95 –, in: BGHZ 133, 10 (17) und Zeichnungsgebühr bei Aktien-Neuemissionen, unabhängig v. der Zuteilung; *BGH,* Urt. v. 28.1.2003 – XI ZR 156/02 –, in: BGHZ 153, 344 (350).

vor.[759] Danach können dem Kunden, der Überweisungsaufträge u. a. trotz fehlender Deckung erteilt, die anfallenden Kosten auferlegt werden.[760] Überdies ist ein einheitliches Interbankenentgelt für eine Kostenallokation nicht notwendig.[761]

Ob darüber hinaus ausreichender Restwettbewerb verbleibt, ist einzelfallabhängig. In der Vergangenheit wurden Einschränkungen des Systemwettbewerbs durch Interbankenentgelte geduldet, wenn ein ausreichender systeminterner Wettbewerb bestand.[762] Die Wahl des Endverbrauchers zwischen verschiedenen Zahlungsformen sollte für einen ausreichenden wettbewerblichen Druck auf die Interbankenentgelte sorgen. Problematisch ist dies, wenn die rivalisierenden Zahlungssysteme ebenso Interbankenentgelte vorsehen und die beteiligten Banken auch Mitglieder der konkurrierenden Zahlungssysteme sind.[763]

c) Haftungsregeln

Die Allgemeinen Girogrundsätze der Sparkassen sehen zwei unterschiedliche Haftungsfälle vor.[764] Der erste Fall betrifft die Haftung für Schäden wegen Nichtbeachtung der Bestimmungen der Girogrundsätze. Der zweite Fall sieht eine Haftung für Schäden vor, die auf andere Weise schuldhaft verursacht wurden.

759 *Bitter,* in: Schäfer (Hrsg.), FS Ott, S. 153 ff.

760 *Bitter,* ZBB 2007, 237 (241 ff.); *Bitter,* WM 2010, 1773 (1781).

761 *Mundt/Buch,* WM 2001, 2142 (2148 ff.); *Schwintowski,* VuR 2001, 135 (138); a. A. *Komm.,* Entsch. v. 24.7.2002, ABl. Nr. L 318 v. 22.11.2002, S. 17 (Rn. 87 ff.). Die Komm. hält eine gewisse (transparente) Gebührenentlastung der Bank für Verwaltungskosten, Kosten der Zahlungsgarantie sowie für die zinsfreie Finanzierungzeit des Zahlenden für unerlässlich. Die Argumente treffen jedoch allenfalls für grenzüberschreitende Interchange-Gebühren zu und sind nicht auf rein nat. Sachverhalte übertragbar; s. *Freigang/Grün,* WM 2005, 681 (690).

762 *Komm.,* Entsch. v. 10.12.1984, ABl. Nr. L 35 v. 7.2.1985, S. 43 (Rn. 41); *Komm.,* Entsch. v. 12.12.1986, ABl. Nr. L 43 v. 13.2.1987, S. 51 (Rn. 70); *Komm.,* Entsch. v. 19.7.1989, ABl. Nr. L 253 v. 30.8.1989, S. 1 (Rn. 65); Bek. Überweisungssysteme, Rn. 22. Insoweit bereits kritischer *Komm.,* Entsch. v. 19.12.2007, ABl. Nr. C 264/8 v. 6.11.2009, S. 8 (Rn. 20), wonach weder die Kräfte des Systemwettbewerbs noch der Druck der akquirierenden Bank oder Händler ausreichend seien.

763 *Mundt/Buch,* WM 2001, 2142 (2153); zu pauschal *Massari,* Wettbewerb, S. 107 ff. Die Sparkassenkunden können sich eine Kreditkarte Mastercard bzw. Visa Card und zugleich auch eine Girocard – SparkassenCard – (ehemalige ec-Karte) ausstellen lassen.

764 Nr. 13 Allg. Girogrundsätze, Stand Februar 2009.

Haftungsregelungen der ersten Kategorie beeinträchtigen den Wettbewerb, wenn die Haftung an eine Bestimmung anknüpft, die ihrerseits wettbewerbsbeschränkend wirkt.[765] Denn die Haftungsregeln erhöhen die Wahrscheinlichkeit, dass die Sparkassen die wettbewerbswidrigen Regeln aus Furcht vor Haftungskonsequenzen befolgen. Bei den Haftungsregelungen der zweiten Gruppe ist zwischen Bestimmungen, die Auswirkungen gegenüber dem Bankkunden haben können und solchen, die die Risiken zwischen den Sparkasseninstituten verteilen, zu differenzieren. Diejenigen Haftungsverteilungsregeln, die keinerlei Einfluss auf die Kunden haben, stellen keine Wettbewerbsverletzungen dar. Alle anderen, die die Haftung auf den Kunden abwälzen, können wettbewerbsrechtlich relevant sein. Denn es besteht das Risiko, dass Haftungskonditionen vereinheitlicht werden und die Wettbewerber ihre autonome Handlungsfreiheit verlieren, indem sie sich über das »Ob« einer Haftungsübernahme und deren Höhe abstimmen.[766]

d) Ausführungsverpflichtungen

aa) Klassische Zahlungsmittel

Ausführungspflichten existieren in den Zahlungsverkehrsabkommen der klassischen Zahlungsmittel nicht, weil eine Kontrahierungspflicht mittelbar oder unmittelbar bereits durch die rechtliche Ausgestaltung der Zahlungsmittel besteht.

Bei einem Überweisungsauftrag (Zahlungsauftrag) wird die Sparkasse als Zahlungsdienstleister durch ihren Kunden beauftragt, dem Zahlungsdienstleister des Zahlungsempfängers durch einen Zahlungsvorgang einen bestimmten Geldbetrag zu übermitteln, damit dieser dem Konto des Zahlungsempfängers gutgeschrieben werden kann (§ 675f Abs. 3 BGB). Der Zahlungsauftrag des Kunden wird an das Verbandsrechenzentrum weitergeleitet, das dem Begünstigten den Betrag gutschreibt (innerbetriebliche Verrechnung). Ist der Kunde ein Fremdkunde, wird das Geld in das jeweilige Gironetz weitergeleitet (institutsfremde Überweisung). Das Deckungsverhältnis (i. d. R. ein Zahlungsdiensterahmenvertrag gemäß § 675f Abs. 2 BGB) zwischen dem Überweisenden und seinem Zahlungsdienstleister unterliegt

---

765 *Massari,* Wettbewerb, S. 103.
766 *Massari,* Wettbewerb, S. 103.

als Zahlungsdienstevertrag den §§ 675c ff. BGB.[767] Die Pflicht, den Zahlungsvorgang auszuführen, ergibt sich je nach Ausgestaltung aus dem Einzelzahlungsvertrag (bei der Ausführungsverpflichtung eines einzelnen Zahlungsvorgangs aus § 675f Abs. 1 BGB) bzw. aus dem Zahlungsdiensterahmenvertrag (bei der Ausführungsverpflichtung mehrerer aufeinander folgender Zahlungsvorgänge aus § 675f Abs. 2 BGB) sowie aus § 675q Abs. 1 BGB. Der Zahlungsvorgang nach § 675f Abs. 3 BGB verlangt die Übermittlung des Bar- oder Buchgeldes als die vom Zahlungsdienstleister vertraglich geschuldete Leistung.[768] Dies umfasst den Geldfluss und erstreckt sich bei einer bargeldlosen Zahlung für das Deckungsverhältnis vom Konto des Zahlers bis zum Eingang auf dem Konto des Zahlungsdienstleisters des Zahlungsempfängers.[769] Die Bank des Gläubigers muss diesem den Betrag unverzüglich zur Verfügung stellen (§ 675t Abs. 1 S. 1 und 3 BGB).

Eine solche Ausführungspflicht besteht ebenfalls beim Lastschriftverfahren. Das Lastschriftverfahren funktioniert wie ein rückläufiges Überweisungsverfahren.[770] Es ist ein vom Zahlungsempfänger ausgelöster Zahlungsvorgang

767 Nach Inkrafttreten des neuen Zahlungsverkehrsrechts (31.10.2009) werden die bestehenden Girokontoverträge oder ähnliche Rahmenvereinbarungen, die zur Ausführung v. Zahlungsvorgängen berechtigen, als Zahlungsdiensterahmenvereinbarungen bzw. als Einzelzahlungsvertrag gemäß § 675f Abs. 1 u. 2 BGB eingestuft; s. *Koch,* in: Fischer/Klanten (Hrsg.), Bankrecht, Rn. 10.52. Der Einzelzahlungsvertrag verpflichtet den Zahlungsdienstleister, einen Zahlungsvorgang für den Zahlungsdienstnutzer auszuführen. Durch den Zahlungsdiensterahmenvertrag wird der Zahlungsdienstleiter verpflichtet, für den Zahlungsdienstnutzer diverse Zahlungsvorgänge auszuführen und ggf. für den Nutzer ein auf dessen Namen lautendes Zahlungskonto zu führen. Der Zahlungsdienstnutzer ist die Person, die einen Zahlungsdienst als Zahler, Zahlungsempfänger oder in beiden Eigenschaften in Anspruch nimmt. Zahlungsvorgang ist jede Bereitstellung, Übermittlung oder Abhebung eines Geldbetrags, unabhängig v. der zugrunde liegenden Rechtsbeziehung zwischen Zahler und Zahlungsempfänger. Zu den Definitionen *Koch,* in: Fischer/Klanten (Hrsg.), Bankrecht, Rn. 10.19 ff.

768 Entwurf VerbrKrRL-UG, BT-Drucks. 16/11643, S. 102; Palandt/*Sprau,* § 675f, Rn. 31. S. zur alten Rechtslage den eindeutigen Wortlaut des § 676f Abs. 1 BGB a. F.: »Durch den Girovertrag wird das Kreditinstitut verpflichtet, für den Kunden ein Konto einzurichten, eingehende Zahlungen auf dem Konto gutzuschreiben und abgeschlossene Überweisungsverträge zu Lasten dieses Kontos abzuwickeln.« § 676f BGB wurde mit Wirkung v. 31.10.2009 durch Gesetz zur Umsetzung der VerbraucherkreditRL, des zivilrechtlichen Teils der ZahlungsdiensteRL sowie zur Neuordnung der Vorschriften über das Widerrufs- und Rückgaberecht (VerbrKrRL-UG) v. 29.7.2009 (BGBl. I S. 2355) aufgehoben.

769 Palandt/*Sprau,* § 675f, Rn. 16; *Nobbe,* WM 2011, 961 (963); *Köndgen,* JuS 2011, 481 (486).

770 *Köndgen,* JuS 2011, 481 (482).

zur Belastung des Zahlungskontos des Zahlers, dem dieser gegenüber dem Zahlungsempfänger, dessen Zahlungsdienstleister oder seinem eigenen Zahlungsdienstleister zustimmt (§ 1 Abs. 4 ZAG). Beim Einzugsermächtigungsverfahren liegt eine Genehmigung des Schuldners vor, die den Gläubiger zum Einzug ermächtigt. Beim Abbuchungsauftragsverfahren erfolgt die Zahlung aufgrund der Weisung des Schuldners an seine Bank.[771]

Dem Scheck liegt eine Sonderform der Anweisung zugrunde.[772] Der Zahlungsvorgang im Zusammenhang mit der Ausstellung und Einlösung des Schecks ist kein Zahlungsdienst im Sinne der §§ 675c ff. BGB, auch wenn der Bezogene (Art. 1 Nr. 3, Art. 3 ScheckG) normalerweise ein Kreditinstitut ist. Der im Deckungsverhältnis zwischen Bezogenem und Aussteller (Kunde) abgeschlossene Scheckvertrag unterliegt den allgemeinen Regeln der Geschäftsbesorgung.[773] Die im Scheck stillschweigend enthaltene scheckvertragliche Weisung verpflichtet das Kreditinstitut, den vom Kunden auf das Kreditinstitut gezogenen formgültigen Scheck einzulösen. Das Kreditinstitut hat die Weisung des Kunden jedenfalls zu beachten, solange keine Schecksperre vorliegt oder die Verpflichtung aus anderen Gründen entfällt (mangelnde Kontodeckung).[774] Der Inhalt richtet sich nach den Scheckbedingungen (AGB) des Kreditinstituts, die in der Regel in die Geschäftsbeziehungen einbezogen werden.[775]

Das Kreditinstitut des Zahlungsempfängers verliert durch die Ausführungspflichten die Handlungsalternative, ankommende Aufträge abzulehnen. Spiegelbildlich büßt das Kreditinstitut des Auftraggebers die Freiheit ein, das Zielinstitut auszuwählen. Diese Einschränkungen sind keine Wettbewerbsbeschränkungen, sondern funktionsnotwendige Kooperationen zur Realisierung der Dienstleistung unbarer Zahlungsverkehr. Eine freie Partnerwahl bei der Abwicklung des unbaren Zahlungsverkehrs besteht von vornherein nicht. Die Ausführungspflichten verhindern vielmehr, dass die Zahlungsempfängerbank ihre Monopolstellung bei der Abwicklung des Zahlvorgangs missbraucht, indem sie die Gutschrift nicht vornimmt.[776]

---

771 *Kümpel,* in: Ekkenga/Kümpel/Hadding/Hammen (Hrsg.), FS Kümpel, Rn. 4.428, 4.441; *Schwintowski,* VuR 2001, 134 (135).

772 Dementsprechend ist u. a. die Annahme eines Schecks wirkungslos; s. Art. 4 ScheckG; Palandt/*Sprau,* § 675, Rn. 14; Palandt/*Sprau,* § 783, Rn. 13.

773 Palandt/*Sprau,* § 675, Rn. 14.

774 *Koch,* in: Fischer/Klanten (Hrsg.), Bankrecht, Rn. 10.237.

775 Die Muster-AGB der Banken, Sparkassen sowie Volks-und Raiffeisenbanken (AGB-Spark.) wurden 2009 aufgrund der VerbrKrRL-UG neu gefasst.

776 *Komm.,* Entsch. v. 24.7.2002, ABl. Nr. L 318 v. 22.11.2002, S. 17 (Rn. 79).

bb) Kartengestützte Zahlungssysteme

Ähnlich verhält es sich mit den Ausführungspflichten in kartengestützten Zahlungssystemen. Auch hier besteht regelmäßig eine Pflicht der Banken gegenüber den Kreditkartengesellschaften, sich an Zahlungstransaktionen zu beteiligen.[777] Dieser Verlust der Handlungsfreiheit ist ebenfalls eine funktionsnotwendige Absprache für die Realisierung der Dienstleistung kartengestützter unbarer Zahlungsverkehr.[778]

e) Diskriminierungsverbote

Differenzierter sind Diskriminierungsverbote innerhalb kartengestützter Zahlungssysteme zu betrachten. In der Markteinführungsphase sind sie nicht wettbewerbsbeschränkend, sondern tragen dazu bei, dass sich die Akzeptanz für das neue Zahlungsmittel beim Verbraucher erhöht. Damit erleichtern sie die Ausbreitung und Marktdurchdringung des neuen wettbewerbsfördernden Mitbewerbers im kartengestützten Zahlungsverkehr.[779] Anders zu beurteilen ist dies innerhalb etablierter Zahlungssysteme. Hier ist ein Preisaufschlagsverbot zur Systemaufrechterhaltung nicht erforderlich und stellt eine ungerechte Kostenverlagerung zu Lasten des Händlers dar. Es dämpft den Preiswettbewerb, da der Vertragshändler nicht autonom über die Konditionen für die Kartenzahlung befinden kann und der Endverbraucher mangels unterschiedlicher Angebote zwischen den Zahlungssystemen sein Nachfrageverhalten nicht am Preis ausrichtet.[780] Eine Freistellung scheidet aus, da eine non-discrimination rule für das Funktionieren etablierter Kartenzahlungssysteme nicht unerlässlich ist. Dies zeigt bereits ein Blick in die

---

777 Nr. 7 Sparkassenbedingungen Mastercard/Visa Card, wonach die Sparkasse/Landesbank bei der Nutzung der Kreditkarte die entstandenen sofort fälligen Forderungen der Vertragsunternehmen gegen den Karteninhaber bezahlen wird, Fassung Oktober 2009; *Reinfeld,* WM 1994, 1505 (1511)

778 *Massari,* Wettbewerb, S. 100.

779 *Taradantchik,* Wettbewerbsrechtliche Aspekte kartengesteuerter Zahlungssysteme, S. 77; *Massari,* Wettbewerb, S. 96 ff. Zu dem anfänglich bestehenden Chicken-or-egg-problem s. 5. Kap. C IV 2 b) aa).

780 *Wettbewerbskomm.,* RPW 2003/1, S. 156, Rn. 274; *Hönn,* ZBB 1991, 6 (14); *Mundt/Buch,* WM 2001, 2142 (2143, 2153); a. A. *Komm.,* Entsch. v. 9.8.2001, ABl. Nr. L 293 v. 10.11.2001, S. 24 (Rn. 54 ff.). Die Komm. meint aufgrund v. Marktuntersuchungen den Nachweis dafür erbracht zu haben, dass vom Diskriminierungsverbot keine spürbaren wettbewerbsbeschränkenden Wirkungen i. S. v. Art. 101 Abs. 1 AEUV ausgehen. Dabei übersieht sie allerdings, dass die non-discrimination rule dazu führt, dass gegenüber dem Akquirier ein entsprechender Nachfragedruck fehlt und dadurch Wettbewerb unter den verschiedenen Kreditkartensystemen verhindert wird.

Mitgliedstaaten, die das Verbot aufgehoben haben und in denen der Kreditkartenzahlungsverkehr gleichwohl ungehindert zugenommen hat.[781]

D. Bargeldversorgung durch Geldautomatenverbünde

In Deutschland erfolgt die Bargeldversorgung durch Geldautomaten über Zusammenschlüsse der verschiedenen Kreditinstitutsgruppen zu Verbünden.[782] Der Service, unabhängig von den Geschäftszeiten an Geldautomaten Bargeld abzuheben, wurde in Deutschland im April 1979 durch die Spitzenverbände der Kreditwirtschaft in Zusammenarbeit mit der Deutschen Bundespost eingeführt. Der Netzausbau verlief zunächst zögerlich, sodass drei Jahre nach Einführung bundesweit erst 700 Automaten betriebsbereit waren.[783] Die Sparkassen betreiben bundesweit 25.700 Geldautomaten, einschließlich der Geldautomaten der Landesbanken.[784] Zum Vergleich dazu unterhält die größte Direktbank ING DiBa ca. 1200 Automaten.[785] Die Commerzbank, die Deutsche Bank, die HypoVereinsbank sowie die Postbank (inkl. Tochterunternehmen) betreiben zusammen ca. 9.000 inländische Geldautomaten.[786]

I. Deutsches Geldautomaten-System (DGS)

An den Geldautomaten des Deutschen Geldautomaten-Systems (DGS) werden die von den Mitgliedsinstituten herausgegebenen Debitkarten mit

781 Schweden, Großbritannien, Dänemark, Niederlande; s. *Bank for International Settlements,* Retail Payments in selected countries, S. 14 f., 27. In Großbritannien wurde die non-discrimination rule bereits anfangs der 90er Jahre als Reaktion auf den Bericht der Monopolies and Mergers Commission aus dem Jahr 1989 aufgehoben; *The Monopoly and Mergers Commission, Credit Card Services,* London 1989.

782 Die m. W. z. 16.3.1998 gegründete Cash-Group (Deutsche Bank AG, Deutsche Bank Privat- und Geschäftskunden AG, Commerzbank AG, DAB bank AG, Dresdner Bank AG, norisbank GmbH, Oldenburgische Landesbank AG, Reuschel & Co. KG, Bayerische Hypo- und Vereinsbank AG, Berliner Bank AG, comdirect bank AG, Bankhaus Neelmeyer AG, Deutsche Postbank AG), das Sparkassen-Netz, der Cashpool (Sparda-Banken, Targobank, SEB, Santander) und das BankCard-Servicenetz der Genossenschaftsbanken.

783 *Kleine,* Aktuelle Probleme im ec-Geldautomaten-System, S. 1 f.

784 *Sparkassen-Finanzgruppe,* Jahresbericht 2008, S. 3 (Stand: 31.12.2008).

785 http://bit.ly/qQeyPb.

786 http://bit.ly/nrIKpk.

dem Girocard-[787] und/oder dem electronic cash-PINPad-Piktogramm akzeptiert. Die automatenbetreibenden Kreditinstitute können zudem Geldautomatenanwendungen anderer Zahlungssysteme, wie Mastercard, Visa, EUFISERV, anbieten. Die rechtliche Grundlage für die Bargeldabhebung an inländischen Geldautomaten ist die Vereinbarung über das Deutsche Geldautomaten-System (kurz: VGA). Sie wurde von den Mitgliedern des ZKA rechtsverbindlich abgeschlossen und verpflichtet die automatenbetreibenden Kreditinstitute, ihre Geldautomaten allen Girocard-Inhabern institutsübergreifend zur Verfügung zu stellen. Dafür können sie von den kartenausgebenden Instituten ein Entgelt für die Benutzung des eigenen Geldautomaten verlangen (Punkt 6 Abs. 1 S. 1 VGA). Eine auf Nr. 7 S. 2 VGA a. F. beruhende »Vereinbarung über die Festsetzung einer Höchstgebühr für die Benutzung der institutsübergreifenden Geldautomaten« vom 1.7.1993 bestimmte, dass ein Bankgeschäft an institutsfremden Geldautomaten bei Beträgen bis 400 DM mit einem Höchstentgelt von 4 DM und bei Beträgen über 400 DM mit einem maximalem Entgelt in Höhe von 1 Prozent des Verfügungsbetrags belastet werden darf.[788] Diese Vereinbarung kündigte der DSGV mit Wirkung zum 1.3.1997.[789] Anlass der Kündigung war, dass die Sparkassen ihr Geldautomatennetz anderen Banken nicht länger zur Verfügung stellen wollten, da sie den Wettbewerbsvorteil eines gut ausgebauten Geldautomatennetzes erkannten.[790] Dies betraf vor allem die Direktbanken, die kein eigenes entsprechend ausgebautes Netz besitzen. Seither wird die Entgelthöhe im Einzelfall durch die automatenbetreibenden Banken nach internen Regeln festgelegt. Aus dieser Situation entwickelte sich das Heimatbankmodell.

1. Heimatbankmodell der Sparkassen-Finanzgruppe

Die deutschen Kreditinstitute haben sich größtenteils in Geldautomatenverbünden organisiert. Innerhalb des Verbunds können die eigenen Kunden an

---

787 Das Girocard-Piktogramm ist ein v. der Euro-Kartensysteme GmbH für die dt. Kreditwirtschaft eingetragenes Markenzeichen für das electronic cash-System und das Deutsche Geldautomaten-System (Nr. 1a) Abs. 2 VGA).

788 *Koch/Vogel,* in: Langenbucher/Gößmann/Werner (Hrsg.), Zahlungsverkehr, § 5, Rn. 6.

789 Die anderen Spitzenverbände der Finanzbranche anerkannten die Kündigung durch den DSGV nicht. Realiter halten sich die Sparkassen seit März 1997 nicht mehr an die Höchstgebührenvereinbarung; näher *Fischer,* in: Hadding/Hopt/Schimansky, Kartengesteuerter Zahlungsverkehr, Bankrechtstag 1998, S. 157.

790 *Fischer,* in: Horn/Lwowski/Nobbe (Hrsg.), FS Schimansky, S. 112 (118).

inländischen Geldautomaten gegen eine geringe Gebühr oder kostenfrei Geld abheben, da die Kooperationsvereinbarungen keine oder betragsmäßig beschränkte Interbankenentgelte vorsehen. Dementsprechend regeln die Heimatsparkassengrundsätze der Sparkassen-Finanzgruppe, dass die internen Verrechnungspreise für Barauszahlungen an Geldautomaten nicht an den Kunden weitergegeben werden sollen.[791]

Die Grundsätze der Heimatbankmodelle der Sparkassen bleiben von der EU-Preis-VO unberührt.[792] Bei der Entgeltfestsetzung kann der Grundsatz der gebührenmäßigen Gleichstellung der EU-PreisVO zu beachten sein (Art. 1 Abs. 1 i. V. m. Art. 3 Abs. 1 EU-PreisVO), der auch für Abhebungen eines Geldbetrags am Geldautomaten (Art. 2 Nr. 7 EU-PreisVO) gilt.[793] Die EU-PreisVO regelt das Verhältnis der Entgelte für inländische und grenzüberschreitende Transaktionen innerhalb eines Instituts, schreibt den Instituten jedoch keine genauen Preisfestsetzungsvorgaben vor. Das Geldabheben an ausländischen Geldautomaten muss nicht unentgeltlich zur Verfügung gestellt werden, denn ein Pendant zum kostenfreien inländischen Geldabheben im Heimatbankmodell gibt es mangels ausländischer Zweigstellen nicht. Zudem wurde ein einheitlicher Betrag für institutsfremde Abhebungen an Geldautomaten, anders als bei den privaten Banken, nicht festgesetzt. Weitergehende Vereinbarungen über Interbankenentgelte für Fremdkundenabhebungen enthalten die Regelungen nicht.

2. Entgeltregelung bei Girocard-Verfügungen von Fremdkunden

Unabhängig von den übrigen Regeln über Heimatverbünde und Kreditkarteninterbankenentgelte gilt seit dem 15.1.2011 eine neue branchenweite Entgeltlösung. Dem Kunden muss bei Benutzung der Girocard an fremden Geldautomaten vorher angezeigt werden, wie teuer die Bargeldabhebung wird. Ist der Kunde mit der Entgelthöhe nicht einverstanden, kann er den Auszahlungsvorgang kostenfrei abbrechen. Bei Zustimmung wird das vom Betreiber berechnete Entgelt zusammen mit dem abgehobenen Betrag vom Kundenkonto abgebucht. Die Interbankenentgelte, die das geldautomatenbetreibende Kreditinstitut dem Institut des Karteninhabers bei Fremdabhebungen berechnete, wurden damit abgeschafft. Das kartenausgebende Institut

791 Nr. 2 u. 3 Heimatsparkassengrundsätze, Fassung Februar 2009; Nr. 1 Anlage »Vereinbarung über Geldautomaten-Auszahlungen an Girokunden der Sparkassen-Finanzgruppe«, Fassung Februar 2009.

792 *Kranz,* BBL 2002, 261 (264).

793 Art. 1 Abs. 1 EU-PreisVO, ABl. L 266/11.

berechnet seinem Kunden kein zusätzliches Entgelt für Fremdabhebungen, sondern das geldautomatenbertreibende Institut kann vom Fremdkunden direkt ein frei festgelegtes Entgelt verlangen. Ausschlaggebend für die Einigung mag die Einleitung eines Vorprüfungsverfahrens des Bundeskartellamts im Februar 2010 gewesen sein, mit dem Ziel, die kartellrechtliche Zulässigkeit von Interbankenentgelten zu überprüfen. Infolgedessen haben sich die privaten Banken darüber hinaus verständigt, für Bargeldabhebungen von Fremdkunden nicht mehr als 1,95 EUR in Rechnung zu stellen. Sparkassen und Volksbanken lehnen starre Preisobergrenzen ab. Davon unberührt bleiben die Interbankenentgelte der Heimatbankmodelle und die für Kreditkartentransaktionen. Dementsprechend sehen die Visa-Regularien für inländische Geldautomatenverfügungen mit der Visa-Karte zurzeit ein Entgelt von 1,74 EUR vor.[794] Die Gebührenhöhe bei der Bargeldabhebung bis zu 200 EUR mit der Visa-Karte mit PIN-Eingabe ist für alle teilnehmenden Banken am Visa-Systems verbindlich.

Bedenken wirft die Entgeltreglung im Hinblick auf den Grundsatz der gebührenmäßigen Gleichstellung der EU-PreisVO auf. Denn der Betrag für inländische und ausländische Verfügungen an fremden Geldautomaten darf in der Höhe nicht divergieren. Dementsprechend müssen alle Transaktionen an ausländischen Geldautomaten lediglich mit 1,95 EUR bepreist werden.[795] Besonders weitreichend sind die Auswirkungen der EU-PreisVO in Ländern mit landesweit kostenlosen Bargeld-Service am Geldautomaten für alle Kunden.[796]

794 Das Mastercard-Abkommen sieht 1,70 EUR vor; *Kapp/Rauhut,* WM 2010, 1111 (1112).

795 Die privaten Banken verlangen für Abhebungen im Inland 1,95 EUR. Die Deutsche Bank verlangt für Abhebungen im Ausland Interbankenentgelte v. 1 % bzw. mind. 5,99 EUR; Preis- und Leistungsverzeichnis Deutsche Bank AG, S. 15, Stand: 1.1.2011. Die Commerzbank berechnet für Barauszahlungen an eigene Kunden bei fremden ausländischen Geldinstituten am Geldautomaten 1 % auf den Auszahlungsbetrag, aber mind. 5,98 EUR; Preisaushang der Commerzbank, Stand: 17.6.2011.

796 Die österreichischen Banken erheben grundsätzlich keine Gebühren für inländische Abhebungen an Bankomaten (Name der österreichischen Geldautomaten) einer fremden Bank (http://bit.ly/k16GCN). Eine Ausnahme davon machen einige österreichische Raiffeisenbanken wie der Raiffeisenverband Salzburg oder die Raiffeisenlandesbank Tirol. Ebenso können Niederländer, Schweden, Isländer, Portugiesen und Iren gebührenfrei Fremdabhebungen an inländischen Geldautomaten tätigen (http://bit.ly/ho2qP7).

3. Geldautomatensperre für Fremdkunden und Gebührenregelungen bei Fremdabhebungen

Immer wieder beherrscht der Streit um Geldautomatengebühren die Schlagzeilen der Medien. Bereits in den 90er Jahren stritten die Bankengruppen um die Höhe der Geldautomatengebühren bei institutsfremden Abhebungen.[797] Im Jahr 2009 erreichte der Streit seinen vorläufigen Höhepunkt.[798] Hintergrund der Auseinandersetzung war die Verwendung von Visa-Kreditkarten mit Bargeldfunktion, die die Direktbanken ihren Kunden bei Abschluss eines Girovertrags (Zahlungsdiensterahmenvertrag gemäß § 675f Abs. 2 BGB) zur Verfügung stellen. Damit können die Kunden Bargeld an fremden Geldautomaten abheben, ohne dass die Direktbanken in ein eigenes Geldautomatennetz investieren müssen. Die Einsparungen geben sie an ihre Kunden in Form von günstigen Konditionen weiter. Im Zuge der Auseinandersetzung sperrten etwa 50 Sparkassen ihre Geldautomaten für Visa-Kreditkarten von acht Banken (u. a. Postbank, Comdirect, Deutsche Kreditbank, GE Money Bank).[799] Die Sparkassen werfen den Banken vor, ihr gutausgebautes Geldautomatennetz zur Bargeldversorgung der eigenen Kunden auszunutzen. In die jüngste Auseinandersetzung hat sich die Politik eingeschaltet und fordert, dass die durchschnittlich anfallenden 5,64 EUR für Fremdabhebungen, insbesondere unter Berufung auf die anfallenden tatsächlichen Kosten von 60 Cent pro Abhebungsvorgang, reduziert werden.[800] Auch die Gerichte und das Bundeskartellamt haben sich mit der Sperrung der Geldautomaten befasst.[801]

---

797 *Berliner Zeitung* v. 26.2.1997; *Der Spiegel* v. 23.6.1997.

798 *Handelsblatt* v. 20.7.2009: »Banken langen am Geldautomat kräftig zu«; *Handelsblatt* v. 30.1.2009: »Visa-Streit: Sparkasse Dinslaken-Voerde-Hünxe greift durch«; *Handelsblatt* v. 4.8.2009: »Banken bekämpfen sich am Geldautomaten«; *Die Welt* v. 21.7.2009: »Banken kassieren an Automaten noch mehr ab«; *Der Spiegel* v. 5.6.2009: »Streit um Gebühren«.

799 Als bundesweit erste Sparkasse kündigte die Sparkasse Dinslaken-Voerde-Hünxe seine Geschäftsbeziehungen mit Visa.

800 Zu den tatsächlich anfallenden Kosten pro Transaktion *LG Heilbronn,* Urt. v. 8.12.2008 – 21 O 135/08 KfH –, in: juris, Rn. 26.

801 *LG Verden,* Urt. v. 15.12.2008 – 10 O 102/08 –, in: WM 2009, 656 ff.; *LG Heilbronn,* Urt. v. 8.12.2008 – 21 O 135/08 KfH –, in: juris; *LG Halle* v. 20.11.2008 – 8 O 1485/08 –, in: WM 2009, 655 ff.

II. Kartellrechtliche Beurteilung

1. Heimatbankmodelle

Bei den überwiegend rein nationalen und lokalen Kooperationen im DGS besteht (noch) kein zwischenstaatlicher Bezug. Ein Schritt in Richtung europaweiter Kooperationen wurde mit Änderung der VGA rückwirkend zum 1.9.2007 eröffnet. Dementsprechend ist es möglich, dass das DGS Allianzen mit in anderen Staaten ansässigen Geldautomatensystemen eingehen kann.

Die beteiligten Spitzenverbände sind Vereinigungen von Unternehmen im Sinne des § 1 GWB. Die Absprachen, sich innerhalb des eigenen Verbunds keine oder geringe Gebühren zu berechnen, sind Preisabsprachen. Die Geldautomatenbetreiber kartellieren einheitliche Preise innerhalb ihres Verbunds, wodurch die unternehmerische Entscheidungsfreiheit eingeschränkt ist.

Die Preisabsprache ist nach § 2 Abs. 1 GWB freigestellt.[802] Die Heimatbankmodelle führen zu Effizienzgewinnen für die Kreditinstitute. Durch das kostengünstige bzw. kostenlose Geldabheben am Geldautomaten steigen die Attraktivität und die Benutzeranzahl des SB-Services. Infolgedessen vermindern sich die Auszahlungen am Bankschalter mit teurem Bankpersonal und die einzelne Geldabhebung am Geldautomaten wird durch erhöhte Frequentierung insgesamt kostengünstiger.

An diesen Effizienzgewinnen partizipieren auch die Verbraucher, da sie rund um die Uhr kostengünstig oder kostenlos Bargeld abheben können.[803] Durch das System der solidarischen Verbünde sind 19 von 20 Abhebungen an Geldautomaten für den Sparkassenkunden kostenfrei.[804] Im Gesamtmarkt ist die Quote ähnlich hoch.[805] Außerhalb der jeweiligen Heimatbank-Pools sorgt die seit Januar 2011 geltende Entgeltregelung für mehr Transparenz für den Verbraucher.

---

802 *BKartA*, TB 1997/1998, BT-Drucks. 14/1139, S. 156 f; *Boetzkes*, Rechtsprobleme v. Geldautomatenverfügungen, S. 124 ff.; *Taradantchik*, Wettbewerbsrechtliche Aspekte kartengesteuerter Zahlungssysteme, S. 118 f.

803 *Boetzkes*, Rechtsprobleme v. Geldautomatenverfügungen, S. 125.

804 *Strack*, SparkassenZeitung v. 19.11.2010, S. 16.

805 Zurzeit sind ca. 95 % der Geldabhebungen kostenfrei; *Die Welt* v. 16.4.2011, http://bit.ly/gXchqz.

Zudem besteht zwischen den Heimatbankmodellen der jeweiligen Banken- und Sparkassenverbünde Systemwettbewerb.[806] Der Faktor »Geldautomaten« ist ein starker Wettbewerbsfaktor, über den viele Kreditinstitutsgruppen versuchen, Kunden durch ein gut ausgebautes Netz zu binden bzw. zu akquirieren. Das hohe Wettbewerbspotential zeigt sich an den immer wieder auflebenden Auseinandersetzungen um die Geldautomatengebühren und -benutzung zwischen Banken und Sparkassen. Eine den Systemwettbewerb mindernde Hürde für Newcomer besteht nicht, wenn die bereits bestehenden Verbünde offen für Neuzugänge sind.[807] Die Verbundmitgliedschaft ermöglicht auch kleineren Instituten, ohne größere Anzahl von Geldautomaten, dem Kunden eine bundesweite Bargeldbeschaffung zu bieten.[808] Zudem erhöht die transparentere Gebührenregelung für Fremdabhebungen den Wettbewerb um institutsfremde Kunden. Potentielle Kunden werden durch günstige Konditionen an die eigenen Automaten gelockt, um sie der eigenen Marke u. a. durch gezielte Werbung am Geldautomaten näherzubringen und eventuell abzuwerben.

Bei Auflösung der Verbünde würde ein zusätzlicher Gebührenwettbewerb entstehen. Der Verbraucher könnte an allen Geldautomaten zu einem marktgerechten Preis Geld abheben, allerdings höchstwahrscheinlich nicht mehr gebührenfrei. Die mit den Heimatbankmodellen begründeten Vorteile über-

806 Andeutungsweise *Kapp/Rauhut,* WM 2010, 1111 (1119).

807 S. § 7 Abs. 1 ZAG, wonach ein Betreiber eines Zahlungssystems andere Zahlungsdienstleister sowie Zahlungsdienstnutzer weder unmittelbar noch mittelbar mit restriktiven Bedingungen oder sonstigen unverhältnismäßigen Mitteln behindern darf, in Bezug auf ihre Rechte und Pflichten als Teilnehmer des Zahlungssystems ohne sachlich gerechtfertigten Grund unterschiedlich behandeln darf und im Hinblick auf den institutionellen Status des Zahlungsdienstleister beschränken darf. Erlaubt ist es ihm nach § 7 Abs. 2 ZAG objektive Bedingungen für eine Teilnahme an einem Zahlungssystem festzulegen, soweit diese für einen wirksamen Schutz der finanziellen und operativen Stabilität des Systems und zur Verhinderung der mit der Teilnahme an einem System verbundenen Risiken erforderlich sind, wobei zu den Risiken das operationelle, das Erfüllung- sowie das unternehmerische Risiko zählen. Damit sind die in der nächsten FN genannten Hürden vereinbar.

808 Der Beitritt zum Geldautomatenverbund BankCard ServiceNetz steht allen Mitgliedern des BVR offen, die die entsprechenden Nutzungsbedingungen anerkennen. Ein Annahmebeschluss oder eine Aufnahmeerklärung ist nicht notwendig; Auskunft Bundesverband Deutscher Volks- und Raiffeisenbanken. Institute, die der Cash-Group beitreten möchten, müssen mind. 1.000 in Deutschland betriebene Geldautomaten vorweisen und benötigen die einstimmige Zustimmung aller Cash-Group-Mitglieder; Auskunft Deutsche Postbank AG. Die Sparkassen-Institute sind grundsätzlich alle Mitglieder im Heimatsparkassenverbund. Sie können der Aufnahme widersprechen; Auskunft SVWL. Der Cash-Pool war zu keiner Auskunft bereit.

wiegen daher die Nachteile der Preisabsprache, da es auch bei mehr Wettbewerb zu keinem niedrigeren Preis als keine Gebühr kommen kann.

2. Sperrung der eigenen Geldautomaten für Fremdkunden

Ein Kartellverstoß setzt eine verbotene Verhaltensweise oder eine aufeinander abgestimmte Vereinbarung voraus. Die Zugangsbeschränkungen zum Geldautomaten für Fremdkunden beruhen auf Handlungen einzelner Sparkassen, da es keine Anhaltspunkte dafür gibt, dass die Aktionen untereinander abgestimmt waren.[809]

Die Sperrung könnte ein missbräuchliches Ausnutzen einer marktbeherrschenden Stellung (§ 19 GWB) sein.[810] Dies setzt eine Marktbeherrschung der handelnden Sparkassen voraus.

a) Marktbeherrschende Unternehmen als Normadressaten

Der Unternehmensbegriff ist mit dem des Kartellverbots (§ 1 GWB) identisch. Die Sparkassen sind Unternehmen im Sinne des funktionalen Unternehmensbegriffs.[811] Die Feststellung der Marktbeherrschung erfolgt anhand des § 19 Abs. 2 und 3 GWB.

b) Abgrenzung der relevanten Märkte

Entscheidend für die Beurteilung einer Marktbeherrschung ist die sachliche und räumliche Marktabgrenzung, denn die wirtschaftliche Marktmacht eines Unternehmens ist abhängig von dem jeweils relevanten Markt.

aa) Sachliche Marktabgrenzung

Als sachliche relevante Märkte kommen die Vorhaltung von Geldautomaten oder der Vertrieb von Privatgirokonten in Betracht. Die Ermittlung des sachlichen Marktes erfolgt anhand des Bedarfsmarktkonzepts und dem Angebotsumstellungskonzepts.[812] Der maßgebliche Nachfrager bzw. Anbieter ist danach grundsätzlich der unmittelbare Abnehmer, mithin die Partei

---

809 *Hess,* WM 2010, 1971 (1972.).

810 Die Vereinbarung mit anderen Rechtsgrundlagen (UWG, Vereinbarungen der Kreditkartenverbünde (Visa-, Mastercard-Regularien)) bleiben außer Betracht.

811 S. 4. Kap. B I.

812 S. 5. Kap. B II 3 b) aa) (1).

der (potentiellen) Austauschbeziehung. Allerdings gibt es Konstellationen, bei denen zwei verschiedene Personen als Abnehmer in Betracht kommen: der Marktpartner als Leistungsempfänger im Rechtssinn und der eigentliche Bedarfsdisponent. Insofern hängt die Marktabgrenzung entscheidend davon ab, welche Sicht primär maßgeblich ist. Denn die Austauschbarkeit kann, je nachdem welche Wahrnehmung zugrundegelegt wird, variieren. Wenn der Marktpartner nicht selbst über den Bedarf bestimmt, ist auf den Dritten als Bedarfsdisponenten abzustellen.[813] Dementsprechend wird bei Herstellern, die ihre Waren über den Zwischenhandel absetzen, der relevante Markt aus Sicht des Handels abgegrenzt. Dabei ist die Abnehmersicht zu beachten, wenn sie auf den Handel einwirkt. Dies ist insbesondere der Fall, wenn der Handel den Bedarf der Endverbraucher bedient und seine eigene Nachfrage von deren Nachfrage abgeleitet ist.[814]

(1) Vorhaltung von Geldautomaten

Die Vor- und Unterhaltung von Geldautomaten ist ein Markt zwischen Banken mit dem Kunden als Bedarfsdisponenten.[815] Der Kunde bedient sich der Leistung seiner kartenemeritierenden Bank, ohne vertragliche Beziehungen mit dem automatenbetreibenden Institut einzugehen. Die Marktpartner der Interbankendienstleistung Geldautomaten sind das kartenausgebende und das automatenbetreibende Kreditinstitut. Die automatenbetreibende Bank zahlt dem Kunden der kartenausgebenden Bank den gewünschten Betrag lediglich aus (Nr. 3 i. V. m. Nr. 1 d) VGA). Der Marktpartner ist die kartenausgebende Bank und nicht der Bankkunde. Allerdings beeinflusst der Bankkunde als Bedarfsdisponent die Interbankenbeziehung, indem die kartenausgebende Bank ihrem Kunden einen möglichst flächendeckenden Service für Bargeldabhebungen bieten will. Der Bedarf des Kartenausgebers orientiert sich daher am Kundenbedarf und wird durch diesen entscheidend gelenkt.[816]

---

813 *BGH,* Beschl. v. 3.7.1976 – KVR 4/75 (»Vitamin B 12«) –, in: juris, Rn. 38; *Ruppelt,* in: Langen/Bunte, § 19, Rn. 21.

814 *KG,* Urt. v. 7.11.1985 – Kart. 6/85 (»Pillsbury/Sonnen-Bassermann«) –, in: WuW/E OLG 3759 (3759 ff.); *BKartA,* Beschl. v. 12.12.1995 – B3-24 301-U 50/95 (»Lafarge Coppée/Limburger Lackfabrik«) –, in: AG 1996, 234 (235). Ähnlich auch bei verschreibungspflichtigen Medikamenten. Diese werden grundsätzlich nicht vom Patienten ausgewählt, sondern vom Arzt verschrieben. Der Patient, der das Mittel in der Apotheke kauft, ist Marktpartner, der Arzt ist Bedarfsdisponent; *Bechtold,* GWB, § 19, Rn. 5

815 *Immenga/Körber,* BB 1999, Beilage 12, 4 (6).

816 *Immenga/Körber,* BB 1999, Beilage 12, 4 (7).

Für den Bankkunden besteht insofern auch keine funktionelle Austauschbarkeit zu anderen Bargeldversorgungsmöglichkeiten. Die Bargeldabhebung mit anderen als den gesperrten Kredit- oder Girokarten ist kein vergleichbares Substitut. Der Unterschied zwischen der Giro- und der Kreditkarte liegt in den differenten Abbuchungsmethoden (sofort/periodisch).[817] Ebenso sind die Kreditkarten untereinander für Banken aufgrund unterschiedlicher Transaktionskosten im Interbankenverhältnis sowie für Bankkunden aufgrund variierender Gebührenbelastungen (Surcharging) nicht austauschbar.[818] Überdies besteht die Möglichkeit, dass der Kunde nur eine Kreditkarte besitzt und deshalb keine Wahlmöglichkeit hat. Auch die Bargeldversorgung in der Filiale am Bankschalter oder bei einigen Supermarktketten ist mit der Geldabhebung am Geldautomaten nicht vergleichbar. Beide Alternativen können dem Bankkunden keinen vergleichbaren 24-Stundenservice bieten. Hinzukommt, dass die Auszahlung im Supermarkt an einen Mindesteinkauf von 20 bis 25 EUR gekoppelt und die Auszahlungssumme auf 200 EUR begrenzt ist.[819] Weiter kann es in der Filiale zu wesentlich höheren Wartezeiten kommen, sodass der Bankkunde mehr Zeit fürs Geldabheben einkalkulieren muss.

(2) Privatgirokonten

Fraglich ist, ob der Primärmarkt Vorhaltung für Geldautomaten, insbesondere unter Berücksichtigung der Bedarfsdisponenten, überhaupt in Betracht kommt. Die Bargeldauszahlung durch den Geldautomaten wird vom Kunden nicht als einzelne Leistung nachgefragt, sondern als umfassende Leistung seines Girokontos (Zahlungskonto).[820] Mit Abschluss des Girokontover-

817 S. 5. Kap. C I 1 und IV 1 a).

818 Mastercard sieht im Gegensatz zu Visa ein Surcharging vor. Das bedeutet, dass die Möglichkeit besteht, Preisaufschläge für die Verwendung bestimmter Zahlungsmittel zu fordern. Bei Abhebungen mit der Mastercard kann eine automatenbetreibende Bank eine direkt zu entrichtende Gebühr vom Kunden verlangen. Mastercard sieht solche Gebühren allerdings nur im Falle einer Nichtdiskriminierung vor, sodass die Bank die Gebühren nur verlangen kann, wenn auch die anderen Kartenbetreiber eine solche Gebühr erheben. Dies ist bisher nicht der Fall. Auf europäischer Ebene enthält die Zahlungsdienste-RL ein Verbot v. Surcharging-Verboten. Die Mitgliedstaaten können hiervon abweichen. Dementsprechend sind in Deutschland Surcharge-Verbote weiterhin erlaubt.

819 http://bit.ly/aHaEpS; http://bit.ly/elNJWY.

820 Ähnlich *LG München I,* Urt. v. 8.12.2009 – 9 HKO 9435/09 –, in: WM 2010, 1123 (1125). Das Gericht geht jedoch v. dem zu weiten Gesamtmarkt Privatkundengeschäft ohne weitere Unterteilung aus. Ebenso *Lettl,* denn die Möglichkeit des Geldabhebens sei aus der Sicht eines verständigen Kunden nicht isoliert austausch-

trages (Zahlungsdiensterahmenvertrags nach § 675f Abs. 2 BGB) erhält der Kunde von seiner Bank eine Debitkarte oder vergleichbare Karte, mit der er die Leistungen des Girokontos (Zahlungskontos) in Anspruch nehmen kann (Teilnahme am POS-Verfahren, 24-Stunden-Geldautomaten-Bargeldservice, SB-Kontofunktionen wie Überweisungen tätigen, Kontostand abfragen und ausdrucken, Daueraufträge anzeigen, einrichten, ändern oder löschen). In einem solchen Fall können verschiedene Produkte nach Bedarfsgruppen zu einem einheitlichen Markt zusammengefasst werden.[821] Das Güterbündel ist vorliegend der gesamte Privatkundenmarkt für Girokonten, wobei die Geldautomateninfrastruktur wesentlicher Leistungsbaustein und Wettbewerbsparameter des Girokontoangebots ist.

bb) Räumliche Marktabgrenzung

Der Markt der Privatgirokonten ist national einschränkbar. Ein europaweiter oder internationaler geographischer Raum ist aufgrund der (noch) stark unterschiedlichen Wettbewerbsvoraussetzungen im Finanzdienstleistungsmarkt in den Mitgliedstaaten abzulehnen.[822]

In Betracht kommen lokale Märkte oder ein bundesweiter Markt. Die Tatsache, dass die Geldautomaten ebenso regional wie die Sparkassenfilialen aufgestellt sind, spricht zunächst für eine lokale Marktbetrachtung.[823] Im Produktsegment Privatgirokonto ist die Filialbedeutung zunehmend rückläufig. Das Produkt Zahlungskonto (Girokonto) ist nicht beratungsintensiv und persönliche Gespräche mit dem Bankangestellten entsprechen nicht mehr dem Kundenbedürfnis.[824] Das gefragteste Online-Bankprodukt ist auch im Jahr 2011 mit Abstand das private Girokonto (Zahlungs-

---

bar und die Direktbanken wollten gerade auf diesem Markt durch Mitbenutzung der Geldautomaten ihr Angebot verbessern; *Lettl,* WuB 2010, 691 (693); *Lettl,* WuB 2010, 467 (468). Zum Kunden als relevante Marktgegenseite; *Hess,* WM 2010, 1971 (1973 ff.); *Immenga/Körber,* BB 1999, Beilage 12, 4 (6). Zu der Abgrenzung im Bankenmarkt s. 5. Kap. B II 3 b) aa).

821 Eine Zusammenfassung zu Bedarfsgruppen ist u. a. im Einzelhandel üblich, da der Verbraucher nicht einzelne Produkte nachfragt; s. *Hübschle,* in: Lange (Hrsg.), Hdb. Kartellrecht, Kap. 7, Rn. 857.

822 *Komm.,* Entsch. v. 18.10.2005 (»Unicredito/HVB«), COMP/M.3894, Rn. 41. Hinzu kommen Verständigungsschwierigkeiten.

823 Zur Inbetriebnahme eines Sparkassengeldautomaten im Gebiet eines anderen Gewährträgers (Begrenzung durch das Regionalprinzip); s. *OVG Rh.-Pf.,* Beschl. v. 20.2.1991 – 7 B 10057/91 –, in: NVwZ-RR 1991, 240 f.

824 5. Kap. B II 3 b) bb).

konto).[825] Die Zahl der Bankkunden, die ihre alltäglichen Bankgeschäfte (Überweisung, Kontostandabfrage, Daueraufträge) mit dem PC erledigen, wächst stetig. Die Bankkunden nutzen den PC häufiger für ihre Bankgeschäfte, als dass sie die Bankfiliale aufsuchen.[826] Der räumliche Markt für Privatgirokonten ist bundesweit. Hinzu kommt, dass das gut ausgebaute Geldautomatennetz die Bedeutung der Filiale abschwächt.[827]

c) Marktbeherrschende Stellung nach § 19 Abs. 2 und 3 GWB

Marktanteile sind neben anderen Einflussgrößen (Marktstrukturen) bei der Ermittlung der marktbeherrschenden Stellung ein wichtiger Indikator. Es ist davon auszugehen, dass die einzelnen Sparkassen auf dem bundesweiten Markt für Privatgirokonten mangels ausreichender Marktanteile keine marktbeherrschende Stellung haben.[828] Selbst die großen Privatbankkonzerne (Deutsche Bank AG, Deutsche Postbank AG; Commerzbank AG, Dresdner Bank AG) haben nicht mehr als zehn bis 12 Prozent der addierten Marktanteile im Girokontengeschäft.[829]

d) Ergebnis

Mangels marktbeherrschender Stellung liegt kein Missbrauch nach § 19 GWB vor, sodass die Geldautomatensperrung kartellrechtskonform ist.[830]

825 *Initiative D 21,* Sonderstudie zum Online-Banking 2011, S. 20.

826 *Initiative D 21,* Sonderstudie zum Online-Banking 2011, S. 17.

827 *Hess,* WM 2010, 1971 (1973).

828 *Lettl,* WuB 2010, 467 (468); *Hess,* WM 2010, 1971 (1974); *Immenga/Körber,* BB 1999, Beilage 12, 4 (12 f.). Letztere gehen selbst bei lokalen Märkten nicht v. einer marktbeherrschenden Stellung aus, egal ob es sich um den Interbankenmarkt Vorhaltung v. Geldautomaten oder um den des Privatgirokontos handelt.

829 *BKartA,* Fallbericht zu den Entsch. v. 14.11.2008, 18.2.2009, 10.12.2008, 28.1.2009 – B4-133/08, B4-29/09, B4-134/08, B4-177/08 –, S. 5 (http://bit.ly/fMW05t).

830 Überdies hätte die Sparkasse im Verfahren vor dem OLG München den kartellrechtlichen Verstoß vermeiden können. Eine unbillige Behinderung oder eine verbotene Diskriminierung liegt bei konsequenter Anwendung der OLG Auffassung nur vor, wenn die Sparkasse die Beschränkung nicht willkürlich vornimmt. Die Sparkasse sperrte nicht nur Direktbanken ohne eigenes Filial- und Geldautomatennetz, sondern auch Filialbanken mit eigenen Geldautomaten. Hätte sie nur Direktbanken gesperrt, wäre die Sperrung nicht willkürlich gewesen; *OLG München,* Urt. v. 17.6.2010 – U (K) 1607/10 –, in: WM 2010, 1598 (1051 ff.: »Es fehlt die Stringenz hinsichtlich der Auswahl an Kreditinstituten, deren Kunden nicht zur Geldabhebung mit Visa-Kreditkarten an den Geldautomaten der Beklagten zugelassen werden.«). Die Sparkasse könnte sich im Rahmen der sachlichen Rechtfertigung auf das Prinzip der Gegenseitigkeit berufen. Dabei birgt v. a. die Präzisierung des Gegenseitigkeitsprinzips große praktische Schwierigkeiten; s. *Hess,* WM 2010, 1971 (1975). Es

3. Entgelte bei Fremdabhebungen außerhalb der Heimatverbünde

Hohe Entgelte allein sind nicht zwangsläufig ein Indiz für verbotene Verhaltenskoordinierungen. Sie können auch Grundlage wirtschaftlicher Überlegungen der einzelnen Institute oder Bankkonzerne sein.[831] Eine preisbegrenzende Lehre vom gerechten Preis (»iustum pretium«) ist der deutschen Marktwirtschaft fremd. Der Preis wird in einem funktionierenden Wettbewerb durch Angebot und Nachfrage bestimmt. Die Beurteilung einzelner Preise als unangemessen ist insofern bedenklich, als die Preiskontrolle zu den schwierigen und kritischen Instrumenten des Kartellrechts zählt.[832] Hohe Preise wirken sich nicht immer negativ auf den Wettbewerb aus, sondern können auch positive Anreize für neue Mitbewerber setzen.[833] Allein bei Störungen des Wettbewerbsmechanismus durch verbotene kartellrechtliche Vereinbarungen oder als Folge missbräuchlicher Ausnutzung von Marktmacht kommt ein staatliches Eingreifen in die autonome Preisfestsetzung der Unternehmen in Betracht (§§ 1 und 19 Abs. 4 S. 2 Nr. 2 GWB).

Ein Verstoß gegen § 1 GWB ist mangels Anzeichen für Absprachen oder abgestimmte Verhaltensweisen der Banken ausgeschlossen. Die Entgeltvereinbarungen innerhalb der Heimatbankmodelle regeln nur die Benutzung der eigenen Geldautomaten durch Kunden von Mitgliedsbanken. Davon unberührt bleibt das autonome Verhalten der einzelnen Kreditinstitute gegenüber anderen Mitbewerbern außerhalb des Verbunds.

Mangels marktbeherrschender Stellung der Sparkassen auf dem sachlich relevanten Markt (Privatgirokontogeschäft) liegt auch kein Verstoß gegen das Missbrauchs- und Behinderungsverbot durch die Forderung hoher

müsste geklärt werden, ob alle Banken ohne Automaten gesperrt werden dürfen oder auch solche mit wenigen eigenen Automaten. Daran knüpft sich die Frage an, ab welcher Anzahl bereitgestellter Geräte eine angemessene Anzahl für die Annahme einer Gegenseitigkeit angenommen werden kann und nach welchen objektiven Kriterien dies zu bemessen wäre. Es ist durchaus denkbar, dass Verhältnis zu der jeweiligen Bilanzsumme im relevanten sachlichen Markt zu bestimmen (relative Gegenseitigkeit). Dies könnte dazu führen, dass die Direktbanken und anderen Geschäftsbanken bezüglich der Aufstellung v. Geldautomaten als gleichwertig anzusehen sind; *Kapp/Rauhut,* WM 2010, 1111 (1117).

831 *Hess,* WM 2010, 1971 (1975); ähnlich *Kapp/Rauhut,* WM 2010, 1111 (1118 f.).

832 *Heinemann,* Immaterialgüterschutz in der Wettbewerbsordnung, S. 463; *Möschel,* in: Immenga/Mestmäcker (Hrsg.), Wettbewerbsrecht, § 19, Rn. 150 f.

833 *Möschel,* in: Immenga/Mestmäcker (Hrsg.), Wettbewerbsrecht, § 19, Rn. 151.

Nutzungsentgelte für die eigenen Geldautomaten vor.[834] Darüber hinaus sorgt die Einführung des direkten Kundenentgelts in vielen Fällen für niedrigere Gebühren an den Geldautomaten.[835]

E. Einkaufsvereinbarungen

Einkaufsvereinbarungen werden in der Praxis häufig von KMU geschlossen.[836] Ziel ist die Senkung der Kosten durch den gemeinsamen Einkauf großer Bezugsmengen, um die Nachfragemacht des Einzelnen zur Beschaffungsoptimierung zu stärken.[837] Der gebündelte Einkauf kann über eine gemeinsam kontrollierte Gesellschaft, an der mehrere Beteiligte einen Anteil halten, oder durch eine gemeinsame Zentrale erfolgen. Daneben sind rein vertragliche Regelungen (Abschluss von Rahmenverträgen, Kaufvertragsvermittlungen) oder formlose Kooperationen (Betrieb einer Internetplattform) denkbar.[838] Einkauf umfasst dabei alle Handlungen, die sich mit dem Warenbezug von der Geschäftsanbahnung bis zum Geschäftsabschluss befassen.[839] Dies beinhaltet alle Vorabverhandlungen von Preisen und anderen Konditionen mit Lieferanten.

---

834 *Immenga/Körber,* BB 1999, Beilage 12, 4 (15 ff.); *Hess,* WM 2010, 1971 (1976). Letzterer geht selbst bei einer hypothetisch unterstellten Marktbeherrschung nicht v. einer unbilligen Behinderung aus. Da bei der Interessenabwägung zu berücksichtigen sei, ob andere Banken einen Beitrag zur Infrastruktur geleistet haben oder das Netz der Konkurrenz ohne eigenen (ausreichenden) Anteil mitbenutzen. Wobei sich auch hier wieder die Schwierigkeit der genauen Bestimmung eines ausreichenden Beitrags stellt

835 So hat u. a. die Volks- und Raiffeisenbank Dinklage-Steinfeld 2010 bei einer Auszahlung an einen DiBa-Kunden 15,50 EUR v. der ING DiBa verlangt. Diese stellte ihrem Kunden 5 EUR in Rechnung. Nach Einführung der direkten Kundengebühren ist der Betrag auf 2 EUR gesunken, sodass der DiBa-Kunde 3 EUR spart. Auch Sparkassen und andere Genossenschaftsbanken haben ihre Preise für Geldabhebungen v. Fremdkunden mit der Girocard auf 2-5 EUR reduziert; s. *Handelsblatt* v. 24.2.2011, S. 43.

836 *Ruppelt,* Einkaufskooperationen, S. 10.

837 *Braun,* in: Langen/Bunte, Art. 81, Rn. 185.

838 *Lutz,* WRP 2002, 47 (48).

839 *Mattfeld,* in: Gummert u. a. (Hrsg.), Münchener Hdb. Gesellschaftsrecht, Bd. 1, § 33, Rn. 34; Gesetzesbegr. 5. GWB-Novelle, BT-Drucks. 11/4610, S. 15.

I. Einkaufsbündelungen innerhalb der Sparkassen-Finanzgruppe

Die Sparkassen beschaffen sich ihre Produkte eigenständig, in Zusammenarbeit mit anderen Sparkassen oder über ihren Regionalverband.[840] Der gemeinsame Einkauf wird durch Rahmenverträge zwischen dem DSGV und den jeweiligen Regionalverbänden oder durch Einzelverträge zwischen den Sparkassen geregelt. Daneben findet eine bundesweite Einkaufsbündelung von Waren oder Dienstleistungen vornehmlich über drei Verbundpartner statt: dem DSV, dessen Tochterunternehmen S-Einkaufsgesellschaft (kurz: SEG) und der Finanz Informatik.[841] Ziel ist die Minderung der Beschaffungspreise durch Standardisierung und Mengenbündelung sowie die Straffung der Beschaffungsprozesse innerhalb des Verbunds. Der zentrale Einkaufsdienstleister ist die SEG. Die elektronische Einkaufsplattform (www.s-einkauf.com) ermöglicht es den Partnern, Produkte aus verschiedenen Lieferantenkatalogen auszuwählen und zu Konditionen, die zuvor durch die SEG ausgehandelt wurden, online zu bestellen. Überdies hat die SEG mit zahlreichen Anbietern (Automobilherstellern, Büroausstattern oder Telekommunikationsunternehmen) Rahmenverträge geschlossen. Artikel, die nicht über die Einkaufsplattform bestellt werden können, fragt die SEG bei Bedarf an, bestellt und fakturiert sie für die Verbundpartner. Die Produktpalette reicht von Büromöbeln bis zum Blumeneinkauf. Die Finanz Informatik versorgt die Mitglieder der Sparkassen-Finanzgruppe vornehmlich mit Hard- und Software. Das Finanz Informatik-Einkaufsportal ist in die SEG-Einkaufsplattform integriert, sodass die Auftragsabwicklung nebst Rechnungslegung über diese abgewickelt wird.

II. Kartellrechtliche Behandlung von Einkaufsvereinbarungen

Einkaufszusammenschlüsse, die die Wettbewerbsfähigkeit und Selbstständigkeit von KMU in einem von Großunternehmen beherrschten Markt begünstigen, werden grundsätzlich kartellrechtlich positiv beurteilt. Im Idealfall profitieren auch die Verbraucher von den erzielten niedrigeren Preisen.[842] Diese Tendenz gilt auch nach Wegfall des § 4 Abs. 2 GWB a. F. mit der 7. GWB-Novelle, denn der Grundgedanke, durch Einkaufs-

840 Die nachfolgenden Angaben beruhen auf Auskunft des SVWL.

841 Die DSV GmbH u. eine Vielzahl weiterer v. ihr gegründeten Unternehmen oder Unternehmen an denen sie beteiligt ist, bilden zusammen die Unternehmensgruppe DSV. Gesellschafter sind die Landesbanken und regionale Sparkassen- und Giroverbände.

842 Vgl. nur *Komm.*, XX. Wettbewerbsbericht, S. 93 (»EWIV Orphe«).

kartelle horizontale Gegenmächte zur Stärkung des Wettbewerbs zu bilden, ist nach wie vor gültig.[843] § 2 Abs. 1 GWB enthält keine mittelstandspolitische Komponente mehr, sodass das jetzige Kartellrecht einen größeren Freiraum für alle Einkaufskooperationen bietet. Bedenken ergeben sich gegenüber Einkaufszusammenschlüssen, die die rechtliche Handlungs- oder wirtschaftliche Betätigungsfreiheit der Mitglieder oder Lieferanten beschränken oder durch hohe Marktanteile entscheidende Machtpositionen gegenüber den Lieferanten erreichen.[844]

1. Zwischenstaatlichkeit

Einkaufsvereinbarungen von einzelnen lokalen Sparkassen erfüllen die zwischenstaatlichen Voraussetzungen nicht. Die Vereinbarungen betreffen weder größere Regionen noch stehen sie mit ausländischen Produkten bzw. Lieferanten im Wettbewerb. Sie sind nach deutschem Kartellrecht zu beurteilen, wobei jedoch die Leitlinien der Kommission als Auslegungshilfe herangezogen werden können.[845]

Einkaufskooperationen mehrerer (größerer) Sparkassen untereinander (alle Mitgliedsparkassen eines regionalen Sparkassen- und Giroverbands), mit dem DSGV oder durch gruppeneigene Dienstleister können den zwischenstaatlichen Handel beeinträchtigen, da sie sich über größere regionale Gebiete oder über das gesamte Bundesgebiet erstrecken. Solche Vereinbarungen sind grundsätzlich ihrem Wesen nach dazu geeignet, nationale Marktabschottungen zu verfestigen, indem sie die vom Vertrag gewollte wirtschaftliche Verflechtung behindern.[846] Dementsprechend geht auch die

843 *Fuchs,* in: Immenga/Mestmäcker (Hrsg.), Wettbewerbsrecht, § 2, Rn. 160.

844 *BKartA,* TB 1977, BT-Drucks. 8/1925, S. 10; *BKartA,* TB 1978, BT-Drucks. 8/2980, S. 8 ff.; *Komm.,* LL zur Anwendbarkeit v. Art. 101 AEUV auf Vereinbarungen über horizontale Zusammenarbeit, ABl. C 11/1, Rn. 221; *EuGH,* Urt. v. 15.12.1994 – Rs. C-250/92 (»Gottrup Klim (DLG)«) –, in: Slg. 1994, I-5641 (Rn. 31); *EuGH,* Urt. v. 12.12.1995 – Rs. C-399/93 (»Luttikhuis/Melkindustie«) –, in: Slg. 1995, I-4515 (Rn. 14 ff.); *Emmerich,* Kartellrecht, § 8, Rn. 40.

845 *Komm.,* LL zur Anwendbarkeit v. Art. 101 AEUV auf Vereinbarungen über horizontale Zusammenarbeit, ABl. C 11/1. Auch der Gesetzgeber und die Komm. gehen davon aus, dass Vereinbarungen zwischen KMU Unternehmen selten geeignet sind, den Handel zwischen den Mitgliedstaaten spürbar zu beeinträchtigen und daher für derartige Vereinbarungen im Regelfall nicht der Vorrang des europäischen Rechts gilt; s. Gesetzesbegr. GWB-Novellierung, BT-Drucks. 15/3640 v. 12.8.2004, S. 28, de minimis-B., Nr. 3.

846 *EuGH,* Urt. v. 17.10.1972 – Rs. 8/72 (»Vereinigung Zementhändler (VCH)«) –, in: Slg. 1972, 997 (Rn. 28); *EuGH,* Urt. v. 11.7.1985 – Rs. 42/84 (»Remia«) –, in: Slg. 1985, 2545 (Rn. 22).

Gesetzesbegründung davon aus, dass Einkaufskooperationen generell spürbare Auswirkungen auf den zwischenstaatlichen Handel haben, wenn sie größere regionale Räume abdecken oder im Wettbewerb mit europäischen Marktteilnehmern durch Einkauf ausländischer Produkte stehen.[847] Allerdings ist stets eine Einzelfallbetrachtung vorzunehmen, insbesondere bei horizontalen Vereinbarungen, die auf einen einzigen Mitgliedstaat begrenzt sind und nicht direkt die Ein- und Ausfuhr betreffen.[848] Einkaufsvereinbarungen mehrerer Verbundpartner aufgrund einzelner Rahmenverträge erstrecken sich auf regionale Teilgebiete. Sofern die Vereinbarungen den regionalen Markt abschotten, liegt eine spürbare Handelsbeeinträchtigung vor, wenn der Umsatz einen erheblichen Anteil am Gesamtumsatz der fraglichen Ware innerhalb des Mitgliedstaats ausmacht.[849] Dabei kann selbst bei einem zugrunde gelegten hohen Marktanteil die mengenmäßige Größe in einem eng eingegrenzten Raum im Vergleich zum Gesamtumsatz unbedeutend sein.[850] Einkaufsvereinbarungen mehrerer kleiner Sparkassen, insbesondere KMU, mit ihrem Regionalverband oder mit dem DSGV erfüllen die Voraussetzungen der Zwischenstaatlichkeit grundsätzlich nicht. Denn weder Rahmenverträge über bankunspezifische noch bankspezifische Produkte werden die Anforderungen der Erheblichkeitsschwelle erfüllen. An der bundesweiten Einkaufsbündelung durch gruppeninterne Dienstleister können alle Verbundpartner der Sparkassenorganisation teilnehmen und zahlreiche Güter erwerben. Zusätzlich erstreckt sich die Kooperation über das gesamte Bundesgebiet und umfasst ein großes Produkt-Portfolio. Die SEG wirbt damit, eine der größten Nachfragegemeinschaften in Deutschland zu sein.[851] Folglich ist ein zwischenstaatlicher Bezug nicht auszuschließen. Aufgrund der Harmonisierung der europäischen und nationalen Kartellrechtsordnungen wirkt sich der fehlende zwischenstaatliche Bezug nur minimal auf das Ergebnis aus, denn noch bestehende Unterschiede der Verbotsnormen führen grundsätzlich nicht zu einer abweichenden Bewertung.[852]

---

847 Gesetzesbegr. GWB-Novellierung, BT-Drucks. 15/3640 v. 12.8.2004, S. 26 f.

848 *Komm.*, LL über den Begriff der Beeinträchtigung des zwischenstaatlichen Handels in den Art. 81 u. 82 EG (2004/C 101/07), ABl. C 101/82, Rn. 83.

849 *Komm.*, LL über den Begriff der Beeinträchtigung des zwischenstaatlichen Handels in den Art. 81 u. 82 EG (2004/C 101/07), ABl. C 101/82, Rn. 90.

850 *Komm.*, LL über den Begriff der Beeinträchtigung des zwischenstaatlichen Handels in den Art. 81 u. 82 EG (2004/C 101/07), ABl. C 101/82, Rn. 90.

851 *SEG*¸ Pressemitt. v. 10.11.2009, S. 3 (http://bit.ly/eWdiM2).

852 Zur Ergebniskongruenz und Harmonisierung der Wettbewerbsordnungen s. Kap. 3 C I.

2. Relevante Märkte

Die sachlich relevanten Märkte sind Einkaufsmärkte und nachgeordnete Verkaufsmärkte. Letztere kommen nur in Betracht, wenn die Mitglieder der Kooperationen auch als Anbieter der eingekauften Waren auftreten.[853] Beide Märkte sind nach dem (ergänzten) Bedarfsmarktkonzept produktspezifisch abzugrenzen, wobei das Bedarfsmarktkonzept bei der Abgrenzung der Beschaffungsmärkte spiegelbildlich anzuwenden ist.[854]

Der gemeinsame Einkauf der Sparkassen lässt sich in den Markt für Güter zur selbstständigen Benutzung (Büroausstattung, Automietung, Handwerkerdienstleistungen) sowie in den für bankspezifische Produkte (Hard- und Software zur Ausführung von Dienstleistungen im Zahlungsverkehr) aufteilen. Der Nachfragemarkt ist vor allem betroffen, wenn der kollektive Einkauf zu einer Anpassung der Kostenstrukturen zwischen den Einkaufsbeteiligten führt, die Koordinierungswirkungen auf dem Nachfragemarkt verursachen können.[855] Dieser Effekt ist beim gemeinsamen Einkauf nicht marktrelevanter Güter, die ausschließlich der selbstständigen Benutzung dienen, ausgeschlossen.

3. Art der Vereinbarung

Da Einkaufskooperationen nicht generell wettbewerbsbeschränkend sind, sondern auch wettbewerbsfördernde Wirkungen haben können, ist eine Prüfung im Einzelfall anhand der wirtschaftlichen Bedingungen auf den relevanten Märkten vorzunehmen.[856] So kann u. a. der Umsatz der Beteiligten auf einem Markt, auf dem der Preis abhängig vom Auftragsvolumen ist, ein bedeutsames Gegengewicht zur Vertragsgestaltungsmacht der Anbieter bilden.[857]

853 *Komm.*, LL zur Anwendbarkeit v. Art. 101 AEUV auf Vereinbarungen über horizontale Zusammenarbeit, ABl. C 11/1, Rn. 197 f.; *Fuchs*, in: Immenga/Mestmäcker (Hrsg.), Wettbewerbsrecht, § 2, Rn. 166.

854 *BKartA*, Nachfragemacht im Kartellrecht, S. 5.

855 *Komm.*, Entsch. v. 14.7.1975 (»Intergroup«), ABl. Nr. L 212 v. 9.8.1975, S. 23 (Abschnitt II, Abs. 4); *Komm.*, Entsch. v. 9.7.1980 (»National Sulphuric Acid Association«), ABl. Nr. L 260 v. 3.10.1980, S. 24 (Rn. 35).

856 *EuGH*, Urt. v. 15.12.1994 – Rs. C-250/92 (»Gottrup Klim (DLG)«) –, in: Slg. 1994, I-5641 (Rn. 31).

857 *EuGH*, Urt. v. 15.12.1994 – Rs. C-250/92 (»Gottrup Klim (DLG)«) –, in: Slg. 1994, I-5641 (Rn. 32).

a) Nichtwettbewerbsbeschränkende Einkaufskooperationen

Kartellrechtlich erlaubt sind generell alle Einkaufsvereinbarungen von Unternehmen, die nur Wettbewerber auf den Einkaufsmärkten und nicht auf den nachgeordneten Märkten sind.[858] Ausnahmsweise besteht die Gefahr einer Wettbewerbsbeeinträchtigung, wenn die Marktstellung der Beteiligten über 15 Prozent auf den Einkaufsmärkten beträgt.[859] Jenseits dieser Marktanteilsschwelle ist eine vertiefte Wirkungsanalyse der Wettbewerbsbeschränkung entbehrlich (»safe harbour«).

Demnach sind grundsätzlich einzelvertragliche Einkaufsvereinbarungen zwischen lokalen Sparkassen mangels hinreichend starker Marktstellung auf den Einkaufs- bzw. Verkaufsmärkten nicht wettbewerbswidrig. Der gemeinsame Einkauf branchenunspezifischer Produkte ist unbedenklich, weil die Sparkassen auf den nachgeordneten Märkten nicht tätig sind. Zudem dürften die addierten Marktanteile auf den Einkaufsmärkten von branchenunspezifischen und branchenspezifischen Waren und Dienstleistungen ebenfalls derart gering sein, dass Kooperationen wettbewerbsrechtlich unbedenklich sind. Gleiches dürfte für Einkaufsvereinbarungen bankunspezifischer Produkte mehrerer Sparkassen mit dem DSGV oder den Regionalverbänden gelten. Kritischer ist der gemeinsame Einkauf von Finanzdienstleistungsprodukten. Dort sind die Sparkassen Wettbewerber auf den Verkaufsmärkten. Insbesondere der gemeinsame bundesweite Einkauf von Finanzdienstleistungsprodukten ist kartellrechtlich bedenklich, wenn die teilnehmenden Verbundpartner hohe addierte Marktanteile haben. Demnach kann es zu einer bedenklichen Nachfragemacht auf den Einkaufsmärkten für das gemeinsam eingekaufte Produkt ergeben oder der gemeinsame Einkauf von Finanzdienstleistungen führt zu einer wettbewerbsbeschränkenden Wirkung. Problematisch ist dies vor allem, wenn durch den gemeinsamen Einkauf ein bedeutender Kostenfaktor oder die Produktqualität vereinheitlicht wird. Zusätzlich darf der gemeinsame Einkauf die Einkaufsmärkte nicht für andere Wettbewerber abschotten.

---

858 *Komm.*, LL zur Anwendbarkeit v. Art. 101 AEUV auf Vereinbarungen über horizontale Zusammenarbeit, ABl. C 11/1, Rn. 212. Kritisch, *Bornkamm,* in: Müller (Hrsg.), FS Hirsch, 2008, S. 231 (236).

859 *Komm.*, Entsch. v. 17.7.1968 (»Socemas«), ABl. Nr. L 201 v. 12.8.1968, S. 4 (Abschnitt II); *Komm.*, Entsch. v. 14.7.1975 (»Intergroup«), ABl. Nr. L 212 v. 9.8.1975, S. 23 (Abschnitt II); *Komm.*, LL zur Anwendbarkeit v. Art. 101 AEUV auf Vereinbarungen über horizontale Zusammenarbeit, ABl. C 11/1, Rn. 208.

b) Wettbewerbsbeschränkende Einkaufskooperationen

Ob eine Einkaufskooperation wettbewerbsbeschränkende Auswirkungen hat, ist durch eine Marktstrukturanalyse unter Berücksichtigung der Marktmacht der Beteiligten festzustellen. Einkaufsvereinbarungen, die nicht primär dem gemeinsamen Einkauf dienen, sondern zu Preis- oder Mengenbeschränkungen missbraucht werden, sind verbotene verschleierte Kartelle.[860] Besonders kritisch sind Einkaufsvereinbarungen mit Bezugszwängen. Bezugszwänge verpflichten die Beteiligten, die eingekaufte Ware oder Dienstleistung ohne vorherige Bestellung abzunehmen.[861] Die Handlungsfreiheit auf den Einkaufsmärkten wird insbesondere durch Bezugsbindungs- oder Bedarfsklauseln eingeschränkt, denn »jeder Teilnehmer des Kartells ist, insoweit er zum Erwerb über das Kartell verpflichtet ist, daran gehindert, sich im Wettbewerb mit anderen Kartellteilnehmern darum zu bemühen, von den Lieferanten günstigere Bedingungen als die dem Verwaltungsausschuß zugestandenen [...] zu bekommen.«[862] Die bloße Vereinbarung eines Bezugszwangs macht die Einkaufskooperation nicht kartellrechtswidrig, denn der Bezugszwang kann im Einzelfall notwendig sein, um das erforderliche Ausmaß zur Erzielung der Größenvorteile zu erlangen.[863] Der Vereinbarung von Bezugsverpflichtungen kommt demnach vorrangige Bedeutung bei der Prüfung der Legalausnahme zu. Einkaufsvereinbarungen ohne Bezugspflicht können, vor allem wenn sie Höchstpreisvereinbarungen enthalten, auch wettbewerbsbeschränkend wirken. Denn Höchstpreisvereinbarungen unter Nachfragern sind ebenso wettbewerbsschädlich wie Mindestpreisbindungen unter Anbietern.

---

860 *Ruppelt,* Einkaufskooperationen, S. 101; *Komm.,* LL zur Anwendbarkeit v. Art. 101 AEUV auf Vereinbarungen über horizontale Zusammenarbeit, ABl. C 11/1, Rn. 205.

861 *Lutz,* WRP 2001, 47 (51).

862 *Komm.,* Entsch. v. 9.7.1980 (»National Sulphuric Acid Association«), ABl. Nr. L 260 v. 3.10.1980, S. 24 (Rn. 32). Ebenso in Bezug auf die wettbewerbsbeschränkende Wirkung v. ausschließlichen Bezugsverpflichtungen der Mitgliedsunternehmen, *Komm.,* Entsch. v. 5.12.1980 (»Lab«), ABl. Nr. L 51 v. 25.2.1980, S. 19 (Rn. 22).

863 *KG,* Beschl. v. 16.6.1982 – Kart 7/82 (»HFGE«) –, in: WRP 1983, 25 (25); *BGH,* Urt. v. 12.11.2002 – KZR 11/01 (»Ausrüstungsgegenstände für Feuerlöschzüge«) –, in: WRP 2003, 765 (768); *Komm.,* LL zur Anwendbarkeit v. Art. 101 AEUV auf Vereinbarungen über horizontale Zusammenarbeit, ABl. C 11/1, Rn. 218; *Nordemann,* in: Loewenheim/Meessen/Riesenkampff (Hrsg.), Kartellrecht, § 2, Rn. 92; *Zimmer,* in: Immenga/Mestmäcker (Hrsg.), Wettbewerbsrecht, § 1, Rn. 265 f.; kritisch *Bechtold,* GWB, § 1, Rn 77. Anders noch: *Komm.,* Entsch. v. 17.7.1968 (»Socemas«), ABl. Nr. L 201 v. 12.8.1968, S. 4 (6); *Komm.,* Entsch. v. 14.7.1975 (»Intergroup«), ABl. Nr. L 212 v. 9.8.1975, S. 23 (25).

Die Bezugsgemeinschaften innerhalb der Sparkassen-Finanzgruppe sollten keine Hardcore-Kartelle verschleiern, Höchstpreisvereinbarungen enthalten oder Bezugsverpflichtungen festlegen.

c) Arbeitsgemeinschaftsgedanke

Sofern mehrere selbstständige Unternehmer zuvor zusammenaddierte Mengen kaufen, um durch den Sammelkauf ansonsten nicht erreichbare Umsatzrabatte zu erhalten, kann die Kooperation dem Arbeitsgemeinschaftsgedanken mit der Folge unterliegen, dass § 1 GWB nicht anwendbar ist.[864] Eine wettbewerbskonforme Arbeitsgemeinschaft liegt vor, wenn die Mitglieder ein konkretes Vorhaben nur gemeinschaftlich mangels technischem oder wirtschaftlichem Know-How des Einzelnen ausführen können.[865] Eine Wettbewerbsgefahr ist ausgeschlossen, da bezüglich dieses Auftrags nie Wettbewerb bestand.

Die Einkaufskooperationen der Sparkassen-Finanzgruppe unterstützen vor allem kleinere Sparkasseninstitute, denen andernfalls die erforderliche Nachfragemacht auf den Einkaufsmärkten fehlen würde. Sie partizipieren an den Produktions-, Lager- oder Transporteinrichtungen der Kooperationen. Die Einkaufsgemeinschaften dürfen jedoch nicht zu weitergehenden Wettbewerbsbeschränkungen führen, sodass insbesondere Nebenabreden zwischen den Verbundpartnern dem Kartellverbot unterworfen bleiben. Dementsprechend sind u. a. Mindestpreisabsprachen kartellrechtlich unzulässig, da sie für das Funktionieren der Arbeitsgemeinschaft nicht notwendig sind.[866] Nicht erforderlich ist, dass die Arbeitsgemeinschaften zeitlich limitiert sind, sodass der auf Dauer angelegte gemeinsame Einkauf der Verbundpartner nicht ausgeschlossen ist.[867]

---

864 Die Anwendung des Arbeitsgemeinschaftsgedanken auf Einkaufskooperationen ist allg. anerkannt; vgl. nur Zimmer, in: Immenga/Mestmäcker (Hrsg.), Wettbewerbsrecht, § 1, Rn. 270; *Monopolkomm.*¸ 14. Sondergutachten, Rn. 81; *Bechtold,* § 1, Rn. 86.

865 *OLG Stuttgart,* Urt. v. 15.7.1983 – 2 Kart 3/83 –, in: WuW/E OLG 3108 (3109); *BGH,* Urt. v. 13.12.1983 – KRB 3/83 (»Bauvorhaben Schramberg«) –, in: BB 1984, 364 f.

866 *LG München I,* Urt. v. 19.7.1989 – 1 HK O 7898/89, 1 HKO 7898/89 –, in: WuW/E LG/AG 655 (657).

867 *BGH,* Urt. v. 5.2.2002 – KZR 3/01 (»Jugendnachtfahrten«) –, in: WuW/E DE-R 876 f.; Zimmer, in: Immenga/Mestmäcker (Hrsg.), Wettbewerbsrecht, § 1, Rn. 282. Differenzierend *Koenig/Kühling/Müller,* WuW 2005, 126 (133), die auf die Marktfähigkeit der Beteiligten der Arbeitsgemeinschaft abstellen wollen. Die Teilnehmer sollen dem Kartellverbot unterliegen, sobald sie selbstständig marktfähig sind. Dabei

4. Freistellungsmöglichkeiten

Die Einkaufsgemeinschaften die nicht vom Arbeitsgemeinschaftsgedanken profitieren, könnten freigestellt sein. Eine spezielle Gruppenfreistellungsverordnung für den gemeinsamen Einkauf gibt es nicht, sodass neben § 3 GWB vor allem dem allgemeinen Freistellungstatbestand (Art. 101 Abs. 3 AEUV bzw. § 2 GWB) besondere Bedeutung zukommt.[868]

a) Weitergabe des wirtschaftlichen Nutzens an die Kunden (§ 2 GWB)

Neben Effizienzgewinnen durch Einkaufsrabatte liegt ein entscheidender wirtschaftlicher Nutzen von Einkaufskooperationen im Kostenabbau.[869] Die Größenvorteile bei der Warenbestellung werden primär durch die Rahmenverträge und die Einschaltung der SEG erzielt, indem dank größerer Abnahmemengen zu günstigeren Stückpreisen eingekauft werden kann. Weitere Effizienzvorteile ergeben sich aus der gemeinsamen Verhandlungsführung, dem gemeinsamen Transport, der gemeinsamen Bestellung, der gemeinsamen Lagerhaltung und der gemeinsamen Logistik. Die SEG bietet zur Optimierung interner Beschaffungsprozesse Lösungen zur Lagerung sowie zur Distribution von unternehmensspezifischen Formularen, Broschüren, Büromaterial, Werbe- und Messeartikeln an. Durch die einheitliche Bestellung sowie Verhandlung reduzieren sich insbesondere bei MRO-Standardartikeln[870] die Prozesskosten. Kosten werden zudem eingespart, indem Verhandlungen, Bestellungen und Bereitstellungen von Spezialprodukten von Verbundpartnern mit besonderem Fachwissen durchgeführt werden (IT-Dienstleistungen durch die Finanz Informatik).

Die Effizienzgewinne müssen an die Kunden weitergegeben werden. Naheliegend ist dies, wenn auf den Verkaufsmärkten hinreichender Wettbewerb herrscht.[871] Problematisch ist die Weitergabe bei Einkaufskooperationen

bleibt offen, v. wem und in welchen zeitlichen Abständen die Prüfungen der Marktfähigkeit vorgenommen werden sollen. Zweifelnd noch *LG München I,* Urt. v. 19.7.1989 – 1 HK O 7898/89, 1 HKO 7898/89 –, in: WuW/E LG/AG 655 (657).

868 *BKartA,* Merkbl. KMU, Rn. 38.

869 *Komm.,* Entsch. v 11.6.1993 (»EBU«), ABl. Nr. L 179 v. 22.7.1993, S. 23 (Rn. 59); *Komm.,* Entsch. v. 10.5.2000 (»Eurovision«), ABl. Nr. L 151 v. 24.6.2000, S. 18 (Rn. 86); *Komm.,* LL zur Anwendbarkeit v. Art. 101 AEUV auf Vereinbarungen über horizontale Zusammenarbeit, ABl. C 11/1, Rn. 217; *Fuchs,* in: Immenga/Mestmäcker (Hrsg.), Wettbewerbsrecht, § 2, Rn. 168.

870 Maintenance/Repair/Operation-Artikel sind alle Waren und Güter, die für die Instandhaltung, Reparatur sowie das operative Geschäft benötigt werden.

871 *Komm.,* Entsch. v. 11.6.1993 (»EBU«), ABl. Nr. L 179 v. 22.7.1993, S. 23 (Rn. 86).

mit großer Marktmacht. Durch sie minimiert sich auf den Verkaufsmärkten der Wettbewerbsdruck, die günstigen Konditionen an die Kunden weiterzugeben. Zusätzlich steht den Herstellern und Lieferanten nur noch eine stark reduzierte Auswahl an Einkäufern mit großer Nachfragemacht gegenüber.[872] Beim Einkauf bankunspezifischer Produkte gibt es keine dem Einkauf nachfolgende Markstufe, da die Verbundpartner diese für den Eigenbedarf anschaffen. Damit fällt die Beurteilung der Weitergabe mit der Feststellung der Effizienzvorteile zusammen. Der wirtschaftliche Nutzen durch den gebündelten Einkauf von Bankprodukten muss an die Sparkassen-Kunden, etwa in Form von günstigen Konditionen, weitergegeben werden, damit die Einkaufskooperation wettbewerbsrechtlich unbedenklich ist.[873]

b) Unerlässlichkeit, vor allem im Hinblick auf Bezugszwänge

Einkaufsvereinbarungen sind nicht freigestellt, wenn ihnen Beschränkungen zugrunde liegen, die zur Realisierung der wirtschaftlichen Vorteile nicht unerlässlich sind. Die Nachfragebündelung innerhalb der Sparkassen-Finanzgruppe ist vor allem für kleine Sparkassen unerlässlich. Denn nur durch die Bündelung erhalten sie vergleichbare Einkaufskonditionen wie die großen Bankkonzerne.

Bedenken ergeben sich insbesondere bei Vereinbarungen mit Bezugszwang. Bezugszwänge sind ausnahmsweise unerlässlich, wenn sie im Einzelfall geschlossen werden und eine untergeordnete Funktion innerhalb der Einkaufsorganisation spielen.[874] Unmittelbare Bezugszwänge ergeben sich häufig aus gegenseitigen vertraglichen Absprachen oder infolge der Gründung eines zentralen Einkaufsunternehmens, wenn sich die Mitglieder verpflichten, ihren Bedarf an Waren oder Dienstleistungen ganz oder teil-

---

872 *Komm.*, LL zur Anwendbarkeit v. Art. 101 AEUV auf Vereinbarungen über horizontale Zusammenarbeit, ABl. C 11/1, Rn. 219; *Ruppelt,* Einkaufskooperationen, S. 84 ff, der zu dem Fazit gelangt, dass die negativen Auswirkungen auf Hersteller und Lieferanten nicht berücksichtigt werden könnten, weil diese nicht unter den Verbraucherbegriff fallen. Dem ist zu widersprechen, da der Verbraucherbegriff neben Endverbrauchern auch Produzenten, Großhändler sowie Einzelhändler erfasst; s. *Komm.,* LL zur Anwendung v. Art. 81 Abs. 2 EG, 2004/C 101/08, ABl. C 101, Rn. 84.

873 Zu den strengen Darlegungs- und Beweisanforderungen s. 5. Kap. B II 4 c) aa) (1).

874 I. d. S. Gesetzesbegr. zur Vorgängerregel (§ 4 Abs. 2 GWB); s. Gesetzesbegr. zur GWB-Änderung, BT-Drucks. 13/9720, S. 32; *Lutz,* WRP 2002, 47 (52). Bspw. Bezugsverpflichtungen im Zusammenhang mit Miet-, Pacht- oder Darlehnsverträgen; *BKartA,* TB 1995/1996, BT-Drucks. 13/7900, S. 37.

weise über die Zentrale zu decken.[875] Demzufolge können Mindestumsatzklauseln[876], Konzentrationsrabatte[877] sowie Sortimentsabsprachen[878] unzulässige Vertragsklauseln sein, da sie unmittelbare oder mittelbare Bezugsbindungen begründen. Mittelbare Bezugsverpflichtungen, die geeignet sind, einen vergleichbaren Zwang wie unmittelbare Bezugsbindungen zu begründen, sind folglich ausreichend.[879] Bezugszwänge sind von der wirtschaftlichen Sogwirkung, die sich aus der Mitgliedschaft in der Einkaufskooperation ergibt und zu einer überwiegenden Bedarfsdeckung über diese führt, zu unterscheiden.[880] Die Abgrenzung der kartellrechtlich ungefährlichen wirtschaftlichen Sogwirkung von der bedenklichen Bezugsvereinbarung ist fließend und daher im Einzelfall schwierig.

Sparkassen und andere Verbundpartner sollten nicht verbindlich dazu veranlasst werden, bestimmte Mengen ohne vorherige Bestellung über die Einkaufskooperationen beziehen zu müssen. Daraus könnte sich der Verdacht auf einen unmittelbaren Bezugszwang ergeben. Außerdem ist darauf zu achten, dass für die Verbundpartner keine unmittelbare oder mittelbare Verpflichtung begründet wird, über die SEG oder andere Verbundpartner ihre Waren und Dienstleistungen ganz oder teilweise zu beziehen.

c) Keine Ausschaltung des Wettbewerbs

Der koordinierte Einkauf kann nicht freigestellt werden, wenn er den Beteiligten die Möglichkeit gibt, den Wettbewerb für einen wesentlichen Teil der

---

875 *Nordemann,* in: Loewenheim/Meessen/Riesenkampff (Hrsg.), Kartellrecht, § 2, Rn. 93. Zur Konzentrierung der Beschaffung über ein Logistikzentrum *BKartA,* TB 2003/2004, BT-Drucks. 15/5790, S. 91.

876 *BKartA,* TB 1962, BT-Drucks. 4/2220, S. 29; *BKartA,* TB 1965, BT-Drucks. 5/530, S. 32. S. aber *BKartA,* TB 1995/1996, BT-Drucks. 13/7900, S. 37, wonach Mindestumsatzklauseln erlaubt sein können, wenn sie erforderlich sind, um den angestrebten Nachteilsausgleich KMU gegenüber Großunternehmen herbeizuführen und dem einzelnen Mitglied Freiräume für eigenständige Entscheidungen belassen.

877 Konzentrationsrabatte können zu einer mittelbaren Bezugsbindung führen, da sie den Mitgliedern als Anreiz für den Bezug über die Einkaufskooperation Boni gewähren; *BKartA,* TB 1995/1996, BT-Drucks. 13/7900, S. 37.

878 Zimmer, in: Immenga/Mestmäcker (Hrsg.), Wettbewerbsrecht, § 1, Rn. 265. Sortimentstypenverpflichtungen sind ausnahmsweise erlaubt, wenn sie sich auf das Kernsortiment beschränken und die Bindung für das Erscheinungsbild notwendig ist; *BKartA,* TB 1995/1996, BT-Drucks. 13/7900, S. 37; *Lutz,* WRP 2002, 47 (52); *Nordemann,* in: Loewenheim/Meessen/Riesenkampff (Hrsg.), Kartellrecht, § 2, Rn. 97.

879 Zimmer, in: Immenga/Mestmäcker (Hrsg.), Wettbewerbsrecht, § 1, Rn. 265.

880 Zur alten Rechtslage Gesetzesbegr. 5. GWB-Novelle, BT-Drucks. 11/4610, S. 15.

betroffenen Produkte auszuschalten. Auch eine marktbeherrschende Stellung schließt eine Freistellung aus, wobei die Indizwirkung hoher Marktanteile durch ausreichende Gegenmacht von Lieferanten auf den Einkaufsmärkten abgemildert werden kann.[881] Die Freistellungsschwelle liegt bei einem addierten Marktanteil von unter 15 Prozent auf den Einkaufs- und Verkaufsmärkten.[882] Neben der Betrachtung der Marktanteile sind insbesondere die Art und Intensität der Wettbewerbsbeschränkung, die Marktstruktur sowie die Wechselwirkungen zwischen Einkaufs- und Verkaufsmärkten zu beachten.

Wie groß die Marktmacht auf den Einkaufsmärkten für bankspezifische und bankunspezifische Produkte ist, ist nicht näher bekannt. Zur Orientierung kann in die Gesamtbetrachtung die Pressemitteilung der SEG einbezogen werden. Nach eigener Aussage ist die SEG eine der größten Nachfragegemeinschaften in Deutschland.[883] Es kann daher von einem starken Marktanteil auf den Einkaufsmärkten ausgegangen werden. Allerdings entfällt beim gemeinsamen Einkauf bankunspezifischer Produkte die Wechselwirkung zwischen Einkaufs- und Verkaufsmärkten, sodass sich die Kooperation nicht negativ auf den Wettbewerb in den Verkaufsmärkten und damit auf die Verbraucher auswirken kann. Auf den Einkauf- und Verkaufsmärkten für bankspezifische Produkte stehen die Sparkassen im Wettbewerb mit anderen Banken.

d) Freistellung nach § 3 GWB

Soweit die Einkaufskooperationen der Sparkassenorganisation keine zwischenstaatlichen Bezüge haben, kommt zusätzlich eine Freistellungsmöglich-

881 *Komm.,* LL zur Anwendbarkeit v. Art. 101 AEUV auf Vereinbarungen über horizontale Zusammenarbeit, ABl. C 11/1, Rn. 209.

882 *Komm.,* LL zur Anwendbarkeit v. Art. 101 AEUV auf Vereinbarungen über horizontale Zusammenarbeit, ABl. C 11/1, Rn. 208. Das BKartA legte bei der Vorgängernorm strengere Maßstäbe an und nahm eine wesentliche Beeinträchtigung bei Marktanteilen v. 10-15 % an; *BKartA,* Vfg. v. 25.10.2005 – B1-248/04 (»Hintermauerziegelkartell«) –, in: WuW/E DE-V 1142 (1146). Auf den Nachfragemärkten lägen »die Marktanteilsschwellen, [...] in der Regel deutlich unter denjenigen, die üblicherweise als Grenze auf dem Angebotsmarkt angesehen werden.«; *BKartA,* TB 1999/2000, BT-Drucks. 14/6300, S. 46. Gleichwohl haben sich die Auffassungen der Komm. und des BKartA angeglichen, indem das *BKartA* bei Unterschreiten der 15 %-Schwelle eine Freistellung als wahrscheinlich annimmt und lediglich oberhalb der Schwelle eine Einzelfallprüfung verlangt; *BKartA,* Merkbl. KMU, Rn. 38 (Fn. 36).

883 *SEG,* Pressemitt. v. 10.11.2009, S. 3 (http://bit.ly/eWdiM2).

keit nach § 3 GWB infrage. Der Freistellungstatbestand hat aufgrund des Vorrangs des europäischen Rechts nur eine eigenständige Bedeutung, wenn durch die Verhaltenskoordinierung nicht das zwischenstaatliche Handeln beeinträchtigt wird. Die Sparkasseninstitute sind in der Regel im maßgeblichen Horizontalverhältnis KMU.[884] Dabei schadet es der Einordnung nicht, wenn einzelne Großunternehmen an der Kooperation teilhaben.

Die naheliegenden wirtschaftlichen Nutzen nach § 2 GWB genügen den Rationalisierungsvoraussetzungen in § 3 GWB.[885]

Weiterhin darf der gemeinsame Einkauf den Wettbewerb nicht wesentlich beeinträchtigen. Ob eine Wettbewerbsverkürzung durch die Vereinbarung anzunehmen ist, ist einzelfallabhängig anhand einer umfassenden Gesamtwürdigung der Auswirkungen im relevanten Markt vorzunehmen. Maßgeblich sind dieselben Kriterien wie bei § 2 GWB (Marktstellung der beteiligten Sparkassen und Verbundpartner, insbesondere Marktanteile, Ausgestaltung der Bezugsgemeinschaft (Bezugsverpflichtungen usw.) und das Bestehen anderer Kooperationen auf dem Markt).

III. Zusammenfassung

Einkaufsvereinbarungen einzelner Sparkassen sind nicht kartellrechtsrelevant. Der gemeinsame Einkauf über die SEG kann freigestellt sein, insbesondere mangels Wechselwirkungen zwischen Einkaufs- und Verkaufsmärkten. Problematisch sind generell bundesweite Einkaufskooperationen mit hohen Marktanteilen. Zu beachten ist, dass mittelbare oder unmittelbare Bezugsverpflichtungen die Unerlässlichkeit der Einkaufskooperation entfallen lassen können.

884 S. 5. Kap. B II 4 b) aa).

885 Der Gesetzgeber wollte mit dem neuen § 2 GWB die bisherigen Einzelfreistellungen (§ 2-7 GWB a. F.) umfassen; Gesetzesbegr. GWB-Novellierung, BT-Drucks. 15/3640 v. 12.8.2004, S. 26.

F. Verbandsempfehlungen unter besonderer Berücksichtigung von Konditionenempfehlungen und Verbandssitzungen

Verbandsempfehlungen, insbesondere Konditionenempfehlungen[886], sind in der Kreditwirtschaft von hoher praktischer Bedeutung. Daher ist es für die Verbände umso unerfreulicher, dass sie nach der neuen Rechtslage die kartellrechtliche Vereinbarkeit selbst beurteilen müssen und es bisher kaum Vergleichsentscheidungen zu reinen Konditionenkartellen gibt. Die bislang behandelten Fälle betrafen meist Konditionsvereinbarungen, die zugleich aufgrund von Hardcore-Kartell-Absprachen unzulässig waren.[887]

I. Konditionenkartelle vor und nach der 7. GWB-Novelle

Konditionenkartelle, die die einheitliche Anwendung von Geschäfts-, Liefer- und Zahlungsbedingungen oder Skonti-Abreden regelten, waren vor der 7. GWB-Novelle als Widerspruchskartelle kartellrechtlich zulässig.[888] Verboten waren allerdings Absprachen über Preise und Preisbestandteile.[889] Die Freistellung wurde mitunter kritisch beurteilt, da insbesondere auf Märkten mit wenig Preis- und Qualitätswettbewerb ein Konditionenwettbewerb den Markt beleben könne.[890] Vereinbarungen über Konditionen spielten vor allem in der Verbandsarbeit eine bedeutende Rolle. Dementsprechend empfahlen die Verbände ihren Mitgliedern, insbesondere nach Inkrafttreten des AGB-Gesetzes zum 1.4.1977, die Verwendung zahlreicher

---

886 Konditionen sind Anforderungen an den Inhalt, das Zustandekommen sowie die Abwicklung v. Verträgen, die die Beteiligten mit Dritten schließen und sich nicht auf eine Hauptleistung beziehen; *BKartA,* TB 1977, BT-Drucks. 8/1925, S. 15 f.; *BKartA,* Beschl. v. 28.4.1982 – B2-571000-BOX-23/80 (»Druckereikonditionen«) –, in: WuW/E BKartA 1989 (1991).

887 Vgl. die Entsch. zu Konditionenkartellen mit zugleich unzulässigen Preisabsprachen *Komm.,* Entsch. v. 15.7.1975 (»IFTRA-Regeln«), ABl. Nr. L 228 v. 29.8.1975, S. 3 (Abschn. B III.); *Komm.,* Entsch. v. 16.10.1980 (»Industrieverband Solnhofener Natursteinplatten e. V.«), ABl. Nr. L 318 v. 26.11.1980, S. 32 (Rn. 27); *EuGH,* Urt. v. 27.1.1987 – Rs. 45/85 (»Verband der Sachversicherer/Komm.«) –, in: Slg. 1987, 405 (Rn. 34 ff.); *Komm.,* Entsch. v. 12.12.1988 (»Netto-Bücher«), ABl. Nr. L 22 v. 26.1.1989, S. 12 (Rn. 50 ff.); *Komm.,* Entsch. v. 30.10.1996, ABl. Nr. L 26 v. 29.1.1997, S. 23 (Rn. 59); *Komm.,* Entsch. v. 5.6.1999 (»FENEX«), ABl. Nr. L 181 v. 20.7.1996, S. 28 (Rn. 45 ff.).

888 *Braun,* in: Langen/Bunte, Anhang §§ 1 u. 2 GWB, Rn. 26.

889 Allg. Meinung vgl. nur *Sauter,* in: Immenga/Mestmäcker (Hrsg.), Wettbewerbsrecht, 3. Aufl., § 22, Rn. 96.

890 *Monopolkomm.,*11. Hauptgutachten, Rn. 955.

Muster-AGB.[891] Die Zulässigkeit von Empfehlungen war ebenfalls bis zur 7. GWB-Novelle gesondert geregelt (§ 22 GWB a. F). Das Umgehungsverbot sanktionierte Empfehlungen, die Adressaten zu einem verbotenen Verhalten veranlassten (§ 22 Abs. 1 S. 1 GWB a. F.).

Für eine weitergehende Harmonisierung beider Rechtsordnungen wurden durch die 7. GWB-Novelle die Regelungen aufgehoben.[892] Seitdem sind Empfehlungen auch im deutschen Recht am Maßstab des allgemeinen Kartellverbotstatbestands zu messen.[893] Der Gesetzgeber geht vorbehaltlich einer Prüfung der Klauseln im Einzelfall weiterhin davon aus, dass Konditionenkartelle und -empfehlungen grundsätzlich zulässig bleiben.[894] Eine Freistellung durch Genehmigung des Bundeskartellamts ist seit Einführung der Legalausnahme nicht mehr möglich. In der Praxis werden AGB-Änderungen dennoch weiterhin dem Bundeskartellamt mitgeteilt. Diese nimmt die AGB ohne Entscheidung zur Kenntnis.[895]

II. Verbandsempfehlungen, insbesondere AGB-Empfehlungen

In der Kreditwirtschaft ist es üblich, dass die Spitzenverbände ihren Mitgliedern AGB empfehlen und diese von den Mitgliedern übernommen werden.[896] Innerhalb der Sparkassen-Finanzgruppe empfiehlt u. a. der ZKA den Instituten die Verwendung bestimmter Sparkassen-AGB. Diese sind größtenteils inhaltsgleich mit den AGB-Banken.[897]

III. Kartellrechtliche Beurteilung von AGB-Empfehlungen

1. Zwischenstaatlichkeit

Bei europaweiten AGB ist ein zwischenstaatlicher Bezug grundsätzlich anzunehmen. Für national beschränkte AGB vermutet der Gesetzgeber ebenfalls regelmäßig eine Beeinträchtigung des zwischenstaatlichen Handelns, da Konditionenkartelle regelmäßig Auswirkungen über den lokalen

891 Die Zahl der insg. angemeldeten Empfehlungen erhöhte sich auf 370; *BKartA,* TB 2003/2004, BT-Drucks. 15/5790, S. 40.

892 Gesetzesbegr. GWB-Novellierung, BT-Drucks. 15/3640 v. 12.8.2004, S. 30.

893 *Bunte,* in: Langen/Bunte, § 1, Rn. 92.

894 Gesetzesbegr. GWB-Novellierung, BT-Drucks. 15/3640 v. 12.8.2004, S. 26.

895 *Fischer,* in: Fischer/Klanten (Hrsg.), Bankrecht, Rn. 6.5.

896 *Fischer,* in: Fischer/Klanten (Hrsg.), Bankrecht, Rn. 6.3.

897 Die AGB-Sparkassen haben eine abweichende Nummerierung und zusätzlich erklärende Hinweise; *Fischer,* in: Fischer/Klanten (Hrsg.), Bankrecht, Rn. 6.3.

und regionalen Bereich hinaus hätten.[898] Diese Vermutung spiegelt sich allerdings nicht in den europäischen Entscheidungen wider.[899] Die Sparkassen-AGB haben einen zwischenstaatlichen Bezug, da eine Handelsbeeinträchtigung zwischen den Mitgliedstaaten durch eine Verfestigung der Marktaufteilung entlang nationaler Grenzen durch die Sparkassen-AGB zu erwarten ist.

2. Verhaltenskoordinierung von Unternehmen

Die Spitzenverbände des Kreditgewerbes sind Vereinigungen von Unternehmen im Sinne des Kartellrechts.[900]

Die Verwendung der von den Spitzenverbänden ausgearbeiteten AGB wird den Sparkassen empfohlen. Die ZKA-Empfehlungen sind Beschlüsse einer Unternehmensvereinigung und ihre Befolgung durch die Sparkassen stellt ein abgestimmtes Verhalten dar.[901] Der Wegfall des Empfehlungsverbots führte nicht zu einer generellen Unbedenklichkeit von Empfehlungen, sondern zur Überprüfung anhand von § 1 GWB. Aufgrund der Harmonisierung kann dabei auf die europäische Verwaltungs- und Rechtsprechungspraxis zurückgegriffen werden. Dementsprechend sind Verbandsempfehlungen schon dann verboten, wenn sie von mehreren Mitgliedern aus eigenem Antrieb befolgt werden und lediglich faktische Bindungswirkung entfalten.[902] Die Übernahme der empfohlenen Verbandsempfehlungen ist für die Sparkassen freiwillig. Es besteht allerdings nach den bisherigen Gepflogenheiten eine große Wahrscheinlichkeit, dass sie den Kundenbeziehungen zugrunde gelegt werden. Die Befolgung führt dann zu einer faktischen Verbindlichkeit, durch die das Marktverhalten aufeinander ausgerichtet und die Handlungsfreiheit beschränkt wird.[903]

---

898 Gesetzesbegr. GWB-Novellierung, BT-Drucks. 15/3640 v. 12.8.2004, S. 26.

899 *Lübbig,* in: Wiedemann (Hrsg.), Kartellrecht, § 8, Rn. 198, der die geringe Menge europäischer Entsch. auf eine geringe Anzahl grenzüberschreitender Konditionenkartelle zurückführt. *Nordemann,* in: Loewenheim/Meessen/Riesenkampff (Hrsg.), Kartellrecht, § 2, Rn. 57.

900 5. Kap. C III.

901 Vgl. *Bunte,* in: Due/Lutter/Schwarze (Hrsg.), FS Everling, S. 163 (178).

902 *EuGH,* Urt. v. 29.10.1980 – verb. Rs. 209/78-215/78, 218/78 (»van Landewyk«) –, in: Slg. 1980, 3125 (LS 9); *EuGH,* Urt. v. 8.11.1983 – verb. Rs. 96-102, 104, 105, 108, 110/82 (»I.A.Z.«) –, in: Slg. 1983, 3369 (Rn. 20); *Komm.,* Entsch. v. 25.1.1992, ABl. Nr. L 366 v. 15.12.1992, S. 47 (Rn. 69).

903 So im Ergebnis für alle Spitzenverbände *Massari,* Wettbewerb, S. 85; vgl. *Bunte,* in: Langen/Bunte, Art. 81, Rn. 47.

3. Bewirken und Bezwecken einer spürbaren Wettbewerbsbeschränkung

Das abgestimmte Verhalten muss zu einer Wettbewerbsverfälschung führen. Eine Wettbewerbsbeschränkung liegt vor bei einer durch Zwang bestimmten Einschränkung oder künstlichen Veränderung des durch autonomes Marktverhalten geprägten Wettbewerbsprozesses.[904] Eine spürbare Wettbewerbsbeeinträchtigung durch Konditionenabsprachen ist weniger prägnant als Wettbewerbskoordinierungen durch Preise, aber dennoch möglich.[905] Denn Wettbewerb findet auch über Zahlungs-, Gewährleistungs-, Schadensersatz-, Gefahrtragung- und Abrechungsbedingungen statt.[906] Dies zeigt bereits Art. 101 Abs. 1 lit. a) 2. Alt. AEUV, wonach die unmittelbare oder mittelbare Festsetzung von Geschäftsbedingungen verboten ist. Überdies umfasst der Schutzauftrag der §§ 305 ff. BGB nicht nur das individualrechtliche Verbraucherschutzinteresse. Die §§ 305 ff. BGB sollen auch eventuelles Marktversagen ausgleichen, denn entgegen früherer Auffassungen[907] ist dieses nicht allein auf die Übermacht des Verwenders zurückzuführen. Wettbewerb kann auch ohne Verhandlungsmacht des Kunden existieren, indem dieser frei entscheidet, ob er das günstigere Konkurrenzangebot wählt.[908]

---

904 *BGH,* Beschl. v. 29.1.1975 – KRB 4/74 (»Aluminiumhalbzeug«) –, in: WuW/E BGH 1337 (1342); *BGH,* Urt. v. 14.1.1997 – KZR 41/95 (»Druckgussteile«) –, in: WuW/E BGH 3115 (3118).

905 *Köhler,* WRP 1996, 835 (835: »nicht zu unterschätzender Konditionenwettbewerb«).

906 *Komm.,* 2. Wettbewerbsbericht, Rn. 52; *EuGH,* Urt. v. 29.10.1980 – verb. Rs. 209/78-215/78, 218/78 (»van Landewyk«) –, in: Slg. 1980, 3125 (Rn. 154: »Die […] im Rahmen der Empfehlung getroffenen kollektiven Regelungen der Zahlungsfristen haben ihrem Inhalt nach zumindest den Zweck, den Wettbewerb spürbar einzuschränken.«); *Komm.,* Entsch. v. 30.9.1986 (»Irish Banks' Standing Committee«), ABl. Nr. L 295 v. 18.10.1986, S. 28 (Rn. 16); *Lange,* in: Lange (Hrsg.), Hdb. Kartellrecht, Kap. 2, Rn. 148.

907 In diese Richtung noch *Bunte,* in: Langen/Bunte, Art. 81, Rn. 104; *Bunte,* AcP 181, 31 (64 ff.), der dies damit begründete, dass die Kunden gegenüber den AGB-Verwendern intellektuell unterlegen seien und daher die Verwender die AGB aufgrund ihrer wirtschaftlichen und intellektuellen Überlegenheit einseitig stellen könnten.

908 *Köndgen,* NJW 1989, 943 (946 f.). Die Hinnahme v. den Kundeninteressen zuwiderlaufender AGB sei auf eine Kosten-Nutzen-Analyse zurückführbar. Es lohne sich für den Kunden ökonomisch nicht, die nachteiligen Klauseln zu verhandeln. Dies zeigten Klauseln, die die Verteilung v. vertraglichen Risiken, welche nur selten eintreten, regeln. So sei es ökonomischer Nonsens, um eine Klausel zu verhandeln, die dem Kunden eines Staubsaugers das Porto für eine Rücksendung bei Reparatur aufbürdet, wenn im Durchschnitt nur 1 v. 100 Staubsaugern fehlerhaft ist und die Transportkosten überschaubar sind; *Kötz,* JuS 2003, 209 (212).

4. Freistellungsmöglichkeiten

a) Einzelfreistellung nach § 2 GWB

Eine Freistellung ist nicht allein dadurch ausgeschlossen, dass die Festsetzung von Geschäftsbedingungen in Art. 101 Abs. 1 lit. a) AEUV aufgeführt ist. Die Aufzählungen sind Anwendungsbeispiele, die den Anwendungsbereich tangieren, aber keine Aussage über deren Freistellungsfähigkeit treffen.[909]

aa) Wirtschaftlicher Nutzen

Konditionenkartelle verringern die Transaktionskosten der Sparkassen in zweierlei Hinsicht. Sie erleichtern Geschäftsabschlüsse, indem sie die Möglichkeit bieten, mit geringem Aufwand und Beratung größere Mengen gleichförmiger Verträge abzuschließen.[910] Zudem muss nicht jedes einzelne Sparkasseninstitut die AGB selbst erstellen und die dafür anfallenden Kosten tragen. Die Ersparnis wird, bezogen auf den einzelnen Vertrag, aufgrund der Vielzahl der Verträge und der Dauerhaftigkeit der AGB relativ gering sein.[911] Weiter können Konditionenkartelle zur Förderung des Preis- und Qualitätswettbewerbs beitragen, indem durch sie die Markttransparenz für den Verbraucher in Zahlungs-, Gewährleistungs-, Schadensersatz-, Gefahrtragungs- und Abrechnungsangelegenheiten erhöht wird. Der Verbraucher kann sich auf den Vergleich der wesentlicheren wettbewerbsrechtlichen Parameter konzentrieren.[912] Problematisch ist jedoch, diese Zusammenhänge in der von den Kartellbehörden erforderlichen Substantiierungsdichte darzulegen und gegebenenfalls zu beweisen. In der Praxis wird dies kaum gelingen.[913]

---

909 *Bunte,* in: Langen/Bunte, Art. 81, Rn. 100.

910 Begr. GWB-Entw., BT-Drucks. 2/1158, S. 60.

911 *Zapfe,* WuW 2007, 1230 (1234). Grundlegende Überarbeitungen gab es Anfang der 90er Jahre und 2009. Die letzte Überarbeitung trat zum 31.10.2009 in Kraft und diente der Umsetzung zahlreicher Neuerungen, wie der Umsetzung der Neuregelung des Rechts der Zahlungsdienste und der Umsetzung der Regelungen der EU-Verbraucherkredit-RL.

912 *Immenga,* in: Immenga/Mestmäcker (Hrsg.), Wettbewerbsrecht, § 2 Abs. 2 GWB a. F., 3. Aufl., Rn. 5.

913 *Möschel,* Wettbewerbsbeschränkungen, § 6, Rn. 262; *Zapfe,* WuW 2007, 1230 (1234 f.).

bb) Angemessene Verbraucherbeteiligung

Der Verbraucher kann von den Konditionenkartellen mittelbar profitieren, indem die Sparkassen die eingesparten Transaktionskosten in Form von Preissenkungen an ihre Kunden weitergegeben. Da der Vorteil betragsmäßig gering ausfallen wird, ist er schwer bzw. gar nicht zu beweisen.

Überdies ist eine direkte Partizipation durch Vereinfachung der Geschäftsabschlüsse bei Verwendung der AGB möglich. Ob diese Beteiligung angemessen ist, hängt von der Bedeutung der Konditionen auf dem betroffenen Markt ab.[914] Grundsätzlich gilt, dass die Bedeutung der AGB auf Märkten mit einheitlichen Waren und Dienstleistungen größer ist als auf Märkten mit unterschiedlichen Produkten.[915] Eine angemessene Verbraucherbeteiligung liegt vor, wenn die Konditionenkartelle inhaltlich verhältnismäßig sind. Im europäischen Recht erfolgt die Verhältnismäßigkeitsprüfung primär anhand der Richtlinie über missbräuchliche Klauseln in Verbraucherverträgen[916]. Als Orientierungshilfe können daneben die konkreteren nationalen Bestimmungen herangezogen werden, da die Richtlinie lediglich Mindeststandards enthält. Im deutschen Recht wird die Angemessenheit an §§ 305 ff. BGB gemessen.[917] Danach ist eine Ausgewogenheit und damit eine angemessene Verbraucherbeteiligung anzunehmen, wenn die AGB »inhaltlich nicht zu sehr zu Gunsten der Verwender und zu Lasten ihrer Vertragspartner ausgestaltet sind.«[918] Dies entspricht inhaltlich der früher vorgenommenen antizipierten Missbrauchsaufsicht nach § 2 Abs. 2 i. V. m. § 12 GWB a. F. bzw. § 22 Abs. 3 Nr. 2, Abs. 4 GWB a. F.

cc) Keine Ausschaltung des Wettbewerbs

Neben der Unerlässlichkeit darf die Konditionenempfehlung den Wettbewerb nicht ausschalten. Hardcore-Beschränkungen sind wie bei anderen Kartellen generell unzulässig. Auf Märkten ohne hinreichenden Preis- oder Produktwettbewerb ist die Ausschaltung des verbleibenden Konditionenwettbewerbs kartellrechtlich bedenklich, sodass eine Freistellung abzulehnen ist. Die Freistellung würde – insbesondere auf oligopolistisch vermachten

914 *Zapfe,* WuW 2007, 1230 (1235).

915 *Zapfe,* WuW 2007, 1230 (1235).

916 RL 93/13/EWG v. 5.4.1993, ABl. Nr. L 95 v. 21.4.1993, S. 29.

917 *Zapfe,* WuW 2007, 1230 (1235).

918 *BKartA,* TB 2005/2006, BT-Drucks. 16/5710, S. 38.

Märkten – zur Ausschaltung des verbleibenden Restwettbewerbs führen.[919] Im Bank- und Finanzdienstleistungsmarkt besteht genügend anderweitiger Restwettbewerb um Preise und Produkte. Eine Freistellung ist damit tendenziell zu befürworten.

b) Einzelfreistellung nach § 3 GWB

Die Sparkassen sind in der Regel KMU.[920] Die Rationalisierungswirkung der Konditionenempfehlung liegt in der doppelten Kosteneinsparung. Geschäftsabschlüsse können mit geringerem Aufwand und Beratung für eine größere Zahl gleichförmiger Verträge geschlossen werden. Die einzelne Sparkasse spart die Erstellungskosten für die AGB.

Dem Wortlaut nach fallen nur Vereinbarungen und Beschlüsse unter § 3 Abs. 1 GWB. Ausgehend von seinem Sinn und Zweck werden analog auch Mittelstandsempfehlungen erfasst, wenn diese in den Anwendungsbereich von § 1 GWB fallen. Denn auch Mittelstandsempfehlungen können die Leistungsfähigkeit von KMU fördern, indem die Wettbewerbschancen gegenüber großen Wettbewerbern verbessert werden.[921] In der Regel ist es Verbänden, die hauptsächlich für KMU tätig werden, erlaubt, unverbindliche Empfehlungen auszusprechen, wenn diese gezielt zur Verbesserung der Wettbewerbsfähigkeit des Mittelstands gegenüber Großunternehmen beitragen.[922] Ob eine wesentliche Wettbewerbsbeeinträchtigung durch Konditionenempfehlungen vorliegt, ist abhängig vom Marktanteil der beteiligten Unternehmen und dem vorhandenen weiteren Wettbewerb auf dem relevanten Markt. Der Konditionenwettbewerb hat im Verhältnis zum Preis- und Produktwettbewerb geringere Bedeutung auf dem Bankenmarkt, sodass eine Freistellung der Sparkassen-AGB möglich ist.

c) Ergebnis und Handlungsoptionen

Bei der Abwägung der Vor- und Nachteile sind vor allem die Inhalte der Konditionen und die Interessen der Marktgegenseite zu berücksichtigen. Grundsätzlich sind Konditionen, die unmittelbar oder mittelbar Preise oder Preisbestandteile festsetzen, kartellrechtswidrig. Konditionenabsprachen über

---

919 Fuchs, in: Immenga/Mestmäcker (Hrsg.), Wettbewerbsrecht, § 2, Rn. 128.

920 5. Kap. B II 4 b) aa).

921 *Lange,* in: Lange (Hrsg.), Hdb. Kartellrecht, Kap. 6, Rn. 787; *BKartA,* Merkbl. KMU, 2007, Rn. 36.

922 § 22 Abs. 2 u. 3 Nr. 1 u. 2 GWB a. F.

weniger relevante Wettbewerbsparameter sind freistellungsfähig. Sie fördern wirtschaftliche Vorteile für Unternehmen, die an die Verbraucher in angemessener Form weitergeben werden müssen (§ 2 GWB) und den Wettbewerb nicht vollständig ausschalten dürfen (§§ 2 und 3 GWB).

Das Risiko für die Spitzenverbände liegt in der Ungewissheit. Sie müssen beurteilen, ob die Empfehlung kartellrechtlich unbedenklich ist. Zusätzlich obliegt den Unternehmen die mitunter schwierige Darlegungs- und Beweislast für die Freistellungsvoraussetzungen. Ein durch verbotene Empfehlungen herbeigeführter kartellrechtswidriger Zustand lässt sich nur beenden, wenn die Mitglieder die widerrufene Empfehlung nicht weiter befolgen und ihr Verhalten tatsächlich ändern.[923] Ohne eine erkennbare Verhaltensänderung besteht die Schwierigkeit, dass das Vorgehen der Sparkassen als Fortbestehen der Koordinierung interpretiert werden könnte.[924] Dementsprechend führt die Kommission aus: »Werden die bisherigen Verbandsempfehlungen zurückgenommen oder modifiziert, ändern die Unternehmen aber ihr Verhalten nicht, so vermutet die Kommission abgestimmtes Verhalten der Unternehmen und einen Verstoß gegen Art. 85 Abs. 1 EGV. Die Kommission wird aber durchaus bei der Überprüfung [...] darauf abstellen, ob die Wirkungen noch bestehen und im Einzelfall gegebenenfalls einen Rückschluß aus den Wirkungen und dem tatsächlichen Verhalten auf eine konzentrierte Aktion vornehmen.«[925]

IV. Kartellrecht und Verbandssitzungen

In Verbandssitzungen ist Vorsicht geboten, denn »people of the same trade seldom meet together, even for merriment and diversion, but the conversation ends in a conspiracy against the public, or in some contrivance to raise prices.«[926] Marktgespräche über gemeinsame technische Normungen, Empfehlungen jeglicher Art sowie Informationsgespräche können den Kartellverbotstatbestand bereits erfüllen. Denn für eine aufeinander abgestimmte Verhaltensweise reicht eine Koordinierung zwischen Unternehmen, die noch kein Vertragsabschluss ist, aber bewusst eine praktische Zusammenarbeit an die Stelle des mit Risiken verbundenen Wettbewerbs treten

923 *Bunte,* in: Due/Lutter/Schwarze (Hrsg.), FS Everling, S. 163 (178).

924 Vgl. *EuGH,* Urt. v. 3.7.1985 – Rs. 243/83 (»Binon/AMP«) –, in: Slg. 1985, 2015 (Rn. 17).

925 Zit. nach *Bunte,* VersR 1993, 543 (545 f.).

926 *Smith,* An Inquiry, Ch. 10.82, der jedoch nicht jegliches Zusammentreffen v. Unternehmen kritisierte, sondern die Zwangsmitgliedschaft in Kammern und Gilden.

lässt, aus.[927] Die tatbestandlichen Voraussetzungen sind lediglich eine Fühlungsnahme, eine Abstimmung sowie ein Zusammenhang zwischen dem Verhalten und der Abstimmung.[928] Demnach sind auch Andeutungen einzelner Sparkassen in Verbandssitzungen auf das eigene wettbewerbsrechtliche Verhalten nicht bedenkenfrei. Die Informationen können die Ungewissheit über zukünftiges Wettbewerbsverhalten entfallen lassen und die autonome Festlegung der Geschäftspolitik beeinflussen.[929] Allein die Teilnahme an einer Verbandssitzung mit dem Zweck der Offenlegung und Beeinflussung des Marktverhaltens, kann für eine Beteiligung an einer verbotenen Abstimmung ausreichen.[930] Schlichtes Parallelverhalten ist indes nicht tatbestandsmäßig. Es kann allerdings ein Indiz sein, wobei die Kartellbehörden den festgestellten Informationsaustausch nicht als Mittel zur Überwindung von Beweisproblemen in Bezug auf vermutete, aber nicht belegbare hardcore Kartellverstöße missbrauchen dürfen.[931] Kritisch ist die Anwendung des Auffangtatbestands (aufeinander abgestimmte Verhaltensweise) vor allem, wenn die Kausalität durch die Rechtsprechung und Verwaltungspraxis im Sinne einer Kausalitätsvermutung unterstellt wird.[932] Bei der Abgrenzung zur erlaubten einseitigen Handlung kommt es entscheidend auf die verbleibende Selbstständigkeit der Unternehmen an.[933]

927 *EuGH,* Urt. v. 14.7.1972 – Rs. 48/69 (»Imperial Chemical Industries – Farbstoffe«) –, in: Slg. 1972, 619 (Rn. 64 ff.); *EuGH,* Urt. v. 14.7.1972 – Rs. 49/69 (»Badische Anilin- & Soda-Fabrik AG/Komm.«) –, in: Slg. 1972, 713 (Rn. 64 ff.).

928 *Bechtold/Bosch/Brinker/Hirschbrunner,* EG-Kartellrecht, Art. 81, Rn. 46 ff; *Gehring/Mäger,* DB 2011, 398 (401).

929 *EuG,* Urt. v. 24.10.1991 – Rs. T-1/89 (»Rhône«) –, in: Slg. 1991, II-867 (Rn. 123).

930 *Komm.,* LL zur Anwendbarkeit v. Art. 101 AEUV auf Vereinbarungen über horizontale Zusammenarbeit, ABl. C 11/1, Rn. 62.

931 *Bechtold,* GWB, § 1, Rn. 20; *Schroeder,* WuW 2009, 718 (718); *Karenfort,* WuW 2008, 1154 (1157).

932 So der EuGH in *EuGH,* Urt. v. 4.6.2009 – Rs. C-8/08 (»T-mobile Netherlands«) –, in: Slg. 2009, I-4529 (Rn. 52 f.). Kritisch ist die Anwendung der Kausalitätsvermutung durch den dt. Richter im Hinblick auf die verfassungsrechtlich garantierte Beweislastverteilung des dt. Ordnungswidrigkeiten- und Strafrechts; *Gehring/Mäger,* DB 2011, 398 (401).

933 *EuGH,* Urt. v. 16.12.1975 – verb. Rs. 40-48, 50, 54-56, 111, 113, 114/73 (»Europäische Zuckerindustrie«) –, in: Slg. 1975, 1663 (Rn. 174: »Die Kriterien der Koordinierung und der Zusammenarbeit […] verlangen nicht die Ausarbeitung eines eigentlichen »Plans«, sie sind vielmehr im Sinne des Grundgedankens der Wettbewerbsvorschriften des Vertrages zu verstehen, wonach jeder Unternehmer selbständig zu bestimmen hat, welche Politik er auf dem gemeinsamen Markt zu betreiben gedenkt. Es ist zwar richtig, dass dieses Selbstständigkeitspostulat nicht das Recht der Unternehmen beseitigt, sich dem festgestellten oder erwarteten Verhalten ihrer Mitbewerber mit wachem Sinn anzupassen; es steht jedoch streng jeder unmittelbaren oder mittelbaren Fühlungnahme zwischen Unternehmen ent-

Der Kontakt darf nicht zur Beseitigung oder Verringerung des Risikos führen, das einer autonomen Entscheidung im freien Wettbewerb innewohnt. In Verbandssitzungen sollten daher keine Marktinformationen über wettbewerbsrelevante Parameter, insbesondere solche, die zu Hardcore-Kartellen gehören (Preisabsprachen, Kunden-, Geschäftsgebiets-, Geschäftsbereichsaufteilungen), ausgetauscht werden. Nach Art. 23 Abs. 4 VO 1/2003 haften bei einem Verstoß der Verband und – im Wege der Ausfallhaftung – auch die beteiligten Sparkassen. Hilfreich zur Verhütung von Kartellverstößen sind klare Verhaltensregeln, vor allem die Einhaltung von offiziellen Tagesordnungen sowie die Protokollierung der Sitzungen.[934] Diese Urkunden können bei Schwierigkeiten als direkte Beweismittel angeführt werden.

G. Marktinformationsverfahren

Marktstatistiken sind für die Produktionssteuerung sowie für die Diagnose der Marktlage von besonderem Unternehmensinteresse. Um an Informationen von anderen Mitbewerbern zu gelangen, werden vertragliche Systeme organisierter Markttransparenz geschlossen. Die Ausgestaltung der Informationsverfahren ist vielfältig. Der Austausch kann direkt zwischen den Wettbewerbern, indirekt über einen gemeinsamen Betrieb oder über Lieferanten erfolgen. Denkbar ist auch die Einschaltung eines außenstehenden Dritten (Marktforschungsinstitut).[935] Inhaltlich reicht der Informationswechsel von Angebotsmeldeverfahren bis hin zu umfangreichen Verbandsstatistiken.[936] Dementsprechend gibt es Preismeldeverfahren, bei denen sich Wettbewerber bei einer Meldestelle über Preise und Konditionen für Geschäftsabschlüsse informieren oder Informationsverfahren zum Austausch von Liefermengen

gegen, die bezweckt oder bewirkt, entweder das Marktverhalten eines gegenwärtigen oder potentiellen Mitbewerbers zu beeinflussen oder einen solchen Mitbewerber über das Marktverhalten ins Bild zu setzen, das man selbst an den Tag zu legen entschlossen ist oder in Erwägungen zieht.«).

934 Wobei jedoch keine Pflicht bestehen soll, sämtliche Kontakte zwischen konkurrierenden Unternehmen niederzuschreiben; *BGH,* Urt. v. 25.6.1985 – KRB 2/85 (»Brückenbau Hopener Mühlbach«) –, in: WuW/E BGH 2202 (2204); *v. Vormizeele,* WuW 2009, 143 (154), mit dem Hinweis auf den vom American Productivity & Quality Center erarbeiteten Verhaltenskodex (Code of Coduct).

935 *Komm.*, LL zur Anwendbarkeit v. Art. 101 AEUV auf Vereinbarungen über horizontale Zusammenarbeit, ABl. C 11/1, Rn. 55. Eine wichtige Änderung sind die Erläuterungen zum Informationsaustausch, die es bislang nur sektorspezifisch (*Komm.,* LL für die Anwendung v. Art. 81 EG auf Seeverkehrsdienstleistungen, ABl. 2008 Nr. C 245/2, Rn. 38 ff.) gab.

936 *Emmerich,* Kartellrecht, § 21, Rn. 64.

und Umsatzzahlen (Marktstatistik). In der Finanz- und Versicherungsbranche ist die gegenseitige Verständigung üblich, denn oftmals ermöglicht erst der Informationsaustausch den Abschluss bestimmter Bankgeschäfte (Daten über die Kreditwürdigkeit eines potentiellen Kunden zum Abschluss eines Kredit- oder Versicherungsvertrags zur Risikoeinschätzung).[937]

I. Kennzahlensystem der Sparkassen-Finanzgruppe

Die zunehmende Wettbewerbsverschärfung auf den Finanzmärkten verlangt von der Sparkassen-Finanzgruppe, ihre Leistungsfähigkeit stetig zu erhöhen und dabei Kosten zu senken. Eine Möglichkeit diesen Prozess erfolgreich zu bestreiten, ist die systematische Analyse von Verbesserungsmöglichkeiten (u. a. durch Benchmarking oder betriebliche Kennzahlen als Erfassungs- und Steuerungsinstrumente). Die Sparkassen-Finanzgruppe ist aufgrund ihrer dezentralen Struktur ohne ein zentrales Steuerungsinstrument in besonderem Maße auf aggregierte Benchmarkings angewiesen.

Die Sparkassen informieren die für sie zuständigen Regionalverbände über Statistiken, Betriebsvergleiche und weitere Erhebungen.[938] Die Erhebungsvorgaben wurden dafür zuvor durch Arbeitskreise der Verbände entwickelt. Anschließend wertet der Regionalverband die periodisch erhobenen Daten standardisiert aus. Die Evaluation erfolgt seit über 30 Jahren anhand vergleichender Kennzahlen durch das Sparkassen Informations- und Analysesystem (S-IAS). Das vergleichende Kennzahlensystem ist der »overhead« für die Dateninformations- und Analysesysteme (Statistik, Betriebsvergleich, Prognose sowie Personal) der Sparkassen.[939] Die Sparkassen und Regionalverbände haben die Möglichkeit, sich durch entsprechende Software (S-IBUS) mit anderen Instituten und Regionalverbänden zu vergleichen.[940] Die umfassende Vergleichsanalyse betriebswirtschaftlicher Kennzahlen unterstützt sowohl in der Retroperspektive als auch in der Vorschau die eigene Standortbestimmung und hilft bei der Strukturoptimierung. Die einzelne Sparkasse kann sich strategisch ausrichten und ihre operative Vertriebssteuerung durch den prozessbezogenen Teil des Benchmarkings effizienter gestalten.

937 Das Kreditinformationssystem der dt. Banken SCHUFA.

938 Die nachfolgenden Ausführungen beruhen auf Angaben des SVWL.

939 *Gies,* BBL 2002, 30 (31).

940 *Gies,* BBL 2002, 30 (31).

1. Statistik

Die Statistiken unterteilen sich in amtliche und organisationsinterne Statistiken. Erstere sind von Gesetzes wegen u. a. an die Deutsche Bundesbank zu melden und dienen der Aufstellung einer konsolidierten Bilanz des Bankensystems, der Berechnung der Geldmenge sowie als Grundlage für die Geldvermögensrechnung.[941] Die organisationsinternen Statistiken unterstützen vor allem die Verbandsarbeit und sind das Ergebnis politischer Willensbildung der Verbände.[942] Sie ergänzen die amtlichen Statistiken um Auskünfte zu bestimmten Geschäftsfeldern oder enthalten zusätzliche statistische Basisinformationen für die Öffentlichkeitsarbeit oder die Bildungspolitik. Wichtigste Standardauswertung ist die entscheidungsorientierte statistische Auswertung »Geschäftsentwicklung der Sparkassen« (GEWI) mit Informationen über Bestände und Bestandsänderungen im bilanziellen und außerbilanziellen Bereich (u. a. Entwicklungen im Wertpapiergeschäft). Die GEWI soll den jeweiligen Entscheidungsträgern bei betriebswirtschaftlichen sowie geschäftspolitischen Einschätzungen behilflich sein, indem geschäftliche Trends frühzeitig erkannt und gegebenenfalls Steuerungsmaßnahmen ergriffen werden können.[943] Zusätzlich gibt es innerhalb der Sparkassen-Finanzgruppe u. a. Statistiken über das Geschäftsstellennetz, zur Situation im Ausbildungsbereich, zur Gewinnverwendung und zum Auslandsgeschäft. Die Statistiken unterstützen vor allem die Verbandsarbeit, können aber auch von den Sparkassen oder dem DSGV genutzt werden.

2. Betriebsvergleiche

Benchmarking ist ein Instrument zur Wettbewerbsanalyse, bei dem Prozesse und Methoden von mehreren Unternehmen analysiert werden, um die Leistungslücke zum Klassenbesten systematisch zu minimieren.[944] Dazu werden in einem fortdauernden Vergleich Produkte und Dienstleistungen analysiert. Es gibt zwei verschiedene Grundtypen: den interne Vergleich mit eigenen Unternehmen, bspw. innerhalb eines Konzernverbunds und die Gegenüberstellung mit anderen Wettbewerbern (externes Benchmarking).[945] Das externe Benchmarking kann wettbewerbsorientiert oder

941 § 18 Bundesbankgesetz (Zentralbereich Statistik); *DSGV,* Statistik der Sparkassen, Einführung, Allgemeine Grundlagen, S. 1.

942 *DSGV,* Statistik der Sparkassen, Einführung, Begriffsbestimmung, S. 1.

943 *DSGV,* Statistik der Sparkassen, Einführung, Allgemeine Grundlagen, S. 1.

944 *Puschmann,* Benchmarking, S. 3; *Leibfried/McNair,* Benchmarking, S. 13 f.

945 *Puschmann,* Benchmarking, S. 35.

funktional ausgestaltet werden. Das wettbewerbsorientierte Benchmarking vergleicht direkte Konkurrenten, das funktionelle Benchmarking vergleicht branchenübergreifend. Ziel ist stets die Verbesserung der Effektivität und Wettbewerbsfähigkeit durch Prozessoptimierung. Die Standortbestimmung des jeweiligen Sparkasseninstituts soll durch Orientierung an der Best-Practice im Verbund erleichtert werden. Innerhalb des Sparkassenverbunds werden eine Vielzahl von speziellen Betriebsvergleichen mit unterschiedlichen Schwerpunkten (Konten, Bestände im Kundengeschäft, Verbundgeschäft, Zahlungsverkehr, Wertpapier Depot B, Technik und Kosten) durchgeführt.[946]

3. Prognose

Beim Prognose- und Finanzplanungssystem stehen die zukünftigen Institutsvergleiche im Mittelpunkt. Aus bereits eingeholten Ist-Werten des laufenden Jahres und prognostizierten Werten für künftige Monate werden die Entwicklungen der Erfolgsspannen für das laufende und das erste Folgejahr prognostiziert.

II. Kartellrechtliche Beurteilung

1. Marktinformationssysteme

Die einseitige Bekanntgabe von Marktinformationen ist von Marktinformationssystemen, in denen die Informationen direkt zwischen den Wettbewerbern ausgetauscht werden, zu unterscheiden. Dementsprechend ist die Veröffentlichung der aktuell gültigen Preise und Zinskonditionen generell unbedenklich, da sie für eine Wahlmöglichkeit des Verbrauchers notwendig ist.[947] Unbedenklich ist auch die Übermittlung wettbewerbsrelevanter Informationen an bankenunabhängige Dritte (Finanzfachzeitschriften oder vergleichbare Internetanbieter) zum Produkt- oder Preisvergleich.[948]

946 Der Betriebsvergleich Wertbereich dient der Ermittlung der Rentabilität, der Betriebsvergleich Personal gibt den einzelnen Sparkassen Hinweise und Zielgrößen für die eigene Personalstruktur und Entwicklung; *Gies,* BBL 2002, 30 (31).

947 *Bunte,* in: Schimansky/Bunte/Lwowski, Bankrechts-Hdb, Bd. 2, § 140, Rn. 95.

948 *Bunte,* in: Schimansky/Bunte/Lwowski, Bankrechts-Hdb, Bd. 2, § 140, Rn. 95.

a) Isolierter Datenaustausch und wettbewerbsrechtliche Ambivalenz

Marktinformationssysteme sind in der Regel nicht der alleinige Grund für Eingriffsmaßnahmen der Kartellbehörden. Sie gelten oftmals als Indizien für bestehende Kartellstrukturen, in denen der Informationsaustausch mit anderen horizontalen Vereinbarungen verknüpft ist.[949] Dementsprechend ist bei einer Einkaufsvereinbarung der Informationsaustausch immanent und wird mit dieser zusammen kartellrechtlich überprüft.[950] Daneben gibt es aber auch den reinen Datenaustausch, dessen wichtigste wirtschaftliche Funktion die Informationszirkulation ist. Die Marktinformationssysteme der Sparkassen-Finanzgruppe sind reine Datenaustauschsysteme. Für den reinen Informationsaustausch gibt es keine »safe harbours«.[951] Eine Marktanteilsschwelle wäre auch wenig empfehlenswert, da der Informationsaustausch für Unternehmen erst vorteilhaft ist, wenn sich viele Unternehmen an ihm beteiligen. Mittelbar gibt es »safe harbours« für den Informationsaustausch, der sich im Rahmen anderer Absprachen vollzieht.

Die Schwierigkeit der kartellrechtlichen Beurteilung von Marktinformationssystemen liegt in der wettbewerblichen Ambivalenz solcher Systeme.[952] Abhängig von der jeweiligen Marktstruktur kann die Wirkung wettbewerbsfördernd oder wettbewerbsmindernd sein. Auf wettbewerbsintensiven

949 *Möhlenkamp,* WuW 2008, 428 (433).

950 Der Informationsaustausch der als Überwachungsmechanismus für ein Kartell fungiert, wird ebenfalls mit dem Kartell zusammen überprüft; *Komm.*, LL zur Anwendbarkeit v. Art. 101 AEUV auf Vereinbarungen über horizontale Zusammenarbeit, ABl. C 11/1, Rn. 56 ff.

951 Kritisch dazu *Fritzsche,* EuZW 2011, 208 (212).

952 *BGH,* Beschl. v. 29.1.1975 – KRB 4/74 (»Aluminiumhalbzeug«) –, in: NJW 1975, 788 ff.; *EuGH,* Urt. v. 28.5.1998 – Rs. C-7/95 P (»John Deere«) –, in: Slg. 1998, I-3111 (Rn. 48 ff., 88 ff.: »Auf einem wirklich vom Wettbewerb geprägten Markt ist [...] die Transparenz unter den Wirtschaftsteilnehmern [...] grundsätzlich geeignet, den Wettbewerb unter den Anbietern zu verstärken, da bei einer solchen Fallgestaltung der Umstand, daß ein Wirtschaftsteilnehmer Informationen über das Funktionieren des Marktes, über die er dank des Informationsaustauschsystems verfügt, berücksichtigt, um sein Verhalten auf diesem Markt anzupassen, angesichts der Zersplitterung des Angebots nicht geeignet ist, bei den anderen Wirtschaftsteilnehmern die Unsicherheit über die Vorhersehbarkeit des Verhaltens der Wettbewerber zu verringern oder ganz zu beseitigen. Werden dagegen auf einem Markt, der [ein] hochgradig konzentrierter oligopolistischer Markt ist und auf dem infolgedessen der Wettbewerb bereits stark eingeschränkt und der Austausch v. Informationen erleichtert ist, unter den wichtigsten Anbietern und [...] ausschließlich zu deren Nutzen [...], so ist dies [...] geeignet, den noch bestehenden Wettbewerb unter den Wirtschaftsteilnehmern spürbar zu beeinträchtigen.«). *Lübbig,* in: Wiedemann (Hrsg.), Kartellrecht, § 8, Rn. 239; *Möhlenkamp,* WuW 2008, 428 (433); *Tugendreich,* Die kartellrechtliche Zulässigkeit v. Marktinformationsverfahren, S. 245.

Märkten kann das Marktinformationssystem zusätzliche Transparenz schaffen und den Wettbewerb intensivieren, während der Austausch auf hochgradig konzentrierten oligopolistischen Märkten zu einer Verringerung des Restwettbewerbs beitragen kann.

b) Zwischenstaatlichkeit

Ob die Marktinformationssysteme der Sparkassen-Finanzgruppe an europäischem oder nationalem Kartellrecht zu messen sind, ist davon abhängig, ob unter Berücksichtigung der Merkmale des relevanten Marktes eine hinreichende Wahrscheinlichkeit dafür besteht, dass das Kartell Wirtschaftsteilnehmer aus anderen Mitgliedstaaten unmittelbar, mittelbar, tatsächlich oder potenziell beeinflusst.[953] Die Voraussetzungen für einen zwischenstaatlichen Bezug liegen bei den regionalen oder lokalen Meldungen der Sparkassen an ihre Sparkassen- und Giroverbände nicht vor.

c) Verhaltenskoordinierungen/Merkmale des Informationsaustausches

Der Informationsaustausch innerhalb der Sparkassen-Finanzgruppe ist eine verbotene Verhaltenskoordinierung, wenn er die strategischen Ungewissheiten auf dem Markt verringert und dadurch Kollusionen erleichtert. Dies gilt insbesondere unter Berücksichtigung der extensiven Praxis zur abgestimmten Verhaltensweise.[954] Bei der kartellrechtlichen Beurteilung erleichtern die folgenden Kriterien die Orientierung, wobei zu beachten ist, dass sie nicht abschließend sind und je nach Lage des Einzelfalls in die eine oder andere Richtung ausschlagen können.[955] Wichtig sind die Informa-

---

953 *EuGH,* Urt. v. 23.11.2006 – Rs. C-238/05 (»Asnef-Equifax/Ausbanc«) –, in: Slg. 2006, I-11125 (Rn. 39).

954 Ausreichend ist jede Form der Koordinierung, die noch nicht bis zum Vertragsabschluss gediehen ist, allerdings eine bewusste Zusammenarbeit an die Stelle des mit Risiken verbundenen Wettbewerbs treten lässt, *EuGH,* Urt. v. 4.6.2009 – Rs. C-8/08 (»T-mobile Netherlands«) –, in: Slg. 2009, I-4529 (Rn. 26). *BKartA,* Pressemitt. v. 20.2.2008: »Darüber hinaus waren die […] Markenartikelhersteller […] seit Jahren an einem regelmäßigen Austausch v. Informationen über die Verhandlungen mit Einzelhändlern beteiligt. Auf Sitzungen des Arbeitskreises […] wurden Informationen über neue Rabattforderungen des Einzelhandels sowie Abschlüsse der Vertragspartner im Rahmen der Jahresgespräche ausgetauscht. Ziel war es, das Marktverhalten des Wettbewerbers zu beeinflussen bzw. v. vornherein die Ungewissheit über das zukünftige Marktverhalten der Wettbewerber auszuräumen.«; *Emmerich,* JuS 2007, 877 (878).

955 *Komm.,* LL zur Anwendbarkeit v. Art. 101 AEUV auf Vereinbarungen über horizontale Zusammenarbeit, ABl. C 11/1, Rn. 78.

tionsart (unsensible/sensible Geschäftsinformationen), die Marktstruktur, die Austauschhäufigkeit, der Informationszugang (öffentlich/nicht öffentlich), die Aktualität der Informationen, der Informationstyp (aggregiert/detailliert) und ob mit dem Austausch eine Einschränkung des Geheimwettbewerbs bezweckt oder bewirkt werden sollte.[956]

aa) Art der Informationen

Marktinformationsverfahren sind kartellrechtlich bedenklich, wenn sie das konkrete Marktgeschehen wiedergeben und Koordinierungen zwischen den Beteiligten erleichtern.[957] Der Austausch primär marktbezogener Daten (detaillierte Geschäftsgeheimnisse – wie Umsatzzahlen –, Werbeausgaben, Retouren, geplante Produkteinführungen oder Preisanhebungen) ermöglichen Rückschlüsse auf Geschäftsvorgänge und Strategien des einzelnen Gruppenmitglieds und erleichtern die Marktkoordinierung.[958] Daher dürfen Markt- und Preisstatistiken nur das Marktgesamtvolumen ermitteln und veröffentlichen. Überdies sind die Weitergabe von Schwerpunktpreisen[959] oder zusätzlichen Informationen über korrespondierende Mengen zu bereits mitgeteilten Höchst- und Mindestpreisen Indizien für verbotene Marktinformationsverfahren.[960]

Der jeweilige Regionalverband darf die gesammelten Informationen nur in aggregierter Form an die Sparkassen und andere Verbundpartner weiter-

956 *EuG,* Urt. v. 27.10.1994 – Rs. T-34/92 (»Fiatagri«) –, in: Slg. 1994, II-905 (Rn. 49 ff.); *EuGH,* Urt. v. 28.5.1998 – Rs. C-7/95 P (»John Deere«) –, in: Slg. 1998, I-3111 (3161 ff.); *EuGH,* Urt. v. 2.10.2003 – Rs. C-194/99 P (»Thyssen Stahl AG«) –, in: Slg. 2003, I-10821 (Rn. 81 ff.). In der europäischen Rechtspraxis spricht teilweise auch vom Schutz des Selbstständigkeitspostulats; s. *Komm.,* 7. Wettbewerbsbericht 1978, Rn. 7 ff.

957 *Bechtold,* GWB, § 1, Rn. 85.

958 *OLG Düsseldorf,* Beschl. v. 26.7.2002 – Kart 37/01 (V), VI-Kart 37/01 (V) –, in: juris, Rn. 14: »[…] die Anzahl der Geschäftsvorfälle, die der Markt- oder Preisübersicht zugrunde gelegt werden, die Zahl der beteiligten Unternehmen, die Gliederungstiefe der Statistik nach Erzeugnisgruppen, der erfasste Zeitraum und/oder die Zeitspanne zwischen den in die Übersicht einfließenden Geschäftsvorfällen und der Weitergabe der Meldungen [ist] so zu bemessen, dass ein Rückschluss auf Einzelgeschäfte ausgeschlossen und eine unmittelbare wettbewerbliche Reaktion zum Nachteil eines bestimmten Konkurrenten oder Abnehmers nicht zu erwarten ist.«; *Karenfort,* WuW 2008, 1154 (1159); *Wagner-von-Papp,* Marktinformationsverfahren, S. 237 ff.; *Tugendreich,* Die kartellrechtliche Zulässigkeit v. Marktinformationsverfahren, S. 60 ff.

959 Der Schwerpunktpreis ist nicht das rechnerische Mittel einer Preisspanne, sondern ein gewichteter Mittelwert.

960 *BKartA,* WuW 1977, 248 (248 f.).

geben. Durchschnittswerte oder Höchst- und Mindestpreise können durch S-IAS übermittelt werden, wobei letztere nicht näher nach Regionen differenziert werden sollten.[961] Des Weiteren dürfen Kunden oder Lieferanten nicht identifizierbar sein, um den Geheimwettbewerb nicht zu beeinträchtigen.[962] Die Gliederungstiefe der Statistiken darf nicht zu groß sein, sodass eine größere Anzahl der je nach Erzeugnisgruppe lieferfähigen Unternehmen oder der gemeldeten Stückzahlen bzw. Geschäftsvorfälle zu wählen ist. Außerdem dürfen eventuell aufgeführte Meldeperioden nicht zu kurz sein.

bb) Aktualität und Zugang zu den Informationen

Kritisch ist der Datenaustausch, der sich nicht auf in der Vergangenheit liegende Ereignisse beschränkt, sondern Zukunftserwartungen und Prognosen enthält.[963] Der Austausch von historischen Informationen ist in der Regel unbedenklich, da Marktabsprachen aufgrund historischer Informationen unwahrscheinlich sind. Ob die relevanten Daten historisch sind, bestimmt sich anhand der Eigenschaften auf dem relevanten Markt. Grundsätzlich sind alle Informationen, die älter als ein Jahr sind, historische Daten.[964] Diese Karenzzeit ist vor allem bei dem Prognose- und Finanzplanungssystem der Sparkassen, bei dem zukünftige Institutsvergleiche im Mittelpunkt stehen, zu beachten.

Der Austausch öffentlicher Informationen ist grundsätzlich erlaubt. Sie grenzen sich von nicht öffentlichen Informationen dadurch ab, dass sie für jedermann gleichermaßen leicht zugänglich sind, was vor allem bei kosten-

---

961 Vgl. *BKartA,* WuW 1977, 248 (248).

962 Allg. A. *BKartA,* TB 1971, BT-Drucks. 6/3570, S. 14 u. 56; *BKartA,* TB 1978, BT-Drucks. 8/2980, S. 49; *EuG,* Urt. v. 14.5.1998 – Rs. T-347/94 (»Mayr-Melnhof«) –, in: Slg. 1998, II-1751 (1800 ff.); a. A., *Wagner-von-Papp,* WuW 2005, 732 (735 ff.).

963 So schon *BKartA,* WuW 1977, 248 f.; Zimmer, in: Immenga/Mestmäcker (Hrsg.), Wettbewerbsrecht, § 1, Rn. 308.

964 *Komm.,* Entsch. v. 17.2.1992 (»UK Agricultural Tractor Registration Exchange«), ABl. Nr. L 68 v. 13.3.1992, S. 19 (Rn. 50); *Komm.,* Entsch. v. 26.11.1997 (»Wirtschaftsvereinigung Stahl«), ABl. Nr. L 1 v. 3.1.1998, S. 10 (Rn. 17). Das BKartA verlangte, dass die Daten zum Zeitpunkt der Veröffentlichung mindestens sechs Monate alt sein müssten; s. *BKartA,* Fallbericht zu der Entsch. v. 12.5.2011 – B2-118/10 –, S. 4 (http://bit.ly/m7TRrl). Dieser Grundsatz ist aufgrund der besonderen Strukturbedingungen und Wettbewerbsverhältnisse (relativ transparenter Markt, Milch ist homogenes Massengut ohne Innovationspotential, Nachfrage und Angebot sind relativ stabil) auf den Milchmärkten nur unter Vorbehalt verallgemeinerungsfähig.

losen Informationen regelmäßig anzunehmen ist.[965] Die Weitergabe der Informationen, die bereits der Deutschen Bundesbank gemeldet wurden und auf der Homepage für jedermann einsehbar sind, ist unbedenklich. Dazu gehören u. a. alle Informationen, die in der quartalsmäßig erscheinenden Veröffentlichung der bankstatistischen Regionalergebnisse enthalten sind. Sie weist nach Bundesländern gegliedert bankstatistische Ergebnisse über Kredit- und Einlagengeschäfte mit Kunden aus, wobei die regionale Zuordnung nach dem Sitz der Bankniederlassung erfolgt. Die Auswertungen basieren auf den Regionalmeldungen der meldepflichtigen Banken mit Filialen in mehreren Bundesländern sowie auf den Bundesgebietsmeldungen der Institute, die keine Filialen außerhalb des Firmensitz-Bundeslandes unterhalten. In der Zeit vor der Veröffentlichung ist der Datenaustausch kritischer zu beurteilen. Denn wettbewerblich kann ein entscheidender Unterschied darin bestehen, ob man über wesentliche Geschäftsangaben eines Mitbewerbers jederzeit aktuell verfügen kann oder eine gewisse Zeit auf die Ergebnisse warten muss.[966]

cc) Marktstruktur und Häufigkeit des Austausches

Auf konzentrierten Oligopolmärkten mit homogenen Massengütern sind die Anforderungen an Meldeverfahren höher, da die Geheimhaltung der eigenen Marktstrategie oftmals der einzig verbleibende Wettbewerbsfaktor ist.[967] Andererseits kann ein Informationssystem auf einem zersplitterten Markt mit vielen Teilnehmern oder Produkten wettbewerbsfördernd sein. Von entscheidender Bedeutung sind die Angebots- und Nachfragestrukturen, wobei insbesondere die Anzahl der konkurrierenden Anbieter, die Symmetrie und Stabilität ihrer Marktanteile, eventuell bestehende strukturelle Verbindungen zwischen den Wettbewerbern, die Homogenität der Dienst-

965 *Komm.*, LL zur Anwendbarkeit v. Art. 101 AEUV auf Vereinbarungen über horizontale Zusammenarbeit, ABl. C 11/1, Rn. 92.

966 *OGH,* Beschl. v. 21.3.2007 – 16 Ok 12/06 –, in: ÖBA 2007, 644 (649).

967 *BKartA,* WuW/E BKartA 1809 (1815). Demgemäß wurden in Frankreich Marktinformationsverfahren untersagt, die den Austausch individualisierter Daten in engen Oligopolmärkten vorsahen, Conseil de la Concurrence, Décision No. 05-D-64 v. 30.11.2005 (http://bit.ly/ezQeXl); Décision No. 05-D-64 v. 25.11.2005 (http://bit.ly/hKwOAP). Informationsaustauschsysteme können auch gegen Wettbewerbsregeln verstoßen, wenn der relevante Markt nicht hochgradig konzentriert oligopolistisch ist; *EuGH,* Urt. v. 2.10.2003 – Rs. C-194/99 P (»Thyssen Stahl AG «) –, in: Slg. 2003, I-10821 (Rn. 81 ff.); *Tugendreich,* Die kartellrechtliche Zulässigkeit v. Marktinformationsverfahren, S. 73.

leistungen sowie die Markttransparenz maßgeblich sind.[968] Die Marktstruktur ist bisher in der deutschen Rechtspraxis weniger relevant als in der europäischen.

Auf einigen globalen Teilbankmärkten, insbesondere im internationalen Investmentbanking, sind Oligopolstrukturen erkennbar. Jedoch zeichnet sich der deutsche Bankenmarkt insgesamt nicht durch eine oligopolistische Marktstruktur aus.[969] In den Niederlanden teilen sich drei große Banken 95 Prozent der Marktanteile, wohingegen der deutsche Bankenmarkt eine Vielzahl von Anbietern hat, die auf dem Finanzmarkt einen harten Preiskampf führen.[970] Zwar gab es im Zuge der Finanzkrise einige Fusionen und Insolvenzen, wodurch sich die Anzahl der Konkurrenz leicht verringerte. Die Grundstruktur der Angebots- und Nachfragemärkte wurde durch die Finanzmarktkrise jedoch nicht wesentlich verändert. Daher sind Marktinformationssysteme im deutschen Bankenmarkt in der Regel dazu geeignet, die Markttransparenz zu erhöhen und wettbewerbsfördernd zu wirken.

Der mit kurzen periodischen Abständen permanente Datenaustausch begünstigt Wettbewerbsverstöße eher als vereinzelter, unregelmäßiger Kontakt. Eine kurzzeitige Frequenz erleichtert ein genaues Monitoring des Marktverhaltens der Mitbewerber.[971]

d) Besonderheiten der Kredit- und Versicherungswirtschaft

Grundsätzlich sind die Informationsverfahren der Kredit- und Versicherungswirtschaft positiv zu beurteilen, sofern sie für den Vertragsabschluss notwendig sind, weil sie der Bank eine sachgerechte Kalkulationsgrundlage zur Verfügung stellen.[972] Dazu zählen u. a. Verzeichnisse über erhöhte

968 *Komm.*, LL für die Anwendung v. Art. 81 EG auf Seeverkehrsdienstleistungen, ABl. 2008 Nr. C 245/2, Rn. 47 ff.

969 *Bunte*, in: Schimansky/Bunte/Lwowski, Bankrechts-Hdb, Bd. 2, § 140, Rn. 97; *Handelsblatt* v. 8.4.2010, S. 1 (http://bit.ly/g9NCvX), wonach die Deutsche Bank im weltweiten Devisenhandel einen Marktanteil v. 22 % hat.

970 *Mundt*, zit. nach Handelsblatt v. 8.4.2010, S. 1 (http://bit.ly/g9NCvX). A. A. *Möschel*, zit. nach Handelsblatt v. 8.4.2010, S. 1 (http://bit.ly/g9NCvX), der v. einer »Wagenburgmentalität der Platzhirsche« spricht, die den Markt für neue Mitbewerber durch hohe Marktzutrittsschranken verschließen.

971 *Wagner-von-Papp*, Marktinformationsverfahren, S. 235.

972 Grundlegend zur Zulässigkeit eines Informationsaustauschsystems über die Zahlungsfähigkeit v. Kunden *EuGH*, Urt. v. 23.11.2006 – Rs. C-238/05 (»Asnef-Equifax/Ausbanc«) –, in: Slg. 2006, I-11125; *Hoeren*, VersR 2005, 1014 ff.; *Stancke*, VersR 2005, 1324 ff.; *Emmerich*, JuS 2007, 877 ff.; *Dreher*, in: Bielefeld/Marlow (Hrsg.), FS Schirmer, S. 71 ff.

Risiken bei der Kreditvergabe und Informationen über Banknoten- und Wertpapierfälschungen.[973] Der Austausch von Kreditinformationen zwischen Finanzinstituten über die Zahlungsfähigkeit der Kunden ist grundsätzlich wettbewerbsrechtlich unbedenklich, »sofern der betroffene Markt nicht hochgradig konzentriert ist, dieses System keine Identifikation der Gläubiger ermöglicht und die Zugangs- und Nutzungsbedingungen für die Finanzinstitute rechtlich und tatsächlich keine Diskriminierung enthalten.«[974] Der wirtschaftliche Nutzen für die Verbraucher liegt in der Erleichterung der Kreditgewährung sowie in der Überschuldungsverhütung, indem Auskünfte über in der Vergangenheit liegende Kreditausfälle die Risikoeinschätzung verbessern.[975] Außerdem verhindern sie Betrugsfälle. Diese positive Grundausrichtung kommt auch in der Gruppenfreistellungsverordnung für den Versicherungssektor zum Ausdruck, wonach der Austausch von Informationen unter bestimmten Umständen gerechtfertigt ist.[976] Der Informationsaustausch darf allerdings nicht dazu verwendet werden, Empfehlungen oder weitergehende wettbewerbsrelevante Informationen auszutauschen.[977] Problematisch sind Informationen, die Geschäftsentwicklungen generieren und über Angaben der amtlichen Statistiken hinausgehen. Dadurch erhöht sich das Risiko der Beeinträchtigung des Geheimwettbewerbs, indem sich die Ungewissheit über das Marktverhalten verringert. Unternehmensspezifische Angaben u. a. über die Kreditverteilung nach Risikoklassen und anfallende Durchschnittsmargen sind bedenklich, da sie Rückschlüsse auf die Marktstrategie der Mitbewerber ermöglichen.[978]

e) Benchmarking

Grundlage der Wettbewerbsanalyse durch Benchmarking ist der Informationsaustausch. Das interne Benchmarking ist kartellrechtlich unbedeutend, da es Wettbewerbsanalysen innerhalb von Konzernstrukturen betrifft. Damit ist allein das externe Benchmarking kartellrechtlich relevant.[979] Bedenk-

973 *Bunte,* in: Schimansky/Bunte/Lwowski, Bankrechts-Hdb, Bd. 2, § 140, Rn. 95.

974 *EuGH,* Urt. v. 23.11.2006 – Rs. C-238/05 (»Asnef-Equifax/Ausbanc«) –, in: Slg. 2006, I-11125 (1. LS).

975 *Komm.*, LL zur Anwendbarkeit v. Art. 101 AEUV auf Vereinbarungen über horizontale Zusammenarbeit, ABl. C 11/1, Rn. 97.

976 Erwägungsgrund 19 VO Nr. 267/2010 v. 24.3.2010, ABl. v. 30.3.2010.

977 *Bunte,* in: Schimansky/Bunte/Lwowski, Bankrechts-Hdb, Bd. 2, § 140, Rn. 97.

978 *OGH,* Beschl. v. 21.3.2007 – 16 Ok 12/06 –, in: ÖBA 2007, 644 (649).

979 Das formale Benchmarking mit vielen Anbietern beinhaltet ein kartellrechtlich geringes Risiko; s. *Zdrowomyslaw/Kasch,* Benchmarking, S. 148.

lich ist der Austausch über Kostendaten, die Rückschlüsse auf die Preisbildung der Mitbewerber ermöglichen (aktuelle Produktionskosten), weil diese Informationen Schlussfolgerungen auf die Preisuntergrenze im Preiswettbewerb zulassen.[980] Die Weitergabe rein statistischer Daten im Rahmen von S-IAS ist grundsätzlich kein Verstoß. Unbedenklich sind vor allem Angaben zur Kostenoptimierung und Effizienzsteigerung in den Funktionsbereichen Kunden- und Mitarbeiterzufriedenheit, Personalmanagement, Logistik sowie Rechnungswesen.[981] Bei dem Informationswechsel über S-IAS ist darauf zu achten, dass bei der Dokumentation der Kerngeschäftsfelder (Wirtschaftlichkeit, Risiko und Eigenkapital, Personal, Markt und Marktumfeld, Erfolgs- und Bilanzentwicklung, Mittelzufluss) keine unternehmensspezifischen Informationen sowie aktuelle Marktdaten für die Sparkassen oder andere Verbundpartner einsehbar sind, die Rückschlüsse auf das Wettbewerbsverhalten der Mitbewerber zulassen. Insbesondere darf S-IAS den Beteiligten keine Folgerungen auf Preise, Geschäftsabschlüsse, Kunden, Marktanteile, Kapazitäten, Kosten oder ähnliche Marktdaten ermöglichen.

2. Freistellungsmöglichkeiten

Abhängig von der jeweiligen Marktstruktur können Marktinformationssysteme Effizienzgewinne generieren, indem u. a. Kosten eingespart werden.[982] Ob der Konsument etwa über personalisierte Preise davon profitiert, ist abhängig von der Ausprägung der Gewinnextraktions- und Wettbewerbseffekte. Haben die Unternehmen durch den Informationsaustausch genauere Kenntnis über die Zahlungsbereitschaft der Verbraucher, können sie diese besser einschätzen und effektiver abschöpfen (Gewinnextraktion). Ebenso erleichtert der Informationsaustausch die Angleichung der eigenen Preisstrategie an die des (günstigeren) Konkurrenten (Wettbewerbseffekt).[983] Damit die Marktinformationssysteme der Sparkassen-Finanz-

980 *Lübbig,* in: Wiedemann (Hrsg.), Kartellrecht, § 8, Rn. 240.

981 *EuG,* Urt. v. 14.5.1998 – Rs. T-338/94 (»Finnboard«) –, in: Slg. 1998, II-1617 (Rn. 256); *v. Vormizeele,* WuW 2009, 143 (153).

982 Bspw. wenn durch den Informationsaustausch unnötige Lagerbestände abgebaut werden, indem die Produkte, bei denen aktuell eine hohe Nachfrage besteht, in die entsprechenden Gebiete geliefert werden, *Komm.*, LL zur Anwendbarkeit v. Art. 101 AEUV auf Vereinbarungen über horizontale Zusammenarbeit, ABl. C 11/1, Rn. 96.

983 *Jentzsch/Sapi,* DIW Berlin, Wochenbericht Nr. 38/10, S. 8 (12). Eine neue Studie des DIW (*Jentzsch/Sapi/Suleymanova,* Joint Customer Data Acquisition and Sharing among Rivals, DIW Berlin, Discussion Paper Nr. 1045, August 2010) kommt zu dem Ergebnis, dass der Austausch v. Kundendaten insg. zu höheren Preisen führt.

gruppe unerlässlich sind, sollten nur Daten, die zur Realisierung der wirtschaftlichen Vorteile relevant sind, ausgetauscht werden. Das ist grundsätzlich bei zukunftsbezogenen Angaben über Preise und Mengen (bspw. Angaben von Verkaufs- oder Marktanteilszielen, Geschäftsgebieten oder Kundenlisten) nicht der Fall.[984]

Gleichfalls ist das Ziel, die eigene Wettbewerbsfähigkeit durch Benchmarking zu verbessern, ein freistellbarer wirtschaftlicher Nutzen.[985] Betriebsvergleiche erzeugen interne Anreize, die eigene Leistung an der besten Sparkasse im Verbund zu messen und effizienter zu arbeiten. Problematisch ist der Austausch von unternehmensspezifischen Daten. Sie sind in der Regel für Benchmarking-Zwecke nicht unerlässlich, da Unternehmensrankings ebenso mit aggregierten Informationen mit geringerer Kollusionsgefahr durchführbar sind.[986] Benchmarkings erleichtern insbesondere KMU, ihre Wettbewerbsfähigkeit zu verbessern, sodass auf nationaler Ebene vor allem eine Freistellung nach § 3 GWB denkbar ist.

3. Fazit

Der Datenaustausch zur Erstellung der Marktstatistiken der Sparkassen und die Sammlung der aggregierten Marktdaten mit Angaben zu Marktbewegungen (u. a. Verkaufsdaten) durch den jeweiligen Regionalverband sind kartellrechtskonform. Die Verbreitung verdeutlicht die Wirtschaftslage in den jeweiligen Bereichen und hilft den Marktteilnehmern bei der Entscheidung, welche Strategie unter den gegebenen Marktbedingungen für sie am effizientesten ist. Es ist jedoch darauf zu achten, dass die Datenzirkulation keine Rückschlüsse auf individuelle unternehmensspezifische Informationen über zukünftig geplantes oder gegenwärtiges Preis-, Absatzmengen-, Produktions-, Kapazitätsmengenverhalten oder Marktanteile zulässt. Daher sollte jede einzelne Datenklassifizierung dahingehend überprüft werden, ob sie identifizierbaren Dateninput enthält. Wettbewerbliche Bedenken lassen sich vermeiden, indem unabhängige Unternehmen (Datensammelstellen,

---

984 *Komm.*, LL zur Anwendbarkeit v. Art. 101 AEUV auf Vereinbarungen über horizontale Zusammenarbeit, ABl. C 11/1, Rn. 101.

985 So hat die Komm. in mehreren Mitt. Benchmarking als ein Instrument zur Stärkung der Wettbewerbsfähigkeit anerkannt; *Komm.*, Die Wettbewerbsfähigkeit der europäischen Industrie – eine Bewertung mittels Benchmarking, KOM 1996 463, S. 1 (18 ff.); *Komm.*, Benchmarking: Über die Anwendung des Instruments in Unternehmen und Öffentlicher Verwaltung KOM 1997 153.

986 *Komm.*, LL zur Anwendbarkeit v. Art. 101 AEUV auf Vereinbarungen über horizontale Zusammenarbeit, ABl. C 11/1, Rn. 101.

Marktforschungseinrichtungen) mit der Informationssammlung beauftragt werden, die die Ergebnisse in nicht identifizierbarer Form an alle Teilnehmer weiterleiten.[987] Die Erhebungen dürfen nicht zu weitergehenden Verhaltensabsprachen führen. Dementsprechend dürfen sich die Sparkassenverbundunternehmen nicht dazu verabreden, ihr Marktverhalten an den ermittelten Prognosen auszurichten.

H. Maßnahmen zur Stärkung der Zusammenarbeit

Damit das Geschäftsmodell mit den dezentral organisierten Sparkassen erfolgreich bleibt, muss die Verbundzusammenarbeit stetig optimiert werden. Dabei hilft die gemeinsame Bearbeitung von Marktpotentialen, denn eine verbesserte Verbundquote kann die Wettbewerbsfähigkeit der Sparkassen-Finanzgruppe insgesamt stärken. Daneben ist eine effiziente Koordination der Arbeitsteilung wichtig. Sie folgt den Grundprinzipien des Sparkassenrechts (Subsidiaritäts-, Regional-, Verbundprinzip).

I. Freiwillige Verbundabsprachen

1. Grundlagen

a) Berliner Erklärung

Die Berliner Erklärung statuiert Ziele und Absichten für das Zusammenarbeiten innerhalb der Sparkassen-Finanzgruppe unter besonderer Berücksichtigung des Verhältnisses von Landesbanken und Sparkassen. Seitdem die Landesbanken versuchen, in den vorwiegend durch die Sparkassen betreuten Marktsegmenten, geschäftlich tätig zu werden, ist die Beziehung zwischen den Verbundpartnern durch die Annäherung beider Geschäftsmodelle konfliktreicher geworden. Infolgedessen gibt es vor allem im Retailbanking-Markt, im Firmenkundengeschäft oder bei der Kommunalfinanzierung Überschneidungen. Die Landesbanken und Sparkassen können daher zumindest als potentielle Wettbewerber betrachtet werden.[988] Die

987 *BKartA*, TB 1995/1996, BT-Drucks. 13/7900, S. 126; *Komm.*, Entsch. v. 26.11.1997 (»Wirtschaftsvereinigung Stahl«), ABl. Nr. L 1 v. 3.1.1998, S. 10 (Rn. 58); *Gehring*, in: Mäger (Hrsg.), Europäisches Kartellrecht, 2. Kap., Rn. 81 f.; *Karenfort*, WuW 2008, 1154 (1166).

988 Den Landesbanken obliegt neben den Sparkassen insbesondere die Staats- und Kommunalbankaufgabe mit ergänzender Kreditvergabe für die Kommunen; *Schlierbach*, Das Sparkassenrecht, S. 307.

Intention der Berliner Erklärung ist u. a., die Arbeitsteilung im Verbund derart zu regeln, dass alle Tätigkeits- und Geschäftsfelder unter Vermeidung von Mehrfachbesetzungen bearbeitet werden. Sie bekräftigt die allgemeinen Koordinationsmechanismen, insbesondere das Subsidiaritätsprinzip.

b) Verbundvereinbarungen

Aufbauend auf die Berliner Erklärung konkretisieren regionale Verbundvereinbarungen die Arbeitsteilung zwischen den Verbundpartnern, insbesondere Rahmenvereinbarungen zur Koordination zwischen Sparkassen und Landesbanken. Die Vereinbarungen markieren Zielsetzungen für eine langfristige Zusammenarbeit und werden in der Regel durch individuelle Einzelverträge für eine effizientere Nutzung der Marktpotentiale präzisiert. Die Rahmenvereinbarungen enthalten Grundstrukturen zur Arbeitsaufteilung, welche durch Einzelverträge und konkrete Vereinbarungen über einzelne Kooperationsgeschäfte konkretisiert werden. Exemplarisch dafür ist die Ausgestaltung der Zusammenarbeit zwischen den nordrhein-westfälischen Sparkassen und der ehemaligen nordrhein-westfälischen Landesbank.[989]

Die Präambel der Rahmenverträge bekräftigt grundsätzlich die Absicht arbeitsteiliger Kooperationen der beteiligten Verbundpartner und nimmt (unmittelbar) auf das Verbundprinzip Bezug. Der Hauptteil der Vereinbarung konkretisiert in der Regel die Organisation der Zusammenarbeit. Es werden Kernkompetenzen und Verantwortlichkeiten festgelegt und der Kundenzugang, der Marktauftritt, die gemeinsame Produktentwicklung sowie die Vertriebs- und Markenstrategie geregelt. Außerdem kann ein umfassender Informationsaustausch zwischen den Vertragspartnern vereinbart und Konkurrenzsituationen ausgeschlossen werden. Des Weiteren kann eine Abrede zur exklusiven Zusammenarbeit im gemeinsamen Produktsortiment vereinbart werden, sodass Kooperationen mit verbundfremden Unternehmen nur ausnahmsweise stattfinden. Überdies können sich die Vertragspartner verpflichten, ihre Leistungen zu marktgerechten Konditionen anzubieten.[990]

989 Rahmenvereinbarung über die Zusammenarbeit zwischen den Sparkassen in Nordrhein-Westfalen, den nordrhein-westfälischen Verbänden und der WestLB AG v. 29.6.2004, unveröffentlicht und Einzelvertrag zur Konkretisierung der Rahmenvereinbarung über die Zusammenarbeit zwischen den Sparkassen in Nordrhein-Westfalen, Stand 24.6.2004, unveröffentlicht. Die Verträge liegen der Ausarbeitung zugrunde. S. zur Rechtsnatur der Rahmenverträge *Wittmann,* Der Sparkassenverbund, S. 191 f.

990 Zum Ganzen *Wittmann,* Der Sparkassenverbund, S. 190.

2. Kartellrechtliche Bewertung der Vereinbarungen

Kartellrechtlich bedenklich sind vor allem Absprachen unter den Verbundpartnern, die Kernbeschränkungen betreffen, insbesondere bei Produkten, die die Sparkassen nicht als Absatzvermittler für die Verbundpartner vertreiben.

a) Ambivalentes Wettbewerbsverhältnis

Zunächst ist zu klären, in welchem Verhältnis (horizontal oder vertikal geprägte Beziehung) die Beteiligten zueinander stehen. Wichtig ist die Abgrenzung u. a. für die Feststelllung der Spürbarkeit einer möglichen Wettbewerbsbeschränkung, denn die Spürbarkeitsgrenzen variieren je nach Ausgestaltung der Wettbewerbsverhältnisse. Nach der de minimis-Bekanntmachung der Kommission sind Vereinbarungen unter Nichtwettbewerbern (vertikale Beschränkungen) mit einem gemeinsamen Marktanteil von unter 15 Prozent und Wettbewerbern (horizontale Beschränkungen) mit einem gemeinsamen Marktanteil von unter 10 Prozent nicht spürbar.

aa) Vertikales Verhältnis

Das Verhältnis zwischen den Landesbanken und den Sparkassen ist überwiegend durch vertikale Verbindungen geprägt, denn sie sind in der Regel auf verschiedenen Wirtschaftsstufen tätig. Die Landesbanken ergänzen die Produktpalette der Sparkassen, indem sie Produkte zum Vertrieb für die Sparkassen entwickeln.[991]

bb) Horizontales Verhältnis

Allerdings gibt es auch Geschäftsbereiche, die durch ein horizontal geprägtes Wettbewerbsverhältnis gekennzeichnet sind. Vor allem im Firmen-, Privatkunden- oder Kommunalkreditgeschäft arbeiten die Landesbanken und Sparkassen teilweise auf derselben Marktstufe.

(1) Firmenkundengeschäft

Im Firmenkundengeschäft bieten Landesbanken und Sparkassen den Unternehmen identische Produkte und Dienstleistungen an. Dementsprechend ist

991 Die Produktentwicklung bezieht sich u. a. auf die Produktfelder Handel, Kapitalmarkt, Außenhandelsfinanzierung sowie Corporate Finance.

es u. a. möglich, sich von beiden Verbundpartnern in Finanzierungsfragen, dem internationalen Geschäft oder der Unternehmensnachfolge betreuen und beraten zu lassen. Praktisch kommen horizontale Konkurrenzverhältnisse nur zwischen Großsparkassen und Landesbanken vor, da die Landesbanken generell nur Mittelstandsgeschäfte mit einem größeren Umsatzvolumen (ab 50 Millionen EUR) betreuen.[992] Kleinere Sparkasseninstitute haben grundsätzlich nicht die Möglichkeit, dieselben (großen international agierenden) Unternehmen auf vergleichbare adäquate Weise zu betreuen. Ihnen fehlt in der Regel die Spezialisierung auf typische Firmenkundenprodukte (strukturierte Finanzierungen, Derivate, Bilanzstrukturmanagement) und das entsprechende Personal. Außerdem müssen sie bei der Kreditvergabe die Großkreditgrenzen des KWG (§ 13 KWG ff.) sowie die Vorgaben zur Risikodiversifikation beachten. Eine durchschnittliche Sparkasse hat eine Bilanzsumme von 2,5 Milliarden EUR, einige größere Institute kommen auf eine Bilanzsumme von 5 bis 8 Milliarden EUR.[993] Damit beträgt die ungefähre Höhe des maximal möglichen Einzelkredits 20 bis 30 Millionen EUR.[994] Im Firmenkundengeschäft sind die Landesbanken daher überwiegend vertikale Mitbewerber. Um Cross-Selling-Potentiale im Verbund besser zu nutzen, ergänzen oder erweitern beide Verbundpartner ihre Produktpalette mit den jeweiligen Produkten des anderen.

(2) Privatkundengeschäft

Eine ähnliche Situation besteht auf dem Retailbanking-Markt. Hier bieten beide Verbundpartner zum Teil die gleichen Produkte und Dienstleistungen an. Das Wettbewerbsverhältnis wird jedoch durch die unterschiedliche Bankenstruktur abgeschwächt. Denn in der Regel besitzen die Landesbanken kein vergleichbar eigenes Filialnetz wie die Sparkassen. Dadurch werden die Kunden erst durch die Beratung der Sparkasse vor Ort akquiriert. Die vertragliche Kooperation erleichtert den Landesbanken den Zugang zum Retailbanking-Markt.

(3) Staatsfinanzierung

Ebenso überschneiden sich die Tätigkeitsfelder bei der Staatsfinanzierung. Beide Verbundpartner bieten Beraterleistungen u. a. bei der Finanzierung

992 Eckpunktevereinbarung zur eigenen Zukunftssicherung v. 8.2.2008.

993 *Deutsche Bundesbank,* Monatsbericht April 2011, S. 24.

994 *Hilgert/Krahnen/Merl/Siekmann,* ZfgK 2011, 536 (538).

über Kassenkredite, kommunales Schuldenmanagement sowie strategische Beteiligungsberatung an. Allerdings werden die Landesbanken als Kommunalbanken grundsätzlich nur subsidiär zu den Sparkassen tätig, wenn die örtliche Sparkasse den kommunalen Kreditbedarf nicht selbstständig bewältigen kann.[995] Dementsprechend werden generell große Vorhaben gemeinsam (u. a. in extra dafür gegründeten Projektgesellschaften) und nicht als Konkurrenten bearbeitet. Den Sparkassen stehen die Bau-, Beratungs- und Entwicklungskompetenzen der Landesbanken zur Verfügung, um den Kommunen bei der Planung und Durchführung von Flächenerschließungen, Gewerbe- und Industrieansiedlungen sowie Wirtschaftsförderungsmaßnahmen zu assistieren.[996]

b) Fazit

Das Verhältnis Sparkassen/Landesbanken ist mit einigen horizontalen Elementen überwiegend vertikal. Ist eine genaue Bestimmung des Wettbewerbsverhältnisses nicht möglich, ist die strengere 10-Prozent-Grenze bei der Bestimmung der Spürbarkeit einer möglichen Wettbewerbsbeschränkung entscheidend.[997]

c) Wettbewerbsbeschränkungen von Unternehmen

Die Rahmenvereinbarungen und Einzelverträge zwischen den Landesbanken, Sparkassen und Sparkassen- und Giroverbänden sind Vereinbarungen über marktrelevante Tätigkeiten von Unternehmen. Die regionalen Sparkassenverbände sind Unternehmensvereinigungen im Sinne von § 1 GWB und Art. 101 Abs. 1 AEUV. Mit der Alternative der Unternehmensvereinigungen sollen vorwiegend Verbände, soweit sie nicht hoheitliche Aufgaben auf gesetzlicher Grundlage wahrnehmen, unabhängig von ihrer Rechtsform oder

995 *Schlierbach,* Das Sparkassenrecht, S. 307.

996 Bspw. die Zusammenarbeit bei Schuldscheintransaktionen: Die ehemalige WestLB AG arrangierte gemeinsam mit der Sparkasse Düsseldorf im Jahr 2009 ein Darlehen i. H. v. 150 Mrd. EUR für die Flughafen Düsseldorf GmbH; s. *Beckmann,* Börsen-Zeitung v. 19.6.2010, 1 (2).

997 De minimis-B., Rn. 7. Wie hoch die gemeinsamen Marktanteile der Sparkassen und der Landesbanken auf den unterschiedlichen sachlich relevanten Produktmärkten sind, ist nicht bekannt. Legt man einen bundesweit räumlich relevanten Markt für die Überschneidungsbereiche Firmenkundengeschäft und Kommunalfinanzierung zugrunde, dürfte die Verteilung der Marktanteile unter 10 % liegen und somit eine Spürbarkeit fehlen.

Organisation an den Verbotstatbestand gebunden werden.[998] Die Unternehmensvereinigung muss nicht selbst Unternehmen im Sinne des Kartellrechts sein. Es reicht aus, dass ihre Mitglieder Unternehmen sind. Die Sparkassen als Mitglieder der Sparkassen- und Giroverbände sind Unternehmen im Sinne des funktionalen Unternehmensbegriffs, sodass auch die regionalen Verbände von § 1 GWB und Art. 101 Abs. 1 AEUV erfasst werden.

Die vertraglich vereinbarten Bedingungen der Rahmenvereinbarungen lassen sich in Hardcorekartelle und sonstige Beschränkungen aufteilen. Bei ersteren ist eine fehlende Spürbarkeit der Wettbewerbsbeschränkung irrelevant.

aa) Kernbeschränkungen

Reine Wettbewerbsbeschränkungen sind vor allem Vereinbarungen über Preis bzw. Preisbestandteile, Absätze sowie Markt- bzw. Kundenaufteilungen.

(1) Kartellrechtliche Behandlung von Kundenschutzklauseln

Alle Formulierungen, die eine Auf- oder Zuteilung bestimmter Märkte oder Kundengruppen andeuten, sind höchst problematisch. Zu vermeiden sind Formulierungen wie »Überschneidende Kundenzuständigkeiten sind zu unterlassen« oder »Kundenbeziehungen sind zu respektieren«. Sie lassen eine Absprache dahingehend vermuten, sich gegenseitig keine Konkurrenz zu machen.

Kundenschutzklauseln sind insofern kartellrechtlich unbedenklich, als sie der Durchführung kartellrechtsneutraler Austauschverträge dienen. Vor der 7. GWB-Novelle waren wettbewerbsbeschränkende Nebenabreden in kartellrechtsneutralen Austauschverträgen mit § 1 GWB kompatibel, wenn für die Beschränkung im Hinblick auf die Wettbewerbsfreiheit ein anzuerkennendes

998 *Komm.*, Entsch. v. 26.7.1976 (»Pabst & Richarz/BNIA«), in: ABl. Nr. L 231 v. 21.8.1976, S. 24 (27); *EuGH*, Urt. v. 9.6.1977 – Rs. 90/76 (»Ameyde/UCI«) –, in: Slg. 1977, 1091 (1127); *EuGH*, Urt. v. 19.2.2002 – Rs. C-309/99 (»Niederländische Rechtsanwälte (Wouters)«) –, in: Slg. 2002, I-1577 (Rn. 58 ff.); *Lutz*, WRP 2002, 47 (48); *Wiedemann*, in: Wiedemann (Hrsg.), Kartellrecht, § 4, Rn. 2.

Interesse bestand.[999] Die jetzige Rechtslage erhöht die Anforderungen. Wettbewerbsverbote in Austauschverträgen sind lediglich dann kartellrechtlich unbedenklich, wenn die Nebenabrede sachlich notwendig ist, um den Hauptzweck des kartellrechtsneutralen Vertrags zu realisieren und das Verbot gegenständlich, zeitlich und räumlich auf den mit dem Austauschvertrag verfolgten Zweck beschränkt ist.[1000] Eine Kundenschutzklausel ist eine für den Hauptzweck des Vertrags notwendige Nebenabrede, wenn sie den vereinbarten Leistungsaustausch absichert.[1001] Der Leistungsaustausch zwischen den Sparkassen und den Landesbanken würde empfindlich gestört, wenn die Landesbank als Produkthersteller aus dem Sparkassenkundenpotential eigene Geschäftskontakte akquiriert, an die sie nur durch geschäftliche Kooperation mit den Sparkassen gelangt. Der Sparkasse kann daher vertraglich die erforderliche Sicherheit eingeräumt werden, dass Leistungen, die sie von der Landesbank bezieht, nicht von dieser direkt an potentielle Kunden weitergegeben werden. Das Wettbewerbsverbot muss jedoch gegenständlich auf bestimmte gemeinsame Produkte, zeitlich auf die Dauer der Kooperation und räumlich auf die Sparkassenkunden begrenzt werden. Die Kooperation ist insbesondere dann kartellrechtlich unbedenklich, wenn die Möglichkeit für den Kunden bestehen bleibt, sich an beide Verbundpartner direkt zu wenden (»Komm-Kunden«).[1002] Indem der Landesbank nicht jede Vertragsbeziehung mit den Sparkassenkunden untersagt wird, sondern lediglich die Möglichkeit, die Kunden aktiv anzusprechen, um sie als eigene Vertragspartner zu gewinnen, bleibt ein passiver Wettbewerb bestehen.

Dieses Ergebnis steht nicht im Widerspruch zur Vertikal-GVO. Nach der schwarzen Liste in Art. 4 Vertikal-GVO sind Beschränkungen von Gebiets- und Kundenkreisen grundsätzlich nicht freistellungsfähig. Es ist verboten,

---

999 *BGH,* Urt. v. 14.1.1997 – KZR 35/95 –, in: WuW/E BGH 3121 (3125); *BGH,* Urt. v. 14.1.1997 – KZR 41/95 (»Druckgussteile«) –, in: WuW/E BGH 3115 (3118); *BGH,* Urt. v. 6.5.1997 – KZR 43/95 (»Solelieferung«) –, in: WuW/E BGH 3137 (3138).

1000 *BGH,* Urt. v. 10.12.2008 – KZR 54/08 (»Subunternehmervertrag II«) –, in: WuW/E DE R 2554 (2556); *OLG Düsseldorf,* Urt. v. 2.12.2009 – VI-U (Kart) 8/09, U (Kart) 8/09 –, in: juris (Rn. 33).

1001 *OLG Düsseldorf,* Urt. v. 2.12.2009 – VI-U (Kart) 8/09, U (Kart) 8/09 –, in: juris (Rn. 35).

1002 Vgl. *BGH,* Urt. v. 2.12.2009 – VI-U (Kart) 8/09, U (Kart) 8/09 –, in: juris (Rn. 38 ff.); *EuGH,* Urt. v. 21.2.1984 – Rs. 86/82 (»Hasselblad«) –, in: Slg 1984, 883 (Rn. 46); *Komm.,* Entsch. v. 26.5.2004 (»Topps«), in: ABl. Nr. L 353 v. 13.12.2006, S. 5 (Rn. 145 f.); *Nolte,* in: Langen/Bunte, Art. 81, Rn. 545; *Nordemann,* in: Loewenheim/Meessen/Riesenkampff (Hrsg.), Kartellrecht, § 1, Rn. 161 ff.

dem Käufer seinen Abnehmerkreis räumlich oder sachlich anhand bestimmter Kundenmerkmale vorzuschreiben.[1003] Die Kundenansprache der Landesbanken wird durch Kundenschutzklauseln eingeschränkt. Die Sparkassen sind aufgrund der hohen Ortspräsenz die zentralen Ansprechpartner innerhalb der Sparkassen-Finanzgruppe. Dies ist nach der Vertikal-GVO unschädlich, denn entsprechende Beschränkungen der Verkäufer sind nicht umfasst.[1004] Die Sparkasse darf nicht eingeschränkt werden, Kunden der Landesbanken zu akquirieren.

(2) Kartellrechtliche Behandlung von Preisabsprachen

Alle Abreden, die auf eine Festlegung von Preisen oder Preisbestandteilen hindeuten, sind kartellrechtlich bedenklich. Fest- oder Mindestpreisvereinbarungen sind schwerwiegende Eingriffe in die Wettbewerbsfreiheit, da sie grundsätzlich dazu geeignet sind, den freien Wettbewerb zu stören oder zumindest einzudämmen. Folglich sollten die Rahmen- und Einzelvereinbarungen keinerlei Anhaltspunkte für Preisabstimmungen zwischen den Verbundpartnern enthalten. Die Sparkassen und Landesbanken müssen ihre Preise autonom festlegen.

bb) Sonstige Beschränkungen

Neben den Kernbeschränkungen sind Abreden zur Festigung der engen marktlichen Zusammenarbeit denkbar.

(1) Informationsaustausch

Der Daten- und Informationsaustausch zwischen der Sparkasse und der Landesbank darf nicht zur Koordinierung des Marktverhaltens führen. Es ist darauf zu achten, dass der Austausch mit den oben dargelegten Leitlinien übereinstimmt. Es dürfen keine sensiblen Kunden-, Preis- oder Unternehmensdaten, die Rückschlüsse auf bestimmte Einzelgeschäfte erlauben, weitergegeben werden. Ein Meldeverfahren zur Erstellung von Marktstatistiken mit abstraktem Charakter hinsichtlich der Marktbewegung und einer

1003 Eine praktisch bedeutsame Ausnahme besteht bei Alleinvertriebsvereinbarungen nach der sogenannten »kleinen Liste weißer Klauseln« (Art. 4 lit. b) i) Vertikal-GVO).

1004 *Nolte,* in: Langen/Bunte, Art. 81, Rn. 521.

neutralen Darstellung der relevanten Marktdaten, die sich auf gemeinsame Geschäftsfelder beschränkt, ist kartellrechtlich unbedenklich.

(2) Ausschließlichkeitsbindungen und englische Klauseln

Um die Verbundzusammenarbeit zu verfestigen, könnten zwischen den Sparkassen und den Landesbanken Ausschließlichkeitsklauseln ausgehandelt werden. Danach würden sich die Sparkassen als Käufer gegenüber den Landesbanken als Lieferanten verpflichtet, Waren der vertragsgegenständlichen Art von Dritten nur zu beziehen, wenn die Landesbank über das Vorliegen eines Drittangebots informiert wurde und die Lieferung zu den mit dem Dritten vereinbarten Vertragsbedingungen ablehnt. Akzeptiert die Landesbank die von dem Dritten angebotenen Bedingungen, so sind die Sparkassen verpflichtet, die Ware von diesem zu beziehen. Ausschließlichkeitsbindungen in Verbindung mit sog. englischen Klauseln verpflichten den Abnehmer folglich gegenüber seinem Lieferanten zur Offenlegung von Drittangeboten und gestatten ihm eine Angebotsannahme nur, wenn der Lieferant das Drittangebot nicht unterbietet.[1005] Sie lockern einerseits die Exklusivität zwischen Lieferanten und Käufern, andererseits können sie die Kartellbildung oder Missbräuche (§ 19 Abs. 1 und 4 Nr. 1 GWB) aufgrund ihrer marktabschottenden Wirkung fördern.[1006] Bedenklich ist vor allem eine Meldepflicht der Sparkassen an die Landesbanken über Angebote anderer Wettbewerber. Sie kann die Markttransparenz künstlich erhöhen und ein kollusives Verhalten, insbesondere bei nicht anonymisierten Daten (Namenspreisgabe des Drittanbieters, Offenlegung des konkreten Angebots), erleichtern.[1007] Die Identität des Wettbewerbers darf – im Gegensatz zum Preis – nicht offengelegt werden. Verbotswidrig ist eine Preisanzeige grundsätzlich nur bei identifizierenden Angebots- und Abschlussmeldungen, in denen Einzelgeschäfte aufgedeckt und Lieferanten bzw. Abnehmer benannt

1005 *Dallmann,* WRP 2006, 347 (347).

1006 *OLG* Düsseldorf, Beschl. v. 7.7.2003 – VI-U (Kart) 24/99 –, in: GWF/Recht und Steuern 2004, 2; *Dallmann,* WRP 2006, 347 (348 ff.).

1007 *Komm.,* Entsch. v. 5.9.1979 (»BP Kemi«), in: ABl. Nr. L 286 v. 14.11.1979, S. 32 (Rn. 64); *Komm.,* Pressemitt. v. 7.6.1989, IP/89/426 (»Industriegase«). Ausdrücklich *Komm.,* LL für vertikale Beschränkungen 2000/C, ABl. C 291/1, Rn. 152. In den neuen LL spricht die Komm. nur allgemein davon, dass ein Handelsvertretervertrag unter Art. 101 Abs. 1 AEUV fallen kann, wenn er kollusive Verhaltensweisen fördert. Dies dürfte u. a. dann der Fall sein, wenn mehrere Auftraggeber die Handelsvertreter zum Austausch vertraulicher Marktdaten untereinander benutzen; s. *Komm.,* LL für vertikale Beschränkungen 2010/C, ABl. C 130/1, Rn. 20; *Kirchhoff,* in: Wiedemann (Hrsg.), Kartellrecht, § 10, Rn. 251.

werden. Denn einzelfallbezogene Angaben können zu einer wettbewerbsbeeinträchtigenden Reaktionsverbundenheit der Konkurrenten führen.[1008]

cc) Tatbestandsausschluss: Handelsvertreterprivileg

Die Landesbank könnte den Sparkassen beim Vertrieb ihrer Produkte Preise oder Kundenkreise vorgeben, wenn die Sparkassen Handelsvertreter der Landesbank und damit Teil ihrer Absatzorganisation wären. Der Handelsvertreter ist ein selbstständiger Absatzvermittler mit der Aufgabe, den Vertrieb von Gütern oder Dienstleistungen auf nachgelagerten Wirtschaftsstufen für ein anderes Unternehmen zu übernehmen.[1009] Der Einsatz von Handelsvertretern im Sinne des § 84 Abs. 1 S. 1 HGB kann für den Hersteller von großem (rechtlichen und wirtschaftlichen) Interesse sein, weil er eine Marktdurchdringung ohne großen Einsatz von Eigenkapital ermöglicht und einige vertikale Beziehungen tatbestandlich vom Kartellverbot ausgenommen sind (Handelsvertreterprivileg). Absprachen zwischen vertikalen Wirtschaftsteilnehmern können Vereinbarungen im Sinne des Kartellrechts sein, allerdings nur, wenn die Beteiligten unabhängige Wirtschaftsteilnehmer sind und demzufolge eine Vereinbarung zwischen Unternehmen vorliegt.[1010] Infolgedessen kann der Prinzipal u. a. Preise oder Konditionen, zu denen der Handelsvertreter die Waren oder Dienstleistungen anbieten darf, festlegen.[1011] Die Sparkassen als Handelsvertreter hätten beim Produktvertrieb gegenüber den Landesbanken keine unternehmerische Freiheit, deren Beschränkungen Art. 101 AEUV und § 1 GWB verbietet. Welche Voraussetzungen für eine Privilegierung vorliegen müssen, ist in der Rechtspraxis nicht ganz eindeutig.

(1) Abgrenzung nach Risikosphären

Ausgangspunkt bildet die von der Kommission erlassene »Weihnachtsbekanntmachung« von 1962, in der solche Wettbewerbsverbote aus dem

---

1008 Hierzu aus jüngster Zeit *OLG Düsseldorf,* Beschl. v. 26.7.2002 – Kart 37/01 (V), Kart 37/01, VI-Kart 37/01 (V) (»Transportbeton Sachsen«) –, in: WuW/E DE-R 949 (959).

1009 *Busche,* in: Hönn/Oetker/Raab (Hrsg.), FS Kreutz, S. 557 (557).

1010 *EuGH,* Urt. v. 30.6.1966 – Rs. 56/65 (»Société Technique Minière (LTM)/Maschinenbau Ulm (MBU)«) –, in: Slg 1966, I-282 (302); *EuGH,* Urt. v. 13.7.1966 – verb. Rs. 56/64, 58/64 (»Grundig/Consten«) –, in: Slg 1966, 322 (390); *EuGH,* Urt. v. 24.10.1995 – Rs. C-266/93 (»Volkswagen und VAG Leasing«) –, in: Slg 1995, I-3477 (Rn. 17).

1011 S. nur *Nolte,* in: Langen/Bunte, Art. 81, Rn. 712.

Anwendungsbereich von Art. 101 Abs. 1 AEUV herausgenommen wurden, bei denen der Geschäftsherr des Handelsvertreters die Risiken aus den von ihm vermittelten Geschäften übernimmt.[1012] Diese Linie konkretisierte die Kommission in den Leitlinien für vertikale Beschränkung insofern, als sie sprachlich zwischen echten und unechten Handelsvertretern differenzierte. Seitdem erfolgt die Abgrenzung zwischen erlaubtem und verbotenem Verhalten ausschließlich anhand von Risikogesichtspunkten. Entscheidend ist, wer das finanzielle oder geschäftliche Risiko trägt. Insoweit genießen nur die echten Handelsvertreter, die keine oder allenfalls geringfügige Gefahren tragen, das Freistellungsprivileg. Dieser sprachliche Unterschied existiert in den Nachfolgeleitlinien für vertikale Beschränkungen nicht mehr, womit allerdings keine inhaltliche Änderung einhergeht.[1013]

Die Kommission entwickelte unter Berücksichtigung der jüngeren Rechtsprechung drei Typen finanzieller oder geschäftlicher Risiken, die bei der Einstufung der Handelsvertreterverträge maßgeblich sind.[1014] Die erste Gruppe umfasst Gefahren, die unmittelbar mit den Verträgen zwischen Auftraggeber und Handelsvertreter zusammenhängen (vertragsspezifische Gefahren wie die Finanzierung von Lagerbeständen). Die zweite Gruppe betrifft Risiken, die mit marktspezifischen Investitionen verbunden sind. Dazu zählen insbesondere solche, die für die Art und Weise der vom Handelsvertreter auszuführenden Arbeiten notwendig sind, um den Vertrag abzuschließen oder durchzuführen. Kennzeichnend für derartige Investitionskosten (»sunk costs«) ist, dass sie sich grundsätzlich nicht amortisieren (Corporate Identity-Maßnahmen, Personalschulungen, Sachausstattungen).[1015] Die letzte Risikogruppe beruht auf der DaimlerChrysler-Entscheidung und betrifft das eigene Risiko des Handelsvertreters bei der Ausführung von Aktivitäten auf demselben sachlich relevanten Markt. Die Tätigkeit wird vom Prinzipal verlangt, aber nicht in seinem Namen abgeschlossen. Im Einzelfall ist die Gesamtbetrachtung aller Kriterien entscheidend, wobei Gefahren von wirtschaftlich spürbarer Bedeutung (Haftung für Nichterfüllung oder Zahlungsausfall) ausschlaggebende Indizien sind.[1016]

1012 *Komm.*, Bek. über Alleinvertriebsverträge mit Handelsvertretern, ABl. v. 24.12.1962, Nr. 139, S. 2921.

1013 *Malec/v. Bodungen,* BB 2010, 2383 (2384).

1014 Zum Ganzen *Komm.,* LL für vertikale Beschränkungen 2010/C, ABl. C 130/1, Rn. 14.

1015 Kritisch *Rittner,* DB 2000, 1211 (1213 f.).

1016 *Busche,* in: Hönn/Oetker/Raab (Hrsg.), FS Kreutz, S. 557 (567); *Nolte,* in: Langen/ Bunte, Art. 81, Rn. 741.

(2) Abgrenzung nach Risikosphären und wirtschaftlicher Abhängigkeit

Auch die nationale Rechtspraxis und der EuGH haben bei echten Handelsvertreterverhältnissen grundsätzlich keine kartellrechtlichen Bedenken.[1017] Die Abgrenzungskriterien sind jedoch insofern unterschiedlich, als sie nicht allein auf Risikosphären abstellen. Dementsprechend nahm der EuGH zunächst wortlautorientiert eine Privilegierung nur an, wenn der Absatzmittler durch Eingliederung in das Prinzipalunternehmen seine Eigenschaft als selbstständiger Wirtschaftsteilnehmer verliere und als Hilfsorgan kein eigenständiges Unternehmen im Sinne des funktionalen Unternehmensbegriffs mehr sei.[1018] Dem Handelsvertreter dürfe nach der internen Vertragsausgestaltung kein autonomer Handlungsspielraum bei der Abwicklung von Verträgen mit Dritten (Endkunden) verbleiben. In späteren Entscheidungen wurde zusätzlich auf die Risikoverteilung abgestellt.[1019] Ähnlich begründete auch die nationale Rechtspraxis die Privilegierung, indem sie auf die Eingliederung des Absatzvermittlers in das Prinzipalunternehmen und die Gefahrtragung abstellte. Der echte Handelsvertreter im Sinne der §§ 84 ff. HGB sei ein weisungsabhängiges Hilfsorgan ohne Absatzrisiko.[1020] Es komme entscheidend darauf an, wer von den Gewinnen profitiere und wer die Verluste zu tragen habe. Damit stellt die Rechtsprechung vorwiegend auf die Risikoverteilung (Absatz-, Lager- oder Kreditrisiko) und die wirtschaftliche Abhängigkeit ab. Die tatbestandliche Freistellung ende, falls die Bindungen über die dem Handelsvertretervertrag wesenseigene und

---

1017 *EuGH,* Urt. v. 13.7.1966 – Rs. 32/65 (»Italien/Rat«) –, in: Slg 1966, 458 (486); *EuGH,* Urt. v. 16.12.1975 – verb. Rs. 40-48, 50, 54-56, 111, 113, 114-73 (»Europäische Zuckerindustrie«) –, in: Slg 1975, 1663 (Rn. 539); *EuGH,* Urt. v. 1.10.1987 – verb. Rs. C-311/85 (»Vlaamse Reisbureaus«) –, in: Slg 1987, 3801 (Rn. 20); *BGH,* Urt. v. 15.12.1967 – KZR 6/66 (»Shell-Tankstelle«) –, in: WuW/E 877 (885); *BGH,* Beschl. v. 15.4.1986 – KVR 3/85 (»EH-Partnervertrag«) –, in: WRP 1986, 596 (598); *KG,* Beschl. v. 27.11.1991 – Kart 28/90 (»Pauschalreiseveranstalter II«) –, in: KG WuW/E OLG 4919 (4931); *Bechtold,* GWB, § 1, Rn. 26, 66; Zimmer, in: Immenga/Mestmäcker (Hrsg.), Wettbewerbsrecht, § 1, Rn. 358. Dieser Praxis hat sich das BKartA angeschlossen, nachdem es zuvor auf die Eigenart des Handelsvertretervertrags abgestellt hatte *BKartA,* TB 1985/1986, BT-Drucks. 11/554, S. 34 u. 62 f.; *BKartA,* TB 1987/1988, BT-Drucks. 11/4611, S. 32 u. 64.

1018 S. nur *EuGH,* Urt. v. 13.7.1966 – Rs. 32/65 (»Italien/Rat«) –, in: Slg 1966, 458 (486).

1019 *EuGH,* Urt. v. 24.10.1995 – Rs. C-266/93 (»Volkswagen und VAG Leasing«) –, in: Slg 1995, I-3477 (Rn. 19); *EuG,* Urt. v. 15.9.2005 – Rs. T-325/05 (»DaimlerChrysler AG«) –, in: Slg 2005, II-3319 (Rn. 85 ff.).

1020 Hierzu *Löwisch,* in: Ebenroth/Boujong/Joost/Strohn (Hrsg./Begr.), HGB, § 84, Rn. 7.

zur sachgerechten Interessenwahrnehmung funktionsnotwendige Verpflichtung hinausgehe.[1021]

(3) Stellungnahme

Seitdem die Rechtsprechung die Prüfung der Eingliederung des Absatzmittlers anhand der Verteilung der finanziellen und kommerziellen Risiken vornimmt, haben sich die Unterschiede der verschiedenen Herangehensweisen relativiert.[1022] Bereits in der DaimlerChrysler-Entscheidung war faktisch die Risikobetrachtung ausschlaggebend, da die Eingliederungsprüfung ausschließlich anhand von Risikogesichtspunkten vorgenommen wurde. Dem Merkmal der »Eingliederung« wurde keine eigenständige Bedeutung beigemessen.

Diese Angleichung ist zu befürworten.[1023] Dem Merkmal »Eingliederung« kommt keine eigenständige Bedeutung zu, sodass die Abgrenzung maßgeblich anhand der Betrachtung der wirtschaftlichen Risiken erfolgt.[1024] Sachlich besteht ohnehin zwischen den Vertragshändler- und Vermittlerverträgen bei der Lieferantenanbindung kein Unterschied.[1025] Die Herausnahme der Handelsvertreter aus dem Kartellprivileg, bei gleicher Eingliederungstiefe von Handelsvertreter und Vertragshändler, ist über die Eingliederung nicht zu rechtfertigen. Dies trifft insbesondere auch bei Zugrundelegung eines funktionalen Unternehmensbegriffs zu, bei dem die Rechtsform irrelevant ist und allein die wirtschaftliche Betrachtung zählt. Bei konsequenter Anwendung müsste das Europäische Gericht zu dem eigentümlichen Ergebnis gelangen, dass bei gleicher Eingliederungstiefe des Absatzvermitt-

1021 *BGH,* Urt. v. 26.2.1970 – KZR 5/69 (»Diskothek«) –, in: BGHZ 53, 304 (308); *BGH,* Urt. v. 18.5.1982 – KZR 15/81 (»Vertragszweck«) –, in: BGHZ 84, 125 (127).

1022 *EuGH,* Urt. v. 14.12.2006 – Rs. C-217/05 (»Conferación/CEPSA«) –, in: Slg 2006, I-11987 (Rn. 46); *EuGH,* Urt. v. 11.9.2008 – Rs. C-279/06 (»CEPSA/Tobar«) –, in: Slg 2008, I-6681 (Rn. 36).

1023 Zimmer, in: Immenga/Mestmäcker (Hrsg.), Wettbewerbsrecht, § 1, Rn. 360; *Kapp,* BB 2006, 2253 (2255); *Ensthaler/Gesmann-Nuissl,* EuZW 2006, 167 (168). A. A. *Nolte,* in: Langen/Bunte, Art. 81, Rn. 736 f.; der die Ausblendung des Kriteriums beanstandet und darin die Gefahr eines Konflikts mit der Einheit der Rechtsordnung sieht.

1024 *Eilmansberger,* ZWeR 2006, 64 (69 f.); *Ensthaler/Gesmann-Nuissl,* EuZW 2006, 167 (168 f.); a. A. *Kapp,* BB 2006, 2253 (2255).

1025 Dies gilt insb. bei den maßgeblichen Entsch. in der Automobilbranche. So gibt es personelle Vorgaben oder auch solche hinsichtlich v. Corporate Identity-Maßnahmen. Die eingegliederten Vorgaben sind bei den Handelsvertretern und den Eigenhändlern kongruent; s. *Ensthaler/Gesmann-Nuissl,* EuZW 2006, 167 (169 f.).

lers und des Vertragshändlers die Regeln über den faktischen Konzern einschlägig wären, mit der Folge, dass die Hersteller Verluste der Absatzunternehmen nach §§ 302 und 303 AktG tragen müssten.[1026] Zudem ist Eingliederung nicht gleichbedeutend mit umfassendem Verlust der Selbstständigkeit. Dem gesetzlichen Leitbild nach ist der Handelsvertreter selbstständiger Gewerbetreibender, der als verlängerter Arm des Prinzipals tätig wird (§§ 84 ff. HGB bzw. EG-Kooperationsrichtlinie 86/653/EWG[1027]). Seine Tätigkeit als Absatzvermittler im Vertrieb des Geschäftsherrn hat somit bereits terminologisch keine echte Eingliederung des Vertreters zur Folge.[1028] Ihm verbleibt ein gewisses Maß an Autonomie (u. a. bei der Organisation seines Betriebs) und er ist ein Unternehmen im Sinne des funktionalen Unternehmensbegriffs.[1029] Das Eingliederungskriterium ist damit nicht geeignet, eine fehlende Unternehmenseigenschaft festzustellen. Im Übrigen sind in der Praxis kaum Situationen denkbar, bei denen der Handelsvertreter vollständig unabhängig Preise und Konditionen festsetzen kann, ohne zugleich Risiken tragen zu müssen. Entweder wird der Prinzipal die Konditionen bestimmen und trägt somit im Gegenzug das geschäftliche und wirtschaftliche Risiko oder der Handelsvertreter kann autonom handeln, muss dafür aber – zumindest anteilig – Gefahren tragen. Mit zunehmender Selbstständigkeit steigt unweigerlich das zu tragende wirtschaftliche Risiko.[1030] Die Weisungsbefugnis hat damit für die Anwendung des Handelsvertreterprivilegs keine eigenständige Bedeutung.

(4) Übertragung auf das Verhältnis Sparkassen/Landesbanken

Folglich greift das Handelsvertreterprivileg ein, wenn die Sparkasse beim Produktvertrieb der Landesbank keine finanziellen und kommerziellen Risiken trägt. Die Landesbank muss für die vertragsspezifischen und marktspezifischen Gefahren wie Beförderungs- und Lagerkosten, Investitionskosten in Räumlichkeiten oder in die Ausstattung von Werbeaktionen verantwortlich sein. Die werbende Tätigkeit der Sparkasse muss sich auf den Vertrieb der Landesbankprodukte sowie auf die Kundenansprache in der

---

1026 *Ensthaler/Gesmann-Nuissl*, EuZW 2006, 167 (169).

1027 RL 86/653/EWG v. 18.12.1986 zur Koordinierung der Rechtsvorschriften der Mitgliedstaaten betreffend die selbstständigen Handelsvertreter, ABl. Nr. L 382/17.

1028 *Busche*, in: Hönn/Oetker/Raab (Hrsg.), FS Kreutz, S. 557 (560 f.).

1029 *BGH*, Beschl. v. 25.9.1990 – KVR 2/89 –, in: BGHZ 112, 218 (221); *Emmerich*, Kartellrecht, § 3, Rn. 33.

1030 *Kapp*, BB 2006, 2253 (2255).

Filiale beschränken. Die Markt- und Produktpflege ist Aufgabe der Landesbank. Dann kann sie als Geschäftsherr der Sparkasse Gebiets- und Kundenkreise vorschreiben sowie Preis- und Konditionsbindungen auferlegen, ohne einen Kartellverstoß zu begehen. Die Privilegierung umfasst alle unerlässlichen Verpflichtungen, damit die Landesbank die Vertragsrisiken übernehmen sowie die Geschäftsstrategie unmittelbar selbst festlegen kann.

(5) Prinzip der Doppelprägung

Das Ergebnis wird durch das Prinzip der Doppelprägung nicht revidiert, denn der Grundsatz entfällt konsequenterweise mit dem Wegfall der Eingliederungsprüfung. Ein Verhältnis mit Doppelprägung wurde angenommen, wenn der Absatzvermittler auf dem gleichen sachlichen Markt neben der Vermittlungstätigkeit für den Prinzipal ein geschäftliches Risiko als Eigenhändler trägt.[1031] Bereits aus dogmatischen Gründen kann eine Doppelprägung das Handelsvertreterprivileg nicht ausschließen. Die europäische Rechtsprechung geht in ständiger Praxis von einem funktionalen Unternehmensverständnis aus, wonach ein Unternehmen bereits dann vorliegt, wenn es eine wirtschaftliche Tätigkeit ausübt. Sie stützt ihre Bewertung folglich auf eine punktuelle Betrachtungsweise der Unternehmenstätigkeiten. Daher kann es auch bei der Beurteilung des Handelsvertreters nur auf die konkret zu beurteilende Handlung ankommen und Geschäftstätigkeiten neben seiner Absatzvermittlertätigkeit bleiben außer Betracht.[1032]

d) Fazit

Wenn die Sparkasse in einem spürbaren vertikalen Wettbewerbsverhältnis zu der Landesbank steht, kommt eine Privilegierung durch das Handelsvertreterprivileg in Betracht. Vereinbarungen in horizontalen Wettbewerbsverhältnissen sind kartellrechtlich problematischer. Im Firmenkundengeschäft stehen vor allem größere Sparkasseninstitute im Wettbewerb mit den Landesbanken. Eine Verpflichtung zur gemeinsamen Geschäftsplanung kann nicht vorgeschrieben werden. Die Zusammenarbeit muss für die Verbundpartner freiwillig sein. Die Sparkasse kann ihr Produktportfolio durch Produkte der Landesbank ergänzen oder autonom eigene Produkte

1031 *EuGH,* Urt. v. 16.12.1975 – verb. Rs. 40-48, 50, 54-56, 111, 113, 114-73 (»Europäische Zuckerindustrie«) –, in: Slg 1975, 1663 (Rn. 544 ff.); *Kirchhoff,* in: Wiedemann (Hrsg.), Kartellrecht, § 10, Rn. 36.

1032 Zum Ganzen *Kapp,* BB 2006, 2253 (2255).

entwickeln und anbieten. Eine Kunden- oder Gebietsaufteilung nach starren Umsatzgrenzen ist kartellrechtlich unzulässig. Im Retailbanking-Markt darf die Landesbank nicht vertraglich daran gehindert werden, in den Geschäftsfeldern der Sparkasse tätig zu werden. Ihr muss der Markt ohne Zugangsbeschränkung offenstehen.[1033] Ein Ausschluss gegenseitiger Konkurrenz ist nicht kartellrechtskonform.

II. Gesetzliche Verpflichtung zur Zusammenarbeit

Um die Verbundzusammenarbeit zu optimieren, plante die nordrhein-westfälische Landesregierung einen gesetzlich normierten Sparkassenpflichtverbund zwischen den nordrhein-westfälischen Sparkassen, den Sparkassen- und Giroverbänden sowie der ehemaligen WestLB AG.[1034]

Der angedachte Sparkassenpflichtverbund wäre nicht mit Art. 106 Abs. 1 AEUV vereinbar.[1035] Die vorgesehenen Mitglieder sind, einschließlich der damaligen WestLB AG, öffentliche Unternehmen. Die WestLB AG war eine Aktiengesellschaft im Sinne des § 1 AktG und damit eine privatrechtliche Kapitalgesellschaft. Die Anteile gehörten aber zu 100 Prozent der öffentlichen Hand.[1036] Bedeutungslos ist dabei, dass sie von verschiedenen öffentlichen Trägern gehalten werden, die nur gemeinsam einen beherrschenden Einfluss ausüben können (sog. öffentlicher Streubesitz). Auch die regionalen Sparkassen- und Giroverbände sind Unternehmen im Sinne des Kartellrechts. Sie nehmen zumindest teilweise wirtschaftliche Tätigkeiten wahr und ihre Mitglieder sind Unternehmen.[1037] Das partielle wirtschaftli-

1033 I. d. S. die Forderung der Komm. im WestLB AG Beihilfeverfahren (Umstrukurierungsbeihilfe), wonach eine Marktöffnung zugunsten der ehemaligen WestLB AG Voraussetzung für den gewährten Risikoschirm ist.

1034 Eine Erweiterung des Mitgliederkreises war nach dem Gesetzeswortlaut nicht ausgeschlossen (§ 39 Abs. 1 SpkG-Entw. NRW); s. GesetzesEntw. Landesreg. v. 20.5.2008, LT-Drucks. 14/6831).

1035 Neben den kartellrechtlichen bestehen auch verfassungsrechtliche Bedenken (Art. 28 Abs. 2 S. 1 GG), da der Zwangsverbund einen unverhältnismäßigen Eingriff in die kommunale Selbstverwaltung darstellen könnte. Außerdem ist nicht auszuschließen, dass das Vorhaben unvereinbar mit dem bankenaufsichtsrechtlichen Prinzip der Verantwortlichkeit des Geschäftsleiters ist (§ 1 Abs. 2 KWG); s. *Breuer/Gerlach/Rosenke/Tillmann*, EILDIENST LKT NRW 2008, 327 (328 ff.).

1036 Die Sparkassenverbände hielten je knapp über 25 % der Anteile (25,032 %), das Land NRW 48,628 %, davon die NRW.BANK 30,862 %. Die Landschaftsverbände Rheinland und Westfalen-Lippe 1,306 %. Eigentümer der NRW.BANK sind das Land NRW mit 64,744 % sowie die Landschaftsverbände Rheinland und Westfalen-Lippe (jeweils 17,628 %); s. http://bit.ly/i5KNbV.

1037 4. Kap. B I.

che Handeln ist entsprechend dem funktionalen Unternehmensverständnis ausreichend.[1038] Insbesondere vor dem Hintergrund, dass der Begriff in der Rechtspraxis umfassend und weit ausgelegt wird, um einen möglichst großen Wirkungsbereich zu erzielen.

Die verbotene staatliche Maßnahme wäre die Einführung einer Pflichtmitgliedschaft gewesen. Die Zwangsmitgliedschaft würde die autonome Entscheidungsfreiheit der Mitglieder stark einschränken. Sie hätten sich über wettbewerbsrechtlich sensible Parameter in marktrelevanten Themengebieten abzusprechen.[1039] Die Zusammenarbeit sollte laut Gesetzesbegründung die gemeinsame Entwicklung von Leitlinien zur Geschäftspolitik, ein abgestimmtes Liquiditätsmanagement, ein einheitliches Risikomanagement (Risikosteuerung, Risikostandards, Risikomonitoring) sowie die Einrichtung von gemeinsamen Reservefonds und einer gemeinsamen Verbundrechenschaftslegung auf konsolidierter Basis umfassen. Eine kartellrechtliche Privilegierung käme ebenfalls nicht in Betracht, denn der gesetzliche Finanzverbund wäre kein (Gleichordnungs-)Konzern. Die Gesetzesbegründung sah ausdrücklich vor, dass die rechtliche und wirtschaftliche Selbstständigkeit der teilnehmenden Verbundmitglieder sowie die Eigenverantwortlichkeit des Vorstands erhalten bleiben. Außerdem orientierte sich die gesetzliche Zusammenarbeit an den Vorgaben für bereits bestehende Kooperationen (Rahmen- oder Eckpunktevereinbarung), die ihrerseits keinen Gleichordnungssachverhalt begründen. Das aktuelle Sparkassengesetz sieht daher eine freiwillige Verbundzusammenarbeit ohne Kontrahierungszwang vor (§ 4 Abs. 2 SpkG NRW).

1038 *EuGH,* Urt. v. 30.4.1974 – Rs. 155/73 (»Sacchi/Tele Biella«) –, in: Slg. 1974, 409 (430); *Stadler,* in: Langen/Bunte, Art. 86, Rn. 17.

1039 *RSGV, SVWL, LKT NRW, Städtetag NRW, StGb NRW,* Stellungnahme zum Gesetzesentw.; LT-Drucks. 14/6831, S. 23; *Breuer/Gerlach/Rosenke/Tillmann,* EILDIENST LKT NRW 2008, 327 (330). Unerheblich ist dabei, dass die Beteiligten selbst keinen kartellrechtlichen Verstoß begehen, wenn sie ihr Verhalten entsprechend der Rahmenvereinbarung koordinieren. Denn Art. 106 Abs. 1 AEUV verlangt kein akzessorisches Verhalten; s. 4. Kap. B II 2 a).

6. Kapitel: Handlungsvorschlag: Gründung einer wirtschaftlichen Einheit

Kooperationen innerhalb des Sparkassenverbunds, insbesondere zwischen Sparkassen, werden auch künftig von großer Bedeutung sein. Vor allem in Bereichen mit standardisierten Abläufen (Back-Office, Zahlungsverkehr, Produktentwicklung, Marketing) lassen sich durch horizontale Gemeinschaftsarbeit kurzzeitig und verhältnismäßig unkompliziert Prozessoptimierungen gewinnen und Rationalisierungseffekte erzielen.[1040] Durch Kooperationen lassen sich Sach- und Personalmittel gemeinsam nutzen und genormte Prozesse gebündelt bearbeiten.

Eine denkbare Handlungsoption, Skalen- und Synergieeffekte kartellrechtlich unbedenklich zu nutzen, liegt in der Schaffung einer wirtschaftlichen Einheit. Dazu müsste der Aufbau der Sparkassen-Finanzgruppe zentralisiert und Befugnisse sowie Kernkompetenzen von der dezentralen Ebene zumindest teilweise auf höhere Ebenen verlagert werden. Infolgedessen würden die Sparkassen partiell ihre Autonomie verlieren. Konzernverflechtungen vergleichbare Strukturen gibt es bereits im Sparkassenverbund. Die Sparkassen sind u. a. an mehreren Verbundunternehmen direkt oder indirekt beteiligt. Die enge Zusammenarbeit mit festen Regeln für die Arbeitsteilung zwischen Sparkassen und ihren regionalen Verbänden ähnelt einem konzernähnlichen Gebilde.[1041] Durch die obligatorische Einbettung in den Regionalverband wird die Autonomie der Sparkassen unterschiedlich stark eingeengt. Konzernstrukturen sind den Zwecken des Sparkassenverbunds nicht diametral. Das Ziel des Zusammenschlusses wäre eine wirtschaftliche Einheit mit einem Höchstmaß an Selbstständigkeit, um das Grundkonzept der Verbundstruktur weitgehend aufrechtzuerhalten. In der wirtschaftlichen Einheit sind Verhaltensabstimmungen, insbesondere über Produktentwicklungen, Marktstrategien, Werbung, EDV und Preise, ohne wettbewerbsrechtliche Bedenken möglich. Die bisherige hybride Strategie, wonach unter

1040 *Henneke/Wohltmann,* Der Landkreis 2005, 82 (82).

1041 U. a. (direkte/indirekte) Beteiligungen der Sparkassen bzw. über ihren Regionalverband an dem Deutschen Sparkassenverlag sowie an der Provinzial Holding. Ihnen fehlt zwar eine Weisungskompetenz, dennoch haben sie konzernähnliche Funktionen (vergleichbar einem Konzernstab). Die Sparkassen- und Giroverbände können durch ihre Prüfungshoheit und Beratertätigkeit einwirken und haben innerhalb des Verbunds eine exponierte Position; s. *Grichnik/Börner,* Bankwirtschaftliche Verbundsysteme, S. 9 u. 12. *Henneke/Wohltmann,* Der Landkreis 2005, 82; *Wagener,* ZfgK 1983, 9 (12); *Langenschied,* Der Sparkassenverbund, S. 147 ff.

Beibehaltung der dezentralen Geschäftspolitik die Zusammenarbeit in signifikanten Tätigkeitsbereichen, die die Sparkassen regional nicht rentabel bearbeiten können, durch vertragliche Kooperationen ausgebaut werden sollen, ist nicht ausreichend, um kartellrechtliche Bedenken vollständig auszuräumen.[1042]

Nachfolgend sollen die verfassungsrechtlichen und einfachgesetzlichen Vorgaben für eine solche Umstrukturierung dargestellt und mögliche Modelle einer wirtschaftlichen Einheit aufgezeigt werden.

A. Verfassungsrechtliche Vorgaben

Neben einfachgesetzlichen Vorgaben sind bei einer Aufgabenumverteilung vor allem verfassungsrechtliche Grundsätze zu berücksichtigen. Eine »Aufgabenhochzonung« von Sparkassen auf ein zentrales Unternehmen berührt insbesondere die kommunale Selbstverwaltungsgarantie (Art. 28 Abs. 2 GG). Eine gesetzliche Übertragung der Trägerschaft auf ein z. B. vom Land getragenes Zentralunternehmen mit maßgeblichem staatlichen Einfluss auf die örtlichen Mitgliedsparkassen beeinträchtigt die objektive Rechtsinstitutionsgarantie kommunaler Selbstverwaltung.[1043] Es besteht die Gefahr, dass die betroffene Selbstverwaltungskörperschaft wichtige Aufgaben durch die Aufgabenverschiebung verliert. Dieser Verlust kann grundsätzlich nicht durch Einräumung mittelbarer Einflussnahme auf die zentrale Unternehmensführung kompensiert werden.[1044] Unbeachtlich ist zudem, ob der Beitritt freiwillig erfolgte, denn die Träger der kommunalen Selbstverwal-

1042 Der hybride Ansatz wird vom DSGV bevorzugt; DSGV-Strategiepapier v. September 2002, zit. nach *Handelsblatt* v. 30.9.2002. Das Modell ist auch im Hinblick auf die Sektoruntersuchung Retailgeschäft der Komm. mit Fokus auf die Zusammenarbeit zwischen den Verbundpartnern nicht unbedenklich; s. *Komm.*, Abschlussbericht der Untersuchung des Retailbank-Geschäfts gem. Art. 17 VO Nr. 1/2003, SEK(2007) 106.

1043 *SächsVerfGH*, Urt. v. 23.11.2000 – Vf. 62-II.99 –, in: DVBl. 2001, 293 (295). Die Befugnisse des Sachsen-Finanzverbands umfassen die RL-Bestimmung der Geschäftspolitik (§ 8 SächsSpkG) und die Entlastung des Vorstands sowie des Verwaltungsrats (§§ 26 Abs. 3 S. 3 u. 4; 56 Abs. 2 Nr. 8 SächsSpkG). Zudem bestimmt er über die Bestellung, Wiederbestellung und Abberufung der Mitglieder des Vorstands sowie über den Abschluss und die Kündigung ihrer Anstellungsverhältnisse (§ 56 Abs. 2 Nr. 14 SächsSpkG). Zusätzlich entscheidet er über die Verwendung des Jahresüberschusses der Verbandssparkassen (§ 27 Abs. 1 SächsSpkG).

1044 *Henneke*, Urteilsanm. *SächsVerfGH*, Urt. v. 23.11.2000 – Vf. 62-II.99 –, in: DVBl. 2001, 293 (303).

tung sind von Verfassungs wegen gehindert, sich ihrer Verantwortung durch Übertragung von Selbstverwaltungsaufgaben auf staatlich mitgetragene und beeinflusste Träger zu entziehen.[1045] Die Sparkassen dürfen durch die enge Zusammenarbeit in einer wirtschaftlichen Einheit nicht ihre Selbstständigkeit und Eigenverantwortlichkeit verlieren und zu reinen Vertriebssparkassen degradiert werden.

Der Eingriff in die kommunale Selbstverwaltungsgarantie kann allerdings durch überwiegende Gründe des Gemeinwohls gerechtfertigt werden. Dementsprechend kann die Übertragung kommunaler Kreditinstitute auf einen vom Staat maßgeblich beeinflussten, kondominialen Verband gerechtfertigt sein, wenn die künftige ordnungsgemäße Ausführung der Sparkassenaufgaben und damit die Erfüllung des öffentlichen Auftrags gesichert werden sollen. Dieser Rechtfertigungsaspekt ist angesichts sich stetig und rasch verschärfender Wettbewerbsbedingungen durch steigenden Kostendruck und fortschreitende Globalisierung auf den Finanzmärkten besonders gewichtig.[1046]

B. Einfachgesetzliche Vorgaben

I. KWG-Vorgaben

Einfachgesetzlich sind bei Strukturveränderungen die Vorgaben des KWG zu beachten. § 25a KWG legt organisatorische Pflichten, gesetzliche Vorschriften und betriebswirtschaftliche Notwendigkeiten für Institute fest. Dazu gehört u. a. eine ordnungsgemäße Geschäftsführung.[1047] Hinsicht-

1045 *SächsVerfGH,* Urt. v. 23.11.2000 – Vf. 62-II.99 –, in: DVBl. 2001, 293 (297). Die Grundsatzentscheidung zur Mischverwaltung bei SGB II-Arbeitsgemeinschaften, wonach Kompetenzverschiebungen auch mit Zustimmung der Beteiligten unzulässig sind, hat die maßgeblichen Aussagen bestätigt; *BVerfG,* Urt. v. 20.12.2007 – 2 BvR 2433/04, 2 BvR 2434/04 –, in: BVerfGE 119, 331 (363 ff.).

1046 *SächsVerfGH,* Urt. v. 23.11.2000 – Vf. 62-II.99 –, in: DVBl. 2001, 293 (289 ff.). Kritisch *Schepers/Ehlers,* Der Landkreis 2002, 590 (590 f.); *Henneke/Wohltmann,* Der Landkreis 2005, 82 (82).

1047 Durch § 25a KWG wird Art. 10 Abs. 1 Anstr. 1 WertpapierdienstleistungsRL in dt. Recht umgesetzt. Danach sind die EWR-Staaten verpflichtet, Aufsichtsregeln zu erlassen, die vorschreiben, dass das Institut über eine ordnungsgemäße Verwaltung und Buchhaltung, Kontroll- und Sicherheitsvorkehrungen in Bezug auf die Datenverarbeitung sowie angemessene interne Kontrollverfahren verfügt. Überdies bestimmt Art. 17 BankenRL, dass jedes Kreditinstitut über eine ordnungsgemäße Verwaltung und Buchführung sowie über angemessene interne Kontrollverfahren verfügt. Außerdem bereitet § 25a KWG die Basis zur Umsetzung der Grundsätze

lich der näheren Ausgestaltung der Organisation bestehen keine weiteren Anforderungen. § 25a KWG enthält lediglich qualitative Anforderungen, sodass die Umsetzung den einzelnen Instituten freigestellt bleibt. Neben gesetzlichen Anforderungen (Managementinformationssystem, aufsichtsrechtliche Aufzeichnungs- und Aufbewahrungspflichten, Geldwäsche- und Betrugspräventionssysteme) ist für eine ordnungsgemäße Geschäftsorganisation ein angemessenes und wirksames Risikomanagement (§ 25a Abs. 1 S. 3 KWG) maßgeblich.[1048] Den Geschäftsleitern obliegt die Verantwortung für die ordnungsgemäße Geschäftsorganisation und Geschäftsführung nach §§ 25a Abs. 1 S. 2 und 32 Abs. 1 S. 2 Nr. 2 KWG. Adressaten sind sowohl Institute (Abs. 1) als auch Institutsgruppen, Finanzholding-Gruppen und Finanzkonglomerate (Abs. 1a).

Aus aufsichtsrechtlicher Sicht muss daher dem Geschäftsleiter des jeweiligen Sparkasseninstituts (Sparkassenvorstand) die uneingeschränkte Verantwortung für die Aufrechterhaltung und Weiterentwicklung der ordnungsgemäßen Geschäftsorganisation obliegen. Eine uneingeschränkte Weisungsabhängigkeit von einer fremden Gesellschaft durch Beherrschungsvertrag ist nicht realisierbar.[1049] Damit wird eine mögliche vertragliche Einflussnahme auf die Sparkassengeschäftsleitung ausgeschlossen. Entscheidungsvorbehalte zugunsten Dritter, die in die Geschäftsleitung eingreifen, sind nicht möglich. Allenfalls können Zustimmungsvorbehalte gegenüber dem Geschäftsleiter ausgesprochen werden. Solche Kontrollpflichten sieht das Gesetz bei bestimmten Geschäften u. a. bei der Vergabe von Groß-, Millionen- und Organkrediten nach §§ 13, 14, 15 KWG vor.[1050]

7-15 Baseler Aufsichtsgrundsätze vor. Zum Ganzen *Braun,* in: Boos/Fischer/Schulte-Mattler (Hrsg.), Kommentar KWG, § 25a, Einführung, Rn. 8.

1048 Die Vorgaben werden durch Verwaltungsvorschriften, insbesondere die Mindestanforderungen an das Risikomanagement (»MaRisk (BA)«) präzisiert; *Langen,* in: Schwennicke/Auerbach (Hrsg.), KWG Kommentar, § 25a, Rn. 3 ff. u. 55.

1049 *Krauel/Klie,* WM 2010, 1735 (1737); *Schäfer,* in: Boos/Fischer/Schulte-Mattler (Hrsg.), Kommentar KWG, § 1, Rn. 57. Für Spezialinstitute, wie z. B. Bausparkassen, sind solche Beherrschungsverträge generell unzulässig. Entsprechend wurde im Jahr 1997 der beabsichtigte Beherrschungsvertrag zwischen der Aachener und Münchener Beteiligungs-AG und der BADENIA Bausparkasse nach Gesprächen mit dem damaligen Bundesaufsichtsamt für das Kreditwesen nicht durchgeführt.

1050 Mit Umsetzung der 1. KonsolidierungsRL durch die 3. KWG-Novelle im Jahr 1985 wurde erstmals die Beaufsichtigung v. Kreditinstituten auf konsolidierter Basis eingeführt. Danach muss nicht nur das einzelne Kreditinstitut, sondern der aus mehreren Instituten zusammengesetzte Unternehmensverbund u. a. die Eigenkapital-, Anlage- und Großkreditbestimmungen erfüllen (§§ 10a, 12 Abs. 5 S. 4, 13a KWG a. F.) Die Regelungen zur konsolidierten Aufsicht sollen ein den

Daneben bestehen weitere bankaufsichtsrechtliche Anzeigepflichten bei Gruppenbildung und Umstrukturierungsvorgängen, wie die Pflicht, personelle, organisatorische bzw. finanzielle Veränderungen (§ 24 KWG), den Erwerb bedeutender Beteiligung bzw. die Erhöhung oder Verminderung einer solchen (§ 2c Abs. 1 S. 6 und 7, Abs. 4, § 24 Abs. 1 Nr. 10 und 13 KWG) anzuzeigen. Einerseits ist der Umstand, dass ein Institut zum Tochterunternehmen eines anderen wird (§ 2c Abs. 1 S. 7, § 24 Abs. 1 Nr. 10 KWG) und andererseits das Entstehen, die Änderung oder die Beendigung einer engen Verbindung zu einer anderen natürlichen Person oder einem anderen Unternehmen (§ 24 Abs. 1 Nr. 12 KWG), anzeigepflichtig.[1051]

II. Fusionskontrollrechtliche Vorgaben

Aufgrund der erforderlichen Schwellenwerte werden die Vorschriften der Fusionskontrolle nur bei Großfusionen im Sparkassenbereich relevant werden. Nach § 35 Abs. 1 GWB müssen die beteiligten Unternehmen insgesamt weltweit Umsatzerlöse von mehr als 500 Millionen EUR und im Inland mindestens ein beteiligtes Unternehmen Umsatzerlöse von mehr als 25 Millionen EUR sowie ein anderes beteiligtes Unternehmen Umsatzerlöse von mehr als 5 Millionen EUR erzielt haben.[1052] Bei Kredit- und Finanzunternehmen tritt an die Stelle der Umsatzerlöse im Sinne des § 2 Abs. 6 Investmentgesetz der Gesamtbetrag der in § 34 Abs. 2 S. 1 Nr. 1a-e Kreditinstituts-RechnungslegungsVO genannten Erträge, abzüglich der Umsatzsteuer und sonstigen, direkt auf diese Erträge erhobenen Steuern (§ 38 Abs. 4 S. 1 GWB). Eine vorrangige Anwendung der europäischen

---

tatsächlichen Verhältnissen entsprechendes Bild der Vermögens-, Finanz- und Ertragslage der Gesamtheit, der in die Konsolidierung einbezogenen Unternehmen vermitteln, so das oberste Ziel der Bilanz- und KonzernbilanzRL für nicht kapitalmarktorientierte Konzerne (4. BilanzRL 78/660/EWG v. 25.7.1978 über den Jahresabschluss v. Kapitalgesellschaften, ABl. 1978, L 222/11; 7. KonzernbilanzRL 83/349/EWG v. 13.6.1983 über den konsolidierten Abschluss, ABl. 1983, L 193/1; Umsetzung in dt. Recht durch Gesetz v. 19.12.1985, BGBl. 1985 I, 2355).

1051 Die Verminderungsanzeigepflicht entspricht den aktienrechtlichen Anforderungen der §§ 20 Abs. 5, 21 Abs. 3 AktG. Zum Ganzen *van de Sande,* Unternehmensgruppe, S. 136 ff.

1052 Die Einführung der 2. Inlandsumsatzschwelle (5 %-Schwelle) im Jahr 2009 beruht auf der Änderung des GWB durch das 3. Mittelstandsentlastungsgesetz v. 17.3.2009, BGBl. I S. 550. Danach müssen Fusionen nur noch zur Fusionskontrolle angemeldet und vom Bundeskartellamt vor Vollzug freigegeben werden, wenn beide Parteien in Deutschland eine bestimmte Größe – gemessen an ihren jeweiligen Umsätzen im Vorjahr – aufweisen.

Vorschriften bei Sparkassenfusionen dürfte regelmäßig ausscheiden, da die Zusammenschlüsse nicht von gemeinschaftsweiter Bedeutung sein dürften (Art. 1 Abs. 1 FKVO).[1053]

Die zur Gründung einer wirtschaftlichen Einheit führende intensive Kooperation zwischen den Sparkassen kann einen anmeldepflichtigen Zusammenschluss herbeiführen.[1054] Ein Zusammenschluss im Sinne der Fusionskontrolle kann durch vertragliche Vereinbarungen erfolgen. Das Verpflichtungsgeschäft ist jedoch fusionskontrollrechtlich irrelevant, denn allein die Zusammenschlussvereinbarung löst die Rechtsfolgen nicht aus, sondern erst der Vollzug der Vereinbarung.[1055] In Betracht kommt vorliegend ein Zusammenschluss durch Erwerb der unmittelbaren oder mittelbaren Kontrolle durch ein oder mehrere Unternehmen über die Gesamtheit oder Teile eines oder mehrerer anderer Unternehmen. Die erforderliche Kontrolle nach § 37 Abs. 1 Nr. 2 S. 2 GWB liegt vor, wenn ein bestimmender Einfluss auf die Tätigkeit eines anderen Unternehmens ausgeübt werden kann. Dies entspricht weithin dem Begriff des beherrschenden Einflusses aus § 17 Abs. 1 AktG.[1056] In der Regel sind dies Verträge, die zur Bildung eines Unterordnungskonzerns führen. Möglich sind daneben auch Vertragskonstruktionen, die zur Begründung eines Gleichordnungskonzerns führen.[1057] Dafür spricht, dass § 23 Abs. 2 Nr. 3 GWB a. F den Gleichordnungskonzern unstreitig erfasste und die Einführung des § 37 Abs. 1 Nr. 2 GWB durch die 6. GWB Novelle den Anwendungsbereich des Zusammenschlussbegriffs nicht verkleinern sollte.[1058] Dabei kann die Kontrolle durch Rechte, Verträge und andere Mittel begründet werden. Durch die intensive Zusammenarbeit können Rechte oder Verträge zur Geltung kommen, die einen bestimmenden Einfluss auf die Zusammensetzung, die Beratungen oder die Beschlüsse der Organe einer anderen Sparkasse gewähren. Außerdem können

---

1053 *Niggemeyer,* Zulässigkeit und Grenzen v. Sparkassenfusionen, S. 104.

1054 Vgl. *Komm.,* Entsch. v. 7.11.1990, in: WuW/E EV 1542 (Rn. 7).

1055 *Bechtold,* in: Bechtold, GWB, § 37, Rn. 2.

1056 *Bechtold,* in: Bechtold, GWB, § 37, Rn. 10.

1057 *BKartA,* TB 1999/2005, S. 19; *Ruppelt,* in: Langen/Bunte, § 37, Rn. 23.

1058 RegBegr. 6. GWB-Novelle, BT-Drucks. 13/9720; S. 43; *Ruppelt,* in: Langen/Bunte, § 37, Rn. 2; Ulshöfer, Kontrollerwerb in der Fusionskontrolle, S. 49 ff. u. 133. A. A. *Mestmäcker/Veelken,* in: Immenga/Mestmäcker (Hrsg.), Wettbewerbsrecht, § 37, Rn. 39; wonach die Verträge die zur Bildung eines Gleichordnungskonzerns führen, nicht unter § 37 Abs. 1 Nr. 2 GWB fallen, da dem Gleichordnungskonzern die vorausgesetzte Abhängigkeitsbeziehung fehle. Ob daraus eine Lücke bei der kartellrechtlichen Behandlung v. Gleichordnungskonzernen entsteht s. Pohlmann, DZWiR 1998, 397 ff. Zur Abhängigkeit im Gleichordnungskonzern s. 5. Kap. A I 3 d) cc).

auch personelle Verflechtungen oder Bestimmungen in der Satzung einer Sparkasse, die einer anderen einen bestimmenden Einfluss auf die Geschäftsführung verleihen, ausreichen.[1059] Die Bankenklausel (§ 37 Abs. 3 GWB), wonach der Anteilswerber durch Kredit-, Finanzinstitute oder Versicherungsunternehmen unter strengen Voraussetzungen fusionskontrollfrei ist, greift indes ausschließlich beim Anteilserwerb. Der Vermögenserwerb oder andere Zusammenschlussformen sind davon ausgenommen.[1060]

Nach § 39 Abs. 1 GWB sind alle Zusammenschlüsse vor dem Vollzug beim Bundeskartellamt anzumelden. Das Amt kann einen Zusammenschluss nur versagen, wenn zu erwarten ist, dass eine marktbeherrschende Stellung im Sinne des § 19 Abs. 2 und 3 GWB begründet oder verstärkt wird (§ 36 Abs. 1 GWB). Bei dieser Prognose sind die Wettbewerbsbedingungen vor und nach dem Zusammenschluss unter Einbeziehung der zu erwartenden Entwicklung zu berücksichtigen.[1061] Entscheidend ist die Marktstruktur auf dem sachlich und räumlich relevanten Markt.[1062] Sollte der Zusammenschluss eine marktbeherrschende Stellung begründen oder verstärken (Marktbeherrschungseffekte), besteht ferner die Möglichkeit, durch Nachweis von Verbesserungen der Wettbewerbsbedingungen den Zusammenschluss zu rechtfertigen. Die Verbesserungen müssen die Nachteile der Marktbeherrschung überwiegen (sog. Abwägungsklausel nach § 36 Abs. 1 2. HS GWB). Bei der Abwägung kommt es auf die Prognose an, ob die tatsächlichen Umstände mit hoher Wahrscheinlichkeit dazu führen, dass sich die Wettbewerbsbedingungen verbessern.[1063] Neben der Anzeige an das Bundeskartellamt ist die Vereinigung der BaFin und der Deutschen Bundesbank unverzüglich anzuzeigen (§ 24 Abs. 2 KWG). Die Anzeigepflicht greift, sobald aufgrund der geführten Verhandlungen anzunehmen ist, dass die Vereinigung zustande kommen wird (§ 10 AnzV). Das Scheitern der Fusionsverhandlungen ist ebenfalls unverzüglich mitzuteilen.

1059 Vgl. *Emmerich,* Kartellrecht, Rn. 18.

1060 H. M. s. nur *Mestmäcker/Veelken,* in: Immenga/Mestmäcker (Hrsg.), Wettbewerbsrecht, § 37, Rn. 78. Freiwillige Vereinigungen v. Sparkassen sind durch Aufnahme oder Neubildung möglich (§ 27 Abs. 1 S. 1 SpkG NRW). Dies entspricht der Verschmelzung durch Aufnahme oder Neubildung im Aktienrecht; s. *Bosse,* Rechtsprobleme, S. 45.

1061 *BGH,* Beschl. v. 21.11.2000 – KVR 16/99 (»Minderheitsbeteiligung im Zeitschriftenhandel«) –, in: WuW/E 2795 (2804).

1062 *Bechtold,* in: Bechtold, GWB, § 36, Rn. 5.

1063 *Bechtold,* in: Bechtold, GWB, § 36, Rn. 28.

III. Sparkassenrechtliche Vorgaben

Im Falle einer Sparkassenfusion sind überdies sparkassenrechtliche Besonderheiten zu beachten. Die Entscheidungskompetenz über eine Sparkassenvereinigung haben die Vertretungen der Träger (§ 27 Abs. 1 S. 1 SpkG NRW). Daneben sind die Verwaltungsräte sowie die für die beteiligten Sparkassen jeweils zuständigen Sparkassen- und Giroverbände anzuhören. Außerdem ist die Genehmigung der Aufsichtsbehörde einzuholen (§ 27 Abs. 4 SpkG NRW). Einige Sparkassengesetze erlauben Vereinigungen prinzipiell nur zwischen benachbarten Sparkassen (§ 27 Abs. 1 S. 1 SpkG NRW, Art. 16 BaySpkG). Die Trägergebiete müssen aneinander angrenzen und daher unmittelbar räumlich nebeneinander liegen.[1064] In NRW wurde die strikte Vorgabe gelockert, sodass über das Kreisgebiet hinaus wirtschaftliche und nahe räumliche Verbindungen möglich sind, wenn sie zweckmäßig erscheinen (Sprungfusionen nach § 27 Abs. 2 SpkG).

C. Modelle zur Verwirklichung der wirtschaftlichen Einheit

Konzernstrukturen helfen den Sparkassen ihre Interessen wahrzunehmen und Synergieeffekte zu erzielen.[1065] Ziel der Umstrukturierung ist es, den vornehmlich dezentral organisierten Verbund durch zentralisierte Steuerungsmechanismen zu ergänzen, sodass Synergie- und Skaleneffekte kartellrechtskonform ausgeschöpft werden können.[1066]

I. Umfangreiche Einräumung von Rechten

Begründet werden kann eine wirtschaftliche Einheit u. a. durch Einräumung von Mitwirkungsrechten bei der Bestellung von Vorständen, beim Jahresbudget, beim Investitionsplan oder bei den Grundsätzen der Geschäftspolitik im Rahmen der oben dargelegten Grenzen. Diesen Weg haben die österreichischen Sparkassen gewählt. Die Erste Bank, eine börsenorientierte Großbank, hat sich mit 53 lokal verankerten Sparkassen im Sinne des § 7 Abs. 1 Nr. 5 KartG[1067] zusammengeschlossen. Die mit dem deutschen Recht vergleichbare Voraussetzung ist eine Unternehmensverbindung, aufgrund derer

1064 *Bosse,* Rechtsprobleme, S. 58 f.; *Niggemeyer,* Zulässigkeit und Grenzen v. Sparkassenfusionen, S. 55.

1065 *Wittmann,* Der Sparkassenverbund, S. 183.

1066 Zur Wettbewerbsstrategie *Büschgen,* Finanz-Verbund und Finanz-Konzern in der Diskussion, S. 28.

1067 Österreichisches BGBl. I Nr. 61/2005.

ein Unternehmer unmittelbar oder mittelbar einen beherrschenden Einfluss auf ein anderes Unternehmen ausüben kann. Der erforderliche beherrschende Einfluss wurde durch Abschluss einer Zusatzvereinbarung im November 2005 begründet. Die zuvor bereits erlassene Grundsatzvereinbarung über einen Haftungsverbund zwischen der Ersten Bank und den Sparkassen vom 1.1.2002 war nicht ausreichend. Die Grundsatzvereinbarung regelte hauptsächlich die Vereinheitlichung der Geschäfts- und Marktpolitik sowie die Gründung eines Haftungsverbunds zur gegenseitigen Unterstützung bei wirtschaftlichen Schwierigkeiten.[1068] Die gemeinsame Geschäftspolitik sollte die Kooperation unter Berücksichtigung der rechtlichen Selbstständigkeit der Sparkassen in der Produktion, Entwicklung sowie Planung von Sektordienstleistungen und Sektorprodukten vertiefen. Außerdem sollten der Marktauftritt vereinheitlicht, die Risikoklassifizierung und Risikoqualifizierung angeglichen, die Geschäftsabläufe standardisiert sowie wesentliche Abwicklungsfunktionen gebündelt werden. Überdies sollte die Zusammenarbeit mit der Ersten Bank auf den Geschäftsfeldern, in denen diese über besonderes Fachwissen zum Geld-, Devisen-, Wertpapier- und Kommissionshandel verfügt, erfolgen. Die zweite Säule der Grundsatzvereinbarung normierte die Gründung eines Haftungsverbunds, für dessen Abwicklung und Management eine Haftungsgesellschaft gegründet wurde.[1069] Die Haftungsgesellschaft sollte u. a. die Sparkassen fachlich und finanziell unter-

1068 *OGH*, Beschl. v. 21.3.2007 – 16 Ok 1/07 –, in: ÖBl. 2007, 184 (186 ff.).

1069 *OGH*, Beschl. v. 21.3.2007 – 16 Ok 1/07 –, in: ÖBl. 2007, 184 (186). Ebenfalls im März 2007 beurteilte der OGH als Rechtsmittelinstanz in einem Untersagungsverfahren, dass diverse Absprachen gegen das Kartellverbot verstoßen. Insb. das Nominierungsrecht der Geschäftsführer der Sparkassen durch die Erste Bank und das daraus folgende faktische Einflussrecht sowie die Erlangung v. marktrelevanten Informationen seien kartellrechtswidrig. Diesbezüglich hatte zuvor bereits das Kartellgericht in einem Zwischenbeschluss v. 13.6.2006 die Vereinbarungen für teilweise kartellrechtswidrig erklärt. Über die daraufhin erfolgten Berichtigungen einigten sich die Erste Bank Group AG und das Kartellgericht im April 2008. Diese wurde erneut im Oktober 2008 durch den OGH wegen eines Verfahrensfehlers (Verletzung des rechtlichen Gehörs) aufgehoben und zur neuerlichen Entsch. an das Kartellgericht zurückverwiesen (*OGH*, Beschl. v. 8.10.2008 – 16 Ok 9/08 –, in: ZFR 2009, 65). Anschließend haben im Dezember 2009 die Allgemeine Sparkasse Oberösterreich Bankaktiengesellschaft, die Erste Group Bank AG zusammen mit der Erste Bank der österreichischen Sparkassen AG eine weitere Haftungsvereinbarung geschlossen (»Trilaterale Haftungsvereinbarung«), die ebenfalls einen kartellrechtlichen Zusammenschluss bewirken soll. Die erforderlichen Anträge auf Genehmigung wurden im Februar 2010 bei den Kartellbehörden gestellt. Die Komm. hat das Vorhaben geprüft und ist zu dem Schluss gekommen, dass es keinen Anlass zu ernsthaften Bedenken hinsichtlich der Vereinbarkeit mit dem Binnenmarkt und dem EWR-Abk. gibt; s. *Komm.*, Entsch. v. 27.5.2010, ABl. C 158 v. 18.6.2010, S. 4 (4).

stützen sowie Absicherungsmaßnahmen für Sparkassenkunden, insbesondere durch die Errichtung eines Haftungsverbunds, durchführen. Kernstück des Haftungsverbunds war die Entwicklung, Einführung und Umsetzung eines Früherkennungssystems. Die Zusatzvereinbarung vom Januar 2002 übertrug der Haftungsgesellschaft zudem die Durchführung der Konzernrevision für die Erste Bank im Zusammenhang mit der Innenrevision bzw. Konsolidierung der Sparkassen. Die Dauerhaftigkeit der Zusammenarbeit wurde durch eine Kündigungsfrist von zehn Jahren begründet. Erst die enge Zusammenarbeit durch die Zusatzvereinbarung begründete den notwendigen beherrschenden Einfluss innerhalb des österreichischen Sparkassenverbunds und führte damit zur Errichtung einer wirtschaftlichen Einheit.

II. Gesellschaftsrechtliche Lenkungsmöglichkeiten zur Einflussnahme auf die Geschäftsleitung außerhalb eines Vertragskonzerns

Neben einer vertraglichen Ausgestaltung gibt es noch weitere Wege, auf die Sparkassenvorstände innerhalb einer wirtschaftlichen Einheit Einfluss nehmen zu können. Es können konzernübergreifend Generalbevollmächtigte oder Vorstandsdoppelmandate eingesetzt werden. Bei Vorstandsdoppelmandaten besteht Personalunion zwischen dem Vorstand des zentralen Unternehmens und den Sparkassenvorständen.[1070] Der Einsatz von Generalbevollmächtigten ist auch bei Kreditinstituten rechtlich zulässig, wenn diese den Vorstand lediglich vertreten und nicht ersetzen.[1071] Notwendig ist aber stets, dass die Letztentscheidungsbefugnis dem Sparkassenvorstand vorbehalten bleibt. Das Recht zur Willensbildung und -erklärung ist damit nicht übertragbar. Damit die organschaftlichen Pflichten des Vorstands

1070 Vorstandsdoppelmandate sind nach geltendem Aktienrecht nicht verboten. Ihre Zulässigkeit hängt allein v. der Zustimmung der Aufsichtsräte beider Gesellschaften zur Doppeltätigkeit ab (§§ 84 Abs. 1, 88 Abs. 1 AktG), *BGH,* Urt. v. 9.3.2009 – II ZR 170/07 (»Vorstandsdoppelmandat«) –, in: BGHZ 180, 105 (106). Dies gilt prinzipiell auch für Kreditinstitute, wobei die Einzelheiten zur Sicherheit mit der BaFin abgesprochen werden sollten. Beispielhaft ist auf die seit 1.8.2009 bestehende neue Führungsstruktur der Wüstenrot & Württembergische-Gruppe hinzuweisen. Künftig werden dort bestimmte Schlüsselfunktionen in allen Gesellschaften der W&W-Gruppe auf Vorstandsebene nur v. einer Person wahrgenommen. So wird u. a. die Vorstandstätigkeit bei der W&W AG, die Funktion des Chief Operating Officer bei den Württembergischen Versicherungen, bei der Wüstenrot Bausparkasse AG und der Wüstenrot Bank AG Pfandbriefbank von einer Person wahrgenommen; s. Presseinformation der W&W-Gruppe v. 17.7.2009 (http://bit.ly/g5JVxl).

1071 *Krauel/Klie,* WM 2010, 1735 (1739).

unberührt bleiben, müssen die Befugnisse und die zu betrauenden Geschäftsbereiche des Generalbevollmächtigten beschränkbar sein. Weiter muss er in seiner Funktion den Weisungen des Vorstands unterliegen.[1072] Die Bestellung des Generalbevollmächtigten erfolgt durch die Sparkassenvorstände, die zudem jederzeit eine Widerrufsmöglichkeit innehaben. In dieser Konstellation haften die Vorstandsmitglieder weiterhin. Den Generalbevollmächtigen trifft keine Schadensersatzpflicht nach § 93 Abs. 2 AktG.[1073] Aufgrund dessen ist es umso wichtiger, dass die Vorstandsmitglieder ihr umfassendes Rückkopplungsrecht ausüben, um Risiken zu vermeiden.[1074]

1072 *Habersack,* in: Hopt/Wiedemann (Hrsg.), Großkommentar AktG, § 78, Bd. III, Rn. 59.

1073 *Krauel/Klie,* WM 2010, 1735 (1739).

1074 In der Praxis empfiehlt es sich, zur Absicherung die Rückkopplungsvorgänge detailliert zu belegen, um diese im Ernstfall als Nachweis anführen zu können; s. *Krauel/Klie,* WM 2010, 1735 (1740).

7. Kapitel: Zusammenfassung der Ergebnisse in Leitsätzen

1. Das Sparkassenwesen und das Regionalprinzip sind konstitutionell geschützt. Die Verfassung beschränkt die Gemeinden darauf, sich in der Regel mit den Angelegenheiten der örtlichen Gemeinschaft zu befassen. Allerdings ist diese verfassungsrechtliche Beschränkung nicht strikt, sondern erlaubt gesetzliche Modifikationen.

2. Ungeachtet des Regionalprinzips gibt es im Aktivgeschäft (Kreditvergabe und sonstige Anlagengeschäfte) durch landesgesetzliche Ausnahmen Restwettbewerb zwischen den Sparkassen. Eine Erweiterung des Satzungsgebiets ist bei nachweislicher enger Verflechtung mit benachbarten inländischen Gebieten zulässig (§ 3 Abs. 5 S. 1 SpkG NRW). Dadurch kann Wettbewerb vor allem in grenznahen Gebieten (Gemeinde-, Stadt- oder Kreisgebietsgrenze) durch Träger- und Satzungsgebietsüberschneidungen entstehen. Möglich ist Wettbewerb unter den Sparkassen auch bei Berufspendlern, die in ihrem Heimatort ihre Hausbankverbindung haben und am Berufsort ebenfalls Bankgeschäfte jeglicher Art tätigen möchten.

3. Die Sparkassen sind durch den öffentlichen Auftrag verpflichtet, Spareinlagen von jedermann ohne Gebietsbeschränkungen anzunehmen (Kontrahierungspflicht nach § 5 Abs. 1 SpkG NRW). Daher besteht auch im Passivgeschäft Wettbewerb zwischen den Sparkassen, indem der Kunde die Wahlfreiheit hat, zu welchem Institut er seine Spareinlagen bringen möchte.

4. Eine direkte Anwendung des Art. 101 Abs 1 AEUV auf das Verhalten der Sparkassen scheidet aus, da sie sich an das gesetzlich vorgegebene Regionalprinzip halten und insoweit nicht autonom handeln.

5. Die Grundfreiheiten sind auf die Sparkassentätigkeiten anwendbar. Nach der in Art. 49 Abs. 2 letzter HS AEUV und Art. 54 AEUV niedergelegten Gleichstellungsanordnung für öffentliche Unternehmen ist dies nur der Fall, wenn sie einen Erwerbszweck verfolgen. Die Sparkassentätigkeit unterliegt zwar im Grundsatz dem Prinzip der Gemeinnützigkeit, jedoch besteht kein striktes Verbot der Gewinnerzielung. Legt man ein funktionales Begriffsverständnis zugrunde, verfolgt auch die Sparkassentätigkeit einen Erwerbszweck im Sinne der Art. 49 Abs. 2 letzter HS AEUV und Art. 54 AEUV. Sie betreiben übliche Bankgeschäfte (§ 1 KWG) und nehmen wie private und genossenschaftliche Banken am Wirtschaftsleben teil.

6. Das Regionalprinzip verstößt nicht gegen die Personenverkehrsfreiheiten, da es Ausdruck freiwilliger Selbstbeschränkung ist. Sowohl die Niederlassungs- als auch die Dienstleistungsfreiheit billigen den Sparkassen und ihren kommunalen Trägern kein Marktaustrittsrecht gegenüber dem eigenen Mitgliedstaat zu.

7. Nach dem Wortlaut des Art. 106 Abs. 1 AEUV sind nur solche Maßnahmen verboten, die die Mitgliedstaaten in Bezug auf öffentliche Unternehmen treffen oder beibehalten. Das Regionalprinzip ist kein sparkassenrechtliches Spezifikum, das von der öffentlichen Hand in Bezug auf die Sparkassen erlassen wurde. Es ist ein allgemeiner staats- und verwaltungsrechtlicher Grundsatz. Der Sinn und Zweck des Art. 106 Abs. 1 AEUV ist, jegliche Sonderstellung öffentlicher Unternehmen zu verhindern, um einen möglichst unverfälschten Wettbewerb zu gewährleisten (Gleichbehandlungsgrundsatz). Das Regionalprinzip räumt den Sparkassen keine vorteilhafte Sonderstellung ein, sondern schränkt ihre Entscheidungsfreiheit im Vergleich zu den privaten Mitbewerbern ein.

8. Das Regionalprinzip verstößt nicht gegen § 1 GWB. Es lässt sich unter keine der verbotenen Maßnahmen subsumieren. Weder ist es auf eine Vereinbarung zwischen den Sparkassen zurückzuführen noch stellt es eine Ausprägung von aufeinander abgestimmten Verhaltensweisen dar. Das Regionalprinzip ist unmittelbar im Landesrecht (Sparkassengesetz) verankert und in der Verfassung (Art. 28 Abs. 2 GG) angelegt. Es steht nicht zur Disposition der Sparkassen. Zudem ist es im Verfassungsrecht angelegt, wodurch bereits ein Verstoß gegen das einfachgesetzliche GWB ausscheidet. Überdies ist zu beachten, dass § 1 GWB wegen des Anwendungsvorrangs des EU-Rechts nicht angewandt wird.

9. Auch der vertragliche Gleichordnungskonzern (§ 18 Abs. 2 AktG) kann konzentrative Züge aufweisen, die einen bestimmenden Einfluss und eine gemeinsame Leitung ermöglichen. Eine kartellrechtliche Privilegierung ist daher nicht ausgeschlossen. Letztlich ist entscheidend, dass ein Integrationsgrad erreicht wird, der dazu führt, dass die Unternehmen nachteiligen Weisungen Folge leisten müssen. Die Differenzierung zwischen kartellrechtlich untersagtem koordinierten Marktverhalten und erlaubter gemeinsamer Tätigkeit durch Gleichordnungsvereinbarungen erfolgt damit anhand der Begutachtung der verbleibenden Selbstständigkeit der Beteiligten.

10. Im Rahmen der Zusammenarbeit innerhalb der Sparkassen-Finanzgruppe verfügt kein Verbundpartner über ein absolutes Steuerungs- oder Leitungsrecht. Insofern bilden die Partner keinen Gleichordnungskonzern, vielmehr

sind die einzelnen Sparkassen eigenständige kommunale Anstalten des öffentlichen Rechts, die ihre Geschäftspolitik in eigener Verantwortung treffen.

11. Bei der Gesamtwerbung stehen keine Produktkonditionen im Vordergrund, sondern die Stärken der Sparkassen im Verbund. Die Gesamtwerbung ist vorwiegend Imagewerbung. Sie geeignet sich zur Abgrenzung von anderen Wettbewerbern auf dem Finanzdienstleistungsmarkt, da sie die gemeinsame Schlagkraft als homogene Gruppe betont. Aufgrund der Gebietsbeschränkung wird außerhalb des eigenen Geschäftsgebiets nicht die Einzelwerbung der lokalen Sparkassen, sondern die Gemeinschaftswerbung im Verbund verwendet. Die Zulässigkeit der Teilnahme der einzelnen Sparkasse an der Gesamtwerbung ergibt sich entweder aus speziellen Ermächtigungsgrundlagen (§ 2 Abs. 5 S. 1 SpkO Bay) oder aus dem allgemeinen Verbundprinzip. Die lokale Einzelwerbung ist notwendige Leistungswerbung für einzelne Produkte und Konditionen.

12. Absprachen, die für das Funktionieren des Franchisesystems unerlässlich sind, sind keine Wettbewerbseinschränkungen. Die Sparkassen-Finanzgruppe hat einige Gemeinsamkeiten mit einem Franchiseunternehmen. Ihre dezentrale Struktur mit selbstständigen Unternehmen, der einheitliche Marktauftritt sowie die Preishoheit der Sparkassenvorstände sind mit Franchise-Strukturen vergleichbar. Allerdings bestehen auch bedeutende Unterschiede. Das Controlling, der Marktauftritt und das Produktsortiment werden von der Franchisezentrale verbindlich bestimmt. Eine derartige Subordination gibt es in der Sparkassen-Finanzgruppe nicht. Die für den einheitlichen Auftritt maßgebende Markensatzung des DSGV enthält keine vergleichbaren zentralen Durchgriffsrechte. Des Weiteren sind Vereinbarungen, die zur Ausschaltung des Preiswettbewerbs führen, auch zwischen Franchisepartnern nicht erlaubt.

13. Das sich ausschließlich am Nachfrageverhalten der Kunden orientierende Bedarfsmarktkonzept bedarf eines Korrektivs, um die Bildung von extrem kleinteiligen Märkten zu verhindern. Es ist durch den Aspekt der Angebotsumstellungsflexibilität zu ergänzen. Danach werden zusätzlich Anbieter ähnlicher Produkte mit in die Prüfung einbezogen, die ihr Angebot kurzfristig umstellen können, um eine bestehende Nachfrage zu befriedigen.

14. Nach dem Bedarfsmarktkonzept und dem Angebotsumstellungskonzept ergeben sich folgende Teilmärkte im Bankenmarkt: das Privatkundengeschäft, das Firmenkundengeschäft mit Nichtbanken, das Geld- und Wertpapiergeschäft, das Investmentgeschäft und das Finanzgeschäft. Aus Kunden-

sicht unterscheiden sich die Teilbereiche sowohl in quantitativer als auch in qualitativer Hinsicht. Gewerbliche Kunden haben bei der Inanspruchnahme von Bankdienstleistungen andere Anforderungen (Finanzierung geschäftlicher Tätigkeiten) als Privatkunden (Aufbau/Erhalt von privatem Vermögen). Zudem stellen die Märkte variierende Anforderungen an die Anbieterseite, was sich in den Beratungs- und Betreuungsstrukturen der Banken widerspiegelt. Weiter unterteilt sich der hier betroffene Markt Privatkundengeschäft in Girokonten, Zahlungsverkehrsabwicklung, Einlagengeschäft (vor allem Spareinlagen) und Kreditgeschäft. Letzteres kann aufgrund unterschiedlicher Kundenbedürfnisse an die Kreditvergabe weiter untergliedert werden. Die Strukturierung erfolgt in Anlehnung an die Bundesbankstatistik nach Fristen (kurz-, mittel- oder langfristige Kredite), Verwendungszwecken (Wohnungsbau-, Konsumenten-, Bildungs-, Autokredite), Kundenkreisen oder Modalitäten. Der sachlich relevante Markt ist daher der Markt für Konsumentenkredite zur Finanzierung von Konsumgütern.

15. Bei beratungsintensiven Bankprodukten besteht ein Bedürfnis der Verbraucher, sich vor Ort in der Filiale persönlich beraten zu lassen. Dazu gehört (noch) die Aufnahme eines Privatkredits, allerdings nicht mehr den Abschluss eines Zahlungsdiensterahmenvertrags (Eröffnung eines Girokontos nach § 1 Abs. 3 ZAG). Der räumliche Markt für Konsumentenkredite zur Anschaffung von Konsumgütern ist der regionale Markt, auf dem der Sparkassen- und Giroverband mit seinen Mitgliedsparkassen agiert und sich dem Wettbewerb vor Ort stellt.

16. Der Einsatz von Leuchtturmprodukten ist kartellrechtlich insoweit unbedenklich, als die vereinheitlichte Zusammenarbeit im Wesentlichen auf die Bewerbung der Produkte beschränkt ist und keine preisrelevanten Merkmale abgesprochen werden. Unzulässig ist jede Vereinbarung über Quoten, Mengen, Konditionen, Preise oder Preisbestandteile, insbesondere über Mindestzinsen, Zinsstufen und andere Tendergrößen. Überdies muss die Projektteilnahme freiwillig sein und die Umsetzung sowie Ausgestaltung der Vorschläge durch die Sparkassen in eigener unternehmerischer Verantwortung erfolgen (keine »best practice«).

17. Das Verbundprinzip in seiner Abstraktheit kann die Verbundzusammenarbeit der Sparkassen-Finanzgruppe nicht kartellrechtlich legitimieren. Die Norm ist nicht als Rechtsregel ausgeformt, sondern als Rechtsprinzip, das lediglich den angestrebten Zustand beschreibt. Das bunderechtliche GWB hat im Kollisionsfall Vorrang gegenüber dem landesrechtlichen Sparkassengesetz.

18. Für die sachliche Marktabgrenzung im Zahlungsverkehr ist zunächst zwischen dem Privatkundenzahlungsverkehr mit überwiegend Kleinwertzahlungen sowie dem Geschäfts- und Firmenkundenzahlungsverkehr mit Großwertzahlungen zu differenzieren. Weiter besteht keine Austauschbarkeit zwischen den klassischen Zahlungsmitteln und den kartengestützten Zahlungsmitteln mit Ausstellergarantie. Zudem sind die klassischen Zahlungsarten untereinander nicht vollständig austauschbar. Sie grenzen sich durch unterschiedliche Handhabung (Scheck gegenüber Lastschrift und Überweisung) und Wirkung (Widerrufsrecht aufgrund des Zeitpunktes der Gutschrift) ab. Die verschiedenen Zahlungsmittel können jeweils als eigenständige sachliche Märkte betrachtet werden.

19. Die Zahlungsverkehrsabkommen enthalten Bestimmungen über die Art und Weise der bargeldosen Zahlungsabwicklung. Vereinbarungen über Betriebsnormen und technische Vorkehrungen werden regelmäßig nicht vom Kartellrecht erfasst. Diese Regelungen erleichtern sowohl die Einführung neuer Verfahren durch die Festlegung gemeinsamer Standards als auch die Abwicklung der täglich anfallenden Masse von Zahlungsvorgängen, die andernfalls nicht bewältigt werden könnte. Von dieser Vereinfachung profitiert auch der Verbraucher, da einzelne Abwicklungen beschleunigt werden. Differenziert zu betrachten sind Standardisierungsabsprachen, die neben Koordinationsregeln auch Zahlungsverkehrsdienstleistungen zunehmend ähnlicher werden lassen. Dies kann dazu führen, dass technische Innovationen ausbleiben und der Wettbewerb gedämpft wird. Problematisch sind auch multilaterale Vereinbarungen, wenn die Zwecke ebenso gut durch bilaterale Absprachen zu erzielen sind.

20. Die Abkommen des Kreditgewerbes sehen Interbankenentgelte vor. Einheitlich vereinbarte Interbankenentgelte sind (kollektive) Preisabsprachen, die eine unabhängige Gebühren- und Preispolitik einschränken und dadurch den Wettbewerb beschränken. Besonders brisant sind multilaterale Austauschgebühren bei kartengestützten Zahlungssystemen. Sie beeinträchtigen nicht nur den systeminternen Wettbewerb, sondern auch den Systemwettbewerb. Eine teleologische Reduktion nach dem Arbeitsgemeinschaftsgedanken scheidet aus, da die Interbankenentgelt-Absprachen für den gemeinsamen Kartenzahlungsverkehr nicht notwendig sind. Allenfalls in der Markteintrittsphase sind einheitliche Interbankenentgelte zur Systemsteuerung unerlässlich. Der wirtschaftliche Nutzen kartengestützter Bezahlsysteme mit multilateraler Austauschgebühr liegt vor allem in der Vereinfachung der unbaren Zahlungsvorgänge. Sie sind insofern effizient, als durch sie Zeit

und Kosten eingespart werden können. An diesen Vorteilen muss der Verbraucher angemessen beteiligt werden. Dabei sind nicht bloß Endverbraucher, sondern auch beteiligte Händler und sonstige Dritte (Barzahler) zu berücksichtigen. Die Kartenzahler profitieren von der schnellen und kostengünstigen Abwicklung durch multilaterale Interbankenentgelte. Allerdings wird der kartellierte Preis durch die non-discrimination rule nicht allein von den Systemnutzern bezahlt. Die Händler und/oder bei Umlegung der Gebühren die Barzahler begleichen ebenfalls (mittelbar) die Interbankenentgelte. Die undifferenzierte Massengebühr führt zu einer gesamtwirtschaftlichen Fehlallokation und widerspricht dem Verursacherprinzip.

21. Die Allgemeinen Girogrundsätze der Sparkassen sehen zwei unterschiedliche Haftungsfälle vor. Haftungsregelungen für Schäden wegen Nichtbeachtung der Bestimmungen der Girogrundsätze beeinträchtigen den Wettbewerb, wenn die Haftung an eine Bestimmung anknüpft, die ihrerseits wettbewerbsbeschränkend wirkt. Denn sie erhöhen die Wahrscheinlichkeit, dass die Sparkassen die wettbewerbswidrigen Regeln aus Furcht vor Haftungskonsequenzen befolgen. Bei den Haftungsregelungen der zweiten Gruppe (Haftung für Schäden vor, die auf andere Weise schuldhaft verursacht wurden) ist zwischen Bestimmungen, die Auswirkungen gegenüber dem Bankkunden haben können und solchen, die die Risiken zwischen den Sparkasseninstituten verteilen, zu differenzieren. Diejenigen Haftungsverteilungsregeln, die keinerlei Einfluss auf die Kunden haben, stellen keine Wettbewerbsverletzungen dar. Alle anderen, die die Haftung auf den Kunden abwälzen, können wettbewerbsrechtlich relevant sein. Denn es besteht das Risiko, dass Haftungskonditionen vereinheitlicht werden und die Wettbewerber ihre autonome Handlungsfreiheit verlieren, indem sie sich über das »Ob« einer Haftungsübernahme und deren Höhe abstimmen.

22. Das Kreditinstitut des Zahlungsempfängers verliert durch die Ausführungspflichten die Handlungsalternative, ankommende Aufträge abzulehnen. Spiegelbildlich büßt das Kreditinstitut des Auftraggebers die Freiheit ein, das Zielinstitut auszuwählen. Diese Einschränkungen sind keine Wettbewerbsbeschränkungen, sondern funktionsnotwendige Kooperationen zur Realisierung der Dienstleistung unbarer Zahlungsverkehr. Eine freie Partnerwahl bei der Abwicklung des unbaren Zahlungsverkehrs besteht von vornherein nicht.

23. In der Markteinführungsphase sind Diskriminierungsverbote nicht wettbewerbsbeschränkend, sondern tragen dazu bei, dass sich die Akzeptanz für das neue Zahlungsmittel beim Verbraucher erhöht. Damit erleichtern sie

die Ausbreitung und Marktdurchdringung des neuen wettbewerbsfördernden Mitbewerbers im kartengestützten Zahlungsverkehr. Anders zu beurteilen ist dies innerhalb etablierter Zahlungssysteme. Hier ist ein Preisaufschlagsverbot zur Systemaufrechterhaltung nicht erforderlich und stellt eine ungerechte Kostenverlagerung zu Lasten des Händlers dar. Es dämpft den Preiswettbewerb, da der Vertragshändler nicht autonom über die Konditionen für die Kartenzahlung befinden kann und der Endverbraucher mangels unterschiedlicher Angebote zwischen den Zahlungssystemen sein Nachfrageverhalten nicht am Preis ausrichtet. Eine Freistellung scheidet aus, da eine non-discrimination rule für das Funktionieren etablierter Kartenzahlungssysteme nicht unerlässlich ist.

24. Die Absprachen, sich innerhalb des eigenen Verbunds keine oder geringe Gebühren zu berechnen, sind Preisabsprachen. Die Geldautomatenbetreiber kartellieren einheitliche Preise innerhalb ihres Verbunds, wodurch die unternehmerische Entscheidungsfreiheit eingeschränkt ist. Die Preisabsprache ist nach § 2 Abs. 1 GWB freigestellt. Die Heimatbankmodelle führen zu Effizienzgewinnen für die Kreditinstitute. Durch das kostengünstige bzw. kostenlose Geldabheben am Geldautomaten steigen die Attraktivität und die Benutzeranzahl des SB-Services. Infolgedessen vermindern sich die Auszahlungen am Bankschalter mit teurem Bankpersonal und die einzelne Geldabhebung am Geldautomaten wird durch erhöhte Frequentierung insgesamt kostengünstiger. An diesen Effizienzgewinnen partizipieren auch die Verbraucher, da sie rund um die Uhr kostengünstig oder kostenlos Bargeld abheben können.

25. Die Vor- und Unterhaltung von Geldautomaten ist ein Markt zwischen Banken mit dem Kunden als Bedarfsdisponenten. Der Kunde bedient sich der Leistung seiner kartenemeritierenden Bank, ohne vertragliche Beziehungen mit dem automatenbetreibenden Institut einzugehen. Die Marktpartner der Interbankendienstleistung Geldautomaten sind das kartenausgebende und das automatenbetreibende Kreditinstitut. Allerdings beeinflusst der Bankkunde als Bedarfsdisponent die Interbankenbeziehung, indem die kartenausgebende Bank ihrem Kunden einen möglichst flächendeckenden Service für Bargeldabhebungen bieten will. Für den Bankkunden besteht keine funktionelle Austauschbarkeit zu anderen Bargeldversorgungmöglichkeiten. Die Bargeldabhebung mit anderen als den gesperrten Kredit- oder Girokarten ist kein vergleichbares Substitut. Der Unterschied zwischen der Giro- und der Kreditkarte liegt in den differenten Abbuchungsmethoden (sofort/periodisch). Ebenso sind die Kreditkarten untereinander für Banken auf-

grund unterschiedlicher Transaktionskosten im Interbankenverhältnis sowie für Bankkunden aufgrund variierender Gebührenbelastungen (Surcharging) nicht austauschbar. Auch die Bargeldversorgung in der Filiale am Bankschalter oder bei einigen Supermarktketten ist mit der Geldabhebung am Geldautomaten nicht vergleichbar. Fraglich ist, ob der Primärmarkt Vorhaltung für Geldautomaten, insbesondere unter Berücksichtigung der Bedarfsdisponenten, überhaupt in Betracht kommt. Die Bargeldauszahlung durch den Geldautomaten wird vom Kunden nicht als einzelne Leistung nachgefragt, sondern als umfassende Leistung seines Girokontos (Zahlungskonto). Mit Abschluss des Girokontovertrages (Zahlungsdiensterahmenvertrags nach § 675f Abs. 2 BGB) erhält der Kunde von seiner Bank eine Debitkarte oder vergleichbare Karte, mit der er die Leistungen des Girokontos (Zahlungskontos) in Anspruch nehmen kann. Das Güterbündel ist vorliegend der gesamte Privatkundenmarkt für Girokonten, wobei die Geldautomateninfrastruktur wesentlicher Leistungsbaustein und Wettbewerbsparameter des Girokontoangebots ist.

26. Der Markt Privatgirokonten ist national einschränkbar. Ein europaweiter oder internationaler geographischer Raum ist aufgrund der (noch) stark unterschiedlichen Wettbewerbsvoraussetzungen im Finanzdienstleistungsmarkt in den Mitgliedstaaten abzulehnen. Im Produktsegment Privatgirokonto ist die Filialbedeutung zunehmend rückläufig. Das Produkt Zahlungskonto (Girokonto) ist nicht beratungsintensiv und persönliche Gespräche mit dem Bankangestellten entsprechen nicht mehr dem Kundenbedürfnis. Der räumliche Markt für Privatgirokonten ist bundesweit.

27. Mangels marktbeherrschender Stellung kein Missbrauch nach § 19 GWB vor, sodass die Geldautomatensperrung kartellrechtskonform ist. Ebenso liegt kein Verstoß gegen das Missbrauchs- und Behinderungsverbot durch die Forderung hoher Nutzungsentgelte für die eigenen Geldautomaten vor. Denn hohe Entgelte allein sind nicht zwangsläufig ein Indiz für verbotene Verhaltenskoordinierungen. Eine preisbegrenzende Lehre vom gerechten Preis (»iustum pretium«) ist der deutschen Marktwirtschaft fremd.

28. Einzelvertragliche Einkaufsvereinbarungen zwischen lokalen Sparkassen sind mangels hinreichend starker Marktstellung auf den Einkaufs- bzw. Verkaufsmärkten nicht wettbewerbswidrig. Gleiches dürfte für Einkaufsvereinbarungen bankunspezifischer Produkte mehrerer Sparkassen mit dem DSGV oder den Regionalverbänden gelten. Kritischer ist der gemeinsame Einkauf von Finanzdienstleistungsprodukten. Dort sind die Sparkassen Wettbewerber auf den Verkaufsmärkten. Insbesondere der gemeinsame

bundesweite Einkauf von Finanzdienstleistungsprodukten ist kartellrechtlich bedenklich, wenn die teilnehmenden Verbundpartner hohe addierte Marktanteile haben. Demnach kann es zu einer bedenklichen Nachfragemacht auf den Einkaufsmärkten für das gemeinsam eingekaufte Produkt ergeben oder der gemeinsame Einkauf von Finanzdienstleistungen führt zu einer wettbewerbsbeschränkenden Wirkung. Problematisch ist dies vor allem, wenn durch den gemeinsamen Einkauf ein bedeutender Kostenfaktor oder die Produktqualität vereinheitlicht wird. Zusätzlich darf der gemeinsame Einkauf die Einkaufsmärkte nicht für andere Wettbewerber abschotten.

29. Bei der Abwägung der Vor- und Nachteile von Konditionenempfehlungen sind vor allem die Inhalte der Konditionen und die Interessen der Marktgegenseite zu berücksichtigen. Grundsätzlich sind Konditionen, die unmittelbar oder mittelbar Preise oder Preisbestandteile festsetzen, kartellrechtswidrig. Konditionenabsprachen über weniger relevante Wettbewerbsparameter sind freigestellt. Sie fördern wirtschaftliche Vorteile für Unternehmen, die an die Verbraucher in angemessener Form weitergegeben werden müssen (§ 2 GWB) und den Wettbewerb nicht vollständig ausschalten dürfen (§§ 2 und 3 GWB).

30. Der Datenaustausch zur Erstellung der Marktstatistiken der Sparkassen und die Sammlung der aggregierten Marktdaten mit Angaben zu Marktbewegungen durch den jeweiligen Regionalverband sind kartellrechtskonform. Die Verbreitung verdeutlicht die Wirtschaftslage in den jeweiligen Bereichen und hilft den Marktteilnehmern bei der Entscheidung, welche Strategie unter den gegebenen Marktbedingungen für sie am effizientesten ist. Es ist jedoch darauf zu achten, dass die Datenzirkulation keine Rückschlüsse auf individuelle unternehmensspezifische Informationen über zukünftig geplantes oder gegenwärtiges Preis-, Absatzmengen-, Produktions-, Kapazitätsmengenverhalten oder Marktanteile zulässt. Daher sollte jede einzelne Datenklassifizierung dahingehend überprüft werden, ob sie identifizierbaren Dateninput enthält. Wettbewerbliche Bedenken lassen sich vermeiden, indem unabhängige Unternehmen (Datensammelstellen, Marktforschungseinrichtungen) mit der Informationssammlung beauftragt werden, die die Ergebnisse in nicht identifizierbarer Form an alle Teilnehmer weiterleiten.

31. Das Verhältnis Sparkassen/Landesbanken ist mit einigen horizontalen Elementen überwiegend vertikal. Ist eine genaue Bestimmung des Wettbewerbsverhältnisses nicht möglich, ist die strengere 10-Prozent-Grenze bei der Bestimmung der Spürbarkeit einer möglichen Wettbewerbsbeschränkung

entscheidend. Wenn die Sparkasse in einem spürbaren vertikalen Wettbewerbsverhältnis zu der Landesbank steht, kommt eine Privilegierung durch das Handelsvertreterprivileg in Betracht. Vereinbarungen in horizontalen Wettbewerbsverhältnissen sind kartellrechtlich problematischer. Im Firmenkundengeschäft stehen vor allem größere Sparkasseninstitute im Wettbewerb mit den Landesbanken. Eine Verpflichtung zur gemeinsamen Geschäftsplanung kann nicht vorgeschrieben werden. Die Zusammenarbeit muss für die Verbundpartner freiwillig sein. Die Sparkasse kann ihr Produktportfolio durch Produkte der Landesbank ergänzen oder autonom eigene Produkte entwickeln und anbieten. Eine Kunden- oder Gebietsaufteilung nach starren Umsatzgrenzen ist kartellrechtlich nicht möglich. Im Retailbanking-Markt darf die Landesbank nicht vertraglich daran gehindert werden, in den Geschäftsfeldern der Sparkasse tätig zu werden. Ihr muss der Markt ohne Zugangsbeschränkung offenstehen. Ein Ausschluss gegenseitiger Konkurrenz ist nicht kartellrechtskonform.

32. Eine Möglichkeit, Skalen- und Synergieeffekte kartellrechtlich unbedenklich zu nutzen, liegt in der Schaffung einer wirtschaftlichen Einheit. Das Ziel des Zusammenschlusses muss eine wirtschaftliche Einheit mit einem Höchstmaß an Selbstständigkeit sein, um das Grundkonzept der Verbundstruktur weitgehend aufrechtzuerhalten.

33. Neben einfachgesetzlichen Vorgaben sind bei einer Aufgabenumverteilung vor allem verfassungsrechtliche Grundsätze zu berücksichtigen. Eine Übertragung der Trägerschaft beeinträchtigt die objektive Rechtsinstitutionsgarantie kommunaler Selbstverwaltung. Es besteht die Gefahr, dass die betroffene Selbstverwaltungskörperschaft wichtige Aufgaben durch die Aufgabenverschiebung verliert. Dieser Verlust kann grundsätzlich nicht durch Einräumung mittelbarer Einflussnahme auf die zentrale Unternehmensführung kompensiert werden. Unbeachtlich ist zudem, ob der Beitritt freiwillig erfolgte, denn die Träger der kommunalen Selbstverwaltung sind von Verfassungs wegen verhindert, sich ihrer Verantwortung durch Übertragung von Selbstverwaltungsaufgaben auf staatlich mitgetragene und beeinflusste Träger zu entziehen. Die Durchbrechung des Grundsatzes der dezentralen Aufgabenwahrnehmung kann allein durch überwiegende Gründe des Gemeinwohls gerechtfertigt werden.

34. Bei Strukturveränderungen sind ebenfalls KWG-Vorgaben zu beachten. § 25a KWG legt organisatorische Pflichten, gesetzliche Vorschriften und betriebswirtschaftliche Notwendigkeiten für Institute fest. Dazu gehört u. a. eine ordnungsgemäße Geschäftsführung. Den Geschäftsleitern obliegt die

Verantwortung für die ordnungsgemäße Geschäftsorganisation und Geschäftsführung nach §§ 25a Abs. 1 S. 2, 32 Abs. 1 S. 2 Nr. 2 KWG. Aus aufsichtsrechtlicher Sicht muss daher dem Geschäftsleiter des jeweiligen Sparkasseninstituts (Sparkassenvorstand) die uneingeschränkte Verantwortung für die Aufrechterhaltung und Weiterentwicklung der ordnungsgemäßen Geschäftsorganisation obliegen. Eine uneingeschränkte Weisungsabhängigkeit von einer fremden Gesellschaft durch Beherrschungsvertrag ist nicht realisierbar.

35. Die zur Gründung einer wirtschaftlichen Einheit führende intensive Kooperation zwischen den Sparkassen kann einen anmeldepflichtigen Zusammenschluss herbeiführen. In Betracht kommt ein Zusammenschluss durch Erwerb der unmittelbaren oder mittelbaren Kontrolle durch ein oder mehrere Unternehmen über die Gesamtheit oder Teile eines oder mehrerer anderer Unternehmen. Im Falle einer Sparkassenfusion sind überdies sparkassenrechtliche Besonderheiten zu beachten. Die Entscheidungskompetenz über eine Sparkassenvereinigung haben die Vertretungen der Träger (§ 27 Abs. 1 S. 1 SpkG NRW). Daneben sind die Verwaltungsräte sowie die für die beteiligten Sparkassen jeweils zuständigen Sparkassen- und Giroverbände anzuhören. Außerdem ist die Genehmigung der Aufsichtsbehörde einzuholen (§ 27 Abs. 4 SpkG NRW). Einige Sparkassengesetze erlauben Vereinigungen prinzipiell nur zwischen benachbarten Sparkassen (§ 27 Abs. 1 S. 1 SpkG NRW, Art. 16 BaySpkG). Die Trägergebiete müssen aneinander angrenzen und daher unmittelbar räumlich nebeneinander liegen. In NRW wurde die strikte Vorgabe gelockert, sodass über das Kreisgebiet hinaus wirtschaftliche und nahe räumliche Verbindungen möglich sind, wenn sie zweckmäßig erscheinen (Sprungfusionen nach § 27 Abs. 2 SpkG).

36. Begründet werden kann eine wirtschaftliche Einheit u. a. durch Einräumung von Mitwirkungsrechten bei der Bestellung von Vorständen, beim Jahresbudget, beim Investitionsplan oder bei den Grundsätzen der Geschäftspolitik im Rahmen der oben dargelegten Grenzen. Neben einer vertraglichen Ausgestaltung gibt es noch weitere Wege, auf die Sparkassenvorstände innerhalb einer wirtschaftlichen Einheit Einfluss zu nehmen können. Es können konzernübergreifend Generalbevollmächtigte oder Vorstandsdoppelmandate eingesetzt werden. Der Einsatz von Generalbevollmächtigten ist auch bei Kreditinstituten rechtlich zulässig, wenn diese den Vorstand lediglich vertreten und nicht ersetzen. Notwendig ist aber stets, dass die Letztentscheidungsbefugnis dem Sparkassenvorstand vorbehalten

bleibt. Das Recht zur Willensbildung und -erklärung ist damit nicht übertragbar.

Literaturverzeichnis

Alfredo, Martín-Oliver, From Proximity to Distant Banking: Spanish Banks in the EMU, Banco de Espana Working Paper No. 1008, Madrid 2010

Amel, Dean/*Kennickell,* Arthur/*Moore,* Kevin, Banking Market Definition: Evidence from the Survey of Consumer Finances, Washington D.C. 2008

Ders./Starr-McCluer, Martha, Market Definition in Banking: Recent Evidence, Washington D.C. 2001

v. Arnim, Hans Herbert, Rechtsfragen der Privatisierung, Schriftenreihe des Karl-Bräuer-Instituts des Bundes der Steuerzahler, Heft 82, Wiesbaden 1995

Auerbach, Dirk/*Kempers,* Jutta/*Klotzbach,* Daniela, in: Schwennicke/Auerbach (Hrsg.), KWG Kommentar, München 2009

Bach, Albrecht, Wettbewerbsrechtliche Schranken für staatliche Maßnahmen nach europäischem Gemeinschaftsrecht, Tübingen 1992

Bank for International Settlements, Retail Payments in selected countries – A comparative study, Basel 1999

v. Bar, Christian, Gleichordnungskonzerne und Kartellverbot, BB 1980, 1185

Basedow, Jürgen, Konsumentenwohlfahrt und Effizienz – Neue Leitbilder der Wettbewerbspolitik?, WuW 2007, 712

Baumann, Diethelm, Die sachlichen und räumlichen Grenzen der Verbandskompetenz öffentlich-rechtlicher Kreditinstitute, München 2000, zugl. Diss. Univ. München 2000

Bayer, Walter, in: Münchener Kommentar zum AktG, Band 1, 3. Auflage, München 2008

Bechtold, Rainer, Kartellgesetz, Gesetz gegen Wettbewerbsbeschränkungen, 6. Auflage, München 2010

Ders./Brinker, Ingo/*Bosch,* Wolfgang/*Hirsbrunner,* Simon, EG-Kartellrecht, 2. Auflage, München 2009

Becker, Florian, Grenzenlose Kommunalwirtschaft, DÖV 2000, 1032

Beckmann, Hubert, Potentiale im starken Verbundnetzwerk nutzen, Börsen-Zeitung vom 19.6.2010, S. 1

Bekier, Matthias/*Flur,* Dorlisa/*Singham,* Seelan, A Future for bricks and Mortar, U.S. Banker 2000, 76

Berger, A./*Hannan,* Timothy, The Price-Concentration Relationship in Banking, Review of the Economics and Statistics 71, No. 2, 291

Berkenhoff, Hans Albert/*Dahm,* Clemens (Hrsg.), Kommentar mit Durchführungsbestimmungen und ergänzenden Rechts- und Verwaltungsvorschriften zum Sparkassengesetz Nordrhein-Westfalen, Köln 1971

Berndt, Holger, Die Sicherung des Wettbewerbs durch Sparkassen und Landesbanken, Sparkasse 2000, 438

Ders., »Die Sparkassen-Finanzgruppe im kreditwirtschaftlichen Wettbewerb der Zukunft«, Vortrag anlässlich des Symposiums »Zur Zukunft der Kreditwirtschaft in Deutschland: Strategien für Sparkassen und Genossenschaftsbanken« am 4.4.2004 in Illingen/Saar

Ders., Weiterentwicklung des Haftungsverbunds, Sparkasse 2004, 74

Ders., Sparkassen und Landesbanken sichern Wettbewerb in den Regionen, Sparkasse 2001, 58

Beuthien, Volker, Handelskooperationen und europäisches Wettbewerbsrecht, in: Marburger Schriften zum Genossenschaftswesen, Band 89, Göttingen 1998

Bielefeld, Thomas/*Marlow,* Sven (Hrsg.), Festschrift für Helmut Schirmer, Ein Leben mit der Versicherungswissenschaft, Karlsruhe 2005

Bitter, Georg, Wer schützt den Verbraucher vor dem Verbraucherschutz? – Bankentgelte und »Verursacherprinzip« in juristisch-ökonomischer Betrachtung, in: Schäfer (Hrsg.), Festschrift für Ott, Konsequenzen wirtschaftlicher Normen – Kreditrecht, Verbraucherschutz, allgemeines Wirtschaftsrecht, Wiesbaden 2002, S. 153

Ders., Bankpraxis zwischen Recht und Wirtschaft – Bankentgelte, Kreditkartenverfahren und weitergeleiteter Auftrag in juristisch-ökonomischer Betrachtung, ZBB 2007, 237

Ders., Problemschwerpunkte des neuen Zahlungsdiensterechts – Teil II – Kreditkartenzahlungen und allgemeine Prinzipen, WM 2010, 1773

Blanke, Herrmann-Josef, Kommunale Selbstverwaltung und Daseinsvorsorge nach dem Unionsvertrag von Lissabon, DVBl. 2010, 1333

Blome-Drees, Joachim, Die Führung genossenschaftlicher Verbundsysteme aus der Perspektive der Systemtheorie, ZögU 32, 356

Blume, Heiko Hubertus, Sparkassen im Spannungsfeld zwischen öffentlichem Auftrag und kreditwirtschaftlichem Wettbewerb – Eine Untersuchung am Beispiel des niedersächsischen Sparkassenrechts –, 1. Auflage, Baden-Baden 2000, zugl. Diss. Univ. Osnabrück 2000

Böckenförde, Ernst-Wolfgang, Dritter Beratungsgegenstand: Der Staat als Wirtschaftssubjekt und Auftraggeber, VVDStRL 60, 416

Ders., Demokratie als Verfassungsprinzip, in: Isensee/Kirchhof (Hrsg.), Handbuch des Staatsrechts der Bundesrepublik Deutschland, Band II, 3. Auflage, Heidelberg 2004

Boetzkes, Christian, Rechtsprobleme von Geldautomatengebühren und Wertpapierprovisionen – eine zivil- und kartellrechtliche Untersuchung, Berlin 2001, zugl. Diss. Univ. Berlin 2000/2001

Bonaccorsi di Patti, Emilia/*Gobbi,* Giorgio, The changing structure of local credit markets: Are small business special?, Journal of Banking & Finance 2001, 2209

Boos, Karl-Heinz/*Fischer,* Reinfrid/*Schulte-Mattler,* Hermann, Kommentar zum KWG und Ausführungsvorschriften, 3. Auflage, München 2008

Bornkamm, Joachim, Hoheitliches und unternehmerisches Handeln der öffentlichen Hand im Visier des europäischen Kartellrechts – der autonome Unternehmensbegriff der Art. 81, 82 EG, in: Müller (Hrsg.), Festschrift für Hirsch, München 2008, S. 231

Borrmann, Jörg/*Finsinger,* Jörg, Markt und Regulierung, München 1999

Bosse, Burkhard Roderich, Rechtsprobleme des Zusammenschlusses von Sparkassen, Berlin 1982

Braun, Ellen, in: Langen/Bunte, Kommentar zum deutschen und europäischen Kartellrecht, Band 1, 11. Auflage, Köln 2011

Breuer, Michael/*Gerlach,* Rolf/*Rosenke,* Günter/*Tillmann,* Berthold, Erfolgreiche Sparkassenarbeit für die Zukunft gewährleisten, EILDIENST LKT NRW 2008, 327

Brinker, Ingo, in: Schwarze (Hrsg.), EU-Kommentar, 2. Auflage, Baden-Baden 2009

Britz, Gabriele, Funktion und Funktionsweise öffentlicher Unternehmen im Wandel: Zu den jüngsten Entwicklungen im Recht der kommunalen Wirtschaftsunternehmen, NVwZ 2001, 380

Bröhmer Jürgen, in: Calliess/Ruffert (Hrsg.), Das Verfassungsrecht der Europäischen Union mit Europäischer Grundrechtecharta, 4. Auflage, München 2011

Bundeskartellamt, Diskussionspapier für die Sitzung des Arbeitskreises Kartellrecht am 27. September 2004, Wettbewerbsschutz und Verbraucherinteressen im Lichte neuerer ökonomischer Methoden, Bonn 2004

Dasselbe, Nachfragemacht im Kartellrecht – Stand der Perspektiven, Tagung des Arbeitskreises Kartellrecht am 18.September 2008, Bonn 2008

Dasselbe, Merkblatt des Bundeskartellamtes über Kooperationsmöglichkeiten für kleinere und mittlere Unternehmen, Bonn 2007

Bundestag, Bericht des Wirtschaftsausschusses zur 2. Gesetzesnovelle, WuW 1973, 581

Bunte, Hermann-Josef, Erfahrungen mit dem AGB-Gesetz – Eine Zwischenbilanz nach 4 Jahren, AcP 181, 31

Ders., Empfehlungen im europäischen Kartellrecht, in: Due/Lutter/Schwarze (Hrsg.), Festschrift für Everling, Band 1, 1. Auflage, Baden-Baden 1995, S. 163

Ders., Expertenseminar des GDV über die Gruppenfreistellungsverordnung für die Versicherungswirtschaft vom 24.3.1993 in Brüssel, VersR 1993, 543

Ders., in: Schimansky/Bunte/Lwowski (Hrsg.), Bankrechts-Handbuch, Band II, 3. Auflage, München 2007

Buntscheck, Martin, Der Gleichordnungskonzern – ein illegales Kartell?, WuW 2004, 374

Bürger, Christian, Die Haftung der Konzernmutter für Kartellrechtsverstöße ihrer Tochter nach deutschem Recht, WuW 2011, 130

Burmeister, Joachim, Zweiter Beratungsgegenstand: Verträge und Absprachen zwischen Verwaltung und Privaten, VVDStRL 52, 190

Ders., Selbstverwaltungsgarantie und wirtschaftliche Betätigung der Kommunen, in: HdbKWP Band 5, 2. Auflage, Berlin 1984, S. 3

Burmeister, Frank/*Staebe,* Erik, Räumliche Beschränkungen für kommunale Wirtschaftsunternehmen – ein Verstoß gegen Europäisches Recht, EuR 2004, 810

Busche, Jan, Handelsvertretervertrieb und Handelsvertreterprivileg, in: Hönn/Oetker/Raab (Hrsg.), Festschrift für Kreutz, Köln 2010, S. 557

Ders., Das Markenrecht im Konzern, in: Jickeli/Kreutz/Reuter (Hrsg.), Gedächtnisschrift für Sonnenschein, Berlin 2003, S. 743

Büschgen, Hans E., Finanz-Verbund und Finanz-Konzern in der Diskussion, in: Mitteilungen und Berichte des Instituts für Bankwirtschaft und Bankrecht an der Universität zu Köln, Abt. Bankwirtschaft, 20 Jg. (1989), Nr. 58

Ders., Deutsche Sparkassen als regionale Finanzdienstleister im Euro-Land, in: Oebbecke/Bauer/Pünder (Hrsg.), Perspektiven der kommunalen Sparkassen, S. 17

Büschgen, Hans E./*Everling,* Oliver (Hrsg.), Handbuch Rating, 2. Auflage, Wiesbaden 2007

Calliess, Christian/*Ruffert,* Matthias; Das Verfassungsrecht der Europäischen Union mit Europäischer Grundrechtecharta, 4. Auflage, München 2011

Coing, Helmut/*Kronstein,* Heinrich/*Mestmäcker,* Ernst-Joachim, Wirtschaftsordnung und Staatsverfassung, Festschrift zum 70. Geburtstag von Franz Böhm am 16. Februar 1965, Karlsruhe 1965

Creifelds, Carl/*Weber,* Klaus (Hrsg.), Rechtswörterbuch, 20. Auflage, München 2011

Crocioni, Pietro, The Hypothetical Monopolist Test: What It Can and Cannot Tell You, European Competition Law Review 2002, 354

Dallmann, Michael, Englische Klauseln nach der 7. GWB-Novelle, WRP 2006, 347

Dause, Manfred A., Handbuch des EU-Wirtschaftsrechts, Stand: Juni 2010, München

Dawson-Kropf, Michael/*Theodore,* Samuel S., Analytischer Hintergrund und Ratingansatz für europäische Genossenschaftsbanken, in: Büschgen/Everling (Hrsg.), Handbuch Rating, 2. Auflage, Wiesbaden 2007

Degryse, Hans/*Ongena,* Steven, Distance, Lending Relationships and Competition, The Journal of Finance 2005, 231

Deringer, Arved/*Herrmann,* Hans-Jürgen, Konzernmäßige Zusammenschlüsse und das Kartellverbot des § 1 GWB, BB 1966, 1157

Deutscher Sparkassen- und Giroverband, Statistik der Sparkassen, Loseblattsammlung, 9. Lieferung, Stand: Januar 2008

Diaz, Enrique Gonzalez, in: Loewenheim/Meessen/Riesenkampff (Hrsg.), Kartellrecht, 2. Auflage, 2009 München

Dick, Astrid A., Demand Estimation and Market Power in the Banking Industry, 2001

Dierdorf, Josef, Herrschaft und Abhängigkeit einer Aktiengesellschaft auf schuldvertraglicher und tatsächlicher Grundlage, Köln 1978

Dietlein, Johannes, Ist der Bundesstaat kartellrechtswidrig? – Das lotterierechtliche Regionalprinzip vor dem Bundeskartellamt, ZfgK 2006, 197

Donges, Juergen Bernhard, Privatisierung von Landesbanken und Sparkassen, Bad Homburg 2001

Dreher, Meinrad, Kartellrechtliche Beurteilung identifizierender Marktinformation in der Versicherungswirtschaft, in: Bielefeld/Marlow (Hrsg.), Festschrift für Schirmer, Karlsruhe 2005, S. 71

Due, Ole/*Lutter,* Marcus/*Schwarze,* Jürgen (Hrsg.), Festschrift für Ulrich Everling, Band 1, 1. Auflage, Baden-Baden 1995

Ebenroth, Thomas Carsten/*Boujong,* Karlheinz/*Joost,* Detlef/*Strohn,* Lutz, Handelsgesetzbuch, Band 1, 2. Auflage, München 2008

Ehlers, Dirk, Die Entwicklung des kommunalen Wirtschaftsrechts, Der Landkreistag 2007, 456

Ders., Die Zulässigkeit einer erwerbswirtschaftlichen Betätigung der öffentlichen Hand, Jura 199, 212

Ders., Europäische Grundrechte und Grundfreiheiten, 3. Auflage, Berlin 2009

Ders., Empfiehlt es sich, das Recht der öffentlichen Unternehmen im Spannungsfeld von öffentlichem Auftrag und Wettbewerb national und gemeinschaftsrechtlich neu zu regeln?, Gutachten E für den 64. Deutschen Juristentag, Band I, München 2002

Ders., in: Wurzel/Schraml/Becker (Hrsg.), Rechtspraxis der kommunalen Unternehmen, 2. Auflage, München 2010

Ders., Rechtsprobleme der Kommunalwirtschaft, DVBl. 1998, 497

Ders., Möglichkeiten und Grenzen kommunaler Wirtschaftsbetätigung, in: Ipsen (Hrsg.), 11. Bad Iburger Gespräche, Kommunalwirtschaft im Umbruch – Kommunale Wirtschaftsunternehmen zwischen öffentlicher Aufgabe und Wettbewerb, 2001

Ders., Das neue Kommunalwirtschaftsrecht in Nordrhein-Westfalen, NVWBl. 2000, 1

Ders., Die Staatsgewalt in Ketten, in: Faber/Götz (Hrsg.), Festschrift für Stein, Tübingen 2002, S. 125

Ders., Der Vorrang des Europäischen Unionsrechts, JURA 2011, 187

Ders., in: Schulze/Zuleeg/Kadelbach, Europarecht, Handbuch für die deutsche Rechtspraxis, 2. Auflage, Baden-Baden 2010

Ehricke, Ulrich, Staatliche Regulierungen und EG-Wettbewerbsrecht, WuW 1991, 183

Ekkenga, Jens/*Kümpel,* Siegfried/*Hadding,* Walther/*Hammen,* Horst (Hrsg.), Bankrecht und Kapitalmarktrecht in der Entwicklung, Festschrift für Siegfried Kümpel zum 70. Geburtstag, Berlin 2003

Emde, Ernst Thomas, Die demokratische Legitimation der funktionalen Selbstverwaltung, Berlin 1991, zugl. Diss., Univ. Freiburg (Breisgau), 1986

Emmerich, Volker, Kartellrecht, 11. Auflage, München 2008

Ders., Die Ausnahmebereiche in dem Regierungsentwurf der fünften GWB-Novelle, WuW 1989, 363

Ders., Urteilsanmerkung zu EuGH, Urteil vom 23.11.2006 – C-238/05 (Asnef-Equifax) –, JuS 2007, 877

Ders./Habersack, Mathias, Aktien- und GmbH-Konzernrecht, 6. Auflage, München 2010

Ders., in: Dauses (Hrsg.), Handbuch des EU-Wirtschaftsrechts, Stand: Juni 2010, München

Engels, Andreas, Landesbanken zwischen Marktsteuerung und Marktwirtschaft – Staatliche Präsenz im Bankenwesen in Zeiten der Finanzmarktkrise, Baden-Baden 2010

Ensthaler, Jürgen/*Gesmann-Nuissl,* Dagmar, Die rechtliche Stellung des Handelsvertreters innerhalb der Kfz-Vertriebssysteme – Zugleich eine Besprechung des EuG-Urteils vom 15.9.2005 (Rs.: T-325/01), EuZW 2006, 167

Erichsen, Hans-Uwe, Gemeinde und Private im wirtschaftlichen Wettbewerb, Heidelberg 1987

Ders., Kommunalrecht des Landes Nordrhein-Westfalen, 2. Auflage, Siegburg 1997

Faber, Heiko/*Götz,* Frank (Hrsg.), Demokratie in Staat und Wirtschaft, Festschrift für Ekkehart Stein zum 70. Geburtstag am 24.9.2002, Tübingen 2002

Felici, Roberto/*Pagnini,* Marcello, Distance, bank heterogeneity and entry in local banking markets, Bologna 2005

Fikentscher, Wolfgang, Die Interessengemeinschaft. Eine gesellschafts- und kartellrechtliche Untersuchung, FIW-Schriftenreihe, Heft 30, Köln u. a. 1966

Fischer, Karl-Hermann, Banken und unvollkommener Wettbewerb, 1. Auflage, Wiesbaden 2005, zugl. Diss. Univ. Frankfurt a. M. 2002

Ders./Pfeil, Christian, Regulation and Competition in German Banking: An Assessment, CFS Working Paper No. 2003/19, Frankfurt a. M. 2003

Fischer, Reinfrid, Preisvereinbarung bei institutsübergreifender Geldautomatenverfügung, in: Horn/Lwowski/Nobbe (Hrsg.), Festschrift für Schimansky, Bankrecht – Schwerpunkte und Perspektiven, Köln 1999

Ders./Klanten, Thomas, Bankrecht, Grundlagen der Rechtspraxis, 4. Auflage, Köln 2010

Ders., Aktuelle Fragen des kartengestützten Zahlungsverkehrs, in: Hadding/Hopt/Schimansky (Hrsg.), Kartengesteuerter Zahlungsverkehr, Außergerichtliche Streitschlichtung, Bankrechtstag 1998, S. 157, Berlin 1999

Fleischer, Holger, Konzerninterne Wettbewerbsbeschränkungen und Kartellverbot – Zugleich eine Besprechung der Viho/Parker Pen-Entscheidung des Europäischen Gerichtshofs, AG 1997, 491

Forschungsinstitut für Wirtschaftsverfassung und Wettbewerb e. V. (Hrsg.), Beschränkung des staatlichen Einflusses in der Wirtschaft, Band 155, 1993

Franck, Egon/*Meister,* Urs, in: Wirtz (Hrsg.), Handbuch Merger & Acquisitions Management, Vertikale und horizontale Unternehmenszusammenschlüsse – Ökonomische Grundlagen der Entscheidung über die Unternehmensgrenzen, 1. Auflage, Wiesbaden 2006

Frankenberger, Wilhelm, Das Regionalprinzip – sinnvolles Ordnungsprinzip oder Teufelszeug?, ZfgK 2004, 120

Freigang, Jan/*Grün,* Anselm, Die kartellrechtliche Bewertung nationaler Interbankentgelte im Kreditkartengeschäft, WM 2005, 681

Frenz, Walter/*Ehlenz,* Christian, Defizitäre gerichtliche Wettbewerbspolitik durch More-economic-Approach und Vermutungen, EuR 2010, 490

Fritzsche, Alexander, Die neuen Regeln über horizontale Kooperation im europäischen Wettbewerbsrecht, EuZW 2011, 208

Fuchs, Andreas, in: Immenga/Mestmäcker, Wettbewerbsrecht: GWB, 4. Auflage, München 2007

Gärtner, Markus, Filiale in der Tasche, Sparkasse 2011, 25

Gehring, Stefan, in: Mäger (Hrsg.), Europäisches Kartellrecht, 1. Auflage, Baden-Baden 2006

Ders./Mäger, Thorsten, Kartellrechtliche Grenzen von Kooperationen zwischen Wettbewerbern – Neue Leitlinien der EU-Kommission, DB 2011, 398

Geiger, Andreas, Die neuen Leitlinien der EG-Kommission zur Anwendbarkeit von Art. 81 EG auf Vereinbarungen über horizontale Zusammenarbeit, EuZW 2000, 325

Geise, Wolfgang, Sparkassenfinanzgruppe und Allfinanz, Sparkasse 1993, 56

Gerlach, Rolf, Verbände vor Strukturwandel?, Sparkasse 1996, 78

Ders., Strukturdiskussion in der Sparkassenorganisation, Vortrag im Bank- und Börsenseminar an der Universität zu Köln vom 19.5.1999

Gern, Alfons, Wirtschaftliche Betätigung der Gemeinden außerhalb des Gemeindegebiets, NJW 2002, 2593

Gesellschaft für öffentliche Wirtschaft, Öffentliche Kreditinstitute in der Bundesrepublik Deutschland und EG-Binnenmarkt, Stellungnahme des Wissenschaftlichen Beirats des Gesellschaft für öffentliche Wirtschaft, ZögU 1990, 409

Gessner, Timm, Scoringabhängige Darlehnsbepreisung und Werbung, VuR 2010, 363

Gies, Winfried, Betriebsvergleich der Sparkassen als statistische Allzweckwaffe für Institute und Verbände, BBL 2002, 30

Gilbert, Alton/*Zaretsky,* Adam, Banking Antitrust: Are the Assumptions Still Valid?, Federal Reserve Bank of St. Louis Review 2003, 29

Gimpel, Manuel, Das Regionalprinzip der deutschen Sparkassen bei der Zweigstellenerrichtung im EG-Ausland, Konstanz 1990, zugl. Diss. Univ. Konstanz 1990

Goette, Wulf/*Habersack,* Mathias/*Kalss,* Susanne, Münchener Kommentar zum Aktiengesetz, Band 1, 3. Auflage, München 2008

Grabitz, Eberhard/*Hilf,* Meinhard/*Nettesheim,* Martin (Grd./Hrsg.), Das Recht der Europäischen Union, Loseblattsammlung, 43. Ergänzungslieferung – Stand: März 2011, München

Grawert, Rolf, Zuständigkeitsgrenzen der Kommunalwirtschaft, in: Grupp/Ronellenfitsch (Hrsg.), Festschrift für Blümel, Planung – Recht – Rechtsschutz, S. 119, Berlin 1999

Grichnik, Dietmar/*Börner,* Christoph, Bankenwirtschaftliche Verbundsysteme als strategische Netzwerke zwischen Markt und Hierarchie – Verbände als fokale Organisationsform im Finanz-Verbund –, Mitteilungen und Berichte des Instituts für Bankwirtschaft und Bankrecht der Universität zu Köln, 30. Jg., Nr. 81, 1999

Ders., Interessenvertretung in der Bankwirtschaft – Eine institutionenökonomische Netzwerkanalyse, ZfB 2002, 337

Grill, Gerhard, in: Lenz/Borchardt (Hrsg.), EU-Verträge, Kommentar nach dem Vertrag von Lissabon, 5. Auflage, Köln, Wien 2010

v. der Groeben, Hans/*Schwarze,* Jürgen, Kommentar zum Vertrag über die Europäische Union und zur Gründung der Europäischen Gemeinschaft, 6. Auflage, Baden-Baden 2003

Gromann, Hans-Georg, Die Gleichordnungskonzerne im Konzern- und Wettbewerbsrecht, Köln 1979, zugl. Diss. Univ. Bielefeld 1978

Grupp, Klaus/*Ronellenfitsch,* Michael (Hrsg.), Festschrift für Willi Blümel zum 70. Geburtstag am 6. Januar 1999, Planung – Recht – Rechtsschutz, S. 119, Berlin 1999

Güde, Udo, Die einzelne Sparkasse im Verbund und Verband, ZfgK 1992, 307

Ders./Zährl, Rolf, Geschäftspolitik der Sparkassen – Grundlagen und aktuelle Probleme, 6. Auflage, Stuttgart 1995

Gummert, Hans u. a. (Hrsg.), Münchener Handbuch des Gesellschaftsrechts, Band 1, BGB-Gesellschaft, Offene Handelsgesellschaft, Partnerschaftsgesellschaft, Partenreederei, EWIV, 3. Auflage, München 2009

Häberle, Peter, Öffentliches Interesse als juristisches Problem, 2. Auflage, Berlin 2006

Habersack, Mathias, in: Hopt/Wiedemann (Hrsg.), Aktiengesetz Großkommentar, Band 3, 4. Auflage, Berlin 2008

Hadding, Walther/*Hopt,* Klaus/*Schimansky,* Herbert, Kartengesteuerter Zahlungsverkehr, Außergerichtliche Streitschlichtung, Bankrechtstag 1998, Berlin 1999

Hager, Günter, Rechtsmethoden in Europa, Tübingen 2009

v. Hahn, Helmuth, Gemeinschaftsunternehmen zwischen Zusammenschlußkontrolle und Kartellverbot, in: Schwerpunkte des Kartellrechts 1974/75, Köln 1976, S. 57

Hannan, Timothy/*Strahan,* Philip, Are Bank Loan Markets Really Local?, Federal Reserve Board of Governors 2000, unveröffentlicht

Harms, Wolfgang, Konzerne im Recht der Wettbewerbsbeschränkung, Köln u. a. 1968

Haßel, Tobias, Hoheitliches Handeln als Verstoß gegen EU-Kartellrecht, Hamburg 2005, zugl. Diss. Univ. Witten Herdecke 2005

Hedrich, Carl-Christoph, Die Privatisierung der Sparkassen: Ein Beitrag zu den institutionellen Problemen der Deregulierung, Baden-Baden 1993, zugl. Diss. Univ. Hohenheim 1992 u. d. T.: Hedrich, Carl-Christoph: Institutionelle Aspekte der Regulierung und der Deregulierung

Heermann, Peter, Der Deutsche Fußballbund (DFB) im Spannungsfeld von Kartell- und Konzernrecht, ZHR 161, 665

Heinemann, Andreas, Grenzen staatlicher Monopole im EG-Vertrag, München 1996, zugl. Diss. Univ. München 1994/95

Ders., Immaterialgüterschutz in der Wettbewerbsordnung, Tübingen 2002, zugl. Habil.-Schr. Univ. München 2000

Heinevetter, Klaus, in: Berkenhoff/Dahm (Hrsg.), Kommentar mit Durchführungsbestimmungen und ergänzenden Rechts- und Verwaltungsvorschriften zum Sparkassengesetz Nordrhein-Westfalen, Köln 1971

Heinrich, Dirk, Erfolgsfaktoren für Bankdienstleister, in: Ahlert/Evanschitzky (Hrsg.), Exzellenz in Dienstleistung und Vertrieb – Konzeptionelle Grundlagen und empirische Ergebnisse, Wiesbaden 2002

Heinrichs, Friedrich-Wilhelm, Grundprinzipien des Sparkassenrechts sind unverzichtbar, Städte- und Gemeinderat 1989, 111

Heintzen, Markus, Zur Tätigkeit kommunaler (Energieversorgungs-) Unternehmen außerhalb der kommunalen Gebietsgrenzen, NVwZ 2000, 743

Heitfield, Erik, What do interest rate data say about the geographic of retail banking markets?, 44. Antitrust Bulletin 1999, 333

Heitzer, Bernhard, Die Wettbewerbsaufsicht durch das Bundeskartellamt – Ordnungspolitischer Schatten der unsichtbaren Hand, Rede beim Zentrum für Europäische Wirtschaftsforschung am 2. April 2009, Mannheim

Held, Friedrich Wilhelm/*Becker,* Ernst, u. a. (Hrsg.), Kommunalverfassungsrecht Nordrhein-Westfalen, Loseblattkommentar, Wiesbaden, Stand: Dezember 2009

Hellermann, Johannes, Örtliche Daseinsvorsorge und gemeindliche Selbstverwaltung, Tübingen 2000

Henneke, Hans-Günter, Kommunale Aufgabenerfüllung in Anstaltsform – Bericht über das Professorengespräch 2000 des Deutschen Landkreistages am 16./17. März 2000 im Landkreis Kitzingen, VBlBW 2000, 337

Ders., Kommunale Sparkassen – Verfassung und Organisation, 1. Auflage, Wiesbaden 2010

Ders., Kreditversorgung als kommunale Selbstverwaltungsaufgabe – die Zukunft des Regionalprinzips, Der Landkreis 2004, 37

Ders., Sparkassen- und Landesbankenstruktur nach der Finanzkrise, DVBl. 2010, 472

Ders., Gewinnerzielung und Arbeitsplatzsicherung als Legitimation kommunalwirtschaftlicher Betätigung? Verfassungsrechtliche Aspekte –, NdsVBl. 1998, 273

Ders./Wohltmann, Matthias, Notwendigkeit und Grenzen von Kooperationen und Fusionen im Sparkassenwesen, Der Landkreis 2005, 82

Ders., Sparkassen, Landes- und Förderbanken nach der Finanzmarktkrise, Stuttgart 2010

Herdegen, Matthias, Europarecht, 13. Auflage, München 2011

Hermanns, Fritz, Das Regionalprinzip, ZfgK 1979, 10

Hess, Berndt, Kontrahierungszwang und Preiskontrolle bei der Geldautomatennutzung?, WM 2010, 1971

Hilgert, Heinz/*Krahnen,* Pieter/*Merl,* Günther/*Siekmann,* Helmut, Modell für eine leistungsfähige Sparkassen-Finanzgruppe – eine Replik, ZfgK 2011, 536

Hinkel, Klaus, Niederlassungsfreiheit für Kreditinstitute im Bankenbinnenmarkt. Eine Untersuchung zur Reichweite der gemeinschaftlichen Grundfreiheiten unter Berücksichtigung des deutschen Bankenaufsichtsrechts, Weimar 1996

Hirschmann, Jörn, in: Hölters (Hrsg.), AktG Kommentar, 1. Auflage, München 2011

Hoeren, Thomas, Risikoprüfung in der Versicherungswirtschaft, VersR 2005, 1014

Höfling, Wolfram, Finanzmarktregulierung – Welche Regelungen empfehlen sich für den deutschen und europäischen Finanzsektor?, Gutachten E für den 68. Deutschen Juristentag, Band I, 2010 München

Hölters, Wolfgang, AktG Kommentar, 1. Auflage, München 2011

Hönn, Günther/*Oetker,* Hartmut/*Raab,* Thomas (Hrsg.), Festschrift für Peter Kreutz zum 70. Geburtstag, Köln 2010

Hönn, Günther, Kartellrechtliche Probleme moderner Zahlungssysteme, ZBB 1991, 6

Hootz, Christian, Urteilsanmerkung BGH vom 13.12.1983 - KRB 3/83 –, DB 1984, 557

Hoppe, Werner, Zur Diskussion um den Haftungszuschlag für die kommunalen Sparkassen, DVBl. 1982, 45

Ders./Uechtritz, Michael (Hrsg.), Handbuch kommunale Unternehmen, Köln 2004

Hösch, Ulrich, Öffentlicher Zweck und wirtschaftliche Betätigung von Kommunen, DÖV 2000, 393

Horn, Norbert/*Lwowski,* Hans-Jürgen/*Nobbe,* Gerd (Hrsg.), Festschrift für Herbert Schimansky, Bankrecht – Schwerpunkte und Perspektiven, Köln 1999

Huber, Ulrich, Zur kartellrechtlichen Problematik der Zusammenfassung von Konzernunternehmen unter einer einheitlichen Leitung im Sinne des § 18 AktG, ZHR 131, 193

Hübschle, Wolfgang, in: Lange (Hrsg.), Handbuch zum deutschen und europäischen Kartellrecht, 2. Auflage, Frankfurt a. M. 2006

Hüffer, Uwe, Kommentar zum Aktiengesetz, 9. Auflage, München 2010

Immenga, Ulrich/*Mestmäcker,* Ernst-Joachim, EG-Wettbewerbsrecht, Kommentar, Band I und II mit Ergänzungen, 1. Auflage, München 1997-2001

Dies., Wettbewerbsrecht, Kommentar zum Europäischen Kartellrecht, 4. Auflage, München 2007

Dies., Wettbewerbsrecht: GWB, 3. Auflage, München 2001

Dies., Wettbewerbsrecht: GWB, 4. Auflage, München 2007

Immenga, Ulrich, Bietergemeinschaften im Kartellrecht – ein Problem potentiellen Wettbewerbs, DB 1984, 385

Ders./Körber, Torsten, Marktabgrenzung und Marktbeherrschung bei der Geldautomatennutzung, BB 1999, Beilage 12, 4

Initiative D 21, Eine Sonderstudie im Rahmen des (N) Onliner Atlas 2011, Online-Banking – Mit Sicherheit!, Vertrauen und Sicherheitsbewusstsein bei Bankgeschäften im Internet, Juli 2011

Ipsen, Hans Peter/*Nicolaysen,* Gert, Öffentliche Unternehmen im Gemeinsamen Markt und Bericht über die aktuelle Entwicklung des Gemeinschaftsrechts, NJW 1964, 2336

Isensee, Josef/*Kirchhof,* Paul, Handbuch des Staatsrechts der Bundesrepublik Deutschland, Band II, 4. Auflage, Heidelberg 2006

Jacob, Carolin Britt, Die Behandlung von Gleichordnungskonzernen im deutschen und europäischen Wettbewerbsrecht im Vergleich, 1. Auflage, Berlin 1995, zugl. Diss. Univ. Bayreuth 1994

Jarass, Hans/*Pieroth,* Bodo, Grundgesetz für die Bundesrepublik Deutschland, 11. Auflage, München 2011

Jentzsch, Nicola/*Sapi,* Geza, Austausch von Kundendaten unter Konkurrenten: Graubereich im Wettbewerbsrecht, DIW Berlin, Wochenbericht Nr. 38/2010, S. 8

Dies./Suleymanova, Irina, Joint Customer Data Acquisition and Sharing among Rivals, DIW Berlin, Discussion Paper Nr. 1045, August 2010

Jickeli, Joachim/*Kreutz,* Peter/*Reuter,* Dieter (Hrsg.), Gedächtnisschrift für Jürgen Sonnenschein, Berlin 2003

Ders., Der Missbrauch von Marktmacht – von Peter Kreutz bis zum »more economic approach«, in: Hönn/Oetker/Raab (Hrsg.), Festschrift für Peter Kreutz zum 70. Geburtstag, Köln 2010

Jung, Christian, in: Calliess/Ruffert (Hrsg.), Das Verfassungsrecht der Europäischen Union mit Europäischer Grundrechtecharta, 4. Auflage, München 2011

Junker, Michael, Der Gleichordnungskonzern, in: Manssen: Rechtswissenschaft im Aufbruch, Greifswalder Antrittsvorlesungen 1996, S. 169

Jungkamp, Thomas, Das Recht der Sparkassen- und Giroverbände, Stuttgart 2011, zugl. Diss. Univ. Münster (Westfalen) 2011

Kapp, Thomas, Der Handelsvertreter im Strudel des Kartellrechts, BB 2006, 2253

Ders./Rauhut, Andreas, Sperrung von Geldautomaten für Kreditkarten: Ein wettbewerbsrechtliches Problem? – Zugleich eine Besprechung des Urteils des LG München I vom 8.12.2009, WM 2010, 111

Karenfort, Jörg, Der Informationsaustausch zwischen Wettbewerbern – kompetitiv oder konspirativ?, WuW 2008, 1154

Karst, Thomas, Die Garantie kommunaler Selbstverwaltung im Spannungsfeld zwischen konservativer Verfassungslehre und faktischen Marktzwängen – Dargestellt am Beispiel der kommunalen Energiewirtschaft, DÖV 2002, 809

Keidel, Thomas/*Schwab,* Babara, Bedeutung des Gruppenratings der Sparkassen-Finanzgruppe für die Sparkassen, in: Keidel/Schwab (Hrsg.), Das Rating der Sparkassen-Finanzgruppe und ihrer Institute, Stuttgart 2008, S. 13

Dies., Das Rating als Element der Finanz- und Kapitalmarktkommunikation der Sparkassen-Finanzgruppe, in: Keidel/Schwab (Hrsg.), Das Rating der Sparkassen-Finanzgruppe und ihrer Institute, Stuttgart 2008, S. 33

Dies., Das Rating der Sparkassen-Finanzgruppe und ihrer Institute, Stuttgart 2008

Keßler, Helmut, Verbünde – ihr Erfordernis, ihre Chancen, bum 1989, 14

Keßler, Jürgen, Einkaufskooperationen im Licht des Deutschen und Europäischen Kartellrechts, WuW 2002, 1162

Kiecker, Jürgen, in: Wiedemann (Hrsg.), Handbuch des Kartellrechts, 2. Auflage, München 2008

Kirchhain, Simone, Die Gestaltung von innerstaatlich wirkenden Vertriebsverträgen nach der 7. GWB-Novelle, WuW 2008, 167

Kirchhoff, Wolfgang, Vertikale Höchstpreisbindungen, in: Müller/Osterloch/Stein (Hrsg.), Festschrift für Günter Hirsch zum 65. Geburtstag, München 2008, S. 249

Kirchner, Christian, Fusionskontrolle und sparkassenrechtliches Regionalprinzip, AG 1980, 129

Kirmße, Stefan, Die Bedeutung des Filialsystems aus Sicht des Bankkunden – Welche Leistungselemente honoriert der Markt?, in: Rolfes/Schierenbeck/Schüller (Hrsg.), Konzentration am Bankenmarkt: Strukturentwicklung und geschäftspolitische Konsequenzen, Frankfurt a. M. 1999, S. 143

Klein, Mikko, Die Privatisierung der Sparkassen und Landesbanken – Begründungen, Probleme und Möglichkeiten aus ökonomischer und rechtlicher Perspektive, Frankfurt 2003, zugl. Diss. Univ. Passau 2003

Klein, Wilhelm, Der lange Weg zur Allfinanz – ein Konzept mit Zukunft in Europa? Zum Strukturwandel in der Banken- und Versicherungswirtschaft, VW 1996, 218

Kleine, Roland, Aktuelle Probleme im ec-Geldautomaten-System nach deutschem Recht, Münster, New York 1991, zugl. Diss. Univ. Münster (Westfalen) 1991

Kling, Michael/*Thomas,* Stefan, Kartellrecht, 1. Auflage, München 2007

Knieps, Günter, Wettbewerbsökonomie – Regulierungstheorie, Industrieökonomie, Wettbewerbspolitik, 2. Auflage, Heidelberg 2005

Koch, Christian, in: Langenbucher/Gößmann/Werner (Hrsg.), Zahlungsverkehr, Handbuch zum Recht der Überweisung, Lastschrift, Kreditkarte und der elektronischen Zahlungsformen, München 2004

Koenig, Christian/*Küling,* Jürgen, in: Streinz (Hrsg.), EUV, AEUV – Vertrag über die Europäische Union und Vertrag zur Gründung der Europäischen Gemeinschaft, 1. Auflage, München 2003

Koenig, Christian/*Küling,* Jürgen/*Müller,* Christoph, Marktfähigkeit, Arbeitsgemeinschaften und das Kartellverbot, WuW 2005, 126

Köhler, Horst, »Der Staat hätte ohne öffentlich-rechtliche Sparkassen und Landesbanken mehr Verantwortung und Aufgaben«, ZfgK 1994, 22

Köhler, Helmut, Zur Reform des GWB, WRP 1996, 835

Kolm, Dominik, Das sparkassenrechtliche Regionalprinzip – Möglichkeiten und Grenzen des Wettbewerbs kommunaler Sparkassen, Baden-Baden 2011, zugl. Diss. Univ. Greifswald 2010

Köndgen, Johannes, Grund und Grenzen des Transparenzgebots im AGB-Recht – Bemerkungen zum »Hypothekenzins-» und zum »Wertstellungs-Urteil« des BGH, NJW 1989, 943

Ders., Das neue Recht des Zahlungsverkehrs, JuS 2011, 481

Koppensteiner, Hans-Georg, in: Zöllner/Noack (Hrsg.), Kölner Kommentar zum AktienG, Band 6, §§ 15-22, §§ 291-328 AktG, 3. Auflage, Köln 2004

Kötz, Hein, Der Schutzzweck der AGB-Kontrolle – Eine rechtsökonomische Skizze, JuS 2003, 209

Kranz, Michael, Reaktionsmöglichkeiten auf die EU-Verordnung über grenzüberschreitende Zahlungen in Euro, BBL 2002, 261

Krauel, Wolfgang/*Kiel,* Marcus, Lenkungsmöglichkeiten im Konzern unter besonderer Berücksichtigung des Aufsichtsrechts für Kreditinstitute und Versicherungen, WM 2010, 1735

Krautscheid, Andreas (Hrsg.), Die Daseinvorsorge im Spannungsfeld von europäischem Wettbewerb und Gemeinwohl – Eine sektorspezifische Betrachtung, 1. Auflage, Wiesbaden 2009

Krimphove, Dieter, Die kartellrechtliche Beurteilung von Kooperationen in der Bank- und Kreditwirtschaft, Finanz-Betrieb 2008, 9

Kropff, Bruno, Aktiengesetz – Textausgabe des AktG vom 6.9.1965 (BGBl. I S. 1089) und des Einführungsgesetzes zum AktG vom 6.9.1965 (BGBl. I S. 1185) mit Begründung des Regierungsentwurfs, Bericht des Rechtsausschusses des Deutschen Bundestags, Verweisungen und Sachverzeichnis, Düsseldorf 1965

Krüger, Malte, Interbankentgelte – ökonomisch notwendig oder wettbewerbsverzerrend?, ZfgK 2009, 822

Kübler, Wolfgang Matthias, Die einheitliche Leitung paritätischer fusionsähnlicher Unternehmensverbindungen (»dual headed structures«) – unter besonderer Berücksichtigung der Auswirkungen einer umfassenden Konzernintegration im Zuge der koordinativen Quasi-Fusion nach deutschem Aktienrecht, 2004, zugl. Diss. Univ. Konstanz 2004

Kümpel, Siegfried, Bankrecht und Kapitalmarktrecht in der Entwicklung, in: Ekkenga/Kümpel/Hadding/Hammen (Hrsg.), Festschrift für Kümpel, Berlin 2003

Küper, Wilfried (Hrsg.), Festschrift für Walter Stree und Johannes Wessels zum 70. Geburtstag, Heidelberg 1993

Kwast, Myron/*Starr-Mccluer,* Martha/*Wolken,* John, Market Definition and the Analysis of Antitrust in Banking, Antitrust Bulletin 1997, 973

Landsberg, Gerd, Sparkassen, in: Krautscheid (Hrsg.), Die Daseinsvorsorge im Spannungsfeld von europäischem Wettbewerb und Gemeinwohl – Eine sektorspezifische Betrachtung, S. 290

Lange, Knut Werner, Handbuch zum deutschen und europäischen Kartellrecht, 2. Auflage, Frankfurt a. M. 2006

Ders., Die Anwendung des europäischen Kartellverbots auf staatliche Eingriffe in das Marktgeschehen, EuR 2008, 3

Langen, Eugen/*Bunte,* Hermann-Josef, Kommentar zum deutschen und europäischen Kartellrecht, Band 1, Deutsches Kartellrecht, 11. Auflage, Köln 2011

Dies., Kommentar zum deutschen und europäischen Kartellrecht, Band 2, Europäisches Kartellrecht, 11. Auflage, Köln 2010

Langen, Markus, in: Schwennicke/Auerbach (Hrsg.), KWG Kommentar, München 2009

Langenbucher, Katja/*Gößmann,* Wolfgang/*Werner,* Stefan, Zahlungsverkehr, Handbuch zum Recht der Überweisung, Lastschrift, Kreditkarte und der elektronischen Zahlungsformen, München 2004

Langner, Mirjam Vanessa, Die örtliche Begrenzung kommunaler Wirtschaftstätigkeit und die Grundfreiheiten des EG-Vertrages, Münster 2007, zugl. Diss. Univ. Münster (Westfalen) 2007

Langschied, Jürgen, Der Sparkassenverbund – Entwicklung und Gegenwartsprobleme, Schriftenreihe für Kreditwirtschaft und Finanzierung, Band 14, Wiesbaden 1993, zugl. Diss. Univ. Frankfurt a. M. 1992

Lehmann, Helmut, Wesen und Formen des Verbundbetriebes. Ein Beitrag zur betriebswirtschaftlichen Morphologie, Berlin 1965

Leibfried, Kathleen/*McNair,* Carol Jean, Benchmarking von der Konkurrenz lernen, die Konkurrenz überholen, 2. Auflage, Freiburg i. Br. 1996

Lenz, Otto/*Borchardt,* Klaus-Dieter (Hrsg.), EU-Verträge, 4. Auflage, Köln 2008

Dies., EU-Verträge, 5. Auflage, Köln 2010

Lettl, Tobias, Die Auswirkungen der 7. GWB-Novelle auf die Kreditwirtschaft, WM 2004, 1585

Ders., Urteilsanmerkung zu LG München I, Urt. vom 8.12.2009 – 9 HKO 9435/09 –, WuB 2010, 467

Ders., Urteilsanmerkung zu OLG München, Urt. vom 17.6.2010 – U (K) 1607/10 –, WuB 2010, 691

Liebscher, Thomas, Konzernbildungskontrolle, Berlin 1995, zugl. Diss. Univ. Mannheim 1995

Lindstädt, Hagen, Ziele, Motive und Kriterien für Unternehmenszusammenschlüsse, Wertorientierung aus strategischer Perspektive, S. 59, in: Wirtz (Hrsg.), Handbuch Merger & Acquisitions Management, 1. Auflage, Wiesbaden 2006

Linssen, Helmut, »Herausforderungen für Sparkassen und Landesbanken aus nordrhein-westfälischer Sicht«. Rede auf der Handelsblatt Jahrestagung am 8.2.2006 in Berlin zur Zukunft der Sparkassen und Landesbanken in NRW

Loewenheim, Ulrich/*Meessen,* Karl/*Riesenkampff,* Alexander, Kommentar zum Kartellrecht – Europäisches und Deutsches Recht, 2. Auflage, München 2009

Löwer, Wolfgang, Die Stellung der Kommunen im liberalisierten Strommarkt, NWVBl. 2000, 241

Ders., Anmerkung zum Urteil des VerfGH NW vom 11.7.1980 – VerfGH 8/79 –, JA 1981, 123

Ders., Dritter Beratungsgegenstand: Der Staat als Wirtschaftssubjekt und Auftraggeber, VVDStRL 60, 416

Löwisch, Gottfried, in: Ebenroth/Boujong/Joost/Strohn (Begr./Hrsg.), Handelsgesetzbuch, Band 1, München 2008

Löwisch, Manfred, Festschrift für Fritz Rittner zum 70. Geburtstag, Beiträge zum Handels- und Wirtschaftsrecht, München 1991

Lübbert, Anmerkung zum Urteil des BGH vom 13.12.1983 – KRB 3/83 –, GRUR 1984, 380

Lübbig, Thomas, in: Wiedemann (Hrsg.), Handbuch des Kartellrechts, 2. Auflage, München 2008

Lund, Carsten, Private in der Sparkassen-Finanzgruppe? Zum Verbleib materiell voll- und teilprivatisierter Landesbanken im Haftungsverbund, Stuttgart 2010, zugl. Diss. Univ. Münster (Westfalen) 2010

Lutter, Marcus/*Drygala*, Tim, Grenzen der Personenverflechtung und Haftung im Gleichordnungskonzern, ZGR 1995, 535

Lutz, Helmut, Die Beurteilung von Einkaufskooperationen nach deutschem Wettbewerbsrecht, WRP 2002, 47

Maasch, Beate, Die Zulässigkeit von Bietergemeinschaften, ZHR 150, 657

Mäger, Thorsten, Europäisches Kartellrecht, 1. Auflage, Baden-Baden 2006

Malec, Anita/*v. Bodungen*, Thilo, Die neue Vertikal-GVO und ihre Auswirkungen auf die Gestaltung von Liefer- und Vertriebsverträgen, BB 2010, 2383

Manthey, Nikolaus Vincent, Bindung und Schutz öffentlicher Unternehmen durch die Grundfreiheiten des Europäischen Gemeinschaftsrechts, Frankfurt a. M. 2001, zugl. Diss. Univ. Münster (Westfalen) 2001

Mattfeld, Antje, in: Gummert u. a. (Hrsg.), Münchener Handbuch des Gesellschaftsrechts, Band 1, BGB-Gesellschaft, Offene Handelsgesellschaft, Partnerschaftsgesellschaft, Partenreederei, EWIV, 3. Auflage, München 2009

Mauch, Silke, Der Ratingprozess im DSGV für die Sparkassen-Finanzgruppe, in: Keidel/Schwab (Hrsg.), Das Rating der Sparkassen-Finanzgruppe und ihrer Institute, Stuttgart 2008, S. 23

Maunz, Theodor/*Dürig*, Günter, Grundgesetz Kommentar, Loseblattsammlung, 61. Ergänzungslieferung – Stand: Januar 2011, München

Meder, Stephan/*Beesch*, Anna-Maria (Hrsg.), juris PraxisReport, Bank- und Kapitalmarktrecht, 2008

Merten, Detlef, Sparkassenrechtliches Regionalprinzip und kommunale Neugliederung, DVBl. 1983, 1140

Ders., Erster Beratungsgegenstand: Bürgerverantwortung im demokratischen Verfassungsstaat, VVDStRL 55, 7

Mestmäcker, Ernst-Joachim, Staat und Unternehmen im europäischen Gemeinschaftsrecht, RabelsZ 52, 526

Ders., Wirtschaftsordnung und Staatsverfassung, in: Coing/Kronstein/Mestmäcker (Hrsg.), Festschrift für Böhm, Karlsruhe 1965, S. 383

Meyer, Hubert, Stralsund und das Sparkassenrecht, NJW 2004, 1700

Ders., Sparkassen und Finanzmarktregulierung – Darf jeder seines Glückes Schmied sein oder bestimmt (auch) die Rechtsform das Sein?, Der Landkreis 2010, 336

Moaring, Markus, Kommunales Wirtschaftsrecht vor dem Hintergrund der Liberalisierung der Märkte, WiVwer 1998, 233

Möhlenkamp, Andreas, Verbandskartellrecht – trittfeste Pfade in unsicherem Gelände, WuW 2008, 428

Möhring, Philipp, Unternehmenszusammenschlüsse in kartellrechtlicher Sicht (unter besonderer Berücksichtigung patent- und markenrechtlicher Fragen) – Teil I, GRUR 1966, 645

Möller, Tom-Eric, Haftung innerhalb von Konzernstrukturen auf horizontaler Ebene der Konzerne. Eine Betrachtung am Beispiel des GmbH-Konzerns, Europäische Hochschulschriften, Frankfurt a. M. 2004, zugl. Diss. Univ. Hannover 2004

Moraing, Markus, Kommunales Wirtschaftsrecht vor dem Hintergrund der Liberalisierung der Märkte – Handlungsbedarf und Handlungsmöglichkeiten aus Sicht der Kommunalwirtschaft, WiVerw 1998, 233

Möschel, Wernhard, Der Missbrauch marktbeherrschender Stellungen nach Art. 82 EG-Vertrag und der »More Economic Approach«, JZ 2009, 1040

Ders., Recht der Wettbewerbsbeschränkungen, Köln 1983

Müller, Reinhold, Konsolidierung zu multiregionalen Gruppen wird fortschreiten – Gefragt sind jetzt vor allem die Eigentümer, Interview mit Friedrich Schubring-Giese; VVW 2010, 31

Müller, Friedrich/*Christensen,* Ralph, Juristische Methodik, Band II, Europarecht, Berlin 2003

Müller, Gerda/*Osterloch,* Eilert/*Stein,* Torsten (Hrsg.), Festschrift für Günter Hirsch zum 65. Geburtstag, München 2008

Dies., Festschrift für Günter Hirsch zum 65. Geburstag, München 2008

Müller-Graff, Peter-Christian, Wettbewerbsbeschränkung durch Gesetz: Preisbindungspflicht bei Büchern, EuR 1985, 293

Ders., Unternehmensinvestitionen und Investitionssteuerung im Marktrecht, Tübingen 1984, zugl. Habil. Univ. Tübingen 1982

v. Münch, Ingo/*Kunig,* Philip (Begr./Hrsg.), Grundgesetz-Kommentar, 5. Auflage, 2003 München

Mundt, Andreas/*Buch,* Michael, Die Vereinbarkeit von kollektiven Interbankentgelten in bargeldlosen Zahlungssystemen mit dem Kartellverbot des Art. 81 EGV und § 1 GWB, WM 2001, 2142

Münstermann, Engelbert, Möglichkeiten und Grenzen des e-Business bei Sparkassen, Der Städtetag 2001, 19

Niehaus, Michael/*Stern,* Klaus, Das Regionalprinzip im öffentlich-rechtlichen Sparkassenwesen – Seine Geltung und Reichweite im Sparkassenorganisations- und Sparkassengeschäftsrecht, Heidelberg 1991

Dies., Regionalprinzip und Sparkassenhoheit im europäischen Binnenmarkt, Frankfurt a. M. 1992

Niggemeyer, Jörg, Zulässigkeit und Grenzen von Sparkassenfusionen, Stuttgart 2005, zugl. Diss. Univ. Münster (Westfalen) 2005

Nobbe, Gerd, Neuregelungen im Verbraucherkreditrecht – Ein kritischer Überblick – , WM 2011, 625

Ders., Neuregelungen im Zahlungsverkehrsrecht – Ein kritischer Überblick –, WM 2011, 691

Nordemann, Jan Bernd, in: Loewenheim/Meessen/Riesenkampff (Hrsg.), Kartellrecht, 2. Auflage, München 2009

Oberbeckmann, Hans-Ludwig, Regionalprinzip, Handwörterbuch der Sparkassen, Band 3, Kreditgeschäfte bis Sichteinlagen, S. 437

Obermann, Holger, Die kommunale Bindung der Sparkassen – verfassungsrechtliche Möglichkeiten und Grenzen ihrer Ausgestaltung, Stuttgart 2000, zugl. Diss. Univ. Münster (Westfalen) 2000

Odersky, Walter, Zu den Grenzen staatlicher Marktregulierung – dargestellt am Beispiel des deutschen Arbeitsvermittlungsmonopols, in: Forschungsinstitut für Wirtschaftsverfassung und Wettbewerb e. V. (Hrsg.), Beschränkung des staatlichen Einflusses in der Wirtschaft, Band 155, Köln 1993, S. 77

Oebbecke, Janbernd, Sparkassentätigkeit als kommunale Selbstverwaltungsaufgabe, LKV 2006, 145

Ders., Das Europarecht als Katalysator der Sparkassenpolitik, VerwArch 2002, 278

Ders., Mehrfachzuständigkeiten in der Verwaltung als Verfassungsproblem, in: Küper (Hrsg.), Festschrift für Stree und Wessels, Heidelberg 1993, S. 1119

Ders., Aufgaben und Organisation der kommunalen Sparkassen, Der Landkreis 2010, 187

Ders., Die örtliche Begrenzung kommunaler Wirtschaftstätigkeit, ZHR 164, 375

Ders., Aufgaben und Organisation der kommunalen Sparkassen, in: Henneke (Hrsg.), Sparkassen, Landes- und Förderbanken nach der Finanzmarktkrise, Stuttgart 2010, S. 80

Ders./Bauer, Joachim/*Pünder,* Hermann, Perspektiven der kommunalen Sparkassen – Symposium des Freiherr-vom-Stein-Instituts am 24. Februar 2000, Stuttgart 2000

Ders./Ehlers, Dirk/*Schink,* Alexander/*Pünder,* Hermann, Aktuelle Fragen der Sparkassenpolitik – Wissenschaftliches Kolloquium des Freiherr-vom-Stein-Instituts am 8. März 2002 zu Ehren von Herrn Dr. Kuhr anlässlich seines Ausscheidens als Vorsitzender des Kuratoriums des Freiherr-vom-Stein-Instituts, Band 41, Stuttgart 2002

Ohlmann, Wolfgang, Lotterien in der Bundesrepublik Deutschland, Der kooperative Lotterieföderalismus und seine praktischen Rechtswirkungen, WRP 1998, 1043

Ders., Lotterien, Sportwetten, der Lotteriestaatsvertrag und Gambelli, WRP 2005, 48

Oppermann, Thomas/*Classen,* Claus Dieter/*Nettesheim,* Martin, Europarecht, 4. Auflage, München 2009

Otte, Max, Volks- und Raiffeisenbanken als Stabilitätsfaktor in Wirtschaftskrisen – Eine polit- und institutionenökonomische Perspektive, ZfgK 2010, 89

Pagenkopf, Hans, Kommunalrecht, Band 2, Wirtschaftsrecht, 2. Auflage, 1976

Palandt, Otto, Bürgerliches Gesetzbuch, 69. Auflage, München 2010

Pampel, Gunnar, Europäisches Wettbewerbsrecht, Rechtsnatur und Rechtswirkungen von Mitteilungen der Kommission im europäischen Wettbewerbsrecht, EuZW 2005, 11

Papier, Hans-Jürgen, Kommunale Daseinsvorsorge im Spannungsfeld zwischen nationalem Recht und Gemeinschaftsrecht, DVBl. 2003, 686

Pehla, Inken, Der Haftungsverbund der Sparkassen-Finanzgruppe, Stuttgart 2006, zugl. Diss. Univ. Münster (Westfalen) 2006

Peiner, Wolfgang, Konzernstrukturen von Versicherungsvereinen auf Gegenseitigkeit, VersW 1992, 920

Petersen, Mitchell/*Rajan,* Raghuram, Does Distance Still Matter? The Information Revolution in Small Business Lending, The Journal of Finance 2002, 2533

Pieroth, Bodo, in: Jarass/Pieroth (Hrsg.), Grundgesetz für die Bundesrepublik Deutschland, Kommentar, 11. Auflage, München 2011

Pies, Ingo/*Leschke,* Martin, Oliver Williamsons Organisationsökonomik, Tübingen 2001

Pischel, Gerhard, Preisfestsetzung nach Art. 81 EG und Novellierung des GWB, EuZW 2005, 459

Pohlmann, Petra, Keine Bindungswirkung von Bekanntmachungen und Mitteilungen der Europäischen Kommission, EuZW 2005, 1005

Dies., Der Unternehmensverbund im Europäischen Kartellrecht, Berlin 1999, zugl. Habil. Univ. Münster (Westfalen) 1997

Dies., GWB-Novelle: Der neue Zusammenschlußtatbestand des Fusionskontrollrechts, DZWiR 1998, 397

Puschmann, Norbert, Benchmarking – Organisation, Prinzipien und Methoden, Unna 2000

Purbach, Volker, Die Auswirkungen des Binnenmarktes auf die Sparkassen und ihre öffentlich-rechtliche Verankerung – Privatisierung der Sparkassen, Würzburg 1994, zugl. Diss. Univ. Würzburg 1994

Radecki, Lawrence, The Expanding Geographic Reach of Retail Banking Markets, Economic Policy Review 1998, New York

Rampf, Hans/*Rampf,* Astrid/*Riekeberg,* Marcus, Lernen von der Restaurantkette, Sparkasse 2010, 38

Raskin, Peter, Das Regionalprinzip und (neue) elektronische Vertriebswege im Retailbanking, Berlin 2001, zugl. Diss. Techn. Univ. Darmstadt 2000

Reinfeld, Richard, Rechtsfragen des Interchange-Kreditkartensystems am Beispiel von VISA und EUROCARD, WM 1994, 1505

Renken, Cornelius, Die Zusammenarbeit der Kreditinstitute nach deutschem und europäischem Kartellrecht, Berlin 1992, zugl. Diss. Univ. Münster (Westfalen) 1991

Rhoades, Stephen, Evidence on the Size of Banking Markets from Mortage Rates in Twenty Cities, Federal Reserve Board Staff Studies 1992, 117

Richter, Burkhard, in: Wiedemann (Hrsg.), Handbuch des Kartellrechts, 2. Auflage, München 2008

Riekeberg, Marcus, Bankstellen: Konkurrenz-Analyse, Die Bank 1995, 479

Rittner, Fritz, Die Handelsvertreterpraxis nach dem neuen EG-Kartellrecht für Vertikalvereinbarungen, DB 2000, 1211

Röhling, Andreas, Die Zukunft des Kartellverbots in Deutschland nach In-Kraft-Treten der neuen EU-Verfahrensrechtsordnung, GRUR 2003, 1019

Röper, Burkhardt, Die Wettbewerbsfunktion der deutschen Sparkassen und das Subsidiaritätsprinzip – Eine wettbewerbsrechtliche Analyse, Berlin 1973

Rolfes, Bernd/*Schierenbeck,* Henner/*Schüller,* Stephan (Hrsg.), Konzentration am Bankenmarkt: Strukturentwicklung und geschäftspolitische Konsequenzen, Frankfurt a. M. 1999

Rothe, Karl-Heinz, Kommentar zum Sparkassengesetz für das Land Nordrhein-Westfalen, Siegburg 1970

Ruppelt, Daniel, Einkaufskooperationen im Europäischen und Deutschen Kartellrecht – Eine Bestandaufnahme nach Inkrafttreten der 7. GWB Novelle, Berlin 2008, zugl. Diss. Freie Univ. Berlin 2006/2007

Ruppelt, Hans-Jürgen, in: Langen/Bunte, Kommentar zum deutschen und europäischen Kartellrecht, Band 1, 11. Auflage, Köln 2011

Säcker, Franz Jürgen/*Boesche,* Katharina Vera, Der Gesetzesbeschluss des Deutschen Bundestages zum Energiewirtschaftsgesetz vom 28. Juni 2002 – ein Beitrag zur »Verhexung des Denkens durch die Mittel unserer Sprache?«, ZNER 2002, 183

van de Sande, Carsten, Die Unternehmensgruppe im Banken- und Versicherungsaufsichtsrecht – Eine Untersuchung zu den bank- und versicherungsaufsichtsrechtlichen Rahmenbedingungen der Gruppenbildung und Gruppenleitung im Finanzdienstleistungssektor, 1. Auflage, Baden-Baden 2003, zugl. Diss. Univ. Bayreuth 2000

Sapienza, Paola, The Effects of Banking Mergers on Loan Contracts, The Journal of Finance 2002, 329

Sauter, Herbert, in: Immenga/Mestmäcker, Wettbewerbsrecht: GWB, 3. Auflage, München 2001

Schäfer, Hans-Bernd (Hrsg.), Festschrift für Claus Ott, Konsequenzen wirtschaftlicher Normen – Kreditrecht, Verbraucherschutz, allgemeines Wirtschaftsrecht, Wiesbaden 2002

Scharpf, Christian, Rechtsprobleme der Gebietsüberschreitung – Kommunale Unternehmen extra muros?, NVwZ 2005, 148

Ders., Der Einfluss des Europarechts auf die Daseinsvorsorge, EuZW 2005, 295

Schawel, Christian/*Billing,* Fabian, Top 100 Management Tools – Das wichtigste Buch eines Managers, 2. Auflage, Heidelberg 2009

Scheps, Carolina, Das Örtlichkeitsprinzip im kommunalen Wirtschaftsrecht – Rechtliche Determinanten des räumlichen Wirkungskreises kommunaler Unternehmen, Berlin 2006, zugl. Diss. Univ. Göttingen 2005

Schepers, Volker, Internet-Banking und sparkassenrechtliches Regionalprinzip, Stuttgart 2003, zugl. Diss. Univ. Münster (Westfalen) 2003

Schimansky, Herbert/*Bunte,* Hermann-Josef/*Lwowski,* Hans Jürgen (Hrsg.), Bankrechts-Handbuch, 3. Auflage, München 2007

Schink, Alexander, Wirtschaftliche Betätigung kommunaler Unternehmen, NVwZ 2002, 129

Schleweis, Helmut, Chancen und Grenzen des Verbunds aus Sparkassensicht, Der Landkreis 2011, 109

Schlierbach, Helmut/*Püttner,* Günter, Das Sparkassenrecht in der Bundesrepublik Deutschland, 5. Auflage, Stuttgart 2003

Schmidhuber, Peter/*Hitzler,* Gerhard, Die öffentlichen Unternehmen im EG-Binnenmarkt, ZögU 1990, 397

Schmidt, Dirk, Wissen für Verwaltungsräte, 8. Auflage, Stuttgart 2002

Schmidt, Karsten, Konzentrationsprivileg und Gleichordnungsvertragskonzern – Kartellrechtsprobleme des Gleichordnungskonzerns, Beiträge zum Handels- und Wirtschaftsrecht, in: Löwisch (Hrsg.), Festschrift für Rittner zum 70. Geburtstag, München 1991, S. 561

Ders., Gleichordnung im Konzern: terra incognita? – Vorstudien und Thesen zu einem Recht der Konzernschwestern, ZHR 155, 417

Ders., Münchener Kommentar zum Handelsgesetzbuch, Band 1, Handelsstand §§ 1-104, 2. Auflage, München 2005

Scholz, Rupert, in: Maunz/Dürig, Grundgesetz Kommentar, Loseblattsammlung, 61. Ergänzungslieferung – Stand: Januar 2011, München

Schreihage, Heinrich, Wettbewerb und Wettbewerbsbeschränkung im Kreditgewerbe, ZfgK 1960, 15

Schroeder, Dirk, Informationsaustausch zwischen Wettbewerbern, WuW 2009, 718

Schröter, Helmut, in: von der Groeben/Schwarze, Kommentar zum Vertrag über die Europäische Union und zur Gründung der Europäischen Gemeinschaft, 6. Auflage, Baden-Baden 2003

Schulze, Reiner/*Zuleeg,* Manfred/*Kadelbach,* Stefan, Europarecht, Handbuch für die deutsche Rechtspraxis, 2. Auflage, Baden-Baden 2010

Schulz, Anmerkungen zur Tätigkeit gemeindlicher Unternehmen außerhalb des Gemeindegebiets, BayVBl. 1998, 449

Schwarze, Jürgen, Der Staat als Adressat des europäischen Wettbewerbsrechts, EuZW 2000, 613

Ders., EU-Kommentar, 2. Auflage, Baden-Baden 2009

Schweda, Marc, Die Bindungswirkung von Bekanntmachungen und Leitlinien der Europäischen Kommission, WuW 2004, 1133

Schwennicke, Andreas/*Auerbach,* Dirk, KWG Kommentar, München 2009

Schwintowski, Hans-Peter, Corporate Governance im öffentlichen Unternehmen, NVwZ 2001, 607

Ders., Rechtliche Grenzen des geplanten Interbankenentgelts der deutschen Kreditwirtschaft, VuR 2001, 134

Slot, Piet Jan, The Application of Articles 3 (f), 5 and 85 to 94 EEC, ELR 1987, 179

Smith, Adam, An Inquiry into the Nature and Causes of the Wealth of Nations, Book I, London 1776

Sparkassenverband Westfalen-Lippe, unveröffentlichtes Auftragsgutachten zur kartellrechtlichen Bewertung gemeinsamer Preiswerbung durch die Mitgliedssparkassen des WLSGV von Professor Dr. Petra Pohlmann, 2007

Sprau, Hartwig, in: Palandt, 69. Auflage, München 2010

Staats, Stefan, Fusionen bei Sparkassen und Landesbanken – eine Untersuchung zu den Möglichkeiten der Vereinigung öffentlich-rechtlicher Kreditinstitute, München 2006, zugl. Diss. Univ. München 2005

Stancke, Fabian, Schadensregulierung und Kartellrecht, VersR 2005, 1324

Steiner, Jürgen, Bankenmarkt und Wirtschaftsordnung, Sparkassen und Landesbanken in der Privatisierungsdiskussion, Frankfurt a. M. 1994

Stern, Klaus, Kommunale Selbstverwaltung in europäischer Perspektive, NdsVBl. 2010, 1

Stiele, Mike, Wettbewerb im Bankensektor – Eine Untersuchung unter besonderer Berücksichtigung des Wettbewerbsverhaltens der Sparkassen, Wiesbaden 2008

Strack, Sybille, Im Wettbewerb um den Fremdkunden gut aufgestellt, SparkassenZeitung vom 19.11.2010, S. 16

Streinz, Rudolf, EUV, AEUV – Vertrag über die Europäische Union und Vertrag zur Gründung der Europäischen Gemeinschaft, 1. Auflage, München 2003

Sturmbaum, Robert/*Stetter,* Reinhardt, Gedanken zum Marketing in Sparkassen, BBL 1980, 231

Taradantchik, Viktor, Wettbewerbsrechtliche Aspekte kartengesteuerter Zahlungssysteme: Eine Untersuchung nach deutschem und russischem Recht, Halle 2006, zugl. Diss. Univ. Halle (Saale) 2006

Tettinger, Peter, Lotterien im Schnittfeld von Wirtschaftsrecht und Ordnungsrecht, DVBl. 2000, 868

Thode, Bernd/*Peres,* Holger, Anstaltslast und Gewährträgerhaftung bei kommunalen Sparkassen und Landesbanken, BB 1997, 1749

Thomas, Stefan, Konzernprivileg und Gemeinschaftsunternehmen – Die kartellrechtliche Beurteilung konzerninterner Wettbewerbsbeschränkungen mit Gemeinschaftsunternehmen, ZWeR 2005, 236

Tugendreich, Bettina, Die kartellrechtliche Zulässigkeit von Marktinformationsverfahren – Eine juristische und ökonomische Untersuchung zum deutschen und europäischen Kartellrecht unter Berücksichtigung der US-amerikanischen Rechtspraxis, Baden-Baden 2004, zugl. Diss. Univ. Berlin 2003

Ulshöfer, Matthias, Kontrollerwerb in der Fusionskontrolle – Eine Untersuchung im europäischen, deutschen und US-amerikanischen Fusionskontrollrecht, 1. Auflage, Baden-Baden 2003

Veelken, Winfrid, in: Immenga/Mestmäcker, Wettbewerbsrecht: GWB, 4. Auflage, München 2007

Veltins, Michael Alexander, Die Mittelstandskooperation in Kartellrecht und Praxis, DB 1978, 239

Voet van Vormizeele, Philipp, Die EG-kartellrechtliche Haftungszurechnung im Konzern im Widerstreit zu den nationalen Gesellschaftsrechtsordnungen, WuW 2010, 1008

Ders., Möglichkeiten und Grenzen von Benchmarking nach europäischem und deutschem Kartellrecht, WuW 2009, 143

Vogel, Hans-Gerd, in: Langenbucher/Gößmann/Werner (Hrsg.), Zahlungsverkehr, Handbuch zum Recht der Überweisung, Lastschrift, Kreditkarte und der elektronischen Zahlungsformen, München 2004

Vogel, Klaus, Der Finanz- und Steuerstaat, in: Isensee/Kirchhof (Hrsg.), Handbuch des Staatsrechts der Bundesrepublik Deutschland, Band II, 4. Auflage, Heidelberg 2006

Wagener, Ernst, Regionalprinzip – Arbeitsteilung – Sparkassenverbund, ZfgK 1983, 9

Wagener-von-Papp, Florian, Marktinformationsverfahren: Grenzen der Information im Wettbewerb. Die Herstellung praktischer Konkordanz zwischen legitimen Informationsbedürfnissen und Geheimwettbewerb, 1. Auflage, Baden-Baden 2004, zugl. Diss. Univ. Tübingen 2004

Ders., Wie »identifizierend« dürfen Marktinformationsverfahren sein?, WuW 2005, 732

Weiß, Wolfgang, Öffentliche Unternehmen und EGV, EuR 2003, 165

Ders., Kommunale Energieversorger und EG-Recht: Fordert das EG-Recht die Beseitigung der Beschränkungen für die kommunale Wirtschaft? – Ein Beitrag zum Grundfreiheitsstatus öffentlicher Unternehmen, DVBl. 2003, 564

v. Weizsäcker, Christian, Konsumentenwohlfahrt und Wettbewerbsfreiheit: Über den tieferen Sinn des »Economic Approach«, WuW 2007, 1078

Wernicke, Stephan, in: Grabitz/Hilf/Nettesheim (Grd./Hrsg.), Das Recht der Europäischen Union, Loseblattsammlung, 43. Ergänzungslieferung – Stand: März 2011, München

Wiedemann, Gerhard, Handbuch des Kartellrechts, 2. Auflage, München 2008

Wiedemann, Herbert/*Hopt,* Klaus, Aktiengesetz Großkommentar, Band 3, 4. Auflage, Berlin 2008

Willershausen, Claudia, in: Meder/Beesch (Hrsg.), jurisPR-BKR 2/2008 Anm. 1

Witt, Cirsten, Bewertung von öffentlich-rechtlichen Sparkassen im Rahmen einer Privatisierungsentscheidung, Wiesbaden 2006, zugl. Diss. Univ. Greifswald 2005

Wittmann, Antje, Der Sparkassenverbund, Stuttgart 2004, zugl. Diss. Univ. Münster (Westfalen) 2004

Dies., Die Verbundorganisation der Sparkassen-Finanzgruppe, EILDIENST LKT NRW 2005, 401

Wirtz, Bernd, Handbuch Merger & Acquisitions Management, 1. Auflage, Wiesbaden 2006

Wöhe, Günter/*Döring,* Ulrich, Einführung in die Allgemeine Betriebswirtschaftslehre, 24. Auflage, München 2010

Wurzel, Gabriele/*Schraml,* Alexander/*Becker,* Ralph (Hrsg.), Rechtspraxis der kommunalen Unternehmen, München 2010

Zapfe, Charlotte, Konditionenkartelle nach der 7. GWB-Novelle, WuW 2007, 1230

Zdrowomyslaw, Norbert/*Kasch,* Robert, Betriebsvergleiche und Benchmarking für die Managementpraxis – Unternehmensanalyse, Unternehmenstransparenz und Motivation durch Kenn- und Vergleichsgrößen, München 2002

Zimmer, Daniel, in: Immenga/Mestmäcker, Wettbewerbsrecht: GWB, 4. Auflage, München 2007

Zöllner, Wolfgang/*Noack,* Ulrich, Kölner Kommentar zum AktienG, Band 6, §§ 15-22, §§ 291-328 AktG, 3. Auflage, Köln 2004

Zuber, Andreas, in: Loewenheim/Meessen/Riesenkampff, Kommentar zum Kartellrecht – Europäisches und Deutsches Recht, 2. Auflage, München 2009

Anhang: Abkürzungsverzeichnis der zitierten Internetseiten (zuletzt abgerufen: August 2011)

Im Folgenden werden die abgekürzten zitierten Internetseiten in voller Länge zitiert.

- http://bit.ly/fMW05t
http://www.bundeskartellamt.de/wDeutsch/download/pdf/Fusion/Fusion09/Kurzberichte/B4-Grossfusionen_Fallbeschreibung.pdf?navid=56

- http://bit.ly/emDIBQ
http://ec.europa.eu/competition/cartels/statistics/statistics.pdf

- http://bit.ly/hfRsiM
http://www.meinepolitik.de/vortrspk.htm

- http://bit.ly/iklgdV
https://www.sparkasse-koelnbonn.de/jahresabschluss2009.pdfx

- http://bit.ly/hKmdmt
https://www.sparkasse-bielefeld.de/pdf/geschaeftsberichte/geschaeftsbericht_2009.pdf?IFLBSERVERID=IF@@011@@IF

- http://bit.ly/hYeyuy
https://www.dsgv.org/DSGV/Presseex.nsf/05a63d11201fd7f6c12568da0032afba/4891927375ffcd3fc1256cfe002ca55d/$FILE/03.04.04%20Saarl.%20Symposium%201.0.pdf

- http://bit.ly/gnUsAx
http://wirtschaftslexikon.gabler.de/Archiv/54610/economies-of-scale-v5.html

- http://bit.ly/hSQM1O
http://www.diw.de/documents/dokumentenarchiv/17/76026/20071129_zimmer-rtiw2.pdf

- http://bit.ly/hw7Rpz
http://www.diw.de/deutsch/produkte/veranstaltungen/wriw/88048.html

- http://bit.ly/e635Ve
http://www.fm.nrw.de/presse/ministerinformationen/reden/08022006.php

- http://bit.ly/fS2ZYE
http://www.bundeskartellamt.de/wDeutsch/download/pdf/Diskussionsbeitraege/090402_Mannheim_ZEW.pdf

- http://bit.ly/gu02eB
https://www.targobank.de/de/ueber-uns/unternehmen/daten-und-fakten.html

- http://bit.ly/ieQdIX
http://www.seb.de/de/Ueber_die_SEB/SEB_im_Profil.html

- http://bit.ly/hejxCR
http://www.dsgv.de/_download_gallery/Rating/Sparkassen-Finanzgruppe_rating_report_xGermanx_April2010-4.pdf

- http://bit.ly/fDME3C
http://www.dsv-gruppe.de/dsverlag/medien/gemeinsame_sparkassenwerbung/index.htm

- http://bit.ly/ebsFCa
http://www.bundeskartellamt.de/wDeutsch/download/pdf/Fusion/Fusion02/B4_37_02.pdf

- http://bit.ly/hrFncL
http://www.bundeskartellamt.de/wDeutsch/download/pdf/Merkblaetter/Merkblaetter_deutsch/06MerkblattzurDeutschen_Fusionskontrolle.pdf

- http://bit.ly/hi4D8n
http://www.bis.org/publ/gten05.htm

- http://bit.ly/g4pxLA
http://www.ecb.int/pub/pdf/other/eubksectorstructure2003en.pdf

- http://bit.ly/ibNqUR
http://www.competition-commission.org.uk/rep_pub/reports/2002/462banks.htm#full

- http://bit.ly/huwGvO
http://onlinelibrary.wiley.com/doi/10.1111/j.1467-6451.2008.00357.x/abstract

- http://bit.ly/gScufU
http://papers.ssrn.com/sol3/papers.cfm?abstract_id=1576388##

- http://bit.ly/gHrAMS
https://ir.postbank.de/cgi-bin/show.ssp?id=1420&companyName=postbank&language=German

- http://bit.ly/fcdF3w
http://www.deutsche-bank.de/de/content/company/zahlen_und_fakten.htm

- http://bit.ly/7DUsZ
http://www.bundesbank.de/zahlungsverkehr/zahlungsverkehr_sepa.php

- http://bit.ly/dYatSq
http://www.ecb.int/press/pr/date/2009/html/pr090324_1.en.html

- http://bit.ly/iwySis
http://info.ehi.org/go/en29wp8i/oaocpgvq

- http://bit.ly/hegr5P
http://www.bundeskartellamt.de/wDeutsch/archiv/PressemeldArchiv/2001/2001_03_07.php

- http://bit.ly/aHaEpS
http://www.rewe.de/index.php?id=rewe_angebote

- http://bit.ly/elNJWY
http://www.penny.de/index.php?id=8959

- http://bit.ly/ezQeXl
http://www.autoritedelaconcurrence.fr/pdf/avis/05d65.pdf

- http://bit.ly/hKwOAP
http://www.autoritedelaconcurrence.fr/pdf/avis/05d64.pdf

- http://bit.ly/i5KNbV
http://www.westlb.de/cms/sitecontent/westlb/westlb_de/de/wlb/ueber_uns/wir_ueber_uns.standard.gid-N2FkNDZmMzU4OWFmYTIyMWM3N2Q2N2Q0YmU1NmI0OGU_.html

- http://bit.ly/g5JVxl
http://www.ww-ag.com/de/presse/presseinformationen/unternehmen/wwgruppestrktkapitalundfhrung.html

- http://bit.ly/fo0tcC
http://wirtschaftslexikon.gabler.de/Archiv/55042/g-10-v4.html

- http://bit.ly/eTRiTc
http://econ.tau.ac.il/papers/applied/dick-IO.pdf

- http://bit.ly/gScufU
http://papers.ssrn.com/sol3/papers.cfm?abstract_id=1576388##

- http://bit.ly/iiLQOk
http://wirtschaftslexikon.gabler.de/Archiv/963/bargeldloser-zahlungsverkehr-v7.html

- http://bit.ly/fxn2qB
http://www.ifk-cfs.de/fileadmin/downloads/publications/wp/03_19.pdf

- http://bit.ly/fGzwn2
http://web.ebscohost.com/ehost/detail?vid=1&hid=105&sid=c718db85-bcff-4936-b6b5-c4a3cfdf8104%40sessionmgr114&bdata=JnNpdGU9ZWhvc3QtbGl2ZQ%3d%3d#db=eoh&AN=0671171

- http://bit.ly/h6zaCS
http://kops.ub.uni-konstanz.de/volltexte/2005/1690/pdf/Dissertation_Kuebler_24_11_05.pdf

- http://bit.ly/hzDLv9
http://papers.ssrn.com/sol3/papers.cfm?abstract_id=1023924

- http://bit.ly/eEWGUy
http://www.zka-online.de/zka/pressemitteilungen/volltext/backpid/120/article/kreditwirtschaft-stellt-poz-verfahren-ende-2006-ein.html?tx_ttnews[pS]=1207242294&cHash=05a84d4001

- http://bit.ly/eWdiM2
http://www.s-einkauf.com/presse.html

- http://bit.ly/g9NCvX
http://www.handelsblatt.com/unternehmen/banken/die-macht-der-banken-im-visier/3407126.html

- http://bit.ly/gXchqz
http://www.welt.de/print/die_welt/finanzen/article13189030/Kartellamt-setzt-Banken-Ultimatum.html

- http://bit.ly/kek2cT
http://wirtschaftslexikon.gabler.de/Archiv/10667/konsumentenrente-v6.html

- http://bit.ly/iSARTs
http://wirtschaftslexikon.gabler.de/Archiv/57344/rationalisierung-v4.html

- http://bit.ly/mr26cD
http://www.steria-mummert.de/presse/pressearchiv/1.-quartal-2011/banken-studie-wettbewerb-im-online-banking-verschaerft-sich

- http://bit.ly/k16GCN
http://www.orf.at/stories/2013222/2013237/

- http://bit.ly/ho2qP7
http://www.spiegel.de/wirtschaft/service/0,1518,742987,00.html

- http://bit.ly/m7TRrl
http://www.bundeskartellamt.de/wDeutsch/download/pdf/Kartell/Kartell11/Fallberichte/B02-118-10-ENDG.pdf

- http://bit.ly/p9afVN
http://www.bankenverband.de/themen/fachinformationen/zahlungssysteme/allgemeine-darstellung-der-zahlungsverkehrsabwicklung-im-interbankenbereich

- http://bit.ly/oGNXn6
http://www.zka-online.de/zka/der-zka.html

- http://bit.ly/qQeyPb
https://www.ing-diba.de/kundenservice/kundeninformationen/geldautomaten/

- http://bit.ly/nrIKpk
http://www.cashgroup.de/

- http://bit.ly/qkuKKH
http://wirtschaftslexikon.gabler.de/Archiv/3677/economies-of-scope-v8.html

- http://bit.ly/n2c1ls
http://wirtschaftslexikon.gabler.de/Archiv/2507/passivgeschaefte-v5.html

Sachverzeichnis

Schriftenreihe des Freiherr-vom-Stein-Instituts im Deutschen Gemeindeverlag, Verlag W. Kohlhammer

Band 1 Janbernd *Oebbecke,* Zweckverbandsbildung und Selbstverwaltungsgarantie, 1982, 104 Seiten, kartoniert, € 10,50.
ISBN 3-555-00530-8

Band 2 Edzard *Schmidt-Jortzig* / Alexander *Schink,* Subsidiaritätsprinzip und Kommunalordnung, 1982, 168 Seiten, kartoniert, € 14,50.
ISBN 3-555-00535-9

Band 3 Ingolf *Deubel,* Der kommunale Finanzausgleich in Nordrhein-Westfalen, 1984, 264 Seiten, kartoniert, € 17,90.
ISBN 3-555-00592-8

Band 4 Alexander *Schink,* Rechtsnachfolge bei Zuständigkeitsveränderungen in der öffentlichen Verwaltung, 1984, 340 Seiten, kartoniert, € 18,40.
ISBN 3-555-00593-6

Band 5 Janbernd *Oebbecke,* Gemeindeverbandsrecht Nordrhein-Westfalen, Eine systematische Darstellung, 1984, 168 Seiten, kartoniert, € 15,50.
ISBN 3-555-00623-1

Band 6 Hans-Jürgen *Fischedick,* Die Wahl der Benutzungsform kommunaler Einrichtungen, 1986, 121 Seiten, kartoniert, € 15,50.
ISBN 3-555-00689-4

Band 7 Janbernd *Oebbecke,* Weisungs- und unterrichtungsfreie Räume in der Verwaltung, 1986, 324 Seiten, kartoniert, € 19,50.
ISBN 3-555-00693-2

Band 8 Werner *Hauser,* Die Wahl der Organisationsform kommunaler Einrichtungen, Kriterien für die Entscheidung zwischen möglichen Organisationsformen, 1987, 300 Seiten, kartoniert (vergriffen).

Band 9 Elke *Bartels,* Abfallrecht – Eine systematische Darstellung, 1987, 224 Seiten, kartoniert (vergriffen).

Band 10 Ansgar *Müller,* Schulorganisationsrecht Nordrhein-Westfalen – Eine systematische Darstellung, 1988, 174 Seiten, kartoniert, € 23,00.
ISBN 3-555-00766-1

Band 11 Hans-Uwe *Erichsen* / Werner *Hoppe* / Adalbert *Leidinger* (Hrsg.), Kommunalverfassungen in Europa, 1988, 182 Seiten, kartoniert, € 25,50.
ISBN 3-555-00780-7

Band 12 Alexander *Schink,* Naturschutz- und Landschaftspflegerecht Nordrhein-Westfalen, 1989, 563 Seiten, kartoniert (vergriffen).

Band 13 H. Jürgen *Wolff,* Bedarfsgerechte Struktur der Kreiseinnahmen, 1990, 388 Seiten, kartoniert, € 20,35.
ISBN 3-555-00799-8

Band 14 Hans-Uwe *Erichsen,* Die Vertretung der Kommunen in den Mitgliederorganen von juristischen Personen des Privatrechts, 1990, 184 Seiten, kartoniert, € 20,35.
ISBN 3-555-00832-3

Band 15 Paul-Peter *Humpert,* Genehmigungsvorbehalte im Kommunalverfassungsrecht, 1990, 276 Seiten, kartoniert, € 22,90.
ISBN 3-555-00833-1

Band 16 Werner *Hoppe* / Alexander *Schink* (Hrsg.), Kommunale Selbstverwaltung und europäische Integration, 1990, 145 Seiten, kartoniert, € 20,35.
ISBN 3-555-00857-9

Band 17 Werner *Hoppe* / Hans-Uwe *Erichsen* / Adalbert *Leidinger* (Hrsg.), Aktuelle Probleme der kommunalen Selbstverwaltung – 10 Jahre Freiherr-vom-Stein-Institut, 1991, 210 Seiten, kartoniert, € 20,35.
ISBN 3-555-00910-9

Band 18 Hans *Vietmeier,* Die staatlichen Aufgaben der Kommunen und ihrer Organe – Auftragsverwaltung und Organleihe in Nordrhein-Westfalen, 1992, 378 Seiten, kartoniert, € 25,50.
ISBN 3-555-00913-3

Band 19 Angela *Faber,* Europarechtliche Grenzen kommunaler Wirtschaftsförderung – Die Bedeutung der Art. 92-94 EWGV für die kommunale Selbstverwaltung, 1992, 260 Seiten, kartoniert (vergriffen)

Band 20 Werner *Hoppe* / Martin *Schulte,* Rechtsschutz der Länder in Planfeststellungsverfahren des Bundes – Dargestellt am Beispiel des Denkmalschutzes in Nordrhein-Westfalen, 1993, 101 Seiten, kartoniert, € 12,70.
ISBN 3-555-00994-X

Band 21 Jan *Bodanowitz,* Organisationsformen für die kommunale Abwasserbeseitigung, 1993, 196 Seiten, kartoniert, € 20,35.
ISBN 3-555-00995-8

Band 22 Jürgen *Brügge,* Bodendenkmalrecht unter besonderer Berücksichtigung der Paläontologie, 1993, 222 Seiten, kartoniert, € 22,50.
ISBN 3-555-01015-8

Band 23 Ute *Adam,* Veterinärrecht – Eine systematische Darstellung unter besonderer Berücksichtigung der Rechtslage in Nordrhein-Westfalen, 1993, 284 Seiten, kartoniert, € 23,00.
ISBN 3-555-01024-7

Band 24 Werner *Hoppe* / Joachim *Bauer* / Angela *Faber* / Alexander *Schink* (Hrsg.), Rechts- und Anwendungsprobleme der neuen Bauordnung NW, 1996, 170 Seiten, kartoniert, € 15,30.
ISBN 3-555-01095-6

Band 25 Andrea *Krebs,* Rechtliche Grundlagen und Grenzen kommunaler Elektrizitätsversorgung, 1996, 370 Seiten, kartoniert, € 25,50.
ISBN 3-555-01102-2

Band 26 Margit *Twehues,* Rechtsfragen kommunaler Stiftungen, 1996, 366 Seiten, kartoniert, € 23,60.
ISBN 3-555-01107-3

Band 27 Werner *Hoppe* / Joachim *Bauer* / Angela *Faber* / Alexander *Schink* (Hrsg.), Auswirkungen des Kreislaufwirtschafts- und Abfallgesetzes auf die öffentlich-rechtlichen Entsorgungsträger, 1996, 220 Seiten, kartoniert, € 18,00.
ISBN 3-555-01120-0

Band 28 Olaf *Otting,* Neues Steuerungsmodell und rechtliche Betätigungsspielräume der Kommunen, 1997, 333 Seiten, kartoniert, € 22,50.
ISBN 3-555-01134-0

Band 29 Heidrun *Schnell,* Freie Meinungsäußerung und Rederecht der kommunalen Mandatsträger unter verfassungsrechtlichen, kommunalrechtlichen und haftungsrechtlichen Aspekten, 1997, 250 Seiten, kartoniert, € 20,35.
ISBN 3-555-01159-6

Band 30 Janbernd *Oebbecke* / Joachim *Bauer* / Angela *Faber* (Hrsg.), Umweltrecht und Kommunalrecht – Kolloquium aus Anlaß des Ausscheidens von Werner Hoppe als Geschäftsführender Direktor des Freiherr-vom-Stein-Instituts, 1998, 161 Seiten, kartoniert, € 10,20.
ISBN 3-555-01166-9

Band 31 Anke *Freisburger,* Public Private Partnership in der kommunalen Museumsarbeit, 2000, 296 Seiten, kartoniert, € 20,35.
ISBN 3-555-01210-X

Band 32 Janbernd *Oebbecke* / Joachim *Bauer* / Hermann *Pünder* (Hrsg.), Perspektiven der kommunalen Sparkassen – Symposium des Freiherr-vom-Stein-Instituts und des Westfälisch-Lippischen Sparkassen- und Giroverbandes am 24. Februar 2000, 2000, 121 Seiten, kartoniert, € 10,20.
ISBN 3-555-01228-2

Band 33 Holger *Obermann,* Die kommunale Bindung der Sparkassen – Verfassungsrechtliche Möglichkeiten und Grenzen ihrer Ausgestaltung, 2000, 224 Seiten, kartoniert, € 19,40.
ISBN 3-555-01229-0

Band 34 Raphael *Lohmiller,* Kapitalbeteiligungsgesellschaften der Sparkassen – Eine Untersuchung über die Rechtsgrundlagen der Beteiligungsfinanzierung durch kommunale Sparkassen, 2000, 318 Seiten, kartoniert, € 20,20.
ISBN 3-555-01231-2

Band 35 Olaf *Schefzyk,* Der kommunale Beteiligungsbericht – Ein Instrument zur verbesserten Berichterstattung über die Unternehmenstätigkeit der Kommunen, 2000, 391 Seiten, kartoniert, € 21,45.
ISBN 3-555-01234-7

Band 36 Angela *Faber,* Gesellschaftliche Selbstregulierungssysteme im Umweltrecht – unter besonderer Berücksichtigung der Selbstverpflichtungen, 2001, 501 Seiten, kartoniert, € 29,65.
ISBN 3-555-01240-1

Band 37 Klaus *Schulenburg,* Die Kommunalpolitik in den Kreisen Nordrhein-Westfalens: Eine empirische Bestandsaufnahme, 2001, 484 Seiten, kartoniert, € 25,10.
ISBN 3-555-01250-9

Band 38 Janbernd *Oebbecke* / Dirk *Ehlers* / Alexander *Schink* / Hermann *Pünder* (Hrsg.), Kommunalfinanzen – Symposium aus Anlaß des 75. Geburtstages von Adalbert Leidinger am 8. März 2001 in Münster, 2001, 155 Seiten, kartoniert, € 13,75.
ISBN 3-555-01251-7

Band 39 Janbernd *Oebbecke* / Dirk *Ehlers* / Alexander *Schink* / Hermann *Pünder* (Hrsg.), Die nordrhein-westfälische Gemeindeprüfung in der Diskussion – Kolloquium des Freiherr-vom-Stein-Instituts und des Innenministeriums Nordrhein-Westfalen am 2. Februar 2001, 2001, 79 Seiten, kartoniert, € 11,22.
ISBN 3-555-01252-5

Band 40 Peter *Lüttmann,* Aufgaben und Zusammensetzung der Verwaltungsräte der kommunalen Sparkassen, 2002, 407 Seiten, kartoniert, € 24,85.
ISBN 3-555-01274-6

Band 41 Janbernd *Oebbecke* / Dirk *Ehlers* / Alexander *Schink* / Hermann *Pünder* (Hrsg.), Aktuelle Fragen der Sparkassenpolitik – Wissenschaftliches Kolloquium des Freiherr-vom-Stein-Instituts am 8. März 2002 zu Ehren von Herrn Dr. Kuhr anlässlich seines Ausscheidens als Vorsitzender des Kuratoriums des Freiherr-vom-Stein-Instituts, 2002, 70 Seiten, kartoniert, € 7,85.
ISBN 3-555-01278-9

Band 42 Ansgar *Hörster,* Die Wahrnehmung der Sozialhilfeaufgaben im kreisangehörigen Raum in Nordrhein-Westfalen, 2002, 342 Seiten, kartoniert, € 23,85.
ISBN 3-555-01279-7

Band 43 Hermann *Pünder,* Haushaltsrecht im Umbruch – eine Untersuchung der Erfordernisse einer sowohl demokratisch legitimierten als auch effektiven und effizienten Haushaltswirtschaft am Beispiel der Kommunalverwaltung, 2003, 665 Seiten, kartoniert, € 29,85.
ISBN 3-555-01289-4

Band 44 Thomas *Harks*, Kommunale Arbeitsmarktpolitik – Rechtliche Vorgaben und Grenzen, 2003, 295 Seiten, kartoniert, € 19,80.
ISBN 3-555-01302-5

Band 45 Volker *Schepers,* Internet-Banking und sparkassenrechtliches Regionalprinzip, 2003, 275 Seiten, kartoniert, € 19,80.
ISBN 3-555-01308-4

Band 46 Marco *Kulosa,* Die Steuerung wirtschaftlicher Aktivitäten von Kommunen - eine betriebswirtschaftliche Analyse, 2003, 290 Seiten, kartoniert, € 20,20.
ISBN 3-555-01316-5

Band 47 Frank *Placke,* Interkommunale Produktvergleiche als Basis für den kommunalen Finanzausgleich, 2003, 433 Seiten, kartoniert, € 24,60.
ISBN 3-555-01321-1

Band 48 Antje *Wittmann,* Der Sparkassenverbund, 2004, 294 Seiten, kartoniert, € 22,00.
ISBN 3-555-01328-9

Band 49 Barbara *Lübbecke,* Das Kommunalunternehmen - neue Organisationsform im kommunalen Wirtschaftsrecht von Nordrhein-Westfalen, 2004, 343 Seiten, kartoniert, € 24,80.
ISBN 3-555-01329-7

Band 50 Sven Oliver *Hoffmann,* Gewässerschutzrecht Nordrhein-Westfalen – eine systematische Darstellung unter besonderer Berücksichtigung der europarechtlichen und bundesrechtlichen Vorgaben, 2004, 500 Seiten, kartoniert, € 26,80.
ISBN 3-555-01330-0

Band 51 Janbernd *Oebbecke* / Dirk *Ehlers* / Alexander *Schink* / Dörte *Diemert* (Hrsg.), Kommunalverwaltung in der Reform – Wissenschaftliche Fachtagung des Freiherr-vom-Stein-Instituts am 2. Juli 2004 in Münster, 2004, 165 Seiten, kartoniert, € 14,20.
ISBN 3-555-01339-4

Band 52 Hans *Lühmann*, Die Zusammenführung von Arbeitslosen- und Sozialhilfe im Sozialgesetzbuch II (SGB II) – Sozial- und organisationsrechtliche Aspekte des Hartz IV-Gesetzes für die kommunale Sozialpolitik, 2005, 223 Seiten, kartoniert, € 17,80.
ISBN 3-555-01349-1

Band 53 Jörg *Niggemeyer,* Zulässigkeit und Grenzen von Sparkassenfusionen – eine Untersuchung am Beispiel von Zusammenschlüssen nordrhein-westfälischer Sparkassen, 2005, 476 Seiten, kartoniert, € 26,80.
ISBN 3-555-01350-5

Band 54 Dörte *Diemert,* Das Haushaltssicherungskonzept – Verfassungs- und haushaltsrechtliche Grundlagen in NRW unter Berücksichtigung des Neuen Kommunalen Finanzmanagements, 2005, 555 Seiten, kartoniert, € 28,80.
ISBN 3-555-01370-X

Band 55 Andrea *Becker,* Die Entwicklung des Personalvertretungsrechts in Nordrhein-Westfalen – eine Untersuchung der wesentlichen Einflussfaktoren auf die Gesetzgebung am Beispiel des LPVG NRW, 2006, 495 Seiten, kartoniert, € 29,00.
ISBN 3-555-01371-8

Band 56 Janbernd *Oebbecke* / Dirk *Ehlers* / Martin *Klein* / Theresia *Theurl* / Dörte *Diemert* (Hrsg.), Perspektiven für Sparkassen und Genossenschaftsbanken – Wissenschaftliche Fachtagung des Freiherr-vom-Stein-Instituts und des Instituts für Genossenschaftswesen der Universität Münster am 17. Oktober 2005 in Münster, 2006, 128 Seiten, kartoniert, € 10,20.
ISBN 3-555-01385-5

Band 57 Inken *Pehla,* Der Haftungsverbund der Sparkassen-Finanzgruppe – eine Untersuchung der Institutssicherung der Sparkassen und Landesbanken unter besonderer Berücksichtigung des Einlagensicherungs- und Anlegerentschädigungsgesetzes, 2006, 240 Seiten, kartoniert, € 20,80.
ISBN 3-555-01372-6

Band 58 Janbernd *Oebbecke* / Dirk *Ehlers* / Martin *Klein* / Dörte *Diemert* (Hrsg.), Zwischen kommunaler Kooperation und Verwaltungsreform – Fachtagung aus Anlass des 25-jährigen Bestehens des Freiherr- vom-Stein-Instituts am 12. Mai 2006 in Münster, 2006, 127 Seiten, kartoniert, € 12,80.
ISBN 3-555-01391-2

Band 59 Simone *Schütte-Leifels,* Die Grundsätze der Sozialhilfe nach der Reform, 2007, 345 Seiten, kartoniert, € 24,80.
ISBN 978-3-555-01399-2

Band 60 Christian *Thiemann,* Rechtsprobleme der Marke Sparkasse, 2008, 314 Seiten, kartoniert, € 24,00.
ISBN 978-3-555-01451-7

Band 61 Linus *Tepe,* Verfassungsrechtliche Vorgaben für Zuständigkeitsverlagerungen zwischen Gemeindeverbandsebenen, 2009, 235 Seiten, kartoniert, € 20,00.
ISBN 978-3-555-01459-3

Band 62 Anna *Roth,* Die allgemeine Lebensmittelüberwachung als Instrument des Verbraucherschutzes – eine systematische Darstellung unter besonderer Berücksichtigung der Rechtslage und der Organisationsstrukturen in Nordrhein-Westfalen, 2009, 336 Seiten, kartoniert, € 26,00.
ISBN 978-3-555-01474-6

Band 63 Jan Stefan *Lüdde,* Sparkassenrecht der Länder – Bestand und Entwicklung seit 1949, 2010, 232 Seiten, kartoniert, € 20,80.
ISBN 978-3-555-01504-0

Band 64 Carsten *Lund,* Private in der Sparkassen-Finanzgruppe? – Zum Verbleib materiell voll- und teilprivatisierter Landesbanken im Haftungsverbund, 2010, 181 Seiten, kartoniert, € 18,80.
ISBN 978-3-555-01511-8

Band 65 Katharina *Kallerhoff,* Öffentlich-rechtliche Entsorgungsträger contra private Abfallwirtschaft – Aktuelle rechtliche Entwicklungen unter besonderer Berücksichtigung der gewerblichen Sammlungen von verwertbaren Sekundärrohstoffen, 2011, 310 Seiten, kartoniert, € 24,60.
ISBN 978-3-555-01547-7

Band 66 Thomas *Jungkamp,* Das Recht der regionalen Sparkassen- und Giroverbände – Eine systematische Darstellung, 2011, 309 Seiten, kartoniert, € 24,60.
ISBN 978-3-555-01558-3

Band 67 Matthias *Stork,* Interkommunale Zusammenarbeit und mehrstufige Aufgabenwahrnehmung – Eine Analyse von Organisationsmodellen für Pflichtaufgaben im kreisangehörigen Raum, 2012, 278 Seiten, kartoniert, € 24,00.
ISBN 978-3-555-01568-2

Band 68 Jessica *Isenburg,* Die Verbundzusammenarbeit der Sparkassen-Finanzgruppe – Eine kartellrechtliche Analyse, 2012, 311 Seiten, kartoniert, € 24,80.
ISBN 978-3-555-01597-2